Ullstein

ÜBER DAS BUCH:

Einige Tage nach der Hochzeit Heinrichs von Navarra mit Margarete von Valois, gedacht als Zeichen der Verständigung zwischen Katholiken und Hugenotten, fielen 1572 in Paris Tausende französischer Protestanten einem blutigen Massaker zum Opfer: In der Nacht zum 24. August, dem St.-Bartholomäus-Tag, ließ Katharina von Medici, Königin von Frankreich und Mutter der Braut, die Anführer des hugenottischen Adels und deren Glaubensgenossen grausam niedermetzeln.

Dieses Ereignis, das in die Geschichte als »Pariser Bluthochzeit« einging, ist nur ein trauriger Höhepunkt der Hugenottenverfolgung.

Welchen Repressalien die französischen Kalvinisten ausgesetzt waren, warum sie um einer Religion willen 150 Jahre Unterdrückung, Kriege und Verfolgung hinnehmen mußten, beschreibt Hermann Schreiber. Sein Bericht umfaßt zeitlich fast vier Jahrhunderte; geographisch erstreckt sich seine Spurensuche von Genf, wo mit Calvin alles anfing, über Orléans, die Cevennen, die Alpen, den Rhein und die Nordsee bis zu den Orten, an denen die Hugenotten Zuflucht und Arbeit fanden: in Hessen, in Franken, in Brandenburg, Preußen und anderenorts.

DER AUTOR:

Prof. Hermann Schreiber wurde 1920 in Wiener Neustadt geboren. Er studierte an der Universität Wien Germanistik, Kunstwissenschaft, Philosophie und Geschichte; 1944 Promotion zum Dr. phil. Der Autor lebt heute als freier Schriftsteller und Sachbuchautor in München.

Weitere Veröffentlichungen (u. a.): *August der Starke* (1986); *Auf Römerstraßen durch Europa* (1988); *Lawrence von Arabien* (1990); *Schottland. Geschichte eines Landes am Rande Europas* (1990); *6mal Paris. Biographie einer Weltstadt* (1991); *Die neue Welt. Die Geschichte der Entdeckung Amerikas* (1992).

Hermann Schreiber

Die Bartholomäusnacht

Die »Pariser Bluthochzeit« und
die Flucht der Hugenotten

Ullstein

Sachbuch
Ullstein Buch Nr. 35489
im Verlag Ullstein GmbH,
Frankfurt/M – Berlin

Um ein aktuelles Vorwort
ergänzte Neuauflage

Umschlagentwurf:
Vera Bauer
Unter Verwendung eines Szenenfotos
aus dem Film »Die Bartholomäusnacht«
(»La Reine Margot«) von Patrice
Chereau.
© NEF Filmproduktion GmbH
Foto: Luc Roux
Alle Rechte vorbehalten
© 1994 by Verlag Ullstein GmbH,
Frankfurt/M – Berlin, und AVA –
Autoren- und Verlags-Agentur GmbH,
Breitbrunn
Printed in Germany 1994
Druck und Verarbeitung:
Ebner Ulm
ISBN 3 548 35489 0

September 1994
Gedruckt auf alterungs-
beständigem Papier mit
chlorfrei gebleichtem Zellstoff

Vom selben Autor
in der Reihe
der Ullstein Bücher:

Auf Römerstraßen durch Europa
(34466)

Die Deutsche Bibliothek –
CIP-Einheitsaufnahme

Schreiber, Hermann:
Die Bartholomäusnacht : die »Pariser
Bluthochzeit« und die Flucht der
Hugenotten / Hermann Schreiber. –
Um ein aktuelles Vorw. erg. Neuaufl. –
Frankfurt/M. ; Berlin : Ullstein, 1994
 (Ullstein-Buch ; Nr. 35489 :
 Ullstein-Sachbuch)
 ISBN 3-548-35489-0
NE: GT

INHALT

Gestern wie heute oder heute wie gestern? – Eine Vorbemerkung	7
Jean Cauvin genannt Calvinus	11
Das Rätsel des Erfolgs	37
Die Bartholomäusnacht	55
Navarra und die Liebe	75
Die Witwe Scarron	84
Die Hugenotten in der Wüste	100
Zum Städtele hinaus...	112
Auf Schleichwegen in die Pfalz	133
Einer gegen siebentausend	157
Niedersachsen und die Französinnen	180
Hugenotten und Hanseaten	210
Der Kurfürst mit der breiten Brust	232
Die Streusandbüchse siegt	259
Der Kluft das rechte Maß zu geben	291
Bericht zur Literatur	313
Register	316

VORWORT

Am Vorabend des 24. August 1572 läuteten die Glocken der Kirche von Saint Germain l'Auxerrois das größte Morden ein, das die Stadt Paris je gesehen hatte. Alle Katholiken schienen das furchtbare Geheimnis zu kennen, alle Protestanten waren ahnungslos; eine Menschenjagd begann in den Gassen, auf den Stufen der Kirchen, ja bis hin zum Königsschloß, dem heutigen Louvre. Eine Menschenjagd ohne Vorbild, weil es nicht Soldaten oder Schergen waren, die den Mordstahl schwangen, sondern weil die Pariser, das Volk einer Metropole, sich buchstäblich über Nacht in einen Blutrausch sondergleichen steigerten.

Als es wieder hell wurde, lagen die Toten in den Straßen oder trieben als Leichen auf der Seine unter den Brücken von Paris hin wie große, bleiche Fische. Blut stockte im Rinnstein, kein Fenster öffnete sich, kein Kind spielte auf der Straße. Um den Preis eines furchtbaren Verbrechens hatte sich Frankreich von dem Einfluß der neuen, der reformierten Religion befreit. Aber unter den mehr als dreitausend Toten waren auch sehr viele gute Katholiken, die nur einem anderen im Weg gewesen waren, der die gute Gelegenheit nutzte.

Das gewaltige blutige Geschehen der Bartholomäusnacht setzte sich in landesweiten Massenmordaktionen fort, bis 30 000 Protestanten ihren Glauben mit dem Tod bezahlt hatten. In Paris aber, wo alles begonnen hatte, verdichtete sich das Geschehen zu dem in seiner Düsterkeit und Verworfenheit einzigartigen Riesengemälde königlicher Sünde und abgrundtiefen Hasses zwischen jenen, die doch Vorbilder sein sollten.

Es ist auch für die Phantasie jener, die vierhundert Jahre später leben, eine Szenerie schier übermächtigen Grauens: Edelste Namen Frankreichs verbündeten sich im Mord mit dem Pöbel, Menschen, die ohne Schuld waren, wurden auf offener Straße niedergestochen, aus Fenstern geworfen, noch als Leichname geschändet und an den Galgen gehängt. Deutlicher als jeder erdachte Horrorfilm zeigt die Bartholomäusnacht, wie nahe dem Bürger der Absturz ins Verbrechen ist und wie schnell sich eine glanzvolle Stadt in eine Stätte des

Schreckens verwandeln kann – Bilder und Erfahrungen, die seither Künstler und Literaten zur Bewältigung dieses Ereignisses aufgerufen haben: Dichter wie Conrad Ferdinand Meyer oder Theodor Fontane, Schriftsteller wie Mérimée, Alexandre Dumas oder Heinrich Mann, Komponisten wie Meyerbeer, Maler wie François Dubois.

Zu ihnen hat sich nun der Regisseur Patrice Chéreau gesellt, der auch am Drehbuch des großen Historienfilms LA REINE MARGOT mitarbeitete, gemeinsam mit Danièle Thompson, der Tochter des Schauspielers Gérard Oury. Mit den Mitteln des Farbfilms ist jene Augustnacht des Jahres 1572 so bildkräftig und alphaft wieder heraufgerufen worden, wie es bisher keiner Kunstform und keinem Künstler gelingen konnte. Dank großer Schauspieler kommt uns das kaum Glaubhafte, das Unerhörte jener Blutnacht so nahe, als hätten wir es selbst, hinter den Läden eines Giebelfensters verborgen, miterlebt. Virna Lisi leiht ihre harte Schönheit der Florentinerin Katharina von Medici, aus dem Schoß der kultursatten Bankiersfamilie vom Arno in ein Paris gekommen, das ihr halbbarbarisch, kalt, regnerisch und verketzert erscheinen muß. Ihr Gegenbild ist die Reinheit der neunzehnjährigen Prinzessin Margarete, die den Ketzer Heinrich von Navarra heiraten und als Reine Margot in die Geschichte eingehen wird, eine weiche und verlockende Schönheit inmitten tausendfachen Mordens. Ein Gegensatz, kraß, vermessen und dennoch Geschichte.

Vielleicht werden wir, wenn der große, grelle und bewegende Film uns entläßt, über das Gesehene hinausdenken. Es wird uns in den Sinn kommen, daß vor der Bartholomäusnacht schon, im Süden Frankreichs, die Waldenser wegen ihrer Ketzerei zu Tausenden ermordet wurden, auch Frauen und Kinder, und daß zweihundert Jahre nach der Bartholomäusnacht in den blutigen Septembertagen des Jahres 1792 sich die große Französische Revolution mit dem Blut jener dreitausend Menschen befleckte, die der Pöbel aus den Gefängnissen holte und auf offener Straße abschlachtete, ein Verbrechen, an dem die große Sache der Revolution selbst zugrunde ging und zum Entsetzen der Welt wurde.

Trotz der Geschehnisse der Bartholomäusnacht wurde Heinrich IV. Frankreichs beliebtester König. Er erließ ein Toleranzedikt, das seine alten Anhänger schützte und ihnen Religionsfreiheit gewährte. Als unter dem Sonnenkönig dieses königliche Zeugnis wahrer Duldung und Gerechtigkeit unter dem Einfluß einer bigotten Mätresse widerrufen wurde, setzte die größte Wanderungswelle ein, die es zwischen Frankreich und Deutschland je gegeben hatte. Die für ihren Glauben lebenden, arbeitsamen und ehrgeizigen Hugenotten wanderten aus oder flohen, gründeten die Schweizer Uhrenindustrie und brachten dem jungen Militärstaat Brandenburg jene emsig produzierenden Handwerkerfamilien, deren er bedurfte.

Wir wissen heute, daß es damit nicht begann und nicht endete, daß unser Kontinent, so klein er ist, seit der Völkerwanderung immer wieder die große Unruhe und die Heimatlosigkeit kannte und weiter kennenlernen wird. Eine ihrer Hauptursachen ist die Unduldsamkeit, die Unfähigkeit zur Nachbarschaft, wenn dieser Nachbar an etwas anderes glaubt oder auch nur eine andere Sprache spricht. Eine Bartholomäusnacht folgt in Europa auf die andere, mit anderen Namen, unter anderen Vorzeichen, aber mit der gleichen Unmenschlichkeit, die uns verzweifeln lassen müßte, versuchte die Kunst nicht hin und wieder, aus dem großen Unheil das große Kunstwerk zu gewinnen.

München, im September 1994   Hermann Schreiber

JEAN CAUVIN GENANNT CALVINUS

Es war die Zeit, in der so mancher sich mit seinem ehrlichen deutschen Namen nackt und bloß vorkam, sich nicht Schneider nannte sondern Sartorius und selbst aus dem originellen Namen Schwarzerd das schwierige Melan(ch)thon machte. Es bedurfte schon eines sehr gesunden Selbstgefühls und inniger Verwurzelung in der eigenen Sprache, wenn man sich in die großen literarischen und philosophischen Auseinandersetzungen der Zeit mengte und einen schlichten Namen unter das Pamphlet schrieb, den weder lateinische noch griechische Silben adelten.

Aber diese Uniformierung der nationalen Namensformen im Kleid der alten Sprachen war nicht nur Eitelkeit, nicht nur Mode. Europa erfreute sich noch immer, wie das ganze Mittelalter hindurch, einer die Grenzen übergreifenden Bildung, die sich das Lateinische zunutze machte, die Sprache der Universitäten, des Römischen Rechts und vor allem der Kirche. Die Rückeroberung der Iberischen Halbinsel durch die Truppen der christlichen Könige hatte die kosmopolitischen arabisch-jüdischen Bildungsstätten von Cordoba und Granada vernichtet. Die Christen waren in Europa wieder unter sich, und sie sprachen Latein. Durch Männer wie Reuchlin und Melanchthon kam das Griechische hinzu, bald auch das Hebräische; die Gemeinsprache der Gebildeten jedoch blieb das Lateinische, und wer gehört, gelesen und wahrgenommen werden wollte, der schrieb in dieser Sprache. Das bedeutete für die Deutschen und die Franzosen, daß sie eine gemeinsame Sprache hatten – wiedererlangt hatten – das bedeutete vor allem aber für Polen und Ungarn, diese politisch und geistig so unruhigen Nationen, daß sie am europäischen Geistesleben ohne Umwege und ohne Zurücksetzung teilhaben konnten.

Der Knabe, der am 10. Juli 1509 in Noyon geboren wurde, trug seinen schlichten Namen Cauvin, zu deutsch wohl Kahler, darum auch nicht allzulange, obwohl sein

Vater Gérard Cauvin kein unbedeutender Mann gewesen sein kann. Man liest hin und wieder, er sei Notar gewesen; das ist ungenau: er war Sekretär des Bischofs, vor allem aber war er der Finanzminister des kleinen Bistums, das heute als solches nicht mehr existiert. Cauvin war wohl der wichtigste weltliche Mann in der kleinen, uralten Stadt, in der einst Karl der Große gekrönt worden war, in der man Hugo Capet zum König von Frankreich ausgerufen hatte, eine Stadt also, die neben dem nahen Paris doch immerhin einige eigene Würden aufzuweisen hatte.

Vater Cauvin und der Bischof standen lange Zeit auf gutem Fuß; das schuf für Sohn Jean die Chance, mit den Kindern der adeligen Familie de Montmor aufzuwachsen und die ersten Schritte ins Reich der Bildung zu tun. Es war offenbar eine freundlichere Welt als jene, die Jean zu Hause umgab, und er hat sich zeitlebens gern an jene Jahre erinnert. Die Fortsetzung der Studien in Paris kostete dann Geld; die jungen Leute brauchten Wohnung und Unterhalt, und das konnte man den Montmor nicht abverlangen. Aber der Bischof hatte sich inzwischen von den Geistesgaben des kleinen Jean überzeugt, und da der Finanzprokurator Cauvin ja besser als jeder andere wußte, welche Pfründen sich erledigt hatten und reaktiviert werden könnten, war es so gut wie unmöglich, Cauvin Junior eine Pfründe abzuschlagen (und bald auch noch eine zweite), die ihn den Söhnen der Familie de Montmor zwar nicht gerade gleichstellen, das Leben im Studentenviertel von Paris aber absichern sollte.

Der Bischof muß damals angenommen haben, der Sohn seines Finanzprokurators werde Theologie studieren und die guten Verbindungen des Vaters zu einer kirchlichen Karriere nützen. Jean selbst bereitete sich in Paris jedoch in jener Weise auf das Studium vor, die alle Wege offenhielt, was allerdings üblich war. Da Noyon und Paris ja nur hundert Kilometer voneinander entfernt sind, hatten die Cauvins Verwandte in Paris, bei denen Jean wohnen konnte, und der prächtige Mathurin Cordier gab Jean so guten Unterricht, daß der fleißige und ehrgeizige Jüngling bald das Collège de Montaigu um einen Platz ansprechen konnte. Die Freundschaft mit Cordier blieb übrigens durch viele Jahre bestehen, so gegensätzlich die Charaktere der beiden auch waren. 1523, also mit vierzehn Jahren, scheint Calvin – der sehr wenig und nur selten von sich selbst spricht – sich niemand anderem so stark aufgeschlossen zu haben wie dem reiferen, durch seine Heiterkeit und gesunde Weltsicht besonders beliebten Cordier. Auf dem Collegium kamen dann freilich stärkere Geister hinzu, war doch Paris seit dem Hochmittelalter jene europäische Schulstadt, in der sich die besten Köpfe des Abendlandes trafen.

Cordier hatte in seinem Schüler nicht nur Interesse, sondern sogar Liebe für das klassische Altertum erweckt. Jean Cauvin drang mit Begeisterung, Eifer und ungeheurem Fleiß bis zu dem schwierigen, aber glanzvollen Latein eines Cicero vor und schrieb bereits ausgezeichnet die auf den Kollegien sonst oft recht lax gehandhabte Gemeinsprache der Studenten, als sich im stillen Noyon offenbar eine Revolution ereignete: Der Finanz-Chef des Bistums geriet urplötzlich in Gegensatz zur geistlichen Elite, wenn auch vielleicht nicht zum Bischof selbst. Calvin hat sich über diese frühen Jahre so gründlich ausgeschwiegen, daß selbst seine Anhänger gelegentlich vermuten, es habe in der Finanzverwaltung Unregelmäßigkeiten gegeben; es kann aber auch, angesichts der damals noch sehr hohen Ansprüche der Prälaten, ganz anders gewesen sein: vielleicht hat sich Gérard Cauvin als treuer Diener der Kirche und des Bischofs nur den Bereicherungs-Techniken einiger einflußreicher Herren entgegengestellt. Auf jeden Fall aber hatte man ihn beträchtlich in die Enge getrieben; er sah jahrelange rechtliche Auseinandersetzungen auf sich zukommen und zugleich sein Verhältnis zur Kirche so nachhaltig getrübt, daß er seinem Sohn keine allzu rosige geistliche Zukunft mehr bereiten konnte. Jean sollte nun also auf die Juristerei umsatteln, um dem alten Vater gegen die mächtigen Priestercliquen von Noyon beistehen zu können.

Die Dinge lagen ernst, Cauvin-Père drohte die Exkommunikation(!), die auch bald ausgesprochen wurde, und Jean bezog als gehorsamer Sohn die juristischen Fakultäten von Orléans und von Bourges.

In beiden Städten hatten sich damals – 1528/31 – bereits kleine humanistische Zirkel gebildet, und das Kleinstadtklima war der Entstehung enger persönlicher Kontakte günstiger als das wirbelige Leben im großen Paris. Die erste Berührung mit dem späteren Mitstreiter Théodor de Bèze, auch Beza genannt, blieb gleichwohl flüchtig, doch der schwäbische Humanist Melchior Volmar aus Rottweil gewann einen gewissen Einfluß auf den nun achtzehnjährigen Studenten der Rechte. Volmar unterwies Calvin im Griechischen, aber er machte ihn auch mit den Gedanken und Schriften Martin Luthers bekannt, ohne daß Calvin damals schon eine Abkehr von der katholischen Kirche ins Auge faßte. Er hatte inzwischen die erwähnte zweite Pfründe erhalten, nämlich die Pfarrstelle von Marteville, die er bald darauf gegen die einträglichere Pfarrstelle von Pont-l'Evêque vertauschte. Immerhin scheint Volmar, mit dem Calvin sowohl in Orléans als auch in Bourges zusammen war, den Jüngling auf seine eigentliche Begabung hingewiesen zu haben, darauf also, daß ihm die Theologie nach Art und Tiefe seines Denkens mehr Aussichten eröffne als die Jurisprudenz.

Im Mai 1531 starb Vater Cauvin, ohne daß er vom Bann gelöst worden wäre. Der große und langwierige Streit schien damit erloschen, doch war für Calvins älteren Bruder, einen Geistlichen, ebenso wie für Calvin selbst von diesem Augenblick an das Verhältnis zur Kirche gestört. Als gläubige Christen konnten sie den Tod ihres Vaters im Kirchenbann wohl nicht mehr vergessen, und wenn Calvin im Mai 1534, genau drei Jahre nach dem Tod seines Vaters, seine beiden Pfründen im Bistumsbereich von Noyon verkaufte, so hängt dies vermutlich mehr mit den Ereignissen um seinen Vater zusammen als mit seiner Abkehr vom Katholizismus, die ja erst im Jahr darauf offenbar werden sollte.

Die Jahre 1531 bis 1535 sind auf jeden Fall schwer von großen Entscheidungen, so jung Calvin auch noch ist. Nach dem Tod des Vaters erscheint Calvin auch das Studium der Rechte sinnlos. Er kehrt zum Humanismus und nach Paris zurück, veröffentlicht seine erste wissenschaftliche Arbeit, einen Seneca-Kommentar, der seine verblüffende Beherrschung der lateinischen Sprache beweist, und als diese Arbeit auf ihn aufmerksam macht, riskiert er es, für einen befreundeten Baseler Rektor eine Universitätsrede zu entwerfen. Diese nimmt unter dem an sich unverfänglichen Titel *Über die christliche Philosophie* ziemlich offen für die Reformation Partei, und da Calvin wohl selbst den Mund nicht gehalten hat, muß er nun Paris verlassen.

Calvin erlebt erstmals das Schicksal der Verfolgung, das er später selbst so manchem anderen freien Geist bereiten wird. Verkleidet bringt er die Stadt hinter sich, unter falschem Namen findet er in der alten Herzogstadt Angoulême einen Unterschlupf, der Stadt, aus der ein Menschenalter später der Mönch Ravaillac aufbrechen wird, um den großen Hugenottenschützer Heinrich IV. zu töten.

Nun steht es fest, daß Calvin die Richtung eingeschlagen hat, zu der sein Lehrer Melchior Volmar ihn ermutigte. Das in Bourges erworbene Recht, sich einen Lizentiaten der Jurisprudenz zu nennen, interessiert Calvin weit weniger als die neuen Gedanken der deutschen Reformation und seiner ihr nahestehenden Freunde und Verwandten. Unter diesen ist der Bibelübersetzer Robert Olivétan eine besonders interessante Gestalt, weil er uns zeigt, wie sehr damals die Reform in der Luft lag, wie sie gleichsam atmosphärisch und mit der allgemeinen Bildung eingesogen wurde und Menschen verschiedensten Temperaments und aller Studienrichtungen veranlaßte, nach eigenen Kräften und Neigungen zu dem großen Werk der Erneuerung beizutragen.

Pierre Robert Olivétan, in der Wissenschaft Olivetanus genannt, wurde wenige Jahre vor Calvin, 1505 oder 1506, in Noyon geboren. Er hörte in Orléans zum Teil dieselben Lehrer wie Calvin und wurde vor allem durch Faber Stapulensis (d'Etaples) beeinflußt, der damals an einer Übersetzung der Vulgata, also des lateinischen Bibeltextes, ins Französische arbeitete. Wegen seiner Sympathien für die Reformation in die Schweiz vertrieben, ging Olivétan zunächst nach Genf, verursachte dort jedoch einen Skandal, als er einem bekannten Prediger in dem Augenblick ins Wort fiel, als dieser gerade gegen die Reform vom Leder zog.

Nach schwierigen Jahren auf kleinen Lehrstellen in den Tälern Piemonts hatte Olivétan immerhin sein erstes großes Vorhaben beendet, nämlich das Alte Testament unmittelbar aus dem Hebräischen ins Französische zu übersetzen. Für das neue Testament begnügte er sich mit einer stellenweise flüchtigen Revision der Texte, die sein Lehrer Stapulensis zustandegebracht hatte. Die französische Bibel des Olivétan erschien, mit einem Brief Calvins als Vorspruch, 1535 im schweizerischen Neuchâtel und wurde zur Hugenottenbibel, zur Grundlage für alle Bibelausgaben der Calvinisten.

Olivétan gehörte nun zum engsten Kreis um den Reformator, teilte sich mit ihm in die organisatorischen Arbeiten in Genf und wurde durch den imposanten Folioband seiner Bibel, bei Pierre de Zingle als eines der ersten großen Druckerzeugnisse im Jura erschienen, zu einer zentralen Gestalt der jungen Bewegung. Warum er 1538 nach Italien ging, warum er sich nach Rom, also in die Höhle des Löwen wagte, ist ebenso ungeklärt wie die Überlieferung, daß man ihm in der Stadt der Päpste jenes Gift beibrachte, dem er 1538 in Ferrara erlag.

Wenige Monate nach dem Erscheinen von Olivétans Bibelübersetzung legte Calvin jene Schrift vor, die – immer wieder bearbeitet und erweitert – dennoch die Grundlage seiner reformatorischen Arbeit geblieben ist, die *Institutio religionis christianae*. Größtenteils in der Zurückgezogenheit von Angoulême und in Gesprächen mit seinem dortigen Freund, dem jungen Kanonikus Louis du Tillet entstanden, sammelt und formuliert die kleine Schrift alle Gedanken des Calvinismus zu einer Substanz, die sich auch in allen späteren Ausgaben (nur in der Form der Darstellung verändert) wiederfindet. Calvin spricht in sechs Kapiteln zunächst vom Dekalog, also von den zehn Geboten des Alten Testaments, zweitens vom Glauben, drittens vom Gebet, viertens von den Sakramenten, die er gelten läßt, das heißt von Taufe und Abendmahl, und fünftens von den falschen übrigen Sakramenten. Ein sechstes und Abschlußkapitel beschäftigt sich mit der Freiheit in der Kirche, der kirchlichen Gewalt und der politischen Verwaltung.

Nach Thema und Aussage war die ganze Schrift somit hochbrisant, zudem aber hatte Calvin, der in der Polemik stets zu besonderer stilistischer Brillanz gelangt, in Darstellung und Ausdruck eine nicht mehr zu überbietende Präzision, Folgerichtigkeit und Klarheit erreicht, so daß diese Grundschrift schon dieser Vorzüge wegen Sensation machte. Die Rivalität der humanistischen Federn war im ersten Augenblick auch stärker als die reformatorische Wirkung. Die besessenen Ästheten des Neulateinischen stellten Calvins Arbeit als essayistische Leistung neben durchaus weltliche Paradestücke anderer Autoren; aber bald darauf zeigte sich, daß mit diesem Buch etwas gelungen war, was der Reformation bis dahin gefehlt hatte: die kühle, systematische, unangreifbar belegte Grundschrift, das dokumentarische Basiswerk, um das nun niemand mehr herumkonnte, dem an der neuen Bewegung gelegen war und der in ihr mitsprechen wollte.

Calvin wendet sich in einem Vorwort an König Franz I. von Frankreich und erklärt als seine Absicht, durch die *Institutio* darzulegen, warum die Reform unvermeidlich sei. Er versichert aber auch, daß die Reformierten genau so gute Franzosen und Anhänger ihres Königs sein und bleiben würden wie die Katholiken, man müsse ihnen nur ihr eigenes Christentum gewähren, es tolerieren. Calvin stützt sich – und darin kann man gewiß auch den Einfluß des Olivetanus erblicken – ausschließlich auf die Heilige Schrift und bleibt konsequent dabei, daß nur sie die Quelle des Glaubens sein könne. In den Büchern des Alten Testaments und in den Evangelien fände der Gläubige alles, was als Wort Gottes gelten könne, klar, überzeugend und ausreichend ausführlich. Vor allem sei, da die Menschheit die Bibel besitze, die Kirche als Mittler zwischen Gott und den Menschen überflüssig, aber auch ohnmächtig: wer nicht der Erleuchtung durch den Heiligen Geist teilhaftig sei, der bemühe sich vergeblich, er werde der Verdammnis nicht entrinnen. Der Wille des Menschen ist durch die Erbsünde für immer vergiftet, nur die Gnade Gottes vermag zu erlösen. Der Weg durch das Leben, der Weg zwischen Gut und Böse, ist von Gott vorgezeichnet. Tun wir gute Werke, so hat das nicht zur Folge, daß Gott uns für die Seligkeit erwählt, sondern umgekehrt: nur, weil Gott uns zuvor erwählt hat, vermögen wir Gutes zu tun.

Das sechzehnte Jahrhundert mit seiner Freude an Diskussionen und Pamphleten nötigte Calvin, seinem Buch Kommentare in verschiedener Form folgen zu lassen; über einzelne Punkte schob er auch die endgültige Aussage hinaus, weswegen die Fassung von 1559 heute als die letztgültige und maßgebliche gilt. Aber im ganzen stand damit eine geschlossene, scharfsinnige, aber jedem Interessierten zugängliche Darstellung eines neuen Christentums nun mitten in Europa, zwischen den alten Universitäten und den ehrwürdigen Bischofssitzen als der gleißende Stein dauernden Anstoßes, an dem niemand mehr vorbeikonnte. Wie sehr schon die lateinische Erstfassung diesem Erfordernis genügte, mag man daraus erkennen, daß eine französische Fassung erst im Jahr 1541 veröffentlicht wurde.

Um sich dem Aufruhr zu entziehen, den die kühne und zielsicher zuschlagende Schrift ausgelöst hatte, ging Calvin zunächst nach Ferrara, an den Hof der Fürstin Renata. Sie war eine französische Prinzessin, neigte den Ideen der Reformation zu und bereitete dem jungen Gelehrten einen angenehmen Aufenthalt. Sie blieb mit ihm auch dann noch in brieflichem Verkehr, als er der aufmerksamen italienischen Inquisition wegen wieder in die Schweiz zurückgekehrt war. Er hatte als Franzose zunächst beabsichtigt, einige Städte seiner Heimat und dort lebende Freunde und Studiengenossen aufzusuchen, war er doch schon in früheren Jahren einmal heimlich in Paris gewesen und heil wieder herausgekommen. Aber die Zeiten waren unruhig, Frankreich kämpfte, mit den Türken verbündet, gegen Kaiser Karl V., und so mußte Calvin den Weg nach Norden über die Alpen nehmen, durch das ruhige Savoyen und nach Genf.

Er hatte sich nur seinem alten Freund Louis du Tillet zu erkennen gegeben, der aber konnte nicht schweigen, sondern alarmierte die Gleichgesinnten, vor allem den Genf geistig beherrschenden Guillaume Farel, den damals siebenundvierzigjährigen Reformator aus dem Dauphiné-Städtchen Gap. Dieser bedeutende und kämpferisch gesinnte Mitdenker Calvins war wohl nicht sein Jünger. Er hatte reformatorische Ideen bereits verfochten, als Calvin noch ein Junge war, aber er hatte sich in der französischen Schweiz eine Position erkämpft, die für den Calvinismus zur Heimat und zum Ausgangspunkt der Missionsarbeit werden konnte. Nach Mömpelgard, Aigle und Neuenburg hatte Farel auch Genf für die neuen Ideen gewonnen, indem er den Rat der Stadt überzeugte. Aber es gab auch eine politische Situation, die der neuen Bewegung günstig war: einige Städte der Westschweiz erwehrten sich gemeinsam der Gelüste des Hauses Savoyen, und die kriegstüchtigen Schweizer aus dem damals noch überwiegend deutschen Freiburg und aus Bern hatten in Genf, der verbündeten Stadt, vom Katholizismus nicht viel übrig gelassen. Genf war damit nun eine praktisch freie Stadt innerhalb eines wehrhaften Städtebundes, und sie war für die Reformation gewonnen. Farel, der auf die Fünfzig zuging, machte Calvin klar, daß in dieser Situation Genf der gegebene Hort der neuen Ideen sei, die Basis für die zukünftige große Arbeit.

Und es war tatsächlich die Stunde der Arbeit, denn das Fundament war inzwischen ja gelegt. Calvins *Institutio* (1536) hatte die Kirchenlehre, aber auch die Richtlinien und die moralischen Maßstäbe mit unübertrefflicher Klarheit festgelegt. Sie entsprach wirklich dem, was der deutsche Titel sagt: »Unterweisung in der Religion, umfassend nahezu die ganze Summe der Frömmigkeit und dessen, was in der Heilslehre zu wissen notwendig ist«, und erst nach Calvins Tod brachte ein in der reformierten Kirche besonders hektisch und spitzfindig ausgetragener Streit der Lehrmeinungen dann Widersprüche, Abweichungen und Ergänzungen dubioser Art. Bereits zwei Generationen später hätte Calvin selbst wohl nicht mehr als Calvinist gegolten, sagt R. H. Tawney.

In ihrer praktischen alltäglichen Anwendung geriet die neue Religion sogleich in Konflikte mit dem, was sich in Freiburg und Bern inzwischen als reformierte Praxis, als die Verfahrensweise und der Brauch des Protestantismus eingebürgert hatte. Kämpfe entbrannten um Einzelheiten, die uns heute nicht mehr interessieren können (Feiertage, Haartracht der Bräute, Gebrauch ungesäuerten Brotes beim Abendmahl, Beibehaltung der Taufsteine und dergleichen mehr). Die Fanatiker des neuen Glaubens erwiesen sich als ebenso intolerant wie die Verfechter der päpstlichen Macht und der Alleinherrschaft der Kirche. Der Stadtrat, die verbündeten Städte, die Parteigänger Savoyens und deutsche wie französische Reformatoren lieferten einander so heftige Duelle, daß Farel für immer, Calvin aber immerhin für einige Jahre von Genf wegging.

Die Stadt, in die er sich wandte und in der er für einige Jahre heimisch wurde, hat in der europäischen Geistesgeschichte bis heute sehr oft einen Angelpunkt gebildet: das elsässische Straßburg, wo sich eine starke Gemeinde französischer Glaubens-Emigranten zusammengefunden hatte, die den scharfsinnigen und eleganten, welterfahrenen und doch noch jungen Calvin mit offenen Armen aufnahm. 1539, also mit dreißig Jahren, erhielt Calvin hier einen theologischen Lehrstuhl und damit eine feste und ehrenvolle Position; daß ihn die ganze Stadt als etwas Besonderes ansah, geht vor allem daraus hervor, daß er nach Religionsgesprächen im nahen Hagenau und in Worms im Jahr 1541 als Gefährte Martin Butzers nach Regensburg zum Reichstag entsandt wurde.

Martin Butzer aus Schlettstadt, beinahe zwanzig Jahre älter als Calvin, ist die beherrschende Gestalt der oberrheinischen Reformation, ein universell gebildeter Humanist von großen Geistesgaben, aber sympathischer Bescheidenheit. Er hatte früher als andere erkannt, worin die Gefahren der Reformbewegungen lagen und sich eifrig, aber ohne viel Dank zu ernten, um eine Zusammenführung der verschiedenen Richtungen bemüht. Er eilte unermüdlich von einer Disputation zur anderen – in solchen Religionsgesprächen exzellierten damals die gelehrten Herren – und hatte zunächst deutliche Neigung zu Zwinglis Reform gezeigt. Als ihm die Schweizer aber die kalte Schulter zeigten, begann er in enger Gemeinschaft mit dem Landgrafen Philipp dem Großmütigen von Hessen wenigstens die deutschen Strömungen zusammenzuschließen, was naturgemäß zu einer geistigen Gemeinschaft mit Luther führte.

Die Tatsache, daß Butzer sich auf dem Religionsgespräch von Hagenau Calvin als Begleiter wählte und sich von ihm assistieren ließ, macht deutlich, daß der junge Genius aus Noyon damals noch nicht mit der gleichen Unbedingtheit gegen andere Lehrmeinungen focht wie wenige Jahre später. Butzer durfte in ihm eher einen gewandten Verbündeten auf seinem Weg erblicken, die protestantischen Kräfte in Deutschland gegen die alte und wohletablierte Macht zum Beispiel der geistlichen Kurfürstentümer zu stärken. Stand auch Butzers Niederlage in Köln (1542) noch bevor, so war es doch klar, gegen wen sich der protestantische Angriff richten mußte, wenn er Erfolg haben sollte. Es ging noch immer darum, die alte Kirche zu erneuern und nicht einfach eine neue Kirche neben sie zu setzen.

Mit dieser Tendenz traten Butzer und Calvin auch auf dem Regensburger Reichstag von 1541 auf, der naturgemäß ganz im Zeichen der religiösen Spannungen innerhalb des zerklüfteten Deutschland stand. Melanchthon, ein Verwandter des großen Reuchlin, hatte Calvins Wirken seit geraumer Zeit beobachtet und seine *Institutio* genau gelesen; er hatte den Straßburgern nahegelegt, Calvin zu ihrem Vertreter zu wählen, machte jedoch erst in Regensburg die persönliche Bekanntschaft des Calvin.

Es waren entscheidende Jahre für den Reformator. Die Verbannung aus Genf hatte ihn nach Straßburg, in eine freiere und geistig regsamere Stadt gebracht, die Reisen, Disputationen und die Kontakte auf dem Reichstag hatten ihn in wertvollster Weise über die Gesamtsituation der Reformation informiert und über die Probleme, die sie nicht nur im geistigen, sondern vor allem im praktischen Bereich des kirchlichen und bürgerlichen Lebens aufwarf. Calvins Blick hatte sich geweitet, und er hatte einen Hausstand gegründet: 1540 war er eine Ehe mit der vermögenden Witwe Idelette von Buren eingegangen, ein Schritt, der für ihn natürlicher war als etwa für Luther, da Calvin ja niemals Priester und auch nicht Mönch gewesen war.

Vermutlich waren es diese privaten Entwicklungen, die ihm den Entschluß schmackhaft machten, ins ungetreue Genf zurückzukehren, wo man nach heftigen Parteikämpfen seine Ausweisung beschlossen hatte. Die Genfer Kleinwelt gefiel sich in Auseinandersetzungen, die sie zeitweise als ein zweites Byzanz erscheinen lassen. Ganz Europa stand an der Schwelle folgenschwerer Entscheidungen, in Genf aber kämpften die Artichauds so erbittert gegen die Farel-Anhänger, die Guillermins, als gebe es nichts Wichtigeres auf der Welt.

Calvin hatte seinen Gegnern Boden abgewonnen, als der kluge und hochgebildete Kardinal Sadolet, der Oberhirte des Bistums Carpentras, die Stadt durch ein Sendschreiben aufgefordert hatte, in den Schoß der Kirche zurückzukehren. Das war im Frühjahr 1539 gewesen, und

Calvin hatte, obwohl aus Genf vertrieben, für die Reformpartei der Stadt so geistreich geantwortet, daß einige namhafte Gegner zu ihm übergingen und seine Rückberufung vorbereiteten. Calvin kam indes erst am 13. September 1541, als der ihn verbannende Volksbeschluß in aller Form zurückgenommen worden war und er sicher sein durfte, keinen Widerständen mehr zu begegnen.

Schon in den Verhandlungen über Calvins Rückkehr nach Genf hatte die Verfassung der Genfer Kirche, die künftige Ordnung, in der man leben werde, eine besondere Rolle gespielt. Calvin war entschlossen, sein Haus zu bestellen und sich nicht mehr der unberechenbaren Volksmeinung oder aber den Intrigen städtischer Machtgruppen auszuliefern. In den Grundzügen schon im voraus gebilligt, wurden seine *Ordonnances ecclésiastiques* nun ausgearbeitet und schließlich mit nur unwesentlichen Abstrichen und Milderungen auch angenommen.

Der vielen reformierten Gemeinden natürlich erscheinende viergeteilte Aufgabenbereich bildete auch in Genf die Grundlage. Den Pastoren oblag die Predigt und die Verwaltung der Sakramente; den Ältesten war die Überwachung der Moral übertragen, der dritten Ämtergruppe, den Diakonen, die öffentliche Fürsorge, die vor der Einführung der Sozialversicherung ja eine besondere Rolle spielte. Die vierte und kleinste Gruppe schließlich, die Doktoren, hatte über die Reinheit der neuen Lehre zu wachen.

Es wird von keiner Seite bestritten, daß Calvin diese Grundelemente im Sinn einer aristokratischen Gemeindeordnung veränderte und daß er die Obrigkeit außerordentlich stärkte. Die in der *Kongregation* zusammengeschlossene Geistlichkeit und die vom *Konsistorium* regierte Gemeinde stellten keine echte Gewaltentrennung dar, die personellen Verflechtungen waren viel zu eng, der beherrschende Geist Calvins durchdrang sie beide und lenkte alle Aufgabenbereiche souverän, ungeachtet heimlicher Widerstände. In der Kongregation wirkte Calvin am emsigsten, weil es dort um die Fragen der Pfarrstellen, der neu anzustellenden Pastoren, um die Seelsorge und dergleichen ging. Das Konsistorium oder der Rat der Ältesten hatte die Aufgabe, »auf das Leben eines jeden Gemeindegliedes acht zu haben«, eine Formel, die man mancherorts in unterträgliche Diktatur und Schnüffelei umsetzte.

Das Leben der Familien und des Einzelnen hing nach dieser Verfassung notwendig von dem Geist ab, der im Ältestenrat herrschte; alle Möglichkeiten von sanfter und gütiger Führung bis zu drakonischer Strenge und kleinlicher Bespitzelung waren damit gegeben und sind im Lauf der Geschichte auch vorgekommen, diesseits und jenseits des Ozeans.

Unter dem starken Geist Calvins mußte die Verfassung die Stadt Genf zu dem von allen Reformierten beachteten Mittelpunkt einer neuen Geisteswelt machen, gleichsam zu einem Rom des Protestantismus jener französisch-schweizerischen Prägung, die trotz der persönlichen Beziehungen zwischen Calvin und Melanchthon, zwischen Butzer und Zwingli und vielen anderen Kontakten doch sehr deutlich vom Luthertum differierte. In vielem von Luther, in manchem von Melanchthon beeinflußt, hatte Calvin mit den *Ordonnances ecclésiastiques* wieder einen Schritt zur Eigenständigkeit gemacht und seine Überlegenheit im organisatorischen Kalkül bewiesen. Luther geriet, seiner eigenen starken Persönlichkeit vertrauend, immer wieder in heikle Situationen und auch in manchen Widerspruch; dagegen schützte sich nun Calvin durch eine auf ihn zugeschnittene Verfassung und ein Gemeinwesen, das ihm zu Füßen lag.

Natürlich barg diese Konkretisierung einer bis dahin in Schriften und Predigten lebenden Lehre ebensoviele Gefahren wie Chancen. Die neuen Gedanken mußten sich an ihrer Bewährung im Leben einer ganzen Stadt, ja eines Stadtstaates messen lassen, und das waren Bereiche, in denen die uralte Tradition, das weise *savoir-faire* der alten Kirche unleugbare Vorteile genossen. Aber Calvin hatte keineswegs nur Geist und Bildung, er bewies nun auch die für das Regierungsgeschäft nötige Härte, er stellte sich der Wirklichkeit seines Jahrhunderts. Und es ist dieses blutige, weit hinter seinen Geistesheroen zurückbleibende Jahrhundert, das uns die überraschende Härte der Genfer Justiz erklären muß und die Tatsache, daß der Mann, der an den König von Frankreich um Gedankenfreiheit appellierte, nun selbst über die Ideen und Gedanken seiner Mitmenschen richtete.

Genf hatte am Vorabend seiner neuen großen Rolle in der reformierten Welt nur 16.000 Einwohner. Dennoch kam es schon in den ersten sechs Jahren der nun geltenden *Ordonnances* zu nicht weniger als 58 Hinrichtungen, denen zumeist Verfehlungen gegen die religiöse Ordnung zugrundelagen, abweichende Lehrmeinungen, Opposition gegen Calvin. Darüber hinaus wurden als vergleichsweise milde Alternative 76 Personen aus Genf verbannt. Die Todesstrafen wurden häufig durch Verbrennen auf dem Scheiterhaufen, seltener durch das Beil vollzogen. Jene, die selbst als Ketzer verfolgt worden waren, bereiteten damit nun den Abweichlern den Tod, den die katholische Kirche und die Inquisition für Ketzerei bereithielten. Und man konnte schnell einen Fehltritt begehen, weil ja die ganze protestantische Welt ihre neuen Ideen noch fermentierte und sich erst auf einige wenige Fundamente des neuen Glaubens geeinigt hatte.

Man hat das, was sich in diesen Kampfjahren begab, stets vor allem Calvin angelastet, und er ist zweifellos auch der Hauptverantwortliche für die Härte jener protestantischen Inquisition, die nun in die Welt tritt; aber es gibt doch sichere Hinweise dafür, daß auch ein Calvin sich im guten wie im bösen nicht immer durchsetzen konnte. Seine Parteigänger, seine Mitregierung aus Gleichgesinnten haben ihm bisweilen die Gefolgschaft verweigert, wenn er einen Gegner auf den Scheiterhaufen schicken wollte, aber auch, wenn er bereit war, einem Verurteilten den Feuertod zu ersparen und die Gnade des Beils zu gewähren. Da die anderen aber im Lauf der Zeit so gut wie namenlos geworden sind, haftet die Verantwortung für eine Reihe von Todesurteilen aus Glaubensgründen – also gegen Andersdenkende, die kein Verbrechen begangen hatten – an Jean Calvin selbst.

Einer der ersten und bekanntesten Fälle, in denen Calvin selbst aufs persönlichste beteiligt war, führte lediglich zu einer Verbannung und trug Calvin noch durch viele Jahre harte Angriffe jenes wortgewaltigen Verbannten ein: Es war Sebastian Castellio (1515–63), ein Bauernsohn aus Saint-Martin-du-Fresne, der eigentlich Chatillon hieß. Castellio hatte in Lyon studiert, hatte dort die Ideen der Reformation aufgenommen und in Straßburg engsten Umgang mit Calvin gehabt: er lebte in seinem Haus als Kostgänger. Vor Calvins Rückkehr nach Genf gegangen, wurde Castellio dort Rektor des neuen Gymnasiums und hatte damit eine Schlüsselposition in der Heranbildung des calvinistischen Nachwuchses inne. Sein 1542/43 erschienenes lateinisches Übungsbuch war ein Geniestreich besonderer Art, denn die Dialoge vermittelten den Schülern nicht nur ein besseres Latein, sondern erzählten ihnen auch die Heilige Schrift im Sinn der Reformatoren. Das Buch hatte denn auch außerordentlichen Erfolg, und da es für die lateinische Sprache keine Grenzen gibt, wurde es sehr bald auch in Frankreich und Deutschland, ja sogar in Spanien verbreitet.

Dieser Erfolg führte zu einer gewissen inneren Selbständigkeit Castellios, der sich bis dahin sehr eng an Calvin angeschlossen hatte, und das freundschaftliche Verhältnis der zwei Männer erkaltete. Bald stellten sich auch theologische Gegensätze ein. Castellios tolerante Natur sah nicht ein, warum man nicht etwa über die Höllenfahrt Christi eine andere Auffassung haben könne als Calvin, und nach einer Reihe von Differenzen war es klar, daß für einen so unabhängigen und nun auch noch berühmten Denker wie Castellio neben Calvin in Genf kein Platz sei.

Castellio wird 1544 ausgewiesen, versucht, sich in

Lausanne niederzulassen, wo man aber das nahe Genf nicht verärgern will, und findet endlich in Basel ein Unterkommen. Nach Brotarbeit in einer Druckerei findet Castellio endlich eine würdigere Existenz als Griechischlehrer und entfaltet eine rege literarische Tätigkeit.

Der Bruch zwischen Castellio und Calvin gehört zu den bedauerlichsten und folgenschwersten Ereignissen der frühen Reformationsgeschichte in Genf. Von Calvins Dogmen abweichende Auffassungen Castellios erklären ihn nicht hinreichend, dazu hatten die Freunde einander zu lange gekannt, zu viele Abende im Gespräch verbracht, zu lange den Weg in Richtung auf die neue Wahrheit gemeinsam beschritten. Auch ist der Zeitpunkt des Bruchs auffällig; er tritt trotz allem, was die beiden gemeinsam und jeder für sich erlebt haben, erst in dem Augenblick ein, wo auch Castellio zu einem Begriff wird und einen echten, bedeutenden Erfolg auf einem Gebiet erringt, das Calvin stets am Herzen lag, aber nicht seine starke Seite war: in der Didaktik. Der überlegene Verstand Calvins hatte stets Mühe, sich – wie man damals sagte – gemein zu machen; die Popularisierung seiner Lehre gelang zum Beispiel dem lauten, kontaktfreudigen Farel sehr viel besser. Calvin wirkte esoterisch, aristokratisch, überlegen und distanziert und war damit das genaue Gegenteil der Volksmänner Luther und Zwingli. Natürlich muß man bei einer Persönlichkeit wie Calvin eine simple Neidreaktion ausschließen, aber zu oft haben sich Freunde in dem Augenblick entzweit, wo die Grundkonstellation der Freundschaft – die Gleichheit oder das konstante Gefälle – durch eine neue Situation abgelöst wurde.

Für uns Heutige ist der Name Castellio auf tragische Weise mit einem anderen verknüpft, mit dem des Arztes Miguel Serveto, der den größten Teil seines Lebens hinter dem Pseudonym Villanova oder Villeneuve versteckt zubrachte und seine Schriften oft nicht einmal mit diesem angenommenen Namen zeichnete. Das hatte seinen guten Grund: Serveto war nicht einer jener protestantischen Denker oder Pamphletisten, die in den großen kritischen Chor einstimmten, sondern er hatte sich zu einer Lehre durchgerungen, die ihn zu allen existierenden Kirchen und Strömungen des Christentums in Gegensatz bringen mußte.

Serveto wurde 1509 oder 1511 in Tudela geboren, jener nordspanischen Kleinstadt, die dreihundert Jahre zuvor den berühmten Rabbi Benjamin hervorgebracht hatte, den großen Reisenden, der alle Judengemeinden des Orients besuchen wollte und der uns von seiner einzigartigen Reise einen höchst aufschlußreichen Bericht überliefert hat. Serveto selbst war vermutlich nicht Jude, er entstammte spanischem Kleinadel, aber es war keineswegs selten, daß die hübschen und geistvollen Jüdinnen in den spanischen Adel einheirateten, vor allem, wenn die Judengemeinde in einer Stadt eine besondere Rolle spielte; das aber war in Tudela ebenso der Fall wie zum Beispiel in Toledo.

Serveto, wenige Jahre nach der letzten großen Judenaustreibung Spaniens geboren, vereinigt in seiner sehr originellen, konsequenten und intellektuell reizvollen Auffassung des Christentums alt- und neujüdisches Wissen mit den Traditionen der frühchristlichen Diskussion rund um das Christentum. Der ungemein belesene, des Hebräischen und Griechischen kundige Mann hatte den sogenannten kleinen Blutkreislauf durch die Lunge entdeckt, sich dann aber wieder theologischen Studien zugewendet und wäre dank seiner Mimikry unter falschem Namen vermutlich einer der vielen Insgeheim-Ketzer seines Jahrhunderts geblieben, hätte nicht der Philologenspürsinn Calvins und Servets unseliges Attachement an den großen Reformator Servets Urheberschaft an der Schrift *Christianismi restitutio* aufgedeckt.

Es ist zwar falsch, den Gedankenreichtum des spanischen Arztes ausschließlich in seinen Angriff auf die Dreifaltigkeit zu bündeln; Serveto hatte ein sehr attraktives Gemisch rabbinischer und altchristlicher Ideen zustandegebracht, das zumindest auszugsweise auch heute noch manche Diskussion anregen könnte. Aber es war der Gedanke, daß Gottvater, Sohn und Heiliger Geist nur Erscheinungsformen des einen und desselben höchsten Wesens seien, der den Zeitgenossen schon bei der puren Lektüre des ketzerischen Werkes die kalten Schauer über den Rücken jagte. Der durchaus moderne Gedanke, philosophisch ungleich besser zu verteidigen als Gottvater mit dem Bart und die durchs Kirchenschiff schwebende Taube, war im intoleranten sechzehnten Jahrhundert ein nicht diskussionsfähiger, weil rein krimineller Angriff auf das Christentum selbst. Calvin hatte daher, so oft Serveto seinen Besuch in Genf ankündigte, energisch abgemahnt, und er hatte auch in einem Brief die bedenkliche Drohung geäußert, wenn Serveto dennoch komme, so werde er Genf nicht lebend verlassen. Vielleicht, um diesen unvermeidlichen Ketzermord von Genf und von der eigenen Verantwortung fernzuhalten, hatte Calvin auch – nach einigem Zaudern – den Anklägern von Lyon Unterlagen darüber zur Verfügung gestellt, daß Serveto die ketzerische Schrift *Christianismi restitutio* verfaßt habe. Womit Calvin nicht rechnen konnte, war, daß der zum Tod Verurteilte entspringen und sich nach Genf in die Höhle des Löwen begeben werde.

Die Geschichte kennt einige Beispiele jenes selbstvernichtenden denkerischen Eigensinns, den Serveto an den Tag legte, um sich mit seinem größten Gegner, mit Calvin, in der Diskussion messen zu können, jener Form der Auseinandersetzung, die in den Zeiten eines noch sehr jungen Druck- und Verlagswesens noch unentbehrlich war, ja in diesem Jahrhundert geradezu kulminierte. Und Stefan Zweig hat es uns bewegend geschildert, wie Serveto, unrasiert, stinkend, abgerissen, unterernährt, von Folter und Tod bedroht, in diesen Diskussionen einem Calvin standhielt, der ausgeschlafen und wohlgepflegt, von Idelette mit sorgsamen Diäten bei Gesundheit gehalten und im Besitz aller Macht dem glühenden Häretiker eiskalt entgegentritt, wohlvorbereitet, in einer großen Bibliothek, umgeben von einem andächtigen Hofstaat.

Niemand zweifelte daran, daß dieser Kampf des Jahres 1553 mit dem Tod des Spaniers enden würde; Genf hatte zur eigenen Rückendeckung in anderen Schweizer Städten angefragt und Gutachten erbeten, und die Verurteilung der Ketzergedanken des Serveto erwies sich als einhellig. Ja Calvin und das Genfer Predigergremium taten ein Übriges, sie baten um den Tod durch das Beil, während das Konsistorium, der unbeugsame Ältestenrat, für Serveto den Holzstoß verlangte. Und doch schlugen die Flammen vom 27. Oktober 1553 nur Calvin ins Gesicht.

Der erste, der gegen die Verbrennung eines Gelehrten wie Serveto öffentlich auftrat, war Castellio. Er hatte nach Jahren einer miserablen Existenz als Korrektor endlich eine – schlecht bezahlte – Lehrerstelle gefunden; die Vernunft gebot dringend zu schweigen, da sich schließlich auch Basel gegen Serveto ausgesprochen hatte und da Calvins langer Arm bekannt war. Aber Castellio schrieb unter dem durchsichtigen Pseudonym Martin Bellius sein bald berühmt gewordenes Traktat *De haereticis an sint persequandi* (Von den Ketzern, und ob man sie verfolgen soll), ein Buch, das trotz der allgemeinen Abneigung gegen den zu weit gehenden Angriff des Serveto große Verbreitung und viel geheime Sympathien fand, vor allem natürlich bei den Gegnern des mächtigen Calvin.

Dieser selbst, aber auch sein Freund Théodor de Bèze und andere, antworteten Castellio in wütenden Pamphleten – was ihr gutes Recht war – und drängten die Baseler Behörden, dem Mann sein Lehramt zu nehmen, ja ihn auszuweisen. Das war ganz schlechter Stil, ist aber bis heute üblich geblieben: der Gegner soll nicht nur mit geistigen Waffen bekämpft werden, man muß ihn auch durch die Vernichtung seiner Existenz dafür bestrafen, daß er es gewagt hat, einen Größeren und Mächtigeren anzugreifen.

Im theologischen Schrifttum oft und ausgiebig kommentiert, wären der Prozeß des Serveto und der Kampf des Castellio heute dennoch völlig vergessen, würde uns nicht auch unser Jahrhundert Parallelen in reichstem Maße liefern. Und so wie einst Serveto und Castellio in pseudonyme Existenzen schlüpften, so erkor sich Stefan Zweig die unduldsame Theokratie Calvins in Genf, um gegen die Diktatur Hitlers zu protestieren: In dem mehr einer Streitschrift als einem Roman gleichenden leidenschaftlichen Buch *Castellio gegen Calvin* mit dem Untertitel ›Ein Gewissen gegen die Gewalt‹.

Das Buch, in der Nazizeit heimlich, aber eifrig gelesen, war dennoch nach 1945 eines der letzten, die von Zweig neu aufgelegt wurden, und beinahe jedes Jahr beweist uns an Beispielen aus Südamerika, Mittelasien oder Osteuropa, daß jener große Prozeß des Jahres 1553 und seine literarische Behandlung an Aktualität nichts eingebüßt haben. Zweig arbeitete unter schwierigsten Verhältnissen an diesem Buch, während seines Umzugs von Salzburg nach London, als er nur ein Zehntel seiner Bücher zur Verfügung hatte und obendrein von seinem Verleger Reisner zeitlich gedrängt wurde. Darum unterlief ihm – wie noch 1978 Peter J. Foth und J. Friedman – der Fehler, das französische Städtchen Vienne, wo Serveto als Monsieur de Villeneuve lebte, mit dem kaiserlichen Wien zu verwechseln (der Bogen wurde später ausgetauscht), und es ist auch richtig, daß Zweig es versäumte, zwischen eigenem Geistesgut und Worten des Castellio zu unterscheiden. Dennoch ist der schmale Band zweifellos mehr als eine Nachlese zu der großen Erasmus-Biographie.

Miguel Serveto, das war ein Casus, von dem etwa Luther sich gesagt hätte: Er wird seinen Richter finden, und dieser Richter wäre dann in Basel oder Lyon oder sonstwo gesessen, nur eben nicht in Wittenberg. Aber die Unbedingtheit, die war Calvins Schicksal, und sie war es, die ihn trieb, aus der lebenslustigen Stadt am Lac Léman eine Art irdischer Hochburg des neuen Glaubens zu machen. Genf, das noch heute – etwa im Gegensatz zu Basel – als die Stadt leichtester, angenehmster, ungebundener Geselligkeit gilt, bildete in den Jahren unter Calvin all das aus, was die Reformierten so eng zusammenführte und was zugleich die Kritik so deutlich herausforderte. Und weil Calvin im Kampf gegen die Genfer Oberschicht und ihre Lebensweise den Totalitätsanspruch erhob, weil er in voller Konsequenz seines Glaubens postulierte, man könne nicht von Montag bis Samstag huren und Sonntag dann als braver Bürger in der Kirchenbank sitzen, begann seine Lehre nun den Kampf um das tägliche Leben, um das, was man heute die private Sphäre nennt.

Dieser Kampf ist oft diskutiert worden, und er hat seine lächerlichen Züge, die sich der Kritik anbieten; aber innere Unwahrheit lag ihm nicht zugrunde, Calvin heuchelte nicht und predigte nicht Wasser, obwohl er selbst Wein trank. Wie er die Frauen wollte und was er von ihnen wollte, das wußte man, Farel hatte kein Geheimnis aus dem gemacht, was der Meister ihm einmal geschrieben hatte: »Ich gehöre nicht zu den törichten Liebhabern, die, wenn sie einmal von der Gestalt (einer Frau) hingerissen sind, auch ihre Fehler preisen. Die einzige Schönheit einer Frau, die mich anlockt, ist ihre Züchtigkeit. Dazu sei sie recht fügsam, nicht hochmütig, sparsam und geduldig, und ich sollte hoffen dürfen, daß ihr meine Gesundheit am Herzen liegt.« Das war ein puritanisches Ideal, dem sich die wohlhabenden Genferinnen, zwischen den schweizerischen Fleischtöpfen und dem französischen Kleiderkram, nicht zu fügen gedachten; man hatte zu gut gelebt am Lac Léman, und Calvin mußte, kaum daß er seinen Angriff auf dieses Leben richtete, Schmähschriften lesen, in denen ihm geraten wurde, sich in das nächste Boot zu setzen und rhôneabwärts zurück nach Frankreich zu fahren.

Tatsächlich gingen die Vorschriften, die auf Calvins Betreiben von den zwei die Stadt regierenden Gremien erlassen wurden, für unser Empfinden außerordentlich weit. Calvin schloß zum Beispiel die Weinstuben, in denen nächtelang gezecht und gelärmt und bei allerlei Zoten vor allem kräftig getrunken wurde, wachsen doch kaum irgendwo bessere Weine als zwischen Aigle und

Beaune, vom Dôle ganz zu schweigen. Als die Genfer protestierten, wurde ein neuer Typus der Weinstube kreiert, in dem die Weine von der gewohnten Qualität waren, nur wurde zu geistlicher Musik ein wenig Erbauung mitgeliefert. Das war, wie sich denken läßt, nicht nach jedermanns Geschmack, so daß man nach und nach zu den liederlichen Gewohnheiten der vorcalvinistischen Epoche zurückkehrte.

Soweit zweckdienliche alte Vorschriften vorhanden waren, in irgendwelchen Not- oder Pestzeiten erlassen, um die Bürger zur Einkehr zu ermahnen, so wurden sie ergänzt und reaktiviert: auf das Verbot des Tanzens in der Öffentlichkeit folgte ein völliges Tanzverbot; Glücks- und andere Spiele zur Zeit des Gottesdienstes zu treiben, war stets verboten gewesen. Unter Calvin wurde nun der Besuch des sonntäglichen Gottesdienstes zur Bürgerpflicht erhoben, der Kleiderluxus untersagt und genauestens vorgeschrieben, was Mann und Frau anziehen und sich als Schmuck umhängen durften. Das führte denn auch prompt zu dem historischen Zusammenstoß zwischen Calvin und Madame Perrin, einer jungen und schönen Frau aus dem Patriziat, und löste in der Folge blutige Parteikämpfe aus. Auch die Prostitution wurde von Calvin verboten, nachdem es sich als undurchführbar erwiesen hatte, die von Fremden besuchten Gasthöfe der an großen Durchzugsstraßen liegenden Stadt für die Einheimischen zu sperren.

Das alles ist nicht so unerhört. Kleidervorschriften kennen wir aus allen Teilen Mitteleuropas und aus mindestens drei Jahrhunderten; auch Verbote des Dirnenwesens werden immer wieder erlassen. Was daran besonders auffällt, was die Summe dieser Verordnungen zu einer Belastung für Calvin selbst werden ließ, ist der augenscheinliche Mangel an Welterfahrung und Lebenskenntnis, der dahinter steht. Ein großer Reformator kann sein Werk sehr wohl am Schreibtisch und über den Büchern beginnen, aber wenn er zu einer Reform des Lebens fortschreitet, wie es in der Natur der Sache liegt, dann muß er dieses kennen. Calvin war hochgebildet, er mußte wissen, welche Niederlagen sich auf den gleichen Gebieten ein Größerer als er schon geholt hatte, nämlich Ludwig IX., Frankreichs heiliger König. Calvin meinte, sich die Mithilfe des Volkes gegen die Oberschicht sichern zu können, indem er zur Denunziation ermunterte, und so durchstreiften denn Proleten und Kleinbürger die schöne reiche Stadt auf der Suche nach jemandem, der mehr als zwei Ringe trug oder dessen Mahl mehr als drei Gänge umfaßte; und wenn einer für solche Exzesse zu arm war, so tat er den Spionen vielleicht den Gefallen, einen kräftigen Fluch auszustoßen – dann nämlich konnte man ihn ebenfalls anzeigen. Wilhelm Neuser hat in seiner besonnenen und um Objektivität bemühten Biographie des Reformators darauf hingewiesen, daß schon der letzte katholische Bischof die Genfer ermahnt hatte, jene, die öffentlich fluchten oder Gott lästerten, der Kirche anzuzeigen; aber von der neuen Lehre hatte man eben auch auf diesem Gebiet etwas mehr Toleranz erwartet und war nun zutiefst enttäuscht, daß die Schrauben stärker angezogen wurden, die Überwachung durch das Konsistorium auch vor den Fensterläden und Türen nicht halt machte.

Pierre Ameaux, ein Anhänger Calvins, der diesen Kurs nicht mittragen wollte, wurde wie ein Vebrecher verhaftet, in Untersuchungshaft gehalten und schließlich zur öffentlichen Abbitte verurteilt, kniefällig vor dem versammelten Rat. Damit nicht genug, vernichtete Calvin auch die bürgerliche Existenz des einstigen Mitstreiters und erreichte es, daß dieser kein öffentliches Amt mehr bekleiden durfte.

1547, im Jahr darauf, wurde Jacques Gruet verdächtigt, ein Calvin schmähendes Plakat an der Kanzel von Saint Pierre angebracht zu haben. Eine Haussuchung erhärtete den Verdacht, Gruet wurde auf das Grausamste gefoltert, damit er Mitverschworene nenne, und, als sich dies als ergebnislos erwies, mit dem Beil gerichtet. Daß Gruet standgehalten und niemanden genannt hatte, schuf Calvin besondere Probleme, und als er das Haupt der Opposition, seinen einstigen Freund Ami Perrin, anklagte, war dessen Partei stark genug, einen Freispruch durchzusetzen. Auch Hieronymus Bolsec, Arzt und Häretiker mit von Calvin abweichenden Meinungen, wurde trotz aller Bemühungen des Reformators nicht zum Tod verurteilt, sondern lediglich aus Genf verwiesen, weil Basel, Bern und Zürich erklärt hatten, die zwischen Calvin und Bolsec strittigen Fragen gehörten zu den schwierigsten der Theologie überhaupt, weswegen es angebracht sei, bei Differenzen Milde walten zu lassen. Es war um die Erbsünde gegangen, und da ließ man eben noch eher mit sich reden als bei Servetos massivem Angriff auf die Dreifaltigkeit.

Daß bei einem Mann wie Serveto und in seinem Prozeß die ganze Schweiz und auch deutsche Reformatoren hinter Calvin standen, das stärkte ihm in den letzten Jahren seines Lebens noch einmal den Rücken und festigte seine Position in der unwillig gewordenen Stadt Genf. Ein an sich unerheblicher Aufstand vom 15. Mai 1555 – also während des Reichstages von Augsburg und des Kampfes um den Religionsfrieden – bot Calvin die Möglichkeit, gegen die Genfer Oppositionellen hart durchzugreifen. Ein paar kleine Leute wurden verhaftet und gestanden auf der Folter, was man hören wollte; die Großen wie Ami Perrin und einige andere Patrizier kannten derlei Mechanismen zu gut, um zu warten, bis der Büttel auch an ihre Türen klopfen würde, und verließen die Stadt. »Nicht eher wurde aufgehört, als bis die führenden Geister der Opposition geflohen und verbannt, eingekerkert und hingerichtet waren. Das alte Genf der Berthelier und Favre, der Freiheitskämpfer der Zwanzigerjahre, war nicht mehr; es entstand das neue Genf, das dem Reformator willig gehorchte und durch die massenhafte Einwanderung der Réfugiés aus Frankreich und England einen ganz anderen Charakter bekam, das neue Genf, das auf dem Gebiet des reformierten Protestantismus verehrt und angesehen wurde wie eine heilige Stadt« (Rudolf Hermes in RGG).

Calvin, schon in Straßburg bei schwacher Gesundheit, seit 1549 verwitwet, überstand diese Kämpfe, aber sie raubten ihm Kräfte und Energien, die er zweifellos lieber seinem geistlichen Auftrag und dem eigentlichen reformatorischen Werk zugewandt hätte. Die Aufgabe, die einem Luther die evangelischen Landesfürsten abnahmen, die Ziele, die der Augsburger Religionsfriede von 1555, wenn auch um den Preis von Kompromissen, erreicht hatte, das alles lag in einer Stadt wie Genf auf den Schultern Calvins. Die Belastungen müssen furchtbar gewesen sein, die Inanspruchnahme vielfältig, pausenlos und damit endlich tödlich. Die Errichtung jener Genfer Akademie, auf der Calvin den Lehrernachwuchs seines neuen Bekenntnisses heranziehen wollte, rang er buchstäblich dem Tode ab, und der erste Rektor der Akademie wurde einer jener Freunde, die Calvin unwandelbar die Treue gehalten hatten, der Studienkollege und Jugendgefährte Théodor de Bèze. Er verehrte Calvin seit Jahren und hielt an ihm fest, und unter Bèze-Beza wurde die Akademie, deren Grundstruktur manches von den berühmten Jesuitenschulen hat, zu einem Instrument lebensnaher Ausbildung. Calvin, der schon in Paris zum Teil dieselben Lehrer gehört hatte wie Ignatius von Loyola, gelangte durch seine kompromißfeindliche Schärfe am Ende seines Lebens wieder in die Nähe seines kongenialen Widerparts.

Am 28. April 1564 hielt Calvin seine letzte Ansprache an die versammelten Prediger, eine kurze Rede, in der sich Stolz und Zerknirschung seltsam mischen, weil im Angesicht des Todes die fromme Demut dieses nie im Glauben schwankenden Denkers doch die Oberhand gewann. Am 27. Mai starb Calvin, erst fünfundfünfzig Jahre alt, und wurde nach seinem Wunsch mit größter Schlichtheit bestattet. Die Genfer hatten zuletzt wohl erkannt, welch großen Mann sie in ihren Mauern beherbergt hatten, wenn es auch nicht immer leicht gewesen war, mit soviel Größe zu leben; die ungeheure, weltweite Ausbreitung der calvinistischen Ideen konnte 1564 jedoch noch niemand ahnen.

DAS RÄTSEL DES ERFOLGS

Nach den wohlbegründeten Schwierigkeiten, die Johannes Calvinus mit den sechzehntausend Menschen in seiner Hochburg Genf hatte, müßte man meinen, daß diese lebenslustige Gemeinde in ihrer den Reichtum garantierenden Lage an den großen Straßen nach dem Tod des strengen Reformators zu dem zurückkehrte, was sie vorher gemacht hatte: Handel getrieben, Waren umgeschlagen, von den Fremden gelebt – und daß sie von all diesem durchziehenden Volk auch wieder die Sitten angenommen hätte, die Calvin, Farel und deren Helfer ihnen in mühevoller und jahrelanger Arbeit nach und nach abgewöhnt hatten.

Aber das Erstaunliche geschah: die strengste und straffste Form des Protestantismus trat zuerst verdeckt, dann immer offenkundiger einen Siegeszug in West- und Nordwesteuropa an, entrang dem Luthertum die bis dahin so freisinnigen und lebenslustigen Niederlande und griff selbst über das lutherische Deutschland hinweg nach Polen und nach Ungarn. Luthers Tod im Jahr 1546 hatte Calvin für die achtzehn Jahre, um die er den deutschen Reformator überlebte, zur zentralen Figur des Protestantismus gemacht, hatte Calvin aber auch gezeigt, welche Probleme sich nach dem Tod einer beherrschenden Persönlichkeit in einer jungen Lehre und deren Gemeinden ergeben können. Luther hatte eine allen offenbare Lücke hinterlassen. Seine bisweilen groben, mitunter sogar sehr derben Schriften und Polemiken hatten ihn zum größten Volksschriftsteller der Deutschen gemacht; er hatte den Deutschen ihre Sprache gegeben, er hatte in den Wittenberger Altersjahren, trotz peinigender Steinschmerzen, den deutschen Protestantismus mit der vollen strahlenden Kraft seiner starken Persönlichkeit erfüllt. Tausende hatten ihn besucht, er war uneigennützig geblieben und hatte ungezählten Menschen geholfen. Ein Mensch dieses inneren Volumens, seine Lehre lebend und vertretend bis zuletzt, bisweilen irrend, aber nie unmenschlich, nie eigensüchtig, nie berechnend: solch eine Persönlichkeit an der Spitze und im Herzen einer Erneuerungsbewegung mußte unersetzt und unersetzbar bleiben. Und da der deutsche Protestantismus theoretisch keineswegs so fest gefügt war wie der Calvinismus, da Luther sich zuletzt sogar mit seinem treuen Gefährten Melanchthon hatte auseinandersetzen müssen, brach nach dem Tod des großen Reformators sogleich der Meinungsstreit aus. Melanchthon und seine Gegner lieferten einander nicht selten im Angesicht katholischer Delegationen heftigste Diskussionen; der bis zu seinem Tod im Jahr 1560 um eine Wiedervereinigung, um zumindest einen Accord der protestantischen Richtungen bemühte vornehme Melanchthon wurde schließlich als Krypto-Calvinist beschimpft und starb in tiefer Verbitterung.

Von diesen Vorgängen, die den deutschen Protestantismus um seinen Sieg und Deutschland um die Einheit im neuen Glauben gebracht haben, blieb der Calvinismus – wie man sagen muß: zunächst – weitgehend verschont, weil die strikten und konsequent durchdachten Grundschriften Calvins keine Umdeutungen zuließen.

Der Calvinismus befand sich daher in der tauglichen Verfassung, um zum Kampf um Frankreich anzutreten. Seine Anhänger bildeten eine geschlossene, in sich einige Truppe, und sie genossen den Ruf guter Sitten und strenger Disziplin in Glaubensdingen wie im Leben, was naturgemäß eher die Anhänger anziehen mußte als der wirre deutsche Meinungsstreit, in dem ein paar Dutzend allzugründlicher Pastoren und Professoren deutsche Tugenden zu einer einzigen großen und schicksalhaften Untugend werden ließen. Denn es unterliegt keinem Zweifel, daß dem französischen Volk – von den nationalen Gegensätzen abgesehen – das freiere, dem Leben zugewandte Luthertum ungleich sympathischer gewesen wäre als der Calvinismus.

Frankreichs Königin-Mutter, die ihre Söhne gouvernierende, beherrschende Gestalt der Valois-Zeit, hatte in den Jahren vor der Bartholomäusnacht angestrengt versucht, die Glaubenseinheit ihres Volkes wiederherzustellen. Sie dachte an eine Synode und meinte, man werde sich einigen können, wobei sie freilich sowohl die von den Guisen geführte katholische Partei als auch Calvin selbst falsch einschätzte. Immerhin bemühte sie sich um eine direkte Verbindung zu Calvin und fand einen Mittler in der charakterlich etwas schwankenden Persönlichkeit des Königs Anton von Navarra (er hatte soeben mit einer dreißig Jahre jüngeren Valois-Prinzessin den künftigen Heinrich IV. erzeugt). Anton kannte Calvin, zwischen Navarra und Genf bestanden gute Beziehungen, und so gelang dem Genfer Protestantismus das ziemlich unerwartete Übergehen nach Frankreich. »Wäre die Reformation in lutherischer Gestalt nach Frankreich gekommen«, schreibt Casimir von Chledowski in seinem unübertroffenen Buch über die letzten Valois, »hätte sie weit mehr Erfolg gehabt, und wer weiß, ob Frankreich dann nicht gleich Deutschland und England als protestantischer Staat in die Geschichte getreten wäre. Aber die Auffassungen Calvins entsprachen keineswegs der Lebendigkeit des französischen Charakters, und die sogenannte Genfer *Momérie* steigerte nur noch den Widerwillen. Calvin, Fanatiker und Theoretiker im höchsten Grade, wollte aus Genf, ja beinahe aus der ganzen Welt ein einziges Kloster machen. Er führte strenge, bescheiden-bürgerliche und unsagbar deprimierende Sitten als Forderung ein, gebot dunkle und einförmige Kleidung etwa in der Art mönchischer Kutten, verachtete die Kunst, gestattete Geld(an)sammlungen nur im Geheimen, und hatte er auch nichts dagegen, daß man gut aß, so durfte es doch ein gewisses Maß nicht überschreiten. Dabei aber ein Despot wie später Robespierre, bildete er eine düstere und in ihrer Art bigotte Gemeinschaft, die einem lebhaften Volke nicht zusagen konnte«.

Man darf annehmen, daß diese Einzelheiten und Äußerlichkeiten des Lebens in Genf in Frankreich nicht allzu bekannt geworden waren, ja daß sie vielleicht auch gar nicht geglaubt wurden, denn über Calvin liefen natürlich ebensoviele katholische Lügen um wie etwa über Luther, von dem ja sogar behauptet wurde, er habe Selbstmord begangen. Dennoch bleibt es verwunderlich, daß die strengste Form des Protestantismus mit ihren vielen Verpflichtungen in Frankreich allen anderen vorgezogen wurde, und man hat lange Zeit angenommen, daß eben das fromme Bürgertum in seinem Abscheu gegen den arbeitsscheuen und dennoch verschwenderischen Adel den Calvinismus aus Protest und anstelle einer politischen Revolte zur eigenen Weltanschauung gemacht habe.

Diese Annahme hatte auf den ersten Blick viel für sich, vor allem, da sich ja bald das wohlhabende Holland ebenfalls für den Calvinismus entschied und da die später nach Brandenburg-Preußen strömenden Hugenotten meist nicht ganz arm waren und schnell zu einem gewissen Wohlstand gelangten, obwohl sie doch Fremde waren. Dennoch haben genauere Untersuchungen ergeben, daß sich das besitzende Bürgertum gegenüber dem Calvinismus zurückhaltend verhielt; es hatte schließlich viel zu verlieren und vor allem: es war nicht unzufrieden. Die gesamte Reformation war ja keineswegs nur ein religiöser Vorgang; es war nicht so, daß Millionen Menschen in Europa auf einmal einen neuen Weg zum Heil zu gehen wünschten. Es gab sehr konkrete Gründe, mit der katholischen Kirche unzufrieden zu sein, deren Priester und Prälaten vor allem in Frankreich unbeliebt geworden waren, als ungebildet galten, das Wohlleben zu sehr schätzten und für das Volk kein Herz hatten. Und um die Sympathien des Volkes für die Regierung, für König und Hof, konnte es nicht viel besser stehen. Der hochbegabte König Franz I. hatte in leichtfertigen Kriegen gegen den übermächtigen Kaiser Frankreich ausbluten lassen. Unter Heinrich II. war zunächst eine gewisse Ruhe eingekehrt, aber dann hatte die religiöse Zerrissenheit wieder Unfrieden geschaffen, und schließlich hatte dieser tüchtige und beliebte König sein Leben leichtfertig in einem Turnier aufs Spiel gesetzt, statt an sein Volk zu denken.

Was seither gewesen war, das konnte weder dem französischen Volk noch dem Adel gefallen. Eine Italienerin aus einem reichgewordenen Bürgerhaus, der Händlerfamilie der Medici, regierte mit Zauberern und Astrologen für ihre Söhne, von denen einer immer schwächlicher und verdorbener war als der andere: Franz II. (1559/60) hatte die schöne Maria Stuart geheiratet, war aber – wie das Volk sagte – eben daran zugrundegegangen; die Nächte mit ihr hätten ihm die wenigen Kräfte geraubt, die er von Haus aus hatte. Karl IX. (1560–74) wurde nur vierundzwanzig Jahre alt, der Prototyp eines Kretins und völlig haltlos: nachdem er eine Weile Sympathien für die Hugenotten gezeigt hatte, willigte er in die Bartholomäusnacht (vgl. S. 55) und starb unter Leiden, Ängsten und Gestank, was sein Volk als die beginnenden Höllenstrafen für den Massenmord ansah. Heinrich III. schließlich, der als Bruder auf den Thron folgte, weil Karl IX. kinderlos geblieben war, hatte nach kurzem Lotterleben in Polen den dortigen Thron im Stich gelassen und sich in Wien und Venedig mit Festen und Orgien feiern lassen, ehe er in Paris ein skandalöses Regiment begann. Zunächst den Frauen zugewandt, gab er bald seinen homosexuellen Neigungen nach, ernannte seine *Mignons* (Günstlinge) zu Ministern und Marschällen und wurde 1589 von dem Mönch Clément getötet, damit er Frankreich nicht weiter Schande mache. Da alle drei Söhne der Katharina von Medici keinen thronfähigen Nachwuchs gehabt hatten, gelangte Frankreichs Krone über Margarete von Valois an eben jenen Heinrich von Navarra, dessen Vater ein zwar unsicherer, aber kluger Parteigänger des Johannes Calvin gewesen war.

Mit diesem Aufriß der Regierungsfolge haben wir dem Gang der Erzählung vorgegriffen; aber eben diese Reihe kläglicher Monarchen war es, die den auf seinen Landgütern gesund und tüchtig gebliebenen französischen Adel nach einer Reform verlangen ließen. Wenn der angestammte Katholizismus, wenn die bei Hof ein und aus gehenden Patres und Beichtväter das Königtum nicht vor solch krassem Niedergang hatten bewahren können, dann war es am besten, die Rom-Orientierung ganz aufzugeben, die in der Vergangenheit den Franzosen allerlei Drangsale beschert hatte. Und da das Luthertum sich in Deutschland mit Hilfe der Fürsten, also sehr häufig von oben her, durchgesetzt hatte, erschien der Calvinismus dem französischen Adel als die geeignetere Waffe gegen das niedergehende romhörige Königtum. Nicht nur in Schottland, wo der Adel besonders wild und unbotmäßig war und John Knox im Namen Calvins zum Sturz falscher Fürsten aufrief, auch in Frankreich proklamierte der Calvinist Duplessis-Mornay, Staatsmann aus herzoglichem Hause, die Unterwerfung des Königs unter das Volk. Es gab Phasen des Religionskampfes in Frankreich, wo die viertausend bekanntesten Familien des Adels, vom Clan einiger weniger erzkatholischer Geschlechter abgesehen, im Lager der Reformation standen.

Daraus ergab sich die etwas seltsame Situation, daß Bauern und Handwerker, aber auch Adelige, Offiziere und Gutsbesitzer den neuen Glauben annahmen und für ihn zu kämpfen bereit waren. Damit sei nicht gesagt, daß religiöser Eifer und Idealismus »unten«, politische Absicht und revolutionäre Eigensucht »oben« angesiedelt gewesen wären. Hinter dem Reformwillen der kleinen Leute stand die wohlbegründete soziale Einsicht, daß es so nicht weitergehen könne, und hinter dem Wunsch nach Veränderung an der Spitze, wie ihn der Adel hegte, stand durchaus auch Idealismus, weil die Erneuerung im Geist Calvins, eines französischen Reformators, schließlich eine Erneuerung des ganzen französischen Lebens und Staates werden sollte. Zudem war es nun einmal ein Wesenszug der adeligen Familien, daß sie das, wofür sie kämpften, über den privaten Nutzen zu stellen gelernt hatten. »Für die französischen Hugenotten und die englischen Puritaner wurde der Calvinismus zur Quelle eines antiautoritären und freiheitssüchtigen Denkens. Gegen seinen eigenen Willen hatte Calvin einen revolutionären Glauben begründet.« (Geoffrey Rudolph Elton)

Die Verblüffung des Cambridge-Professors ist ebenso echt wie wohlbegründet; uns Deutschen aber steigt die Erinnerung an Luthers harte Absage gegen die Bauern auf, die aus einem sozialen Konflikt und aus tiefster Not heraus gegen ihre geistlichen und weltlichen Grundherren rebelliert hatten. Frankreich hatte Bauernunruhen gekannt, aber keinen Bauernkrieg; Calvin hatte zweifellos mehr aristokratische Kühle in seine *Ordonnances* verwoben, aber eben die spektakulären Parteinahmen vermieden oder ohne sonderliche Mühe vermeiden können. So präsentierte sich nach dem Tod der beiden großen Reformatoren in der Mitte dieses von Nöten und Kriegen erfüllten Jahrhunderts Luther als der Fürstenfreund, der seine Lehre über die Throne eingeführt hatte, während Calvins blasser Schatten vor dem Volk herzog.

Indes sprach eine Besonderheit des Königreichs gegen einen schnellen Sieg der neuen Lehre: Der Mittelpunkt Frankreichs war in einer Ausschließlichkeit, wie sie weder Deutschland noch Spanien oder auch Italien kannten, die Stadt Paris. Paris aber war zur einen Hälfte Universität, hier lebte die größte Anzahl von Klerikern und Theologen außerhalb Roms, es war die gelehrte Hochburg des Katholizismus.

Die Hugenotten fühlten sich zwar stark genug, das Königtum zu entmachten, aber sie hatten – da Genf ja außerhalb Frankreichs lag und Calvin inzwischen gestorben war – der geballten Kraft religiösen Wissens und kirchentreuer Spitzfindigkeit, wie Paris sie sammelte, ernährte und leuchten ließ, nichts entgegenzusetzen als den einen oder anderen dem Protestantismus zuneigenden Denker aus der Provinz.

Nicht Paris wurde darum zum Mittelpunkt der hugenottischen Bewegung gegen das Königtum und für eine Erneuerung Frankreichs, sondern die Stadt Orléans, zweifellos eine der Schicksalsstädte Frankreichs. Attila hatte hier seinen Scharen die Umkehr nach Nordwesten befohlen; Jeanne d'Arc, die Jungfrau von Orléans, hatte die Stadt vor den Engländern gerettet. Orléans war von wehrhaften Mauern umgeben, konnte von der Loire aus das ganze Jahr über leicht mit Waren und Waffen versorgt werden und war, wie das englische Beispiel gezeigt hatte, selbst von überlegenen Kräften nur sehr schwer einzuschließen. Dazu kam, daß die 1309 gegründete und seither in einer gewissen Konkurrenz zur Sorbonne stehende Universität von Orléans bei deutschen Studenten sehr beliebt war und einen Hauch protestantischen Geistes empfangen hatte; seit Calvins Erfolgen in Genf war zumindest ihre Hörerschaft dann offen zur Reformation übergegangen.

Die Situation Frankreichs und die quer durch die Bevölkerung verlaufende Grenze der Bekenntnisse schildert uns einer der scharfsichtigen venezianischen Gesandten, ein Herr aus der Dogenfamilie Mihiel:

»Nicht eine einzige Provinz ist von der Seuche verschont geblieben, und es gibt einige, wo sogar die Landbevölkerung angesteckt ist, so in der Normandie, fast in der ganzen Bretagne, in der Touraine, im Poitou, in der Guyenne, in der Gascogne, in einem großen Teil des Languedoc, der Dauphiné, der Provence, der Champagne — das sind beinahe drei Viertel des Königreichs. Überall haben die Ketzer ihre Zusammenkünfte, die sie Versammlungen nennen, in denen sie nach dem Genfer Vorbild lesen, predigen und leben, ohne sich um die Pfarrer des Königs oder seine geistlichen Orden zu kümmern. Alle Klassen der Gesellschaft sind infiziert, und seltsamerweise sogar die Geistlichen . . . ganze Klöster beinahe. Nur wenige sind nicht von der Pest befallen, die nicht einmal vor hohen geistlichen Würdenträgern halt macht.«

Der große Wert der venezianischen Geheimberichte, die nur von den Nuntiaturberichten erreicht werden, besteht in der scharfsinnigen Analyse und in den Prognosen, von denen wir ja heute feststellen können, daß sie erstaunlich weitgehend zutrafen:

»Dabei sieht es so aus, als sei das Übel noch gar nicht ganz zum Ausbruch gekommen, dafür sorgen die strengen Gegenmaßnahmen; einstweilen hat es sich nur im niedrigsten Volk wirklich ausgebreitet, das außer seinem Leben nichts zu verlieren hat. Wer Hab und Gut und sein Leben zu gefährden fürchtet, geht behutsamer vor; doch Eure Durchlaucht (d. h. der Doge) dürfen mir wohl glauben, daß abgesehen von dem Dritten Stand (d. h. den Bürgern) alle anderen für schwer verseucht gelten können. Die Adeligen sind besonders stark angesteckt, und unter ihnen vor allem die, so noch nicht vierzig Jahre alt sind... Die Furcht vor der Inquisition ist verflogen; es herrscht eine Art stillschweigend geduldetes Interim ... Und nicht genug, daß sie jetzt nicht mehr weggehen: diejenigen, die draußen waren, sind heimgekehrt. Auf meiner Rückreise nach Italien bin ich durch Genf gekommen; dort sagte man mir, daß nach dem Tod Königs Franz II. Scharen von Edelleuten nach Frankreich zurückgekehrt seien, die nach dem Vorfall von Amboise (der Ermordung von 1200 Hugenotten im Jahr 1560) nach Genf gezogen waren. Dann sind auch fünfzig sogenannte Pastoren zurückgekommen; man hat sie aus verschiedenen Gegenden Frankreichs herbeigerufen, damit sie das *Wort* (so bezeichnen sie das Evangelium) predigen.«

Giovanni Mihiel verhehlt nicht seine Beunruhigung, auch wenn sie eher zwischen den Zeilen anklingt. Das Instrumentarium der Unterdrückung greift nicht mehr. Man fürchtet sich nicht mehr vor der Inquisition, nach Jahrhunderten, in denen sie zwischen Gibraltar und der Ostsee eiskaltes Entsetzen verbreitete. Ein beinahe selbstmörderisches Gottvertrauen hat die Hugenotten wie über Nacht gestärkt. Um die Herrschaft der katholischen Guise zu stürzen, wagen sie jene Verschwörung von Amboise, von der Mihiel spricht. Es war ein Unternehmen, von dem im Januar 1560 schon viel geraunt wurde, obwohl es erst am 10. März durchgeführt werden sollte. Natürlich gab es Verrat, und die mehr zum Märtyrertum als zum Widerstand neigenden Hugenotten ließen sich auf alle erdenklichen Arten abschlachten. Selbst in den Waffen wohlgeübte Männer und Offiziere rührten keinen Finger, um sich zu verteidigen. Man band sie aneinander und warf sie in die Loire (wie zweihundert Jahre später bei den berüchtigten Noyaden von Nantes), man knüpfte sie an den Zinnen des Schlosses von Amboise auf, so daß dieser in seiner Schönheit sonst so heitere Bau sich mit den grausigen Indizien gnadenlosen Glaubenskrieges zierte. Und erst beim zweiten Zwischenfall dieser Art schlugen die Hugenotten dann zurück, vielleicht auch, weil das mit so vielen Hoffnungen erwartete Religionsgespräch von Poissy, das die Königin selbst einberufen hatte, keine Einigung gebracht hatte und die Protestanten sich damit auf die Waffen verwiesen sahen.

Es war im März 1562, in einem großen Dorf namens Vassy, etwa fünfzehn Kilometer südlich von Saint-Dizier, also unweit der heutigen Autobahn Saarbrücken-Paris, daß der Herzog Franz von Guise, Haupt der katholischen Partei, auf dem Ritt von einer seiner Besitzungen in eine andere durch Vassy kam. Das große Dorf hatte eine starke Hugenottengemeinde, die in einer zu diesem Zweck gemieteten Scheune eben einen Gottesdienst abhielt, als der Herzog davon erfuhr, auf dem Weg zum Mittagessen haltmachte und – wie er in seiner Verteidigungsschrift ausführte – die Protestanten zu ermahnen beschloß. Ganz rein kann sein Gewissen jedoch nicht gewesen sein, denn nichts wird in seiner Stellungnahme so häufig betont wie der Umstand, daß sich alles auf seinem Grund und Boden abspielte und daß auch die Scheune ihm gehörte. Jedenfalls drangen seine Leute in den improvisierten Betsaal ein, lärmten und schossen um sich, ließen die flüchtenden Hugenotten, auch Frauen und Kinder, durch eine Doppelreihe von Kriegern Spießruten laufen und schossen jene, die sich auf das Scheunendach gerettet hatten, mit den Arkebusen herunter. Es gab ein halbes Hundert Tote und über achtzig Verwundete, von denen nicht alle aufkamen, und nun riefen die Hugenotten, die sich seit Amboise besser organisiert hatten, ihre Leute zu den Waffen.

Es ging alles sehr schnell. Guise, ein Kriegsmann von bedeutender Energie und Entschlossenheit, warf sich mit seinen Truppen ins katholische Paris, das ihn am 16. März mit Jubel empfing. Ludwig I., Prinz von Condé und Gaspard de Coligny, der Admiral, stellten sich an die Spitze der Hugenotten: der erste von acht Glaubenskriegen hatte begonnen ...

Diese acht Kriege erfüllten einen Zeitraum von nur vierzig Jahren; sie folgten also sehr schnell aufeinander. Und da sie alle Kriege unter Franzosen und in Frankreich waren, glichen sie einander in mehr als einem Wesenszug.

Gekämpft wurde vor allem in den Städten und um die Gotteshäuser, und immer, wenn die Hugenotten ein paar Stadtviertel oder gar die ganze Stadt erobert hatten, zogen sie im Triumph zur größten Kirche, also zu der Hochburg der katholischen Macht und hielten nun dort den Gottesdienst ab. Das war nicht nur ein Akt der Besitzergreifung: den meist alten Gotteshäusern in Frankreichs alten Städten wohnt ja eine besondere Bedeutung inne. Sie sind über den reinen kirchlichen Vorgang hinaus Zentren des städtischen Lebens, Begegnungsstätten des Volkes, der Gesellschaft und gleichsam Institutionen. In dem Augenblick, da in solch einer berühmten, der ganzen Stadt und ihren Menschen vertrauten Kirche nun der Gottesdienst so gehalten wurde, wie Calvin und Farel und ihre Gefährten es in den reformierten Schweizerstädten gezeigt hatten, empfand die ganze Versammlung dies als eine Bestätigung des neuen Glaubens. Das alte Gotteshaus, seine ehrwürdigen Säulen, der uralte Stein und die Erbschaft der Frömmigkeit vieler Generationen hatten jenes neue Gottesverständnis, jene neue Lehre angenommen und ihnen eine Heimstatt gegeben: nun erst war das römische Christentum wirklich besiegt, nun erst durfte man beruhigt im Calvinismus zu leben beginnen.

War die letzte Unsicherheit der bis dahin Unbehausten geschwunden, so gingen sie daran, in den eroberten Städten Gemeinden nach dem Genfer Muster zu schaffen. Man bestellte die Pastoren und die Ältesten, man bildete einen Predigerrat und ein Konsistorium, und sobald diese beiden Gremien wie in Genf funktionierten, ging man zügig an die Besetzung der militärischen und politischen Ämter.

Der Prinz von Condé und Coligny hatten strenge Vorschriften erlassen, die so mancher Versuchung entgegenwirkten. Es gab in Frankreich – wie auch in Italien oder Spanien – niemanden, der reicher gewesen wäre, mehr Schätze angehäuft hätte als die katholische Kirche. Seit dem Ausgang des Altertums, also seit beinahe tausend Jahren, hatten Klöster und Kirchen aus Spenden der Frommen und der Pilger, aus den Abgaben der Bauern und aus Legaten ungeheure Vermögen angehäuft. Noch wußte niemand so recht, was damit geschehen sollte, denn noch soviele städtische Regierungen schaffen noch keinen protestantischen Staat. Darum hatte Condé befohlen, zunächst einmal alles zu erfassen und zu bewahren, die Güter der Kirche, aber auch die Vermögen der militanten Katholiken. Diese waren ja Gegner in einem Krieg und verloren somit bei einer Niederlage auch ihren Besitz, vor allem, wenn sie geflohen waren, wenn sie Haus und Hof lediglich in der Hut der protestantischen Dienstboten zurückgelassen hatten. Diese, die natürlich am besten wußten, wo sich die Wertgegenstände befanden, durften nun nicht zum Schaden der Gemeinde und der ganzen Bewegung die ersten und womöglich einzigen Nutznießer sein.

So manche Illusion schwand mit der Macht der Kirche dahin, blitzschnell, ehe noch das Staunen unter den Siegern die Runde machte. Jacques Gaches berichtet aus Castres, dem reizvollen Bischofsstädtchen im südfranzösischen Departement Tarn:

»Man wollte auch ein Verzeichnis anfertigen von dem silbernen Reliquienschrein in Saint-Vincent, der 640 Lot wog und von dem es in der Überlieferung hieß, ein Graf von Castres habe ihn gestiftet; wer sich unterfinge, den Schrein zu öffnen, verlöre auf der Stelle sein Augenlicht. Doch keinem der Anwesenden geschah etwas Derartiges, und während man noch überlegte, wie man die Reliquien am besten aufbewahren könnte, stellte sich heraus, daß diese (irgendwann vorher) herausgenommen worden waren. Nur noch ein weißes Tuch lag darin und darauf ein Stück lilafarbenen Taftes, in das Tuch aber waren Knöchelchen von einem Lamm und von einem Zicklein eingewickelt. Man hat nie erfahren, wer die Reliquien gestohlen hatte und was aus ihnen geworden war.«

Wenn wir weiter lesen, daß Kirchensilber gesammelt und in Lyon eingeschmolzen wurde, damit man Münzen prägen und mit diesen die deutschen Reiter, also Söldnertruppen, bezahlen könne, dann wird uns klar, daß alle Verzeichnisse in solchen Notzeiten nicht allzuviel helfen; die Katholiken hatten den Staat und die reguläre Armee hinter sich, auch wenn die Regentin um des Friedens willen Kompromissen nicht völlig abgeneigt war. Die Hugenotten aber mußten ihre Armeen aus dem Nichts aufbauen, sie brauchten jeden Sous und jede Waffe. In kleinen Städten wie Castres, wo die Entscheidung schnell fiel und die Reformierten eine überzeugende Mehrheit hatten, floß meist wenig Blut. Castres zum Beispiel blieb bis tief ins siebzehnte Jahrhundert hinein protestantisch und regierte sich nach Genfer Vorbild, weil Frankreich groß und der König weit entfernt war und die wilden Schluchten des Tarn, das Agout-Tal mit schmalen Wegen und aufragenden Felsen keine größeren Truppenbewegungen gestatteten. Viele andere Städte waren in der gleichen Lage, und ihre Bürger konnten beinahe hundert Jahre lang glauben, für sie seien die Religionskriege vorbei, die Entscheidung zugunsten des neuen Glaubens gefallen.

Andere Orte wiederum verschliefen im ländlichen Frieden und in der Mühe des bäuerlichen Arbeitstages den ganzen heilig-unheiligen Aufruhr des Königreichs nach dem Beispiel des freundlichen Weinstädchens Narbonne im äußersten Süden des Königreichs:

»Die Bürger denken überhaupt nicht daran, selbst auf Wache zu ziehen; sie schicken ihre Diener oder gedungene Leute von auswärts. Sind die Tore geschlossen, so vergehen zwei Stunden, bis die Diener und die auswärtigen Helfer nach ihrer Arbeit Abendbrot gegessen und für ihre Herren den Posten bezogen haben. In dieser Zeit bleiben die Stadtmauern unbewacht. Da das Gesinde den ganzen Tag über in den Weinbergen oder auf den Feldern gearbeitet hat, verschläft es natürlich den größten Teil der Nacht, tut mit Ach und Krach seine Pflicht und versieht seinen Dienst nur bis eine Stunde vor Tagesanbruch. Dann zieht es schon wieder ab und verläßt seinen Posten, um an die Tagesarbeit zu gehen.«

Der Süden Frankreichs hat noch schlimmere religiöse Auseinandersetzungen erlebt: Die Albigenserkriege sind noch unvergessen, und daß im Sommer des Jahres 1209 im nahen Béziers an die zwanzigtausend sogenannte Ketzer abgeschlachtet wurden, von einem jener Unholde, an denen Frankreichs Geschichte nicht ganz arm ist: von Simon von Montfort, den Maynier d'Oppède mit den Waldensermorden im Luberon bald übertreffen wird. Selbst der katholisch orientierte Historiker von Béziers, der Advokat Sabatier, wirft Simon de Montfort »actes d'horribles cruautés«, Handlungen von schrecklicher Grausamkeit vor, und man mußte für die Hugenottenzeit im heißen Süden Frankreichs eigentlich mit einer Wiederholung der Greuel rechnen. Aber die Weinstädte waren inzwischen zu Wohlstand gelangt, zu einer Lebensweise, die sie weder dem Krieg noch gar dem Vorbild Calvins opfern wollten, und bemerkenswerte Aktionen ergaben sich eigentlich nur dann, wenn irgendwo religiöse Beweggründe *und* private Motive zusammentrafen.

Ernest Sabatier erzählt uns in seiner Geschichte der Bischöfe von Béziers, daß Jean II. de Lettes, ein Herr aus dem mächtigen Clan der Montauban, am 4. Januar 1543 auf der Place de la Fontaine einen Hugenotten verbrennen ließ, dessen Verbrechen darin bestanden hatte, Schriften der *Novateurs*, also der religiösen Neuerer, feilzubieten. Jean de Lettes, offenbar ein Mann von einigem Gemüt, begann fortan über seine Religion und seine Position nachzudenken. Er gab den Bischofsstuhl von Béziers auf, zog sich auf jenen von Montauban zurück, den er bis dahin nur mitverwaltet hatte, und ließ sich für die verlorenen Pfründen aus der reichen Weinstadt durch die schön gelegene Abtei von Moissac entschädigen. Damit nicht genug, beschäftigte er sich intensiv mit dem neuen Glauben und ließ ein Schloß im Verborgenen bauen, drei Meilen von Montauban gelegen. Dort traf er sich häufig und schließlich regelmäßig mit einer jungen Witwe, der schönen Armande de Durfort, dame de Verlhac. Aus Genf – wo Calvin noch lebte – auf das Sündhafte seines Vorgehens hingewiesen, heiratete er die Dame, nicht ohne vorher auf alle seine geistlichen Ämter und Würden verzichtet zu haben. 1556 übersiedelte er nach Genf und erwarb dort die Baronie d'Eaubonne. Man vermochte also allerlei auch zwischen den feindlichen Religionsbekenntnissen, sofern man stets die Mittel hatte, die dafür geeigneten Schlösser zu kaufen.

Nur vom Mai 1562 bis zum August 1563 war Béziers in den Händen der Protestanten, und auch daran war vor allem eine Ungeschicklichkeit schuld. Béziers wurde in diesen kritischen Jahren von landfremden und ortsunkundigen Oberhirten regiert, zuerst von einem Strozzi, danach von einem Medici. Dieser hatte den Calvinisten gestattet, ihre Gottesdienste abzuhalten, aber es müsse außerhalb der Stadt geschehen; damit waren nun weder Katholiken noch Protestanten einverstanden. Es kam zu Wirren und Kämpfen, schließlich zu einem Bildersturm und Verwüstungen, zur Plünderung von Bischofsgräbern und Häusern, die etwa hundert wohlhabenden katholischen Bürgern gehörten. Nach den Erinnerungen des Gerichtspräsidenten Latomi aus diesen Tagen wurden damals nicht wenige Frauen und Mädchen vergewaltigt und der berühmte vergoldete Altar von Saint Nazaire zertrümmert.

Bald darauf war jedoch alles wieder vergessen, am 29. Dezember hielten Karl IX. und die Königin-Mutter, Katharina von Medici, durch die Porte des Carmes feierlichen Einzug in Béziers und ließen sich den Schaukampf zweier hübscher Galeeren vorführen. »Zwei junge Mädchen von außerordentlicher Schönheit und sehr reich gekleidet entstiegen einer kunstreichen Maschine und überreichten den Majestäten die silbernen Schlüssel der Stadt«. Später führte man dann dem damals vierzehnjährigen König auf dem Marktplatz die Eroberung der Stadt durch die Protestanten bei Fackelschein als Schauspiel vor. *Son et lumière* 1564.

Man muß von Glück sagen, daß das große Frankreich mit seinen vielen und dem Wesen nach sehr unterschiedlichen Provinzen eine gewisse Elastizität entwickelte, wenn es um brisante Neuerungen wie eben den Calvinismus ging, und Ähnliches wird sich, wie wir wissen, ja auch in den Zeiten der großen Revolution wiederholen. Vor allem in solchen Krisen wird deutlich, daß Paris nicht Frankreich ist; die Tötungsbefehle nach der Bartholomäusnacht wurden auch in katholischen Provinzstädten ebensowenig befolgt wie die blutrünstigen Anweisungen des Citoyen Robespierre an die örtlichen Revolutionskomitees – wenn es auch natürlich, im sechzehnten wie im achtzehnten Jahrhundert, lokalen Übereifer gab und Scheusale wie den königlichen Mordspezialisten Charles de Louvier, Seigneur de Maurevert, oder die Revolutions-Massenhenker Carrier, Fouché oder Foucqier-Tinville.

Zahlreiche Namen tauchen aus der Wirrnis der großen und der kleinen Heldentaten, des großen und des kleinen Blutvergießens auf, Namen, die in örtlichen Chroniken bewahrt sind, unseren Text aber überschwemmen würden. Aber seit die Welt Jean Giono kennt, kennt und liebt sie auch sein Heimatstädtchen Manosque, und darum sei hier abschließend noch vermerkt, daß es in Manosque einer einzigen mutigen Frau, der Comtesse de Mailli, gelang, den ganzen Bildersturm zu verhindern...

Es gab im Westen von Manosque eine seit alters berühmte Kirche; sie hieß Notre-Dame-de-Toutes-Aures und war so beliebt, daß jahrhundertelang in vielen Testamenten ihrer gedacht wurde. Als den Hugenotten innerhalb der Mauern von Manosque keine Kultstätte bewilligt wurde, zogen sie in einer Nacht des Jahres 1561 hinaus nach Toutes-Aures, zerschlugen die Fenster der Kirche und hätten sie wohl ganz ausgeräumt, wäre ihnen nicht die Gräfin von Mailli entgegengetreten. Die Dame – Schwiegermutter des Grafen von Tende – wohnte in der Nähe, vernahm den Lärm und machte sich sogleich auf, den Plünderern entgegenzutreten, die sich von der resoluten alten Gräfin auch ohne weiteres vertreiben ließen. (Man muß, um die Lage zu erklären, auch sagen, daß die Hugenotten des sonst so friedlichen Manosque in jenem Jahr besonders aufgebracht waren. Man hatte nämlich, um dem wachsenden Einfluß des Calvinismus an der Durance Einhalt zu gebieten, einen besonders eifrigen Prediger aus Avignon kommen lassen, den Jesuiten Guillaume Changet. Der gutaussehende Geistliche hatte als Kanzelredner so außerordentlichen Erfolg bei der Damenwelt von Manosque, daß man, um ihn zu halten, sogar die Gründung eines Jesuitenkollegs beschloß. Dieses ehrgeizige Projekt wurde zwar niemals ausgeführt, fehlte es doch an beinahe allen Voraussetzungen, aber es brachte natürlich die Gemüter der kleinen alten Stadt durch das Für und Wider in Wallung. Manosque bemühte sich noch jahrhundertelang, bis 1815, um eine Niederlassung der Jesuiten in der Stadt, doch zogen die Jesuiten schließlich Forcalquier vor).

Die wenigen Beispiele zeigen uns einen Kampf, dessen Fronten quer durch Frankreich verliefen, einen Kampf, der sich in jedem seiner Brennpunkte anders zeigt und der doch einen einzigen Urheber hat, einen Franzosen, was man trotz Genf nicht vergessen darf, einen Gelehrten, einen Mann, der die Massen mit seinem Geist aufgestört hatte.

Es war der rätselhafte Erfolg eines Mannes aus Genf, der schwarz und schmal seine Brandsätze mit der Feder aufs Papier kratzte oder mit seiner kühlen und klaren Beredsamkeit ins Volk schleuderte. Das mächtige französische Königreich mußte sich wehren, mußte spanische Truppen aus dem Süden zu Hilfe rufen und britische Truppen aus dem Westen bekriegen. Und wenn die Spanier die Protestanten abschlachteten und sie dabei Lutheranos nannten, so war das ein großer Irrtum, denn nicht die Lutheraner und die lutherischen Fürsten kämpften in Frankreich, sondern eine religiöse Bewegung, deren Stärke darin lag, daß sie mit dem kirchlichen Leben auch das politische Leben erneuern, daß sie nicht nur den Katholizismus, sondern auch Frankreich selbst säubern, verjüngen, verschönern und in neuen Glanz einsetzen wollte.

DIE BARTHOLOMÄUSNACHT

Die Einzahl trügt. Es war nicht der spontane Blutrausch, beginnend am Abend des 23. August 1572, sondern es war der sorgfältig geplante, zwischen der Königinmutter und Spanien abgesprochene Versuch, die reformierte Religion in Frankreich dadurch auszulöschen, daß man ihre Anhänger ermordete. Bei überraschenden, aus dem Augenblick geborenen Aktionen sind nicht die Türen der Opfer mit Kreidekreuzen bezeichnet. Vor überraschenden Aktionen bringt man nicht jene in Sicherheit, die aus verschiedenen Gründen geschont werden sollen. Und vor allem läßt man nicht ein großes Morden tagelang andauern, wenn es der Obrigkeit nicht sehr gelegen kommt: der erste Schuß der Bartholomäusnacht fiel nämlich schon am 21. August, und das königliche Edikt, das die Ruhe wieder herstellen sollte, ist vom 30. August datiert und damit noch später ergangen als der verzweifelte Protest des Ältesten der Pariser Kaufmannschaft, der am 27. August den König bat, dem Morden Einhalt zu gebieten.

Obwohl ein so ausgebreitetes, allgemeines Verbrechen für religiöse Motive spricht – denn warum sollten sonst Franzosen gegen Franzosen so grausam vorgehen –, so sind neben dem Haß gegen die Hugenotten, der im katholischen Paris sehr tief saß, doch auch andere Gründe für die Planung dieser historischen Untat genannt worden. Die politische Lage war dadurch gekennzeichnet, daß die mächtigen spanischen Armeen vom Süden her und aus den Niederlanden heraus Frankreich in der Zange hatten. Die Königinmutter, als Italienerin überzeugte Katholikin und eine leidenschaftliche Beherrscherin ihres Sohnes, liebte diese Spanier nicht allzusehr, deren Botschafter sich anmaßend gebärdeten und die sich schon als die Herren Frankreichs fühlten, aber sie konnte nach vielen Notjahren ihres Landes keinen neuen Krieg wünschen. Für diesen Krieg gegen die spanischen Niederlande aber trat der angesehene Admiral de Coligny ein, Paladin des

Reiches, Berater und väterlicher Freund des Königs, Oberhaupt aller französischen Reformierten.

Karl IX. war ein schwacher König; die erdrückende mütterliche Vormacht hatte keinen der letzten Valois zur eigenen Entfaltung gelangen lassen. In Coligny aber ahnte Karl einen Widerpart gegen die Mutter, einen ehrlichen Freund, einen weisen Ratgeber. Karl kehrte sich von seiner Mutter ab, hielt sich unter Vorwänden von ihr fern und besiegelte damit das Schicksal seines besten Helfers. Denn wenn Katharina von Medici dem Admiral auch vielleicht seine religiösen Irrtümer verziehen hätte, daß er den Versuch gemacht hatte, ihr den Sohn zu entfremden, den König ihrem Einfluß zu entziehen, das bewog Katharina erst dazu, den spanischen Rat anzunehmen, den Don Francès de Alava, Spaniens Botschafter in Frankreich, ihr schon im September 1568, also vier Jahre vor der Bartholomäusnacht, gegeben hatte: eine *sonaria* zu erlassen, ein großes Mordkomplott gegen alle Häupter der Hugenotten.

Wir werden im folgenden Augenzeugenbericht zahlreiche Beweise dafür entdecken, daß kühl und folgerichtig geplant wurde, und diese Planung eines großen Verbrechens durch eine Königin mit ihren Helfern ist es, die jene Blutnacht nicht zur Legende werden ließ, sondern zur Wunde. Was eine Florentinerin, an die Benützung von Giften, an die Hilfe von Giftmischern und Meuchelmördern gewöhnt, an der Seine ins Werk setzte, hat die Franzosen fortan über ihre Königinnen anders denken lassen als andere Völker: vielleicht hätte Marie Antoinette das Schafott nicht besteigen müssen, hatte es Katharina von Medici nicht gegeben.

Zu Beginn des Schicksalsjahres 1572 war Jeanne d'Albret, Königin von Navarra, an den französischen Königshof nach Blois an der Loire gereist, um die Vermählung ihres Sohnes Heinrich mit Margarete von Valois, einer Tochter Katharinas von Medici, urkundlich zu fixieren. Da die Valois im Mannesstamm aussterben würden (wie man vorhersehen konnte), mußte die Vereinbarung über diese Ehe Heinrich von Navarra als Heinrich IV. auf den Thron Frankreichs bringen.

Die kluge und für ihren Sohn ehrgeizige Jeanne d'Albret wagte sich also in die Höhle des Löwen, die überzeugte Hugenottin begab sich an den sittenlosen Hof der Valois, ertrug die Gegenwart der Katharina und unterzeichnete für die Zukunft ihres Sohnes. Wenige Tage später war sie tot, das spurlose Gift der Medici, schon in Italien berühmt, hatte sie hinweggerafft. (Die Angst vor diesem Gift war es auch, die Margarete von Valois zur Ehe mit dem bäurisch-derben, durch zahllose Liebschaften verrufenen Hugenotten aus Navarra bestimmt hatte). Die Hugenotten aus Navarra kamen also in Trauer, da ihre Königin gestorben war, aber sie legten in Paris die Trauergewänder ab und feierten mit Heinrich jene schicksalsträchtige Hochzeit, die als Bluthochzeit in die Geschichte eingegangen ist und die das Haus Bourbon anstelle der Valois auf den Thron gebracht hat.

Am Vorabend der Bluthochzeit gab es also unzweifelhaft eine Brücke zwischen den Hugenotten Frankreichs und dem Königtum; der Thron war über religiöse Rücksichten gestellt worden, die Thronfolge des gesunden, tüchtigen und militärisch erfolgreichen Königssohns aus dem Pyrenäenländchen Navarra war auch der alten Katharina von Medici durchaus willkommen, da ihre eigenen schwächlichen Söhne sich gegen das mächtige katholische Haus der Herzöge von Guise ebensowenig behaupten konnten wie gegen die zunehmende spanische Vormacht.

Katharina war in der für sie beinahe auswegslosen Lage, daß sie hugenottische Politik gegen Spanien und gegen die Guise machen mußte, um Frankreich und seinem Königtum zu dienen, wozu noch kam, daß die Hugenotten die treuesten und tapfersten Diener der Krone waren. Als man den Admiral Coligny darauf aufmerksam machte, daß in Paris Mordkomplotte gegen ihn geschmiedet würden, verwahrte er sich gegen jeden Verdacht mit den Worten, er sei doch im Haus seines Königs.

Dieser König, ein zurückgebliebener, leicht erregbarer, spindeldürrer Jüngling von ganzen zweiundzwanzig Lenzen, hatte leider weder die Festigkeit, noch den Mut noch auch einfach die Zähigkeit, seinen Freund – der sich ihm anvertraut hatte – zu beschützen, die von Coligny empfohlene Politik durchzusetzen und seiner Mutter Entscheidungen aufzuzwingen. Zuviel wogte in jenen Tagen des Sommers 1572 in Paris durcheinander, das große Fest der Hochzeit, über dem so tiefe Schatten lagen, die politischen Einflüsse aus England, aus Spanien und von den Guise, die sich alle im Louvre, im Königsschloß trafen. Man hätte viel stärker, kälter und rücksichtsloser sein müssen als dieser hinundhergerissene Kretin, um sich gegen alle diese Ratgeber und Einflüsterer, Intriganten und Eiferer allein durchzusetzen und die von Coligny empfohlene Versöhnungspolitik zu verwirklichen, eine Politik, auf die sich Admiral und Monarch im Grunde schon geeinigt hatten.

Darum wurde Coligny, weil auch der König ihn schätzte und weil viele Katholiken zu ihm Vertrauen hatten, für die Extremisten, für die Unversöhnlichen, zum Stein des Anstoßes, zu dem Mann, den man aus der Welt schaffen mußte, um die eben mühsam getroffenen Vereinbarungen wieder zu Fall zu bringen. Daß damit abermals Krieg entstand, daß damit das gesamte französische Volk zu neuen Leiden verurteilt wurde, kümmerte die Scharfmacher von 1572 ebensowenig wie jene von Belfast oder Beirut. Als erster sollte jener Mann fallen, der des Königs Vertrauen, ja seine Zuneigung besaß, der Admiral Gaspard de Coligny.

»In dem ersten Anlauf ist der Herzog von Guise mit einer großen Anzahl seiner mörderischen Trabanten dem Admiral, bei welchem damals viele adelige tapfere Personen waren, in sein Logament (Wohnung) gefallen. Die französischen Trabanten, die dem Admiral vom König von Frankreich unter dem Schein eines Schutzes und Schirmes zugeordnet (worden) waren, leisteten dem Herzog von Guise keinen Widerstand, sondern waren ihm sogar behilflich, sein grausames Vorhaben zu vollbringen; aber die zwölf Schweizer, die der König von Navarra (der spätere Heinrich IV.) dem Admiral als Garde gestellt hatte, haben ihn nach besten Kräften geschützt, bis sie mit den anderen teils erstochen oder aber von den Guisianischen gefangengenommen waren. Alsdann ist der Herzog von Guise mit etlichen Vornehmen seiner Parteigänger (die meist noch recht junge Burschen waren) in des Admirals Zimmer eingedrungen, welcher den Herzog bat, ihn als einen alten Mann am Leben zu schonen. Aber es gab keine Barmherzigkeit, sondern sie haben ihn mit vielen Stichen verwundet und auf Befehl des Herzogs durch das Fenster auf die Gasse geworfen, wo man ihm noch mehr Stiche gegeben und ihm den Kopf ... abgehauen hat. Den Körper hat man an dem Hauptgalgen (von Paris, nahe dem heutigen Montmartre) an den Füßen aufgehenkt, ist aber alsbald in folgender Nacht von etlichen seiner heimlichen Günner (Gönner, Anhänger) herabgenommen und weggeführt worden, und die es getan, hat man nicht erfahren können."

Diese Zeilen stammen aus der Feder eines klugen und hochgeachteten Mannes von 50 Jahren, doch die Erlebnisse der Bartholomäusnacht, die er uns schildert, sind Erinnerungen an seine Studentenzeit, die er im Ausland verbrachte. Es handelt sich um Dr. Lucas Geizkofler, Syndikus und erster Rechtsberater der Fugger – und dieses große Handelshaus konnte sich gewiß die besten Köpfe leisten.

Geizkofler wurde 1550 als zwölftes Kind des Gutsbesitzers und Bergwerkseigners Geizkofler geboren, entstammte also einer sehr wohlhabenden Familie von großem bürgerlichen Ansehen, das weit über das heimatliche Sterzing hinausreichte. Als ein Schulmeister der kleinen Stadt den reichen Buben allzusehr drangsalierte, gab Vater Geizkofler den Lucas darum nach Augsburg, wo es gute Gymnasien für die großen Familien gab, und ließ ihn danach in Straßburg die Rechte studieren.

Im Mai 1572, also wenige Monate vor den blutigen Ereignissen, denen dieses Kapitel gewidmet ist, kam Lucas mit anderen deutschen Studenten nach Paris, um an der berühmten Universität die Rechte weiterzustudieren.

Geizkofler, der in seiner Selbstbiographie in der dritten Person von sich spricht, ist also »neben anderen sechsundzwanzig vom Adel, mehrenteils Meißner und Schlesier, die auch zu Straßburg studiert hatten«, nach Frankreich geritten.

Geizkofler war überzeugter Protestant und blieb es sein Leben lang; das war wohl auch der Grund, warum er nach dem Abschluß seiner Studien die ihm angebotenen hohen und aussichtsreichen Ämter in Salzburg und Wien ausschlug und – wie man heute sagen würde – in die Privatwirtschaft ging, wo er dank der Unabhängigkeit der Fugger und der in Augsburg herrschenden Toleranz seinem angestammten Glauben treu bleiben konnte.

Ein so überzeugter Protestant kommt eben in dem Augenblick nach Paris, in dem sich hier der religiöse Streit wieder in blutigen Krieg zu verwandeln beginnt.

»Damals entstand auch in der Universität zu Paris ein Geschrei (Gerücht), es würde mit den Lutherischen und Hugenottischen bald eine gefährliche Veränderung erfolgen, wenn der König von Navarra, der damals hugenottisch war, mit des Königs Schwester (Margarete von Valois) Hochzeit zu Paris halten würde. Solches Geschrei abzuschaffen und zu unterdrücken, hat man zu Paris am 30. Juni 1572 ein königliches Mandat (Anordnung) publiziert, daß man friedlich leben und niemanden, der dem König von Navarra zugetan oder wegen seiner bevorstehenden Hochzeit nach Paris gekommen sei..., weder mit Worten noch mit Taten beleidigen sollte, bei Leibesstrafe. Solches Mandat gefiel den Parisianern nicht wohl.«

Und nun kommen ein paar erstaunliche Zeilen, einerseits wegen der hohen Zahl deutscher Studenten, von der sie berichten, andererseits aber auch, weil sich aus ihnen erkennen läßt, daß doch nicht wenige Pariser den Verlauf der blutigen Tage in wesentlichen Zügen vorauszusehen vermochten. Es mußte also ein längst beschlossener, allgemeiner Mordplan gewesen sein, für den zum Beispiel feststand, daß die überwiegend hugenottisch gesinnten Buchhändler, Verleger und Drucker als erste dran glauben müßten.

»Es waren dazumal über 1500 deutsche Scholaren vornehmlich darum nach Paris gekommen, die erwähnte Hochzeit zu sehen«, berichtet Geizkofler. »Als sie aber spürten, daß dabei eine besondere Gefahr zu befürchten sei, sind ihrer viele nach Orleans und Bourges weitergezogen. Lucas Geizkofler (von sich wieder in der dritten Person erzählend) blieb jedoch in Paris, auf Rat seines lieben Landsmannes, Herrn Paul von Welsperg, welcher des Herrn Grafen Philipp von Hanau Hofmeister und am königlich französischen Hof wohlbekannt war. Welsperg riet ihm aber, er sollte nicht weiter bei dem vornehmen Buchdrucker Andreas Wechelin wohnen bleiben, sondern besser in das Haus eines Pfaffen ziehen, das bei der Sankt-Hilari-Kirche gelegen. Dort hatte dieser Monsieur Blandis ein hohes Haus mit vielen Kammern, in denen er Studenten wohnen ließ und beköstigte, unter denen stets auch ein paar Hugenotten sich befanden. Als Lucas Geizkofler dem Herrn von Welsperg vermeldete, er wolle lieber bei seinem Buchdrucker Wechelin wohnen bleiben, der die Deutschen gut behandelte und für wenig Geld verköstigte, und er sehe nicht ein, warum er zu einem Pfaffen ins Haus ziehen solle, da gab ihm der Herr von Welsperg die Antwort: Geizkofler solle diesen Rat jetzt befolgen und nicht viel fragen, die Ursache würde er später schon erfahren. Also folgte Geizkofler diesem erfahrenen Mann, der bei Hof allerlei hörte und von Dingen Kundschaft hatte, die sonst keiner wußte.«

Geizkofler, als Protestant an die geheime Gegnerschaft der Katholiken gewöhnt, erkannte die Gefahr, ohne noch genau zu wissen, worum es ging, und fügte sich. Das Leben, das nun begann, war für ihn so unangenehm, daß wir uns wundern müssen, ihn weiterhin in Paris zu sehen, einer Stadt, die von Tag zu Tag mehr einem Pulverfaß glich. Im Haus des Priesters herrschte ein gereizter Ton: Man betete nur lateinisch, und als ein pommerscher Student namens Henningius bat, man möge doch wenigstens französisch beten bei Tisch, da fuhr ihm die Mutter des Priesters gleich drohend über den Mund: das sei eine hugenottische Anregung, und wenn ihm sein Leben lieb sei, so solle er den Mund halten. Zudem mußte neben dem Logis auch die Kost für den ganzen Monat im voraus bezahlt werden, so daß die Studenten Verluste hatten, wenn sie mittags nicht heimkommen konnten. Obendrein gingen Frager von Haus zu Haus, die überall aufschrieben, welche Fremden – gemeint waren natürlich die Hugenotten – in den einzelnen Häusern wohnten.

Alle diese Maßnahmen lassen eindeutig erkennen, daß die große Mordnacht von langer Hand vorbereitet wurde und keine Affekthandlung der Mutter des Königs, ebensowenig aber auch die Folge einer plötzlichen Krise in den Beziehungen zwischen dem Admiral und dem König war. Hier sehen wir düstere Kräfte am Werk, von denen der junge König vielleicht selbst gar nicht wußte, und die Frage, die sich naturgemäß aufdrängt, lautet: Weshalb blieben die Hugenotten? Warum verließen sie nicht diese Stadt mit ihrem blutdürstigen Pöbel, in der auch Tausende Hugenotten keine Überlebenschance hatten?

Aber so ist es ja oft bei großem Unheil. Nachher fragt man sich bestürzt, wie es denn kam, daß man die Fülle der Zeichen nicht zu deuten vermochte. Eines dieser Zeichen zeigte sich schon am 8. Juli, als Heinrich von Navarra seinen festlichen Einzug in Paris hielt. Ein jüngerer Bruder des Königs von Frankreich, der Herzog von Alençon, sah im Gefolge Heinrichs eine besonders schöne Frau an der Seite eines hugenottischen Adeligen. Er befahl seinen Leuten, aufzupassen, wo die beiden absteigen würden, und schickte dann ein paar Italiener in jenes Haus, um den Hugenotten umzubringen und die Schöne zu rauben. Geizkofler und seine Gesinnungsgenossen hatten darüber einen heftigen Disput. Offensichtlich aber folgerte keiner dieser jungen Leute aus dem Angriff auf das Gefolge des Bräutigams, daß die Hochzeit selbst der Auftakt zu ganz anderen Verbrechen sein würde! Immerhin besuchten die Studenten in ihrer Unruhe und Unsicherheit den Admiral de Coligny, um sich bei ihm nach der Lage der Dinge und seinen eigenen Zukunftshoffnungen zu erkundigen: »Es haben ihn auch viele deutsche Scholaren, darunter Lucas Geizkofler, heimgesucht, mit welchem er gar freundlich redend sich selbst getröstet und gesagt, er wisse, daß ihm ohne besondere Ungnade Gottes nichts begegnet sei noch künftig begegnen könne. Dem allmächtigen, allwissenden und gerechten Richter wolle er die Rache anheimstellen... Den 4. August anno 1572 nahm die Hochzeit ihren Anfang, und weil der König von Navarra nicht wollte in die pfäffische Domkirche gehen, so hat man vor derselben eine große Brücke gemacht, mit herrlichen Tapezereien (Teppichen) geziert, darauf die königliche Braut mit einer köstlichen Krone von edlem Gestein und Perlen, die man auf etliche hunderttausend Kronen geschätzt, durch ihren Bruder, den König von Frankreich, dem König von Navarra als dem Brütigam zugeführt worden ist. Weil man vermeinte, es würde diese Einsegnung vormittag geschehen, hat sich derowegen eine große Menge Volkes zeitig zu der Domkirche verfügt, und besonders haben die deutschen Scholaren, darunter auch Lucas Geizkofler, etliche Fenster und Örter gemietet, für die sie viele Kronen geben mußten. Doch ist die Einsegnung erst um sechs Uhr abend durch den Kardinal von Bourbon geschehen, welcher die beiden mit gar wenigen Worten zusammengegeben. Nach dieser Einsegnung ist der König von Frankreich mit seiner Schwester Margarete als der Braut, mit seinen Brüdern und mit den Herzögen von Guise, von Aumale und von Nevers, auch mit vielen anderen französischen Fürsten und Herren, ganz köstlich gekleidet in die Domkirche gegangen und hat die Messe gehört; aber der König von Navarra als Bräutigam und beide Fürsten von Conde, seine Vettern, wie auch der Admiral (de Coligny) und viele andere vornehme Grafen und Herren, die nicht papistisch gesinnt waren, sind, vor der Kirche bleibend, hin und wider (auf und ab) gegangen, bis daß die königliche Braut wiederum aus der Kirche in den nahe dabei gelegenen bischöflichen Palast geführt worden.«

Was Geizkofler sonst von den Feierlichkeiten berichtet, paßt ganz und gar nicht zu dem im geheimen längst geplanten großen Morden und zeigt, daß die Verantwortlichen offensichtlich leichten Herzens in das Blutvergießen hineingingen. Am Tag nach dem Hochzeitsbankett, bei dem die Hugenotten zwar anwesend waren, aber gemäß den strengen Geboten Calvins nicht mittanzten, gab es Tierhatzen, das heißt, man ließ wilde Tiere aufeinander los. Zur Belustigung der von ihren sicheren Balkonen aus zusehenden Herren gelang es einem Eisbären, sich von seinem Strick zu befreien und auf das Volk zu stürzen. Die Leute, die in der engen Gasse nicht entkommen konnten, warfen in ihrer Angst die festliche Kleidung, aber auch Schirme und Stöcke von sich und versuchten, sich auf Brüstungen und Säulen zu retten, worüber die Hofgesellschaft sich höchlichst amüsierte.

Am darauffolgenden Abend lud der Herzog von Alençon, der Entführer der hugenottischen Schönen und Mörder ihres Begleiters, zu einem großen Bankett, »welches auch viel deutsche Scholaren gesehen, die gar freundlich eingelassen und traktiert worden. Am dritten Tag hat der Kardinal von Bourbon den Hochzeitsgästen eine ansehnliche Gasterei und in seinem großen Saal ein schönes Spektakel und Turnier ausrichten und denselben (den Saal) in zwei Teile abteilen lassen. Den oberen Teil nannte man die Wohnung der himmlischen Geister, darin waren der König von Frankreich mit seiner Gesellschaft, und den anderen Teil nannte man die Wohnung oder das Gezelt der höllischen Geister, darin waren der König von Navarra mit seinen Gesellen. Bei dem Fußturnier hatten beide Parteien gar schön vergoldete Harnische, und nach dem Turnier, bei welchem der König von Frankreich mit seiner Gesellschaft die von Navarra besiegte, hat man nichts anderes angestellt als ein paar prächtige Ringelrennen und Tänze. In solcher Zeit hat man nicht gespürt oder vermerkt, daß der König von Frankreich dem König von Navarra und anderen Hugenotten feind und unhold wäre; sondern es hat das Ansehen gehabt, daß er ihnen, sonderlich aber dem Admiral und den vornehmsten Hugenotten, ganz wohlgeneigt sei, so daß auch der gemeine Pofel (das Volk von Paris) hin und wieder klagend sagte, es würde der König von Frankreich selbst noch hugenottisch werden..."

Ereignisse wie die Bartholomäusnacht beschäftigen die Völker, die sie betroffen haben, noch nach Jahrhunderten. Bis heute ist die Frage nach dem *Warum?* und nach dem *Warum so?* nicht verstummt, und wüßte man nicht inzwischen, daß 200 Jahre später in derselben Stadt noch schrecklicher gemordet wurde und daß eben dasselbe Volk die Mörder stellte, das in der Bartholomäusnacht angeblich zum größeren Ruhm der Religion tötete, so könnte man tatsächlich glauben, diese blutigste Lösung religiöser Schwierigkeiten sei ihrer Art nach unfranzösisch gewesen: nämlich entweder spanischer Import – als Ratschlag eines Gesandten – oder aber italienische Banditentechnik, wie sie der Königinmutter als Ausweg akzeptabel erscheinen konnte.

Aber dieser Versuch, die Pariser reinzuwaschen, aus der Bevölkerung der Lichterstadt an der Seine irregeleitete, brave Christen zu machen, will nicht recht gelingen angesichts der Augenzeugenberichte, von denen der unseres Lucas Geizkofler aus Sterzing einer der ausführlichsten, lebendigsten und beredtesten ist. Wir erkennen aus der Schilderung der Morde, die wir am Ende dieses Kapitels zusammenhängend zitieren, daß es schon wenige Stunden später, nachdem die berühmtesten Hugenotten bereits gefallen waren, gar nicht mehr um den Papst oder um Calvin ging, sondern daß die niedrigsten Instinkte frei wurden und sich auslebten. Ein seit Jahrhunderten unruhiger, wirtschaftlich benachteiligter und politisch unmündiger Pöbel machte sich in einer einzigen gewaltigen Explosion Luft. Nicht nur der Blutrausch feierte Triumphe, sondern dadurch, daß alle Ordnungen außer Kraft gesetzt waren, kamen auch alter Haß, nie versiegende Leidenschaften und Gier zum Durchbruch. So manche höchst private Rechnungen, von Erbstreitigkeiten bis zur Eifersucht, wurden bei dieser Gelegenheit mit einer Selbstverständlichkeit beglichen, wie man sie in diesen Breiten sonst selten antrifft. Und das ist wohl auch die Lösung des blutigen Rätsels: das Unglück hat fortzeugend, wie das berühmte Wort Schillers sagt, weiteres Unglück geboren, eine böse Tat zog die andere nach sich, und die besitz- und rechtlosen Einwohner der Armenviertel hatten sich binnen drei Tagen und Nächten am ersten besten für das gerächt, was sie seit Generationen hatten ertragen müssen. In den Schrecken der Bartholomäusnacht hat die Hefe einer Großstadt, hat der Bodensatz einer mißachteten Volksschicht Entwicklungen vorausgenommen, die wir heute in den Slums von New York und anderen Städten schrecklich kulminieren sehen.

»Viel ansehnliche Herren und Edelleute, welche in des Königs von Navarra und des Admirals Diensten waren und nicht im königlichen Schloß oder nachend (nahe) dabei, sondern anderswo wohnten, haben sich, als sie gesehen, daß sie überwunden (seien) und sterben müßten, wider die einfallenden Guisianischen Mörder gar tapfer gewehrt; doch sind etliche, so eines schlechten Ansehens und arm oder noch gar jung waren, auf welche der mörderische Haufe keine sonderliche Achtung gab, mit der Flucht davongekommen. Als die alles in dem königlichen Hof und in dessen Revier und Nachbarschaft greulicherweise gehandelt worden, ist ein Teil der mörderischen Zunft in die Behausungen der Parlamentsherren und vornehmsten Räte, so etwas weniger verdächtig und reich waren, ja auch wegen des Raubes in die Läden und Gewölbe vornehmer Kaufleute, so sonst gut papistisch, eingefallen, hat darin viel fürneme Eheweiber, Töchter ohne allen Unterschied der Religion geschändet. Wenn diese sich nicht gleich mit barem Geld gelöst, wurden sie nach ihrem äußersten Vermögen geplündert. Nach diesem sind sie (die Mörder) in ihrer unsinnigen und tyrannischen Weise auch in die Universität, welche doch sonst sonderlich befreit sein soll, gekommen und in des Perri Ramii (des berühmten Philosophen Petrus Ramus) Kollegium gefallen, welcher sich von etlichen mörderischen Rotten viermal mit Geld abkaufen mußte. Als er aber kein Geld mehr hatte, hat er sich in einen Kamin verkrochen, hoffend, daselbst sicher und verborgen zu sein; aber die Mörder, deren eine neue Rotte in das Kollegium gekommen, haben seinem Diener und der Dienerin hart zugesetzt, also daß diese gezwungen worden, ihnen alle Winkel im Collegio zu zeigen, bis sie ihn letztlich unter einem Kamin gefunden und aus dem oberen Gaden oder Gemach des Collegii auf die Gasse dem gemeinen Pöbel vorgeworfen haben. Allda wurde er von dem jungen bübischen, heillosen Lumpengesindel ausgezogen, mit Ruten und Geißeln blutrünstig geschlagen und zu dem Gestade des Flußes Sequana (Seine) geschleppt, sonderlich von etlichen Buben, denen ihre Eltern so zu tun befohlen mit diesen Worten: »Lauf hin und seht, wie es euerm ketzerischen und verführerischen Lehrmeister, dem Ramo, ergangen, der euch mit seiner Lehre also vergiftet.« Es hat bei dieser Gelegenheit jeder seinen Feind unter dem Schein, als wenn er ein Hugenott wäre, ja ein Bruder den andern, damit er nur die Erbschaft allein erlange, umbringen lassen, wohl auch etliche Papisten ihre Glaubensgenossen aus Geiz, Neid und Feindschaft nicht verschont. Und ist immerzu eine Rotte über die andere auf die Gassen, sonderlich aber, wo die Buchführer (Buchhändler) gewohnt, gegangen. Etliche wurden aus ihren Häusern von den höchsten Gemachen in das Feuer herabgeworfen, das von den angezündeten hugenottischen Büchern oder denen, die sie dafür hielten, gemacht, andere mit ihren Weibern und Kindern, die sie nicht von sich lassen wollten, zu dem Fluß Sequana (Seine) geführt, daselbst zu Tod gestochen und hineingeworfen worden, in solcher großen

Anzahl, daß der Fluß vom Blut rot war. Viele tausend Körper sind noch schwimmend gesehen worden, und welche durch den starken Wind auf des Gestade ausgeworfen wurden, haben der gemeine Pöbel und mörderische Buben wiederum in den Fluß geworfen, vorgebend, sie müssen diese Fische auch anderen, sonderlich denen von Rouen und weiteren dergleichen Orten, da auch Ketzer seien, zukommen lassen. In summa: Die Mörderei und das greuliche Toben und Wüten waren am Sonntag, dem 24. August, von Mitternacht an bis des anderen Tages so groß, daß in 24 Stunden über die 10000 Weibs- und Mannspersonen, jung und alt, erbärmlich umgekommen sind.

Als die fromme Königin Elisabetha, geborene Erzherzogin von Österreich, durch ihren Kaplan, Hörmann von Manz genannt, solches zum Teil vernommen und besorgte, es möchte dieser Jammer auch über die Deutschen, darunter nicht wenige österreichische Untertanen waren, ergehen, hat sie begehrt, zum König von Frankreich, ihrem Ehegemal, zu kommen. Mit einem Fußfall und herzlichem Weinen hat sie ihn gebeten, ferneres Blutvergießen abzuschaffen, damit nicht die Unschuldigen mit den Schuldigen umkommen. Aber der König gab ihr keine Antwort, sondern sagte allein diese Worte zu einem seiner Kammerherrn: »Heiße die deutsche Göttin aufstehen und in ihr Zimmer gehen«: denn so nennt er sie gleichsam aus Verachtung, weil sie gar nicht leichtfertig oder nach des Königs Lust und Mutwillen sich verhielt. Öfter sprach er zu seiner Mutter, der alten Königin, er habe wenig Kurzweil und Freude bei ihr und wollte lieber, daß sie in einem Kloster als sein Weib wäre. Ihre Fürbitte hat bei dem König doch so viel gewirkt, daß er hernach am Montag auf den vornehmsten Plätzen, sonderlich in der Universität, öffentlich mit Trompeten gebieten ließ, daß man keinen Deutschen oder sonst einen Ausländer, er sei, wer er wolle, hinfür umbringen solle, bei Lebensstrafe; dazu viele Galgen hin und wieder aufgerichtet waren, es ist aber deshalb niemand gehenkt worden.

Hie oben hat man vermeldet, daß Lucas Geizkofler neben etlichen seiner Studiergesellen in einem gar hohen Haus bei einem Pfaffen, Blandis genannt, seine Wohnung und Kost hatte. Der warnte sie samt und sonders, daß sie nicht aus ihren Kammern und Zimmern sehen sollten, auf daß die mörderischen unterschiedlichen Rotten, so da gingen, ihrer nicht ansichtig würden; er selbst stand bei der Tür des Hauses, in einem Pfaffenrock und ein viereckiges Barett gekleidet, und war in derselben Gegend fast (sehr) bekannt und in nicht geringem Ansehen. Es kamen schier stündlich neue mörderische Rotten und fragten, ob er nicht in seinem Haus etliche hugenottische Vögel, so in ihrem Nest, aufzugeben habe; der Pfaffe gab ihnen aber diese Antwort: Er habe keine dergleichen Vögel oder Scholaren in seine Kost, sondern nur Deutsche, so aus Österreich und Bayern gebürtig, und sie sollten ihn wohl für denjenigen halten, daß er selbst keinen an seinem Tisch oder in seinem Haus leiden wollte, der nicht gar katholisch wäre. Also hat er sie stets abgewiesen, aber von Lucas Geizkofler und seinen Gesellen eine nicht geringe summa Kronen auf etliche Monate im vorhinein begehrt, sonst wüßte er uns in dieser währenden Gefahr in seiner Kost und seinem Haus nicht zu halten. Also mußten sie ihren nicht sehr gespickten Beutel auftun und gaben das Kostgeld auf drei Monate im vohinein. Es waren aber drei Franzosen, Pikarden, unter seinen Kostgängern, die so viel nicht ausgeben wollten, auch vielleicht so viel Gelds nicht hatten, aber wegen der in allen Gassen bei Tag und Nacht streifenden Rotten ohne äußere Gefahr für ihr Leben nicht aus dem Haus gehen durften. Diese Pikarden baten Geizkofler und seine Mitgesellen auf das allerhöchste, ihnen ihre deutschen Reisekleider, so sie aus Deutschland mitgebracht hatten, zu ihrer Verkleidung zu leihen, auf daß sie sicher unter dem Schein, als wenn sie Deutsche wären, anderswohin kommen möchten. Also sind diese guten Pikarden aus des Pfaffen Haus gegangen; wohin sie nun gekommen, haben die Deutschen in des Pfaffen Haus nicht erfahren mögen, aber eine von ihnen hat einen schlichten jungen Buben zu Lucas Geizkofler geschickt: sie wären an einem ziemlich sicheren Ort und sie ließen ihm und seinen Mitgesellen gar treulich danken, daß sie sich ihrer so gutherzig angenommen, und es möchte bald die Zeit kommen, daß sie ihnen auch mündlich Dank sagen könnten. Sie baten aber, ihnen die deutschen Kleider noch länger zu lassen, wie denn geschehen.

Ob nun wohl nach des Königs Gebot nicht mehr so viel getötet (wurde), so hat man doch mit dieser Mörderei nicht nachgelassen und die Leute gefangen aus den Häusern geführt, wie Geizkofler und seine Mitgesellen durch die obersten Dachfenster ihrer Behausung ob der Wohnung gesehen, welche ein Eckhaus war, daraus man in drei Gassen sehen konnte, in welchen meistenteils nur Buchführer und Buchdrucker wohnten, denen man um viele tausend Kronen Wert Bücher verbrannte. Als unter andern eines Buchbinders Weib mit zweien ihrer gar kleinen Knaben französisch in ihrem Haus betete, kam eine mörderische Rotte eben damals auch hinein und wollte sie gefänglich hinwegführen, sie wollte aber von ihren Kindern nicht weichen; letztlich hat man ihr vergönnt, daß sie beide Kinder mit sich an der Hand führen möge; und als sie zu dem Fluß Sequana kamen, ist ihnen noch eine andere Rotte begegnet, die sagten, sie sei eine rechte Erzhugenottin; und warfen sie samt den Kindern ins Wasser, aber es war einer unter den Mördern dennoch so barmherzig, daß man die Kinder in einem Schiff wiederum salvierte (rettete), welches ihr Blutsfreund, der ihr nächster Erbe sein sollte, nicht gern gesehen. Der ist alsdann auch selbst, weil er reich war, ermordet worden. Von den Deutschen sind nicht mehr als 8 oder 10 Personen umgekommen, welche sich zu früh und unbedächtig auf die Gassen in den Vorstädten begaben. Da ihrer Zwei durch ein Vortor über eine Brücke gehen wollten, wurden sie von einem der Wächter an der Brücke gefragt, ob sie gut katholisch wären. Darauf gaben sie die Antwort: »Ja, warum nicht?« Darauf sagte ein Wächter: »Wann du so gut katholisch bist (denn der Deutsche gab sich für einen Domherrn vom Münster aus), so bete das Salve Regina!« Und da er es nicht konnte, stieß ihn der Wächter mit der Hellebarde von der Brücke in den Graben, darinnen er in der Vorstadt Saint-Germain sein Leben geendet.«

Alles, was in Paris an Trieben schlummerte, scheint sich in diesen Augusttagen des Jahres 1572 entladen zu haben, zunächst natürlich der Haß auf jene Andersdenkenden, die den Religionsfrieden des Königreichs seit Jahrzehnten störten, dann aber auch der Proletenneid gegenüber den gutgekleideten achthundert Rittern aus Navarra mit ihren schönen Frauen, und endlich die uralte Nachbarschaftsrivalität, boten die Tage des großen Mordens doch Gelegenheit zu jeglichem *réglement des comptes.*

Die menschlichen, die unserem natürlichen Empfinden entsprechenden Reaktionen inmitten dieses Bluttaumels sind überraschend selten, vielleicht auch nur unzureichend überliefert. Bekannt ist, daß die junge und schöne Margarete von Valois, ahnungslos aus dem Schlaf gerissen, weil ein verwundeter und von seinen Mördern verfolgter Adeliger an ihrer Schlafzimmertüre Rettung erhofft, ihre dürftige (nach andern: fehlende) Bekleidung nicht achtet, wütend und verzweifelt zum Gardekapitän de Nancay stürzt. Den erheiterte die nackte Jungvermählte sosehr, daß er dem verwundeten Monsieur de Léran das Leben schenkte und seine Leute anwies, die mordlustigen Söldner von den Privatgemächern des Ehepaares Navarra fernzuhalten.

Margarete zog sich hastig an und begab sich in das Zimmer ihrer Schwester, der Herzogin von Lothringen, also einer *grande dame* der katholischen Partei. Dabei mußte sie mitansehen, wie drei Schritte vor ihr der Hugenotte de Bours mit Hellebardenstößen ermordet wurde. Zwei weitere Hugenotten, ein Baron Niossans und der Chevalier d'Armagnac, baten sie auf dem Gang, ihnen das Leben zu retten, worauf Margarete sie mit sich nahm und ihre Mutter anflehte, ihr die beiden »zu schenken« was

Katharina gnädig gewährte. Karl IX. jedoch verspottete seine schöne Schwester, weil sie ihre körperlichen Reize eingesetzt habe, um seinen Soldaten ein paar Todeskandidaten zu entreißen.

Überraschend ist auch die Rolle des später so großen, so mutigen, bis heute so unbändig verehrten Königs Heinrich IV., der durch diese Bluthochzeit zum Thronfolger geworden war. Seine Anhänger, ja seine getreuesten Ritter, die ihn in die Höhle des Löwen begleitet haben, werden in der ganzen Stadt gejagt und viehisch abgestochen; er aber läßt sich von seinem Schwager, König Karl IX., auf die primitivste Weise einlullen, abschirmen, betäuben. »Heinrich von Navarra hielt er (Karl) durch die ganze Zeit des Mordens unter Obhut in Paris und verbrachte in wilden Gelagen mit ihm und dem Herzog von Anjou, dem späteren polnischen König, die Tage, während in Paris und den Provinzen das Blut der Hugenotten in Strömen floß. Diese drei Könige zogen zu ihren Gelagen noch einige leichte Frauen bei und zündeten ihnen, nachdem sie sich an ihnen gesättigt, die Schamhaare mit Fackeln an. Sie begnügten sich aber nicht mit diesem Vergnügen; sie schickten um den Präfekten von Paris, Nantouillet, daß er ihnen ein Nachtmahl richte. Das Tischsilber und der Tafelschmuck des Herrn Nantouillet gefielen ihnen derart, daß sie das Ganze nach dem Mahl fortschaffen ließen, und als sich der Präfekt später darüber beklagte und erklärte, er werde sich an die Gerichte wenden, wenn er das Silber nicht zurückerhalte, ließ ihm der König sagen, er möge sich nicht bemühen, denn er werde sehr mächtige Gegner finden« (Chledowski).

Es ist wie immer, wenn Blutdunst in der Luft liegt, wenn für Tage alle Gesetze außer Kraft zu sein scheinen, wenn in einer großen, allgemeinen Entladung der Leidenschaften auf einmal alles frei wird, was sich in dieser Summe der kleinen, armseligen Existenzen angesammelt hat. Die Menge wird dann unbeherrschbar, die Stadt, das Land, sind nicht mehr zu regieren, nur die Mauern des Louvre schützen noch ein wenig, und hinter ihnen erfaßt der Rausch auch jene, die über ihm zu stehen meinten, weil sie ihn entfesselt hatten. Der Herzog von Anjou gilt als einer der Hauptanstifter der Blutnacht; er betäubt sich inmitten der Blutströme, inmitten der Leichen, die auf der Seine am Louvreschloß vorbeifließen, mit Fressen, Saufen und Huren, und Heinrich von Navarra, noch keine neunzehn Jahre alt, ist noch nicht Manns genug, eine selbständige Rolle zu spielen, die Wogen schlagen über ihm zusammen. Zweihundert Jahre später werden die besten Köpfe von Paris, kluge Advokaten, geniale Tribune, die gleiche Schuld auf sich laden in jenen Septembermorden, zu denen kein Geringerer als Danton sich so zynisch bekennt.

Es läßt sich heute kaum mehr feststellen, wieviele Opfer die Mordtaten vom August und vom September 1572 in Paris und in Caën, Bayonne, Reims, Lyon und vielen anderen Orten an Opfern gefordert haben. Da die Identifizierung der Opfer damals noch nicht so gut funktionierte wie heute, ist nur ein verhältnismäßig kleiner Teil von ihnen namentlich bekannt; vor allem die Fremden in Paris und die oft protestantischen Studenten in anderen französischen Städten waren praktisch Namenlose für die flüchtigen und halbherzigen Untersuchungen, die nach den Morden sehr zaudernd einsetzten. Das gibt der katholischen Seite die Möglichkeit, etwa in Wetzer und Weltes Kirchenlexikon für Paris nur tausend Tote anzunehmen, für ganz Frankreich 4–5000. Der Seigneur de Brantôme, den wir aus verschiedenen anderen Quellenwerken als aufmerksamen Beobachter kennen, spricht für Paris allein von viertausend Toten. Das Martyrologium der Reformierten in Frankreich nimmt 30.000 Tote an und führt von ihnen 15.138 im Einzelnen auf, womit man wohl eine unbestreitbare, an der unteren Grenze liegende Gesamtopferzahl besitzt.

Im ersten Entsetzen über das Ausmaß des Geschehens schob man unter allen Beteiligten die Schuld zunächst anderen zu. Die Königin beschuldigte die Guisen, der König behauptete, nichts gewußt zu haben, und nur der

Kardinal von Lothringen besaß Zynismus genug, am 8. September 1572 einen Dankgottesdienst für diesen Sieg über die Ketzerei abzuhalten, an dem bezeichnenderweise auch Papst Gregor XIII. teilnahm. Das Bild des Papstes findet sich auch auf der Gedenkmünze des Jahres, während auf der anderen Seite ein Engel mit Kreuz und Schwert Hugenotten niedermacht, wozu ihn die Umschrift *Hugonotorum strages* (= Niedermetzelung der Hugenotten) beglückwünscht.

Dennoch darf man dem katholischen Kirchenhistoriker Franz Xaver Funk recht geben, wenn er eine direkte Beteiligung des Papstes an Idee und Vorbereitung der Bartholomäusnacht mit Nachdruck verneint; Gregor XIII. war erst drei Monate lang Papst, als es in Paris zu dem großen Morden kam, und das Te Deum, mit dem er in Rom die Untat feierte, entsprang lediglich dem alten Kirchengrundsatz, nur ein toter Ketzer sei ein guter Ketzer..

NAVARRA UND DIE LIEBE

Es gibt Männer, die ihr Leben lang alles Glück in der Liebe finden; und erst mit der ersten unglücklichen Liebe gewinnt der Tod Macht über sie.

Es war am 16. Januar 1609, als sich Heinrich IV. in einer der langen Galerien des Louvre plötzlich einer Schar junger Damen gegenübersah. Sie waren in jene schleierleichten Gewänder gekleidet, mit denen man im siebzehnten Jahrhundert die klassische Nacktheit kaschierte, und stellten offenbar Nymphen der Jagdgöttin Diana dar, denn eine von ihnen schwang scherzhaft den zierlichen Speer und setzte ihn Heinrich IV. auf die Brust.

»Es ist Mademoiselle de Montmorency, *Sire*«, sagte Heinrichs Stallmeister, der Herzog von Bellegarde, »sie ist reizend«.

Der Herzog kannte den Geschmack des Königs, er hatte wie Heinrich die Gunst der Gabrielle d'Estrées genossen und auch der Henriette d'Entragues. Dennoch war diese Bemerkung zweifellos überflüssig. Es gab nichts, was der Schönheit dieser Fünfzehnjährigen glich, die nun, etwas verwirrt von der eigenen Kühnheit und der leichten Gewandung, vor den beiden Herren stand und die Augen niederschlug. Eine Freundin kam zuhilfe, erklärte dem König, daß man ein Ballett probe, das am Faschingsdienstag aufgeführt werden solle, aber Heinrich IV. war bereits tief getroffen. Gesicht, Hals und Schultern des Mädchens, aber auch das Haar, der Blick, die Bewegungen, das alles spielte zusammen zu einer Wirkung, gegen die es keine Gegenwehr gab und die Heinrichs Zeitgenossen in den nächsten Monaten bald diabolisch, bald geheimnisvoll, immer aber unwiderstehlich finden werden.

Montmorency, das war ein großer Name; berühmte Feldherren hatten ihn getragen, das Geschlecht ging auf Barone zurück, die schon unter den Kapetingern für Frankreich kämpften. Vorsicht war also geboten, aber dem schnell aufglühenden König war nicht nach Abwarten zumute. Bellegarde mußte ihn erinnern, daß er selbst erst vor kurzem seine Einwilligung zur Verlobung seines Freundes Bassompierre mit dieser mädchenhaften Schönheit gegeben hatte. Warum nicht, er hatte sie nicht gekannt, und Bassompierre war ein treuer Waffengefährte. Aber er war auch ein großer Liebhaber, einer jener Männer, die einer Frau alles abverlangen, und plötzlich schien es Heinrich unmöglich, dies mit anzusehen: er liebte sie eben schon, die kleine Charlotte-Marguerite de Montmorency.

Eine Fünfzehnjährige zwischen zwei Männern, deren jeder den Königen des Lebens zuzurechnen ist. Bassompierre, aus dem lothringischen Grafengeschlecht, das sich Betstein nannte, wenn es dem Kaiser diente, stand für Heinrich IV. von dieser Verbindung ab, nach einem langen nächtlichen Gespräch. Charlotte-Marguerite, Tochter des Connetable von Montmorency, wurde an Heinrichs Neffen Condé verheiratet, vor dem der König sicher zu sein meinte – er galt als homosexuell. Aber die kindhafte Schönheit Charlotte-Marguerites besiegte die Verirrung, Condé ließ sich auch durch einen Liebeslohn von 100.000 Goldfranken nicht dazu bestimmen, die Liaison des Königs mit seiner jungen Frau zu dulden und verließ unmittelbar nach der Hochzeit, im Mai 1609, den Hof. Heinrich, der in den abgelaufenen vier Monaten immer tiefer in seine Leidenschaft versunken war, litt unsäglich, aber auch die nunmehrige Princesse de Condé war mit der Abreise nicht einverstanden. Obwohl Heinrich vierzig Jahre älter war als sie, hatte sie begonnen, ihn zu lieben, und durch ihn die Liebe kennengelernt. Die beiden schrieben einander leidenschaftliche Briefe (die man erst vor wenigen Jahren aufgefunden hat), Briefe, die sie mit der Anrede *Astre, que j'adore* (Gestirn meiner Anbetung) begann, während der König sich vor Leidenschaft, Sehnsucht und Eifersucht verzehrte. Die neue Jugend, die er in sich aufsteigen fühlte, wandte sich in wütenden Tatendrang: als Condé im November vor der drohenden Haft in der Bastille nach Brüssel floh und seine

Frau mit sich nahm, rüstete Heinrich. Der österreichische Erzherzog, der die Niederlande verwaltete, kannte Homer zu gut, um wegen einer entführten Schönen einen Krieg hinzunehmen, er bat Condé, die Niederlande zu verlassen, behielt die Princesse jedoch in einer Palastsuite unter Aufsicht.

Heinrich, dem sein kluger Minister Sully vom Krieg abriet, plante eine Entführung und entsandte das, was man heute eine Kommandotruppe nennen würde, unter dem Marquis de Coeuvres. Aber schneller als der Marquis reisten die Boten der Kirche. Sie hatte sich ja nie täuschen lassen; für sie war der zum Katholizismus übergetretene Heinrich von Navarra noch gefährlicher als der Hugenottenführer, weil Toleranz das geheime Gift war und ungleich verderblicher für die römische Kirche als die offene Feldschlacht. Die Kirche also wußte von der Mission des Marquis de Coeuvres, benachrichtigte Brüssel. Da die Erzherzöge stets Verbündete des Vatikans gewesen waren, scheiterte das Unternehmen.

Heinrich stürzte aus der Vorfreude in tiefste Verzweiflung. »Ich wurde sosehr eine Beute meiner Ängste und Sehnsüchte, daß ich bald nur noch die Haut auf den Knochen hatte«, schreibt er über jene Tage, »alles war mir zuwider und ich floh selbst meine Freunde. Und ging ich einmal doch in Gesellschaft, so lenkte dies mich nicht ab, sondern brachte mich beinahe um«.

Heinrich bot auf, was er hatte. Es sollen 283.000 Mann gewesen sein, eine für jene Zeiten ungeheure Streitmacht, die denn auch ihre Wirkung nicht verfehlte. Spaniens Botschafter in den österreichischen Niederlanden schrieb nach Madrid: »Ich fürchte soviel von dieser außerordentlichen Leidenschaft und ich sehe den König so blind und verrannt in seine Liebe zur Princesse de Condé, daß ich es Eurer Majestät gar nicht schildern kann. Und wenn es auch viele Gründe für eine Aufrechterhaltung des Friedens gibt, soferne man nur nach Vernunftgründen und Grundsätzen der Politik urteilt, so muß ich doch leider den Krieg für so gut wie sicher halten«.

Der Krieg zur Befreiung einer schönen Prinzessin hätte Frankreich mit großer Truppenmacht an die Seite der protestantischen Fürsten in Deutschland geführt, Papst Paul V. aus dem Hause Borghese drohte denn auch Heinrich IV. mit der Exkommunikation, aber in dem Mann aus Navarra brach am Ende seines Lebens, in seiner tiefsten Leidenschaft, ungestüm wieder der alte Hugenottenhaß gegen Rom durch. »Meine Vorfahren waren es, die einst die Päpste auf den Thron setzten«, sagte er auf die Androhung des Kirchenbanns hin, »warum soll also ich nicht einen Papst absetzen?«

Der Papst war, als er noch Camillo Borghese hieß, Nuntius am Hof Philipps II. von Spanien gewesen, und was er dort nicht gelernt hatte, das war ihm in den Jahren auf dem stets gefährdeten Stuhl Petri zugewachsen. Souverän, kenntnisreich, Jurist aus dem alten Siena, liebte er die geräuschlosen Methoden, und alles, was nun folgte, vollzog sich so leise, sosehr in Stille und Dunkel, daß man bis heute nicht weiß, ob der Befehl überhaupt gegeben wurde, ob er gegeben werden mußte, sprach man inzwischen doch in ganz Paris davon, daß der Hugenottenführer, dem Paris einst eine Messe wert gewesen war, nun der Kirche die Treue aufkündigen und eine Riesenarmee für die Ketzer marschieren lassen wolle. In allen Schenken, in allen Herbergen wurde davon gesprochen, und ein bestimmter Mann aus Angoulême, groß und rothaarig, konnte durchaus zufällig von all dem gehört haben und von dem großen Unheil, das durch den König und seine unheilige Leidenschaft für eine verheiratete Frau gegen die Kirche heraufzog. Der Mann aus Angoulême hieß François Ravaillac, war 32 Jahre alt und Lehrer gewesen, ehe er Mönch wurde. Aber auch den Feuillantinern war der unruhige Mann kein angenehmer Gefährte; sie stießen ihn aus, und er wanderte, von allerlei Pamphleten gegen Heinrich verwirrt, zu Fuß nach Paris, bewußt oder unbewußt Werkzeug der Mächte, die Frankreichs großen König aus der Welt schaffen wollten.

Heinrich hatte am Nachmittag des 14. Mai 1610 eine

Ausfahrt unternommen, um verschiedene halbfertige Bauten zu besichtigen; er hatte lange gezaudert, denn der Morgen dieses Freitags war voll von deutlichen Todesahnungen gewesen. Dennoch fuhr Heinrich IV. »ohne Garden, lediglich in Gesellschaft der Herren d'Epernon, de Montbazon und einiger anderer, zum Arsenal, als sein Wagen wegen eines Karrens und eines anderen Gefährts an der Ecke der Rue de la Ferronerie gegenüber einem Notar namens Poutrain anhalten mußte und er schändlich ermordet wurde ... Ravaillac hatte sich dieser Gelegenheit bedient, um den verhängnisvollen Dolchstoß zu führen, den er schon seit langem vorhatte, denn er war zu keinem anderen Zweck in Paris. Während der König aufmerksam einem Brief lauschte, den Monsieur d'Epernon ihm vorlas, sprang Ravaillac hinzu und stieß sein Messer mehrmals in die Brust Seiner Majestät. Der letzte Stich traf das Herz und durchschnitt die Aorta ... Während das Blut nach allen Seiten spritzte, warf d'Epernon einen Mantel über den König, rief den Umstehenden, die bestürzt warteten, zu, daß der König nur verletzt sei und ließ sogleich wenden. Mit verhängtem Zügel raste der Wagen zum Louvre zurück«.

Ravaillac wurde grausam gefoltert und blieb tagelang dabei, daß er keine Mittäter, keine Anstifter gehabt habe. Aber man weiß, daß er endlich doch zu sprechen begann (und wer hätte diesen Foltern widerstanden!), daß er von einem früheren Attentatsversuch berichtete, den er gebeichtet habe, und von Kontakten mit den Jesuiten. Und während sich alle Verhörsprotokolle erhalten haben, fehlen jene der letzten Stunden; sie sind verschwunden und wurden niemals mehr aufgefunden.

Geblendet durch das kriegsauslösende Attentat von Sarajevo oder auch durch die eine Welt erschütternde Ermordung des Präsidenten Kennedy, haben wir vergessen, wie der ähnlich geheimnisvolle Anschlag auf Heinrich IV. Zeitgenossen und Nachfahren beschäftigte, wie dieser Tod den stärksten Akzent setzte am Ende eines Jahrhunderts der Hugenottenkriege und am Anfang eines neuen Jahrhunderts religiöser Selbstzerfleischung der Völker. In einer Zeit, in der die Menschen noch die Sinne frei für das Geheimnis und die geheimen Botschaften hatten, war dieser Tod von verhältnismäßig vielen nachweislich vorausgesehen und dem König auch angekündigt worden. Von einem Arzt aus Toulouse, einem Juristen aus Moulins, einem Stadtrichter aus Bayonne und den Astrologen Liberati, Perrier, Turcar und Nostradamus. In der fünften Zenturie des Michel de Nôtredame, der schon die Valois-Könige beraten hatte, heißt es:

> Vorher kamen sie von der gallischen Ruine
> Im Tempel verhandeln zwei Männer
> Ein Dolch, ein Herz, einer springt auf den Renner und sticht
> Lautlos; sie werden den Großen begraben.

Das sei, wie einige Interpretationen wissen wollen, die ganze Geschichte des Attentats von der ersten Begegnung Ravaillacs mit dem Jesuitenpater d'Aubigné in der Eglise Saint-Louis bis zu dem Augenblick, da der Mann aus Angoulême sich auf die Kruppe des Pferdes stützt, um zustoßen zu können.

Es steht heute fest – und Roland Mousnier hat 1964 alle Fakten verdienstvoll zusammengestellt – daß am Rhein, in den Niederlanden und in Spanien Komplotte gegen Heinrich IV. geschmiedet wurden, daß der Jesuitenpater Alagon dem Hauptmann de la Garde aus Rouen einen fest umrissenen Antrag gemacht hatte, das Attentat auszuführen und ihm alle Ehren Spaniens versprach, und daß auf ausgesprochen mirakulöse Weise ein Dutzend erhaltene Briefe schon am 12. oder 13. Mai, also unmittelbar vor dem Attentat, vom Tod Heinrichs sprechen, Briefe, die außerhalb von Paris geschrieben wurden und deren Verfasser überzeugt waren, der König sei nicht mehr am Leben.

Um Könige wie den vierten Heinrich bilden sich Legenden, und sie wirken nicht nur nach seinem Tod, sondern auch auf diesen zurück und in seine Lebensgeschichte hinein. Ob Ravaillac nun allein auf sich gestellt handelte oder nach Gesprächen und Aufforderungen, beeinflußt und gesteuert, den Mord vollbrachte – die Tat hat ihren Zweck erreicht. Sully verlor jeden Einfluß und trat 1611 zurück, die Politik Frankreichs wurde die Politik eines katholischen Landes, Ludwig XIII. und die düsteren Concinis bereiteten der von ganz Europa beneideten Hochburg der religiösen Toleranz ein neues blutiges Mittelalter.

Die öffentliche Reaktion auf Heinrichs Tod bewies aber auch, daß die Hugenotten ihm den Übertritt zum Katholizismus verziehen hatten und daß sie in ihm nach wie vor ihren Hort sahen. Seine Ermordung auf offener Straße schien für viele Reformierte eine neue Bartholomäusnacht einzuläuten, und sie flohen in hellen Scharen aus der Stadt Paris, während die großen hugenottischen Familien, von denen viele bedeutende Armeeränge innehatten, sich für eine bewaffnete Auseinandersetzung mit der Regentin, der Mutter des neuen Königs rüsteten.

Die Jünger des sittenstrengen Calvin hatten dem vierten Heinrich aber auch sein exzessives Liebesleben verziehen und den Alarm an die Armee um einer Sechzehnjährigen willen. In einem Land wie Frankreich sind all dies Wesenszüge, die nur dazu beitragen können, einen König populär, ja unvergeßlich zu machen, und er ist es in einem Maß geworden wie kein anderer Monarch, von dem kometenhaften Aufstieg Napoleons abgesehen. Wir Deutschen, zeitweise durch die eigene Geschichte mehr verunsichert als durch sie gestärkt, vermögen uns die bruchlose Entente zwischen Nationalgefühl und Vergangenheit kaum noch vorzustellen, wie sie in Frankreich unter de Gaulle noch in der Moderne kulminierte und auch unter Mitterand nicht endet. Themen von hoher Spezialisierung, die bei uns nur ein paar hundert ältere Herren interessieren würden, werden vor dem ganzen Volk abgehandelt und füllen die Spalten der Literaturzeitschriften, ja liegen ganzen Fernsehserien zugrunde. Der Tod Heinrichs IV. wird bis heute in Vierhundert-Seiten-Studien untersucht, als habe man ihn gestern auf den Boulevards erschossen, und die bedeutenden literarischen Behandlungen dieses Lebens sind seit Jahrzehnten im Handel, offensichtlich nicht nur, weil er der Schirmherr der Hugenotten und ihr bester Degen war, sondern weil eine tiefere Sehnsucht nach der Einheit auch im Geist und nach der Stabilisierung des Toleranzdenkens die Franzosen seit Jahrhunderten erfüllt: nichts ist diesem Land fremder als die Tyrannis, und selbst seine absoluten Herrscher wurden nie zu Tyrannen.

»Heinrich IV. von Frankreich ... ist als der duldsame und sozial gesinnte französische Idealherrscher, der jedem seiner Untertanen das Huhn im Topf wünschte, in das allgemeine Bewußtsein eingegangen«, sagt Elisabeth Frenzel, und tatsächlich hat die literarische Behandlung dieser Königsgestalt den kritischen Stimmen wenig Raum gegeben, die vor allem von katholischer Seite während seiner Lebenszeit gegen Heinrich laut wurden. Unter den Franzosen hat ihm Voltaire mit seiner *Henriade* ein Denkmal gesetzt, und daß Dumas an diesem Stoff nicht vorbeigeht, kann man sich denken. Bedeutender sind jedoch die deutschen Bearbeitungen des Stoffkreises um Heinrich IV., das großartige Romanwerk von Heinrich Mann, der den König erstmals auf dem sozialen Hintergrund seiner Epoche zeichnet, und die Balladendichtungen, welche Agnes Miegel und Lulu von Strauß und Torney Heinrichs erster Frau Marguerite de Valois widmen. Auch die populären, aber nie niveaulosen historischen Romane von Hugo Paul Uhlenbusch taten viel dafür, diesen König auch diesseits des Rheins bekannt zu machen. Im Kriegsjahr 1871 fand ein heute vergessener Fleiß-Autor namens Eugen Hermann von Dedenroth aus Kötzschenbroda bei Dresden, Heinrichs Liebschaften gar einer sechsbändigen Darstellung wert.

Ravaillac, in Frankreich zum Begriff geworden wie Charlotte Corday, interessierte das hochbegabte Brüderpaar Tharaud, die ihm 1913 eine ausführliche erzählerische Darstellung widmeten, während ihre Landsleute nach wie vor mehr den Volkskönig selbst im Auge haben, seine häufige Einkehr bei kleinen Leuten, seine Reisen durch ganz Frankreich, wo in beinahe jedem Schloß ein Zimmer gezeigt wird, in dem der König genächtigt habe: tausend Gelegenheiten, ihn zu töten, und erst die tausendunderste wurde tatsächlich wahrgenommen ...

DIE WITWE SCARRON

Die wichtigsten Ereignisse in der gesamten Geschichte der Hugenotten sind die Verkündung des Edikts von Nantes im Jahr 1598 und seine Aufhebung 1685. Beide Hoheitsakte haben ganz wesentlich mit dem Einfluß der Frauen am französischen Hof zu tun, was niemanden überraschen kann, der Frankreichs Geschichte kennt und der weiß, wie oft gerade in Dingen der Religion die Frauen stärker interessiert und energischer beteiligt waren als die Monarchen – in Polen, in Rußland, in Spanien und erst recht im französischen Königreich.

Die Frau, die hinter dem Toleranzedikt steht, ist die bedeutendste Mätresse Heinrichs IV. und wäre seine Gemahlin geworden, hätte ihr früher Tod dies nicht verhindert. Die Frau, die das Toleranzedikt zu Fall brachte, war die letzte Mätresse Ludwigs XIV. und wurde ihm, nach einer vorherigen jahrelangen Verbindung, in einer heimlichen Zeremonie angetraut. Nicht irgendwelche Amouren hatten also auf diese großen Entscheidungen Einfluß, sondern bedeutende Frauen, Beinahe-Königinnen und so langjährig mit dem Herrscher vertraut und verbunden, daß man sich ein wenig mit ihnen beschäftigen sollte.

Gabrielle d'Estrées entstammte einer der ältesten Adelsfamilien Frankreichs; ihre schöne Mutter hatte in der Endzeit der Valois eine bedeutende Rolle gespielt, ihr Vater hatte sich als Großmeister der Artillerie bei der Verteidigung eben jener Stadt Noyon hoch ausgezeichnet, in der Calvin geboren wurde; ihr Bruder und dessen Nachfahren kämpften für Frankreich zu Lande und zur See mit den größten Verdiensten. Diese schöne und kluge Frau schlug Heinrich IV. schon als Achtzehnjährige so in ihren Bann, daß er sogar vom Schlachtfeld zu ihr eilte, ohne den Sieg auszunützen. Auch anderes, vor allem Heinrichs überreiche Geschenke an Gabrielle, verärgerten die sittenstrengen Hugenotten, und die Katholischen, vor allem die Pariser, liebten die schöne Frau am allerwenigsten. Gabrielle jedoch arbeitete unbeirrt, mit größtem Geschick (Desclozeaux) und beträchtlicher Ausdauer an einem Ausgleich der Gegensätze, indem sie die Forderungen beider Seiten so lange herabzumindern wußte, bis das berühmte Toleranzedikt endlich zustandekam.

Es sicherte – entgegen der allgemeinen Annahme – den Protestanten keineswegs die Gleichberechtigung, sondern eigentlich nur die Existenz, den Zugang zu fast allen öffentlichen Ämtern, die Ausübung der Religion überall dort, wo es schon vor 1597 eine entsprechende Anzahl Hugenotten gegeben hatte, und mehr als hundert Sicherheits-Positionen durch Hugenottenzentren wie La Rochelle, Montauban, Saumur, Montpellier und andere.

»Es ist ihre Rehabilitierung, es ist das, was sie am meisten ehrt, daß sie Heinrich IV. bei der Vollbringung dieses großen Toleranzwerkes geholfen hat«, sagte Desclozeaux in seinem bis heute grundlegend gebliebenen Buch über Gabrielle – und auch die Gegenseite wußte, wer das vom katholischen Pariser Parlament zwei Jahre hindurch heftig bekämpfte Toleranzedikt zustandegebracht hatte. Beim Papst lag Heinrichs dringendes Ersuchen, seine Ehe mit Margarete von Valois zu annullieren, damit er Gabrielle zu seiner Königin machen könne. Heinrichs allmächtiger und kluger Minister Sully jedoch befürwortete nach der zu erwartenden Annullierung eine andere eheliche Verbindung: die mit Marie de Medici, die vom Großherzog von Toskana nicht weniger als 600.000 Golddukaten in die Ehe mitbekommen sollte.

Es war kurz vor dem Osterfest des Jahres 1599, also wenige Monate nach dem Erlaß des Edikts, daß Gabrielle d'Estrées an einem Essen teilnahm, das der florentinische Finanzmann Zamet für sie gab; Heinrich weilte nicht in Paris. Wenige Stunden darauf wurde sie von heftigen Schmerzen befallen, man sandte nach Fontainebleau, aber ehe Heinrich die fünfzehn Meilen zurückgelegt hatte, starb die Favoritin am Morgen des 10. April, des Karsamstags. Die von Heinrich angeordnete Autopsie ergab alle Anzeichen einer Vergiftung, und Papst Clemens VIII., aber auch andere Gegner der Herzogin ließen Dankgottesdienste abhalten, habe man doch überdeutlich die Hand Gottes in diesem Tod erblickt. Das Kind, das Gabrielle getragen hatte, wurde erst bei der Autopsie aus ihrem Leib geschnitten; die Version, sie sei bei der Geburt gestorben, ist demnach unhaltbar.

Umso beliebter war bei der Kirche und bei Frankreichs Katholiken jene andere Mätresse, die weniger als hundert Jahre nach Gabrielle das Toleranzedikt in jahrelangen Bemühungen zu Fall brachte: die Marquise de Maintenon. Ihre Geschichte beginnt schon mit ihrem Großvater, dem General und Dichter Agrippa d'Aubigné, einem der großen Chronisten jener Epoche. Dieser hatte schon als Knabe die gehängten Protestanten an den Zinnen des Schlosses von Amboise gesehen und deren auf das Gitter gespießte Köpfe. Agrippa ritt damals neben seinem Vater, dem Kanzler des Königreichs Navarra, einem aufrechten und tapferen Mann, der später an seinen Wunden, erlitten in den Schlachten Heinrichs IV., sterben sollte. Damals in Amboise war es, daß der treue Paladin des Hugenotten-Schützers Heinrich seinem kleinen Sohn die Hand auf den Scheitel legte und sagte:
»Mein Kind, du darfst deinen Kopf nicht schonen, so wenig wie ich den meinen, um diese ehrenvollen Häupter zu rächen. Wenn du ihn schonst, soll mein Fluch dich treffen«. Vater und Sohn ritten mit Eskorte, der Kanzler hatte etwa 20 Reiter bei sich; aber die Leute von Amboise hatten die Drohung und den Racheschwur vernommen und drangen mit Verwünschungen auf die Hugenotten ein, so daß die Reiter aus Navarra Mühe hatten, Vater und Sohn d'Aubigné heil aus der Stadt zu bringen.

Agrippa d'Aubigné wurde berühmt, sein Sohn Constant aber war, wie so mancher Sohn berühmter Väter, berüchtigt als Wüstling, Trunkenbold, Schuldenmacher und was der adeligen Sünden mehr sind. Immer wieder fanden sich Kläger, die ihn hinter Gefängnismauern brachten, und so wurde Françoise d'Aubigné, verehelichte und später verwitwete Scarron, dereinst aber Marquise de Maintenon, am 27. November 1635 in der Zitadelle von Bordeaux geboren. Sie ging mit ihren Eltern, denen der Boden in Frankreich gelegentlich zu heiß wurde, auf die Inseln – wie man damals die karibischen Besitzungen Frankreichs nannte – und kehrte, als junges Mädchen verwaist, 1649 nach Paris zurück. Zu diesem Zeitpunkt trat sie, die aus einer so berühmten Hugenottenfamilie stammte, zum Katholizismus über. Es war ein Schritt, der sich freilich als notwendig erwiesen hatte, denn Françoise war völlig mittellos, hatte sogar noch Schulden für ihren Vater zu bezahlen (man weiß nicht, wovon und ob sie es tat) und konnte ihren Unterhalt zunächst nur als Gesellschafterin einer adeligen Dame verdienen. Diese Nöte mögen wohl auch der Grund dafür gewesen sein, daß sie schon als Neunzehnjährige den Skandalpoeten Scarron heiratete. Er war fünfundzwanzig Jahre älter als sie, durch seine Satiren und Burlesken zu vieldiskutierter Berühmtheit gelangt und hatte zumindest zeitweise Geld. Aber eine vermutlich tuberkulöse Arthritis fesselte ihn an den Rollstuhl oder ans Bett.

Man weiß zwar nicht, ob der Schlüsselroman *L'ingénue Saxancour* des Restif de la Bretonne tatsächlich auf die Ehe Scarrons gemünzt ist, aber man darf sicher sein, daß die junge und hübsche Konvertitin in den acht Jahren neben dem verkommenen, wenn auch begabten Literaten einiges zu erdulden hatte. Die Männer, mit denen sie in dieser Zeit, wohl mit Wissen ihres Gatten, Umgang hatte, ließen auch nach seinem Tod nicht von ihr. »Die Witwe Scarron«, schreibt der Herzog von Saint-Simon in seinen unschätzbaren Memoiren, »mietete für sich und eine Magd ein Zimmer in einer steilen Gasse und lebte dort sehr beengt; ihre Reize erweiterten diese Beschränkung bald. Villars (de Vater des Marschalls), Beuvron und die drei Villarceaux, welche ihre alten Ansprüche aufrechterhielten, und viele andere hielten sie aus«.

Das Verhältnis zu einem Villarceaux noch zu Lebzeiten Scarrons wird auch von Ninon de Lenclos bestätigt, jener schönen Lebedame, die aus ihrem Herzen keine Mördergrube machte und darum auch nichts dagegen hatte, wenn die spätere Marquise de Maintenon sich mit ihrem Liebhaber im Gelben Zimmer der Ninon traf.

Die strenge Katholikin, die als Ehrendame der Dauphine Zutritt bei Hof erhielt und die schließlich die illegitimen Königskinder der Montespan erziehen durfte, hatte also ein gelinde gesagt bewegtes Vorleben. Zum Haß der Konvertiten gegen das verlassene Lager kam auch noch die Bitterkeit der alternden Frau, die – nach dem Zeugnis der Ninon de Lenclos – stets wenig an der geschlechtlichen Liebe gefunden hatte und doch von ihr hatte leben müssen. Nicht nur der König, wie man gemeinhin annimmt, sondern vor allem seine Seelenfreundin, die Marquise de Maintenon, hatten allen Grund, sich mit dem Himmel zu versöhnen. Und da es allemal leichter ist, andere für die Sünden büßen zu lassen als selbst zu büßen, wurden Tausende von Hugenotten, wurden zahlreiche Familien in allen Teilen Frankreichs das Opfer dieser späten und säuerlichen Reue einer Frau, der Not und Laster das natürliche Empfinden, das Mitleid und die Liebe zu den Mitmenschen aus dem Herzen gebrannt hatten.

Zunächst waren es die Streitereien und Rivalitäten zwischen der mächtigen alten Mätresse, der Montespan, und der strahlenden Neuen, der Fontanges, die den müden Monarchen immer häufiger Gesellschaft und Gespräch der unscheinbaren Erzieherin seiner Kinder suchen ließen. Zwischen zwei Feuern gewann sie vielleicht noch nicht das Herz, aber doch Verstand und Gemüt des alternden Sonnenkönigs, der sich vor der Bosheit und den kriminellen Instinkten der Montespan fürchtete und darum viel zu lange zauderte, sie auf ihre Besitzungen zu verbannen: die Fontanges, deren Kind und eine vertraute Dienerin wurden das Opfer eines Giftanschlags, während der König nur aphrodisischen Konfekt zu essen erhielt und mit einigen Übelkeiten davonkam.

Die überdeutlich zur Schau getragene Frömmigkeit der

Witwe Scarron, von deren Vorleben dem König niemand zu erzählen wagte, beruhigte Ludwig XIV. wenigstens hinsichtlich der eigenen Sicherheit; außerdem war es offenbar, daß diese Frau, die von ihrem alten und kranken Dichter keine Kinder empfangen hatte, sich der Prinzen und Prinzessinnen ungeachtet deren illegitimer Geburt liebevoll annahm (tatsächlich scheint die Maintenon nur diesen verfetteten Bastarden eine echte Neigung entgegengebracht zu haben, weswegen sie später ja auch nicht zauderte, für einen von ihnen die Cellamare-Verschwörung anzuzetteln).

1680, im Jahr der großen Giftaffaire, schlägt dann für die Montespan die Stunde. Nach dem Urteil des die Untersuchung führenden La Reynie ist sie unter 147 belasteten Personen jene, gegen die das Material geradezu erdrückend ist. Die Haupt-Giftmischerin, die Voisin, hatte wiederholte und beweisbare Besuche der Montespan gestanden, und das Verhör der zweiten Gifthexe, der Filastre, war – obwohl nun der König eingriff, um die Mutter seiner Kinder zu retten – nicht minder belastend verlaufen. Das waren Erschütterungen, in denen sich Ludwig eigentlich niemand anderem anvertrauen konnte als jener Novizin bei Hofe, der Witwe Scarron, die ihm aus dem Debakel seiner Mätressenwirtschaft wenigstens die Kinder retten wollte. Ludwig befiehlt auch noch, daß die Leiche der Fontanges nicht geöffnet werden dürfe, damit das Gift nicht nachgewiesen werden könne. Aber der genaue La Reynie läßt dennoch eine geheime Autopsie oder zumindest eine ärztliche Besichtigung des Leichnams vornehmen. Diese Untersuchung bestätigte die Vergiftung.

Im Juli 1682 wird die Giftaffaire abgeschlossen; aus 318 Verhaftungen sind nur 88 Urteile gefolgt. So manche hochgestellte Dame kam mit einer Verbannung davon (unter ihnen auch Olympia Mancini, die Mutter des Prinzen Eugen von Savoyen...) Der König aber, als strenger, sich selbst nichts verzeihender Mann von Ehre, ist innerlich gebrochen. Was er erblicken mußte, war ein scheußlicher Sumpf. Im Augenblick dieses Niederbruchs bietet die Maintenon nicht so sehr sich selbst an als die Religion, und sie hat Erfolg. Der Sonnenkönig ist geneigt, den Ausweg aus der Verdammnis zu beschreiten, den die Witwe Scarron, seit 1674 schon Marquise de Maintenon, ihm ebenso sanft wie dringlich nahelegt: die Rücknahme des Edikts von Nantes.

Schwere Schicksalsschläge, die der Sonnenkönig erlitten hat, Todesfälle in der königlichen Familie, dazu politische und militärische Mißerfolge müssen zusammenwirken, um ihn soweit zu bringen, um ihn glauben zu lassen, daß man durch Härte und Grausamkeit den Himmel versöhnen könne.

In den letzten Monaten des Jahres 1684 – ein genaueres Datum ist niemals bekannt geworden – kam es zu einer heimlichen Heirat zwischen Ludwig XIV. und der Marquise de Maintenon. Natürlich hatte sie, trotz aller zur Schau getragenen Bescheidenheit, mehrfach versucht, Öffentlichkeit für diesen Vorgang zu erreichen, so wie sie sich ja auch nach Ludwigs Tod durchaus anderen Gemahlinnen von Königen gleichstellte, etwa der Witwe Jakobs II. von England, die als Emigrantin bei Paris lebte. Aber der Sonnenkönig fürchtete sein spottlustiges Volk und hatte keine Lust, als Nachfolger des Poeten Scarron zum Helden spitzzüngiger Verse zu werden; darum die große Heimlichkeit dieser Eheschließung, von der man nur weiß, daß sie durch Monsignore Harlay de Champvallon und im Beisein des legendären Père de La Chaise vorgenommen wurde.

Die Maintenon hatte nun natürlich noch viel größeren Einfluß, und vor allem, sie brauchte nichts mehr für sich selbst zu erbitten; solange sie lediglich die Favoritin gewesen war, so lange Ludwig XIV. ihr nur ein mitternächtliches Viertelstündchen gewidmet hatte nach dem obligaten Besuch bei der Montespan oder der Fontanges, war wenig Gelegenheit zu weitreichenden Erörterungen gewesen.

Die eine Konkurrentin hatte durch Gift gesiegt,

sich aber damit selbst vom Hof verbannt; die Maintenon regierte somit allein das Herz des König, was ihr trotz allem, was sie in früheren Jahren erlebt hatte, doch auch manche Beschwernisse brachte. Sie ging auf die Fünfzig zu, sie war natürlich auch nicht mehr so schön wie auf dem Aktbild, das etwas verborgen im Château de Villarceaux, genauer gesagt im älteren der beiden Schlösser, inmitten eines Ninon-de-Lenclos-Dekors hängt. Aber der unermüdliche König beehrte sie nach wie vor und mangels anderer Ablenkung mit seiner Gunst, worüber sie sich bei jenen armen adeligen Mädchen beklagte, die sie in ihrer Stiftung Saint-Cyr kostenlos erzog und durch ein ingeniöses Verfahren auch an den Mann brachte: »Es ist praktisch unmöglich, vorauszusehen, wie weit die Ehemänner ihre Befehlsgewalt treiben, meine Damen. Man muß sich nicht selten Dingen unterziehen, die eigentlich so gut wie unmöglich sind« (Il faut se soumettre avec eux à des choses presque impossible).

Wo sie es nicht leicht hatte, konnte sie es auch dem König nicht allzu leicht machen, und so kam es zu den Vesper-Andachten, die der Hof zunächst belachte, die aber sehr bald zum eigentlichen Instrument des Maintenonschen Einflusses wurden. Allsonntäglich wurde der König mit Orgelklang und Chorgesang weihevoll gestimmt, und auf die Andacht folgte ein Vier-Augen-Gespräch über sein Seelenheil. Das erste Ergebnis dieser Einkehrstunden war für Frankreich außerordentlich überraschend: Ludwig XIV. verbot den Ehebruch und bedrohte nicht nur die ungetreuen Ehefrauen, sondern auch die leichtfüßigen Gatten mit Strafen, eine Maßnahme, über die selbst die Cocus lachten und zu der sich in den Memoiren der Zeit einige wenig schmeichelhafte Kommentare finden. Der Sonnenkönig hatte sich seiner Frau zuliebe (von der ja noch niemand etwas anderes wußte, als daß sie seine Mätresse sei) vor dem ganzen Land lächerlich gemacht.

Die Unruhen im schwer zugänglichen Innern von Südfrankreich, in den rauhen Cevennen und anderen Teilen des Midi, boten die Möglichkeit zu anderen Aktionen, über die man in Paris bestimmt nicht lachen würde und die mindestens ebenso fromm waren wie jenes Gesetz gegen den Ehebruch: der Druck auf die in verschiedenen Teilen des großen Landes immer noch streitbaren Protestanten. Ludwig begann mit einem Feldzug für die Konversion, für die Rückkehr in die katholische Kirche, teils friedlich mit Propaganda, Versprechungen und echtem Entgegenkommen, teils – vor allem auf dem Land – durch massiven Druck, den die Dragonerregimenter ausübten.

Eine breite Woge der Übertritte brachte den Protestanten erhebliche Verluste, und unter den katholisch gebliebenen Familien galt es als gottwohlgefällig, zählte es zum guten Ton, ›seinen‹ Konvertiten zu haben, natürlich in irgendeiner untergeordneten Stellung, als Hauslehrer, als Gesellschafterin (wie die Maintenon einst ja selbst gewesen), als Majordomus. Unter dem Vorsitz der Maintenon versammelten sich Damen des Hofes einmal in der Woche in Versailles und beteten für das Seelenheil der Heimgekehrten, obwohl die anderen, die Standhaften, diese Gebete dringender gebraucht hätten: sie nämlich standen zum Teil schon vor ihrem Herrgott, weil sie einer Dragonerlanze nicht behende genug ausgewichen waren.
Während ganze Städte dem neuen Glauben abschworen – Alès am Rand der Cevennen, die große Universitätsstadt Montpellier oder auch das alte Uzès – begann man sich in Paris und Versailles zu fragen, auf wen denn diese neue Politik, diese stille Gegenreformation zurückgehe. Der König nämlich hatte im Lauf seines Lebens oft genug verlauten lassen, daß ihm der Religionsfrieden wichtiger sei als alles andere, weil er ihm den Rücken für seine auswärtigen Kriege decke.

Saint-Simon berichtet mit aller Deutlichkeit, daß die neue Politik ausschließlich zwischen dem mächtigen Minister Louvois, dem Pater de La Chaise und der Maintenon ausgehandelt worden sei, und unsere gute Liselotte schrieb unverblümt: »Wer nichts mit diesem Hof hier zu tun hätte, der müßte sich halb krank lachen zu sehen, wie alles hergeht. Der König bildet sich ein, er seie fromm, weil er bei kein jung Weibsmensch mehr schläft, und alle seine Gottesfurcht besteht in Grittligsein, überall Spionen zu haben ... Das alte Weib, die Maintenon, hat ihren Spaß, alles, was vom königlichen Haus ist, dem König gehaßt zu machen und darüber zu regieren ... Durch die Post hätte ich Euer Liebden (der Herzogin Sophie) dieses alles wohl gar nicht schreiben dürfen ... allein durch diese sichere Gelegenheit habe ich es nicht lassen können. Wenn Euer Liebden noch wissen wollen, wie ferner der Hof beschaffen ist, so muß ich sagen, daß alle Minister das Weib flattieren (d. h. der Maintenon schmeicheln) und suchen durch hundert Kriechereien wohl (gelitten) bei ihr zu sein; alle andern Leute, so in einem raisonablen Alter und ehrliche Männer, seind traurig ...«

Bei einer ähnlich sicheren Gelegenheit, also durch einen guten Bekannten, schrieb Liselotte französisch über *la guenipe* (die alte Schlampe): »Bevor sie hier regierte, war die Religion in ganz Frankreich durchaus vernünftig; es ist der Pater de La Chaise, der Jesuit, der seine Ohren überall hat, dem wir das ganze Unglück verdanken ... Madame de Maintenon war nicht nur die Maitresse des Königs, sie war sehr viel mehr. Der Teufel in der Hölle kann nicht schlimmer sein als sie gewesen ist, und alle Maitressen, die er hatte, vermochten seinen Ruhm nicht so zu verdunkeln wie diese alte Vettel, die er obendrein geheiratet hat: sie ist die Ursache aller Verfolgungen, denen die Hugenotten ausgesetzt waren, sie ist die Ursache für die gestiegenen Getreidepreise und die Hungersnöte«.

Liselotte nimmt Ludwig auch nach seinem Tod noch in Schutz, sie meint, er sei zu wenig informiert und ganz in den Händen von La Chaise und der Maintenon gewesen, Louvois nicht zu vergessen. Gegenüber manchen Kritikern, die meinten, die Maintenon sei der einzige Punkt, in dem die sonst so klar urteilende Liselotte von der Pfalz sich im Irrtum befände, hat Carl Küntzel, der

Herausgeber ihrer Briefe in der schönen Langewiesche-Ausgabe, alles Nötige gesagt, wenn er ausführt: »Bis ins Kleinste wurde die Witwe Scarron von ihren Beichtvätern geleitet und durch sie der König und die Geschicke Frankreichs. Der Beichtvater Ludwigs, La Chaise, ein bekannter Wüstling, mußte ihr helfen, dem furchtsamen Monarchen die Hölle zu heizen. So brachten sie ihn dazu, gegen sein eigenes treues Volk zu wüten. Man vergegenwärtige sich, was das heißt, wenn ein Landesvater seine Untertanen wegen ihrer Überzeugungstreue zu Tausenden niederschießen oder zu Tode martern läßt, ihre Prediger auf die Galeeren schickt, ihre Weiber und Kinder den Rohheiten seiner Söldner preisgibt... und das alles, um mit diesen Strömen unschuldigen Blutes sich von seinen privaten Sünden reinzuwaschen!«

Als man an den Nachrichten von jenen Greueltaten, Morden und Vergewaltigungen in der Provinz nicht mehr zweifeln konnte, bat die Maintenon – endlich erkennend, was sie in ihrer bigotten Beschränktheit angerichtet hatte – den König um Milde für die Opfer und mußte sich sagen lassen, daß da nun wohl die Sympathie für ihre früheren Glaubensbrüder aus ihr spreche – ein Wort, nach dem man den Sonnenkönig wohl nicht für so unschuldig halten kann, wie es die ihm treu ergebene Liselotte von der Pfalz tut.

Bei aller Frömmigkeit dachte die Maintenon aber auch daran, wie man aus dem Elend der Vertriebenen (die nicht einmal legal auswandern konnten) materielle Vorteile zu ziehen vermöchte. Schon 1681 schrieb sie an ihren Bruder: »Verwende das Geld, das ich dir zukommen lassen werde, mit großer Umsicht. Im Poitou kann man zur Zeit das Land für ein Butterbrot bekommen, die Hugenotten sind so verzweifelt, daß sie immer noch mehr Güter abstoßen. Du wirst es nicht schwer haben, einen angenehmen Besitz zu finden«.

Es war zweifellos ein wenig Beschränktheit dabei, sie hatte eben nicht alle Folgen abgesehen, sondern blind nach ihrem Glauben und den Einflüsterungen gehandelt.

Aber sie ging immerhin, trotz allem, was sie schon angerichtet hatte und dessen Folgen sie eigentlich mit Entsetzen erfüllen mußten, noch um einen Schritt weiter, ging noch über das Erreichte hinaus und brachte es dahin, daß der König jenes weise Gesetz widerrief, das seiner Regierungszeit den inneren Frieden gesichert hatte. Die Aufhebung des Edikts von Nantes im Jahr 1685 sollte Frankreich mehr als 200.000 seiner besten, tüchtigsten, arbeitsamsten Untertanen kosten, denn wer Charakter und Willensstärke genug besitzt, für den Glauben und das Gemeindeleben seinen Besitz und seine Heimat aufzugeben, der wäre eben dieser Heimat zweifellos auch nützlicher gewesen als so mancher Opportunist. Wenn es also wahr sein sollte, daß sich Heinrich IV. durch den Einfluß der schönen Gabrielle d'Estrées zu einem Gesetz wie dem Edikt von Nantes bestimmen ließ, so hätte eine bedeutende Frau der französischen Geschichte zunichte gemacht, was eine andere für Frankreich zustandegebracht hatte.

Nicht wenige jener Unterdrückungsmaßnahmen, die wir heute aus autoritären Staatswesen kennen und als eine furchtbare Verirrung des Totalitarismus von rechts oder von links verstehen, wurden in beträchtlichem Umfang schon von den Beichtvätern und den ihnen hörigen großen Damen des siebzehnten Jahrhunderts in Wirklichkeit umgesetzt. Die Grausamkeiten jener Jahre gab es im Großen wie im Kleinen, sie finden sich auf einer ingeniösen und darum kriminellen Skala von der Galeere und der Zwangsarbeit in Verschickungslagern bis hin zur wirtschaftlichen Vernichtung. Und das ganze perfide System der Rekatholisierung in den Achtzigerjahren des siebzehnten Jahrhunderts war so angelegt, daß Todesfälle meist nicht als Morde erschienen, sondern als ungewohnte Begleiterscheinungen, gleichsam als Pannen, für die man die Obrigkeit nicht verantwortlich machen durfte.

Das Verfahren der Dragonaden schob die Verantwortung nämlich den ahnungslosen, nach vielen Feldzügen in den Niederlanden und in der Pfalz ohnedies zur Brutalität neigenden Soldaten zu und funktionierte mit Hilfe jener Einquartierungen, die sich oft tatsächlich nicht vermeiden lassen, die in diesem Fall aber zu einem sehr wirksamen Druckmittel wurden. Wir zitieren als einzigen Fall von tausenden die Erlebnisse des Lehrers Jean Migault im Jahr 1681 in Mougon (Charente), einem kleinen Ort unweit Niort; er hat die traurigen Erfahrungen jener Zeit für seine Kinder aufgezeichnet, um ihnen darzulegen, wie sie um ihre Mutter kamen.

»Wir lebten in Mougon ziemlich ruhig vier oder fünf Monate, bis zu der Ankunft eines Regiments Kavallerie, jenes Regiments, das den Untergang so vieler achtbarer Familien des Poitou verursacht hat. Man verteilte es auf verschiedene Städte und Dörfer, und überall wurden die Soldaten (nur) bei den Protestanten einquartiert, welche sie nicht früher verließen, als bis sie diese von allem und jedem entblößt hatten«.

Da Migault kein Geld hatte, den Kommissar zu bestechen, legte man in sein Haus ein Dutzend Reiter, die sogleich über die Qualität des Heus für ihre Pferde schimpften und ein großes Mahl bestellten mit Leckerbissen, die in dem kleinen Mougon gar nicht zu haben waren: Migault wurde nach Niort geschickt, die fehlenden Dinge zu kaufen. Da seine junge Frau nach dem Wochenbett noch nicht aufstehen konnte, wollte Migault sie nicht allein lassen, sondern wandte sich an katholische Nachbarn, ihm die Besorgung abzunehmen. Diese beschworen ihn aber, nicht mehr in das Haus zurückzukehren, wenn ihm sein Leben lieb sei, und versprachen, sich um die Zurückgelassene zu kümmern.

Inzwischen waren die Reiter ungeduldig geworden, hatten, da niemand sie bediente, das Haus durchsucht, die junge Frau aus dem Bett gezerrt und – nach einer offenbar ebenfalls allgemein angewandten, also auf obrigkeitliche Hinweise zurückgehende Methode – vor den Kamin gesetzt, in dem nun mit den Möbeln ein riesiges Feuer angefacht wurde. Madame Migault wurde also nicht vergewaltigt, sie wurde auch nicht gefoltert, man schob sie nur immer näher in die Hitze, die keiner der Reiter auszuhalten vermochte. Als die Nachbarinnen dann einen anständigen katholischen Geistlichen gefunden hatten, der die Ärmste den Reitern entriß, war sie ohnmächtig und starb bald darauf. Migault, der sich offenbar Vorwürfe machte, schrieb ausführlich und mit allen Einzelheiten alles nieder, er berichtet auch, daß das ganze Dorf zum katholischen Glauben zurückkehrte, bis auf fünfzehn Familien, die schon vor dem Eintreffen der Dragoner geflohen waren.

Das Zeugnis des Lehrers ist von seinem Herrn, dem adeligen Besitzer des ganzen Dorfes, ebenso bestätigt worden wie von katholischen Mitbürgern; die Darstellung zeigt alles, was die kluge Liselotte der Maintenon vorwirft: die wohlüberlegte Perfidie scheinbarer Gewaltlosigkeit, die sich mit den heutigen Spezialbehandlungen in psychiatrischen Kliniken durchaus messen kann. Es kam wiederholt zu Verbrechen, Martern und Totschlag, aber die Regel war eine ganz bestimmte und wohlüberlegte Kombination von Maßnahmen, deren jede einzelne für sich genommen als noch eben erträglich und rechtens hingestellt werden konnte.

Die gleiche Einstellung, die man damals wohl jesuitisch nannte, läßt sich aus den wohlabgezirkelten Texten jener Verordnung entnehmen, durch die Ludwig XIV. das Edikt von Nantes aufhob. Wir zitieren nur einige kennzeichnende Punkte:

»Jetzt endlich hat es Gott in seiner Gnade gefügt, daß Unsere Völker einer vollkommenen Ruhe genießen, und daß Wir selbst, nicht mehr mit der Sorge beschäftigt, sie gegen Unsere Feinde zu schützen, diese Waffenruhe ausnutzen konnten, und mit ganzem Fleiße zu erforschen, wie Wir die Absicht Unseres Großvaters und Unseres Vaters zum guten Ende führen könnten. So sehen Wir nun mit dem gerechten Danke, den Wir Gott schuldig sind, daß Unsere Sorgen das vorgesteckte Ziel erreicht haben, da ja der bessere und größere Teil Unserer Untertanen von der besagten vorgeblichen reformierten Religion die katholische angenommen hat. Weil deshalb die Ausführung des Edikts von Nantes und alles dessen, was zugunsten der vorgeblichen reformierten Religion angeordnet worden ist, den Nutzen verloren hat, so haben Wir geurteilt, daß Wir nichts Besseres tun könnten, als das besagte Edikt von Nantes vollständig aufzuheben.

1. Tun zu wissen, daß Wir aus diesen und anderen hinzukommenden Uns beweglichen Ursachen und aus Unserer sicheren Erkenntnis, königlicher Allgewalt und Macht durch dieses gegenwärtige, beständige und unwiderrufliche Edikt unterdrückt und aufgehoben haben, unterdrücken und aufheben das Edikt des Königs, Unseres besagten Großvaters, gegeben zu Nantes im Monat April 1598, in seiner ganzen Ausdehnung ... Und infolgedessen wollen Wir und gefällt es Uns, daß alle Tempel derer von der besagten vorgeblichen reformierten Religion unverzüglich zerstört werden.

2. Verbieten Unseren besagten Untertanen von der vorgeblichen reformierten Religion, sich noch ferner zu versammeln, um den Gottesdienst nach der besagten Religion an irgend einem Orte oder in einem Privathause, unter welchem Vorwande es auch sein könnte, zu halten.

3. Befehlen ernstlich allen Predigern der besagten vorgeblichen reformierten Religion, die sich nicht bekehren und die katholische, apostolische und römische Religion annehmen wollen, vierzehn Tage nach der Veröffentlichung Unseres gegenwärtigen Ediktes Unser Königreich und die Länder Unserer Botmäßigkeit zu verlassen ... bei Strafe der Galeeren.

6. Verbieten die besonderen Schulen der vorgeblichen reformierten Religion zum Unterrichte der Kinder und insgemein alles und jedes, was ein Zugeständnis, welcher Art es auch sei, zugunsten der besagten Religion bedeuten könnte.

7. In betreff der Kinder, welche denen von der besagten Religion geboren werden, wollen Wir, daß sie fortan durch die Seelsorger der Pfarreien getauft werden. Befeh-

len den Vätern und Müttern ernstlich, sie zu dem Ende in die Kirchen zu schicken bei Strafe von fünfhundert Livres und mehr, je nach Gelegenheit; und sollen die Kinder nachher in der katholischen, apostolischen und römischen Religion erzogen werden, worüber die Hand zu halten Wir den Richtern der Ortschaften ganz ausdrücklich und ernstlich befehlen.

9. Verbieten ganz ausdrücklich und wiederholt allen Unseren Untertanen von der genannten vorgeblichen reformierten Religion, ihnen, ihren Frauen und Kindern aus Unserem besagten Königreiche, Ländern und Gebieten Unserer Botmäßigkeit auszuwandern, noch ihre Güter und Besitztümer daraus zu entfernen, bei Strafe der Galeeren für die Männer und Einziehung von Leib und Gut für die Frauen.«

Dieses Dokument wurde zum Schicksal für viele Tausende. Muß man sich auch über die Naivität einer Obrigkeit wundern, die auf Gewaltmaßnahmen in Glaubensdingen vertraute, so muß die Kurzsichtigkeit, die in dieser Verordnung zu erkennen ist, doch noch mehr verwundern. Ehe man Leib und Gut einziehen läßt, ehe man auf den Galeeren ein nicht mehr lebenswertes Dasein fristet, versucht man sein Glück doch anderswo. So ahnungslos waren die Menschen gegen Ende des siebzehnten Jahrhunderts schließlich nicht mehr. Es gab Zeitungen und Flugschriften, es gab die Prediger, die ihre Gemeinden informierten, und es gab die Internationale der Reformierten in Ländern wie England, Holland, der Schweiz und dem westlichen Deutschland. Die Verfolgten waren zwar nach wie vor schutzlos im Ancien Régime, aber ihr Horizont hatte sich gegenüber jenen armen Ketzerscharen erweitert, die im abgelegenen Luberon oder im Vorfeld des erzkatholischen Spanien der katholischen Übermacht preisgegeben gewesen waren. Frankreichs lange Grenzen erwiesen sich als durchlässig, und Frankreichs großer, kaum besiedelter Innenraum lockte mit seiner Wildnis als ein rauhes Paradies, in dem ein freies Leben wohl möglich wäre.

DIE HUGENOTTEN IN DER WÜSTE

Selbst im heutigen Frankreich kann man oft viele Kilometer mit dem Wagen zurücklegen, ohne Begegnungen zu haben. Gerade der Deutsche staunt über die überraschende Weiträumigkeit im Nachbarland und durchquert verblüfft ausgedehnte Einöden vor allem im Landesinnern, rund um das Plateau Central, im westlichen Burgund, in der Auvergne, in den Cevennen.

So wie wir im Deutschen von Wüsteneien sprechen, früher auch von Wüstungen, die nichts mit Sand und Kamelen zu tun haben, so bezeichnet auch das französische Wort *le désert* zugleich die Wüste und die Ödnis, und die *Eglise du désert* war die Bezeichnung für jenes Hugenottentum, das nicht die Auswanderung wählte, sondern die Flucht nach innen, die Résistance in unzugänglichen Gegenden des großen französischen Königreichs. Es war der Ausweg, der sich vor allem den weniger begüterten Hugenotten bot, die Möglichkeit, die jeder hatte, auch wenn er kein Vermögen besaß und keine jener Künste erlernt hatte, die einen geschickten Mann überall ernähren, von dem beachtlichen Wissen hugenottischer Apotheker oder Ärzte einmal ganz zu schweigen.

Diese Kirche in der (innerfranzösischen) Wüste ist es, deren Spuren wir auch heute noch verhältnismäßig leicht folgen können, denn zum Unterschied von den Dragonern des Sonnenkönigs müssen wir uns nicht mehr mit unwilligen und lahmenden Pferden in die Wegewildnis der Cevennen wagen, sondern haben moderne Autostraßen zur Verfügung, die selbst die verborgensten Zufluchtsstätten des siebzehnten Jahrhunderts leicht erreichbar machen.

Es sind viele, und die Franzosen besuchen sie bis heute in großer Zahl, vom bretonischen Vitré unweit Rennes, wo die Coligny ihre Glaubensgenossen versammelten, bis ins provenzalische Luberon-Gebirge, wo Tausende für ihren besonderen Christenglauben starben. Das Zentrum des Gedenkens an die großen Glaubenskriege bleibt aber doch das auch heute noch wild und einsam wirkende Mittelgebirge der Cevennen westlich der großen Autobahn von Lyon zum Mittelmeer.

Verlassen wir sie bei Bollène, bei Orange oder auch bei Nîmes, so befinden wir uns binnen Minuten in tiefster Einsamkeit, und selbst die moderne Aussichtsstraße, die Frankreichs Fremdenverkehrsförderer hier anlegen ließen, selbst die Corniche des Cevennes westlich von Alès erschließt das Bergland eigentlich nur, um uns zu zeigen, daß sich hier so wenig verändert hat wie sonst nirgendwo in Frankreich. Etwa 25 Kilometer Höhenstraße, auf Hügelrücken und zwischen kühnen Felspartien geführt, gewähren uns nicht nur den Blick über einen charakteristischen Teil der Cevennen, sondern erinnern auch immer wieder an jene Phase französischen Schicksals, die sich hier vollzog: Etwa wenn wir einen Paß nehmen, der Col de l'Exil heißt. Andere Namen erinnern an die Härte dieser jahrelangen kriegerischen Auseinandersetzungen, an die zugeschütteten Brunnen, die Flüsse, die Grenzen bildeten, Grenzen mitten in Frankreich, im Herzen des französischen Landes.

Von Florac aus, einem heute friedlichen Städtchen mit etwa zweitausend Einwohnern, gelangen wir an die Punkte, die den Hugenotten gestatteten, sich gegen die Truppen des Marschalls de Villars zu verteidigen. Barre des Cevennes drückt schon im Namen aus, daß eine kleine, tapfere Truppe hier imstande war, die Täler abzuriegeln, und an manchem Talhang lassen sich noch die alten Verteidigungsanlagen erkennen. Schon unter Ludwig XIII. hatte es hier Kämpfe gegeben, und im Jahr 1629 den Frieden von Alès. 1702–1704 folgte dann aber der große Camisardenkrieg, der auch in Deutschland ein so starkes Echo fand, nicht zuletzt, weil zu diesem Zeitpunkt schon Tausende von Hugenotten in Deutschland lebten und aus der Ferne dem heldenhaften Widerstand ihrer Glaubensbrüder und dem unvermeidlichen blutigen Ende des Kampfes gegen eine Übermacht tatenlos zusehen mußten.

Am südöstlichen Ende der Corniche des Cevennes liegen die Orte beisammen, in denen der Glaubenskampf zuende ging und die darum heute Zentren protestantischer Erinnerungen und alljährlicher Pilgerfahrten geworden sind: Saint Jean du Gard, die kleine alte Stadt am linken Ufer des Flüßchens Gardon mit ihrer malerisch engen Hauptstraße und den in die Höhe drängenden Häusern, die Grottes du Trabuc, in denen die Hugenotten Zuflucht suchten, soweit sie nicht kämpften, Anduze, die Festung des Herzogs von Rohan aus dem Glaubenskrieg von 1629, und endlich *le mas Soubeyran,* die vollständig erhaltene, bedrückend echt bewahrte Behausung und Fluchtburg des Camisardenführers Roland (1675–1704). Er wurde hier geboren, auf dem Bauernhof, der uns mehr an die Kasematten einer Festung erinnert als an ein friedliches Gehöft, und starb, von einem seiner Offiziere verraten, 1704 unweit von Uzès im Kampf. Wie stark der Haß jenen Krieg prägte, geht daraus hervor, daß Rolands Leichnam in Nîmes verbrannt und die Asche in die Winde verstreut wurde.

In den niedrigen Gewölben mit den dicken Mauern ist heute ein Museum untergebracht, das an Roland, seinen Gefährten Cavalier und den Kampf der fünftausend Camisarden erinnert, der Frankreichs König nötigte, zwanzigtausend Mann und drei Marschälle aufzubieten. Eine Bibliothek mit zum Teil seltenen Werken leidet unter den schlechten Lichtverhältnissen, doch kann man eine ganze Reihe von Standardwerken und ergänzenden Broschüren käuflich erwerben.

So eindrucksvoll *La Maison de Roland* ist, so deutlich in der Gedenkstätte selbst alles die Stimmung jenes Kampfes um das Überleben des Glaubens atmet, so zwiespältig sind – wie bei vielen Wallfahrtsorten – die äußeren Umstände. Die Lage des Mas ist nach wie vor einsam, die dürftig bewachsenen Hügel ringsum, die alten Bäume unmittelbar beim *Musée du Désert* passen ins Bild. Aber es scheinen sich so manche Heimatlose zu diesem Angelpunkt einer starken Tradition hingezogen zu fühlen, vor dem Mas hängen nicht selten große, bunte Wäschestükke, und Landfahrerwagen wie Campeurs zeugen von der verblüffenden Toleranz örtlicher Behörden hier wie an anderen geweihten Orten Frankreichs.

Roland selbst – sein Vorname ist ebensowenig bekannt wie die näheren Umstände seines Werdeganges – repräsentiert den farbigsten Typus des Camisarden, den unerschrockenen und harten Kämpfer, der vor allem in den Bergen agierte und schließlich auch unterging, ganz ähnlich wie Catinat, der eigentlich Abdias Maurel hieß. Dessen aus dem Alten Testament stammender Vorname läßt darauf schließen, daß es in der Familie Maurel schon alte sektiererische Traditionen gab oder daß seine Sippe einem besonders strengen protestantischen Glaubensbekenntnis verpflichtet war. Auch Catinat, der selbst bei seinen Gegnern große Achtung genoß, kämpfte rücksichtslos, ging nach den letzten Kämpfen in die Schweiz, kehrte aber in die Heimat zurück und wurde 1705 in Nîmes bei lebendigem Leibe verbrannt.

Die schillerndste Figur dieses jahrelangen Krieges, der oft geschildert wurde und darum hier in seinen Einzelheiten nicht nachgezeichnet zu werden braucht, ist jedoch Jean Cavalier. Wie Roland ist er ein Bauernsohn aus den Cevennen, so daß man sein Geburtsjahr nur ungefähr mit 1680 angeben kann. Mit zwanzig Jahren war er noch sehr jung, als die königlichen Armeen unter ihren hochadeligen Marschällen gegen ihn heranzogen; zum Unterschied von Roland bewegte er sich erfolgreich und sicher auch im Vorland der Cevennen, ja er streifte mitunter sogar in die Ebene hinaus. Im Jahr 1703 hätte er um ein Haar Nîmes erobert, obwohl er nicht das militärische, sondern das Bäckerhandwerk erlernt hatte. Seine Gegner, die ihm den spöttisch, aber auch respektvoll gemeinten Titel eines Fürsten der Cevennen verliehen, erkannten sehr schnell sein großes Talent, aber wohl auch seinen Ehrgeiz, der über die Selbstbehauptung der Hugenotten hinausging, und so war es vermutlich der geschickteste Schachzug des im übrigen nicht sonderlich begabten

Marschalls Villars, daß er im Mai 1704 Cavalier den Rang eines Obristen und eine hohe Pension anbot.

Zu diesem Zeitpunkt war die Sache der Camisarden nicht mehr zu retten; die Übermacht und der Hunger ließen jeden weiteren Widerstand sinnlos erscheinen, und Cavalier ging auf den Vorschlag ein. Seine Gefährten machten jedoch nur zum geringsten Teil Gebrauch von dem auch ihnen angebotenen Pardon; sie zogen sich noch tiefer in die Berge zurück und sahen in Cavalier fortan einen Verräter an der Sache der reformierten Religion. Diesem Umstand wohl verdanken wir es, daß Cavalier später seine Memoiren schrieb: der Wunsch, sich zu rechtfertigen, war nur zu oft die Triebfeder zur Abfassung solcher und ähnlicher Erinnerungen. Der wertvolle Band erschien in London, denn Cavalier war aus den französischen Diensten bald in die Savoyens und schließlich in die Englands getreten, wo er es bis zum General und zum Gouverneur der Kanalinsel Jersey brachte.

Cavaliers Persönlichkeit vereint in einer nicht untypischen Mischung Sendungsbewußtsein und militärisches Genie, und da sein Vater außer großen Schafherden nichts besaß, da Jean Cavalier außer dem heimatlichen Mas Rouge bei Anduze nichts von der Welt gesehen hatte, als er seine ersten Predigten hielt und die Glaubensgenossen begeisterte, ist er wohl eine jener charismatischen Erscheinungen zu nennen, wie sie gerade kleine und gefährdete religiöse Gruppen nicht selten hervorbringen (man denke nur an den ›Magier des Sertão‹, der hundert Jahre nach Cavalier im notleidenden brasilianischen Norden wie ein Heiland verehrt wurde und auch zunächst bedeutende militärische Erfolge hatte).

Cavalier kämpfte auch für England mit großer Tapferkeit und wurde in der Schlacht von Almansa am 25. April 1707 nicht weniger als zwölfmal verwundet. Seine kunstlosen, mit naiver Begeisterung geschriebenen Memoiren sind eine der Hauptquellen für jenen innerfranzösischen Krieg, der an Erbitterung den späteren Aufständen in der Vendée gleicht, in seinem Wesen aber noch härter war, weil die Cevennen ja ärmstes Bergbauernland sind, in dem keiner der allgemeinen Not entrinnen konnte. Die Camisarden, die Felder hatten, kehrten in der Erntezeit heimlich in ihre Häuser zurück und halfen Frau und Kindern beim Einbringen, und wenn der Feind geschlagen war, dann wurde er bis aufs Hemd ausgeplündert, weil Kleidung, Schuhwerk und Geld bitter benötigt wurden, sollte der Widerstand fortgesetzt werden.

Was die Kämpfe und ihre Folgen verschärfte, war die inzwischen allgemein bekannte Tatsache, daß die jeden Winkel ihrer Heimat kennenden Bauernsöhne nur zu oft über die prächtig zu Pferde sitzenden adeligen Offiziere siegten. Wut, Schande und Spott führten zu außerordentlichen Grausamkeiten der Unterlegenen gegen die wehrlosen Familien der Camisarden. Als Cavalier einmal nur eine Wegstunde von der alten Herzogstadt Uzès entfernt stand, ritt ihm ein Oberst de la Joncquière mit einem großen Detachement entgegen. Cavalier wich der Übermacht in die Berge aus, und der ärgerliche Obrist ließ in dem Dorf Lascours, in dem er die Hugenotten vergeblich gesucht hatte, einige Mädchen und Frauen auf grausamste Weise hinrichten: sie seien *Prophétesses*, Prophetinnen. Erst daraufhin machte Cavalier kehrt, überfiel mit nur dreißig Reitern und einigem Fußvolk die starke Truppe La Joncquières und schlug die Überraschten völlig. Die königliche Armee hatte mehr als vierhundert Tote zu beklagen, darunter vierundzwanzig Offiziere. La Joncqière selbst konnte sich nur retten, weil er über eine Mauer kletterte, wobei er sein Pferd zurückließ, ein prächtiges Tier, das Cavalier drei Jahre lang geritten hat.

Montrevel, General des Sonnenkönigs, erkannte als einer der wenigen einsichtigen Truppenführer die Zusammenhänge zwischen den Übergriffen der Soldaten und der Erbitterung und Kampfmoral der Camisarden, aber seine Versuche, Plünderungen, Vergewaltigungen und Brandschatzungen einzudämmen, scheiterten an der schlechten Versorgung. Wer in den Cevennen etwas zu essen haben wollte, mußte es einem anderen wegnehmen. Auch hatten die Dragoner zum Beispiel bei der Niederlage La Joncquières gesehen, daß wohl ein paar Dutzend Soldaten erschossen worden waren; die meisten jedoch hatten den Tod unter Messern und Knüppeln der Camisarden gefunden, und die ausgeplünderten Leichen der Erschlagenen steigerten naturgemäß die Erbitterung.

Es konnte nicht ausbleiben, daß an einem so grausamen Krieg auch die Kriminellen ihr Süppchen zu kochen versuchten. Lagen die Toten zwischen den Dörfern und an den Straßen, so war es schwer zu sagen, wer sie umgebracht hatte. Das machten sich ein paar Straßenräuber aus den Cevennen zunutze, Männer aus dem Dorf Vendras. Sie überfielen am 23. November 1703 eine Katholikin aus Alès, eine junge und schöne Frau von Adel. Diese, eine Marquise de Miraman, war wegen ihrer Wohltätigkeit für Arme und Gefangene sehr beliebt, so daß ihr Tod – der den Camisarden in die Schuhe geschoben wurde – großes Aufsehen erregte und die Sympathien für Cavalier und seine Leute entscheidend verringerte. Cavalier hatte wenig Mühe, die Schuldigen zu finden, die sich ihrer Tat noch rühmten. Sie hatten Madame de Miraman eine Meile von Lussan entfernt aus ihrer Sänfte geholt, die Ärmste völlig ausgeplündert und getötet, ihre Zofe so schwer verletzt, daß sie für tot liegen blieb, und einen älteren Begleiter der Dame erschlagen, einen Katholiken, der viele Sympathien genoß, weil er einigen Hugenotten die Flucht ins Ausland ermöglicht hatte.

Cavalier erkannte, daß diese Untat nicht den Camisarden angelastet bleiben durfte; er ließ die vier Mörder verhaften und drei von ihnen hinrichten; ihre Leiber wurden den französischen Truppen ausgeliefert, damit sie aufs Rad geflochten werden konnten (Cavalier hatte keinen kundigen Henker bei seiner Truppe, sonst hätte er die grausame Strafe selbst vollziehen lassen, wie er in seinen Erinnerungen bekennt). Der vierte Räuber hatte für das Leben der Überfallenen gebeten und sich an dem Mord nicht beteiligt, ihn ließ Cavalier laufen.

Andere Zwischenfälle verursachten die Wildbäche der

Cevennen, die beiden Gardons, die oft schon nach kurzen Regenfällen zu reißenden Strömen anschwollen und dann vor allem die der Wege unkundigen königlichen Truppen in schwierige Lagen brachten. Eine kurze Hochflut des Gardon da la Croix nützte Cavalier zu einem erfolgreichen Überfall auf den General de Montrevel selbst, obwohl dieser mit 4600 Mann eine vielfache Übermacht zur Verfügung hatte. Hunderte von Soldaten ertranken elend in den hochgehenden Fluten, und als das Hochwasser sich endlich verlief, war von den Camisarden nichts mehr zu sehen.

Heute sind die Flüsse, die den Namen Gardon mit verschiedenen Zusätzen tragen, das Entzücken französischer Wassersportler, und die Region zwischen den Cevennen und dem Hérault ist eine ruhige und idyllische Ferienlandschaft, die bei Franzosen besonders beliebt ist, bei einer Nation, die den Abenteuer- und Erlebnisurlaub nicht so sehr schätzt. Alès, das Cavalier noch Alais schreibt, ist eine lebhafte, aber gemütliche Kleinstadt, die ihre Traditionen pflegt, man kann dort auf alte Weise zu Abend essen, den Wein selbst vom Fäßchen zapfen und das Bauernbrot, das in den Cevennen so oft gefehlt hat, von großen Laiben heruntersäbeln. Die schmalen Straßen aber, die vom Süden her, über St. Hippolyte-du-Fort oder Ganges zum Cevennen-Hauptkamm führen, zählen zu den schönsten des ganzen inneren Frankreich. Obwohl die Höhen nur zwischen 700 und 1100 Metern liegen, wirkt die Landschaft wild, zerklüftet und mit den vereinzelt noch immer sichtbaren Schloßruinen und Brandstätten aus dem unbarmherzigen Krieg wie ein düster-gewaltiges Freilichtmuseum. Es hat sich im großen und ganzen erhalten, wie es vor zweihundert Jahren war, obwohl der eigentliche Naturpark der Cevennen ein Stück weiter westlich liegt. Man erkennt schnell, daß die Ausmaße dieser historischen Bühne vergleichsweise klein waren, so wie es ja auch nur um wenige Menschen ging. Im siebzehnten und achtzehnten Jahrhundert waren die Zentralgewalten bereits stark genug, um mit unbotmäßigen Gruppen schnell fertig zu werden, selbst wenn diese sich wie die Camisarden oder auch die Waldenser den Schutz der Gebirge zunutze machten.

Der Krieg der Camisarden war nicht der erste und nicht der letzte Versuch, dem König und der Staatsreligion das Überleben kleiner andersdenkender Gemeinden abzutrotzen, aber er hat die Aufmerksamkeit Europas und der anhebenden Aufklärung in höherem Maß erregt als zum Beispiel der Untergang der Waldenser. Diese waren in den Hochtälern zwischen Frankreich und Italien schon eine Generation zuvor, nämlich 1655, zu Tausenden abgeschlachtet worden. Für den Oberbefehl der Aktion hatten sich zeitweise sogar Generale mit gutem Namen hergegeben, die blutige Kleinarbeit aber verrichteten neben piemontesischen Soldaten vor allem zu diesem Zweck freigelassene Banditen und fanatische irische Katholiken. Die letzten Widerstandsnester der Waldenser waren dann 1685 durch italienisch-französische Truppen ausgehoben worden, wobei etwa dreitausend Waldenser getötet wurden, zehntausend in die grausamen Gefängnisse jener Zeit wanderten und dreitausend Kinder, von den Eltern getrennt, zum Katholizismus umerzogen wurden.

In den Cevennen wurde Montrevel, dessen Truppen außer Grausamkeiten und Plünderungen wenig ausgerichtet hatten, 1704 durch den Marschall Claude Louis Hector, Herzog von Villars ersetzt, einen Mann, der gegenüber Montrevel den Vorteil hatte, seine Grenzen zu kennen, der nicht nur Militär war, sondern von seinem Vater auch beachtliche diplomatische Fähigkeiten geerbt hatte und darum vor allem den Haß auf beiden Seiten abzubauen versuchte. Ihm gelang weniger durch Waffengewalt als durch dieses kluge Taktieren eine Befriedungsaktion, die freilich in vielen Fällen nur noch Ruinen und Gräber betraf. Als nach Villars schließlich abermals ein harter Kurs proklamiert wurde und der Herzog von Berwick, ein unehelicher Stuart, das Kommando in den Cevennen übernahm, lagen endlich mehr als vierhundert Dörfer in

Schutt und Asche, und Frankreich, das in jenen Jahren an verschiedenen Fronten zu kämpfen hatte, mußte insgesamt etwa 60.000 Mann an Toten und Verwundeten beklagen, die man sich hätte sparen können, wäre einem kleinen, aber harten Bergstamm sein reformiertes Christentum zugestanden worden – die Hugenotten waren schließlich keine Teufelsbündler oder Orgiasten.

Charakteristisch ist an all diesen Vorgängen, daß die Hugenotten, die Waldenser und wenig später auch noch die Salzburger Lutheraner nicht als Christen unter Christen angesehen werden, sondern als Rebellen. Montrevel gebraucht für die Hugenotten fast stets diesen Ausdruck und leitet aus dieser Einstufung die Berechtigung zu allen Grausamkeiten und zur unmenschlichen Kriegführung ab, obwohl die offizielle französische Bezeichnung ohnedies schon abwertend genug ist, denn das RPR der königlichen Verordnungen besagte ja Religion[8] *prétendue reformée*, also die vorgeblich reformierte, das heißt verbesserte Religion. Durch die ihre Staatsreligion verteidigende Staatsgewalt wurde jeder zum Aufrührer gestempelt, der dieser einen Form des Christentums eine andere, abweichende entgegenstellte.

Der katholische deutsche Dichter Ludwig Tieck gibt seinem unvollendeten Roman über den Cevennenkrieg darum auch den Titel *Aufruhr in den Cevennen*, ein Buch, das noch 130 Jahre nach den Ereignissen stärkstes Interesse in Berliner Literaturkreisen erweckte, in denen es allerdings nicht wenige zugewanderte Hugenotten gab. Tieck war zu dieser seiner größten Arbeit durch den Diplomaten in Hessen-Homburg, Sinclair, einen der engsten Freunde Hölderlins, angeregt worden, und Sinclair wiederum scheint sich vor allem für die oben kurz erwähnte Marquise de Miraman interessiert zu haben. Tieck war der Ansicht, das Wesen des Christentums bestehe darin, daß jeder sein eigenes Christentum haben könne; mit dieser Tendenz ging er an den großartigen historischen Stoff, in dem er geschichtliche Personen und erfundene Figuren agieren ließ – so vollendet, daß Willibald Alexis neidvoll feststellte, Tieck habe mit dem *Aufruhr in den Cevennen* das Geheimnis des historischen Romans entdeckt. Die Verbindung zwischen dem historischen Geschehen und dem erfundenen Milieu einer zwar katholischen, aber toleranten Adelsfamilie ist durch Jean Cavalier gegeben, dessen Memoiren Tieck vermutlich zumindest in Auszügen kannte.

So klang das Schicksal der Bauern, Hirten und kleinen Handwerker aus den unwirtlichen Cevennen noch zwei Menschenalter später in Berlin nach, in den Salons der Rahel oder Schleiermachers mit Ungeduld erwartet, das *opus magnum* eines alten und von vielen zeitgenössischen Entwicklungen enttäuschten deutschen Dichters.

Als dieses Romanfragment die Brücke über die große Entfernung schlug, vom Plateau Central im Herzen Frankreichs bis zu der preußischen Hauptstadt im Herzen Deutschlands, da waren schon viele Tausende von Religionsflüchtlingen mit der hugenottischen Botschaft auf den Lippen über die Grenzen gegangen. Die ersten schon in den Siebzigerjahren des siebzehnten Jahrhunderts, der Drangsale müde und ohne Hoffnung, andere nach der Aufhebung des Edikts von Nantes, die letzten, als der Herzog von Berwick dem Aufruhr in den Cevennen 1705 ein blutiges Ende bereitete. Trotz der zehn Hugenottenkriege, trotz Vitré, La Rochelle und der Bartholomäusnacht, ist der Aufruhr genannte Selbstbehauptungskampf der protestantischen Bauern am Gardon unvergessen geblieben und durch andere religiöse Auseinandersetzungen niemals überdeckt worden. Die außerordentliche Figur des Jean Cavalier mag dabei freilich den namenlosen Kämpfern zuhilfe gekommen sein, denn es sind doch stets die herausragenden und überraschenden Schicksale, die zur Legendenbildung Gelegenheit bieten und die sich dem Gedächtnis der folgenden Generationen besonders tief einprägen. Und was könnte, vor allem am Ausgang des Ancien Régime, stärker überraschen als der Aufstieg eines Bauernjungen und Bäckerlehrlings zum religiösen Führer, zum begabten Feldherrn, zum Partisanengeneral mit jahrelangen Erfolgen gegen überlegene reguläre Kräfte, gegen Marschälle und Herzöge, und die kaum weniger bemerkenswerte Tatsache, daß seine Getreuen auch bei ihm blieben, als er weit entfernt von der Stätte seiner Siege wie ein einsamer Condottiere weiterkämpfte, seinen Degen der Königin von England lieh und die Religion, die er einst gepredigt hatte, kaum noch eine Rolle für ihn spielte? Wie so mancher versprengte Stamm in der Geschichte blieben Cavalier und seine Männer beisammen, ob sie nun in Württemberg, in den Niederlanden, in Irland oder in England weilten, und erst der blutige Schlachttag von Almansa beendete die Existenz dieser erstaunlichen Männergemeinschaft, weil ihn nur einige wenige überlebten.

ZUM STÄDTELE HINAUS...

Der Krieg in den Cevennen war der letzte, schon deutlich durch Verzweiflung gezeichnete Akt einer beinahe zwei Jahrhunderte währenden Auseinandersetzung zwischen den Reformierten und ihrem Staat. Zwar verstand nun niemand mehr die Bezeichnung Hugenotten (nach einer Lokalsage, die sich auf Hugo Capet bezog) als Spottnamen; zwar wurden die Hugenotten als Bevölkerungsgruppe inzwischen durchaus ernst genommen. Im übrigen aber hatten sich die Fronten zwischen Staat und Reformierter Kirche versteift. Zu Beginn der Reformation hatten die Könige nicht selten sogar eine Vermittlerrolle gespielt und sich bemüht, die katholische Partei mit der reformierten zu versöhnen. Immer dann aber, wenn die Obrigkeit die Chance sah (oder sich einreden ließ), die Reformierten völlig zu vernichten, flackerten die offenen Feindseligkeiten wieder auf. Dieser Beweggrund für den Ausbruch offener Kämpfe ist zwischen Bartholomäusnacht und Dragonaden so deutlich und so oft zu belegen, daß er uns als Hauptbeweis für die Unaufrichtigkeit der königlichen Seite erscheint: man neigte zu Versöhnung und Duldung stets nur dann, wenn man durch die militärischen Erfolge der Hugenotten dazu genötigt worden war und vergaß alle Zusagen, hob alle Verträge und Abmachungen einseitig auf, sobald man die Chance sah, endgültig die Oberhand zu gewinnen. Diese Mechanismen sind auch vor der Aufhebung des Edikts von Nantes erkennbar: die Dragonaden und andere Sanktionen sollten eine Welle der Übertritte zum römischen Katholizismus bewirken; tatsächlich konvertierten viele Tausende. Angesichts dieser Übertritte konnte man dann dem König einreden, die Kirche der Reformierten befände sich ohnedies in einem Auflösungsprozeß, habe nur noch wenige Anhänger, und die weitere Geltung jenes Edikts sei im Grunde überflüssig. Der alte Sonnenkönig, ein Mann von im Ganzen genommen rechtlichen Denkweisen und hohem Verantwortungsgefühl, hätte sich andernfalls kaum dazu verstanden, eine so entscheidende Maßnahme zu treffen.

Diese Vorgehensweise erklärt aber auch, warum sich die Auswanderung der Hugenotten über das ganze letzte Viertel des siebzehnten Jahrhunderts verteilt. Anders als bei der Französischen Revolution hundert Jahre später waren alle Schichten der französischen Bevölkerung vom Glaubenskampf betroffen. Die Familien, die 1789–92 Frankreich verließen, hatten zumindest für die erste Zeit der Emigration genug zu leben, verfügten auch meist über politische oder verwandtschaftliche Beziehungen im nahen Ausland und organisierten sich entschlossen in Hinblick auf die Beseitigung der Revolutionsregierung: sie hatten nicht nur ein klares, erkennbares und erreichbares Ziel, sondern auch das nötige Selbstbewußtsein und in vielen Fällen auch die materiellen Möglichkeiten, bis zur Erreichung dieses Zieles auszuharren. Sie wurden von den Regierungen Englands, Österreichs und der deutschen Staaten als Verbündete angesehen und als solche geachtet und unterstützt. Die Hugenotten hingegen, die – seit etwa 1675 in größerer Zahl – ihr Land verließen, waren als Flüchtlinge in einer ungleich schwierigeren Lage: Nicht Terror und Königsmord waren Gründe der Vertreibung; die Hugenotten hatten sich gegen die rechtmäßige Regierung ihres Landes gestellt, so sauber ihre Motive dafür auch gewesen sein mögen.

Von den an Frankreich grenzenden Ländern schieden Spanien, Italien und der deutsche Süden mit dem österreichischen Raum als Aufnahmegebiete so gut wie vollständig aus, weil dort die Katholiken übermächtig waren und die Hugenotten, sofern man sie überhaupt über die Grenze ließ, kaum eine bessere Situation vorgefunden hätten als in der Heimat.

Weniger international versippt, weniger weltläufig auch als der französische Adel, ließen sich die ersten Flüchtlingsgruppen der Hugenotten zunächst noch in der Nähe der französischen Grenze nieder, in der Schweiz, am Oberrhein, in den westlichen Gegenden Deutschlands und in den Niederlanden: sie hofften auf ein Ende der Drangsale, sie hofften auch auf ihren König, der schließlich ein Leben lang ohne solche Druckmittel über Katholiken wie Protestanten geherrscht hatte. Vielleicht kam er doch noch zu der Einsicht, daß man die bigotte Maintenon mit ihrem Renegatenhaß gegen die Hugenotten besser durch eine Mätresse ersetze, die ihm weniger beschwerlich fiel. Daß Ludwig die ›alte Vettel‹ (wie Liselotte von der Pfalz sich wütend ausdrückte) inzwischen heimlich geheiratet hatte, wußten ja selbst in Versailles nur ein paar Dutzend Personen. Die heimliche Heirat fiel bezeichnenderweise in das Jahr 1685, das der Aufhebung des Edikts von Nantes.

Erst als dieser Widerruf des unter so blutigen Opfern errungenen Gesetzes den Emigrierten zeigte, daß es keine Hoffnung auf einen königlichen Sinneswandel gab, setzte eine neue Auswanderungswelle mit weiter gesteckten Zielen ein und riß auch jene mit, die sich in der Erwartung baldiger Rückkehr gleichsam vorläufig nahe der französischen Grenzen niedergelassen hatten.

Die Aufhebung des Edikts von Nantes war aber auch ein Signal für ganz Europa. Konnte man über die Dragonaden und andere Verfolgungen noch mit dem Argument hinweggehen, daß es sich um rein französische Dinge handle, um Maßnahmen eines Königs gegen unbotmäßige Staatsbürger, so hatte 1685 ein französischer König ein Gesetz eines anderen Königs aufgehoben und damit selbst gegen den Willen seines berühmtesten Vorfahren verstoßen. Was die Hugenotten im Einzelnen von den Dragonern gelitten hatten, waren individuelle Nöte, für die sich die Fürstlichkeiten des Auslands nur dann interessierten, wenn adelige Personen oder andere bekannte Familien betroffen worden waren; die Aufhebung des Edikts von Nantes hingegen war eine nicht hinwegzuleugnende Tatsache, sie war als politische Entscheidung ein Faktum, auf das sich ganz Europa nach und nach einstellte, teils beifällig, teils kritisch.

Angesichts der Verfolgungen, denen die Protestanten in Frankreich schon vor 1685 ausgesetzt gewesen waren, bedeutete die offizielle Absage an jegliche Toleranz demnach nicht nur eine Klärung der Situation, sondern in gewissem Sinn auch eine Besserung der Lage für viele Flüchtlinge: nun war es klar, daß sie nicht voreilig, unpatriotisch, eigenbrötlerisch oder rebellisch gehandelt hatten; nun erschienen sie nicht mehr als unbotmäßige Sektierer. Ludwig XIV. hatte das Wort gebrochen, das sein Großvater, der vierte Heinrich, den Hugenotten gegeben hatte, ein König, den die Franzosen bis auf den heutigen Tag als ihren größten und beliebtesten Monarchen verehren und der 1685 naturgemäß noch viel deutlicher ihrem Gedächtnis gegenwärtig war. Auch jene europäischen Fürsten, die der Sache der Hugenotten persönlich oder religiös distanziert gegenüberstanden, gewannen damit den Eindruck, daß hier eine große Bevölkerungsgruppe Opfer einer zumindest angreifbaren Entscheidung, wenn nicht gar eines Rechtsbruches geworden sei. Diese Einsichten wirkten sich zwar sehr unterschiedlich aus, aber sie erleichterten es immerhin dem einen oder anderen aufgeklärten Minister, dem Serenissimus eine Durchzugsgenehmigung oder die Billigung eines vorübergehenden Aufenthalts für die Glaubensflüchtlinge aus Frankreich abzuluchsen.

Der Gesamtvorgang ist bis heute dennoch schwer erfaßbar und nur zum geringsten Teil zu überblicken, waren es doch individuelle Entschlüsse, die aus der Glaubensnot die Wanderbewegung und aus der großen Wanderung dann die Niederlassung machten. Ein einzigartiges Terrain für die Familienforschung, gewiß, aber historisch gesehen kaum minder rätselhaft in seiner Vielgestalt wie so manche andere große Migration der Weltgeschichte. Daß sie auszogen, ohne vertrieben zu sein, läßt sich aus den Drangsalen erklären, denen der Sonnenkönig die Hugenotten aussetzte, und aus dem Verlangen, der Religion, für die man soviel erduldet hatte, offen anhängen, sie ohne Gefahr für Leib und Leben in eigenen Gotteshäusern bekennen zu dürfen. Aber warum kehrten sie nicht zurück, als Ludwig XIV. starb und die böse Maintenon sich, düstere Intrigen spinnend, zu ihren armen Offizierstöchtern nach Saint-Cyr zurückziehen mußte?

Zwischen der Aufhebung des Edikts von Nantes und dem Beginn der durchaus freisinnigen Régence, der Regentschaft des hochbegabten, gebildeten und liberalen Herzogs Philipp von Orléans, liegen neunundzwanzig Jahre, zwischen dem Beginn der Französischen Revolution und der Rückkehr der Bourbonen auf den Thron Frankreichs sechsundzwanzig. Dennoch sind die Emigranten der napoleonischen Ära so gut wie alle zurückgekehrt, während der Tod des Sonnenkönigs keine Rückkehrwelle auslöste und die ja kaum länger im Ausland lebenden Hugenotten keine Anstalten machten, ihre Gastländer wieder zu verlassen. Dabei hatten die adeligen Emigranten im Ausland im allgemeinen besser gelebt als die Hugenotten, die nicht selten jahrelang in großer Not und Dürftigkeit dahinvegetierten, ehe sie auch wirtschaftlich im Gastland Fuß fassen konnten. Und wenn sie nun auch nicht mehr ihres Glaubens wegen verfolgt wurden, so waren sie doch mancher anderen Gegenströmung ausgesetzt: die deutschen Gewerbetreibenden zeigten sich an vielen Orten keineswegs glücklich über die Ankunft so vieler geschickter, höflicher, umgänglicher und fleißiger Neubürger aus dem Westen, und die sächsischen Protestanten (um nur ein Beispiel zu nennen) sahen die Glaubensbrüder helvetischen Bekenntnisses nicht viel freundlicher an, als es in Frankreich die Katholiken getan hatten. Dennoch finden wir die Hugenotten nach dem Schnitt, den der Sonnenkönig 1685 getan hatte, schnell bereit, in der Fremde Fuß zu fassen, während nur hundert Jahre später und nach einer etwa gleichlangen Emigrationszeit der französische Adel und das Großbürgertum so gut wie vollzählig wieder nach Frankreich zurückkehrte.

Es ist ein verblüffendes Rätsel, ein offenbarer Widerspruch, aber da er nicht hinwegzuleugnen ist, muß eine Antwort, eine Erklärung gefunden werden. Sie bietet sich in der Tatsache an, daß auch die mittelalterlichen Judenverfolgungen meist ebenso endgültige Wanderungsbewegungen auslösten: die Ostjuden konnten sich nicht vorstellen, daß die Kosaken und Ruthenen jemals auf die immer wiederkehrenden Pogrome verzichten würden, die aus Spanien vertriebenen Juden hatten von gotischen Zeiten an bis zu den allerchristlichsten Königen eine Verfolgung nach der anderen erdulden müssen, bis sie endlich übers Meer nach Nordafrika gingen, das Land verlassend, für das sie mehr getan hatten als für jedes andere. In beiden Fällen scheint es die Wiederkehr der Bedrohung gewesen zu sein, die endlich alle Hoffnungen und auch die zäheste Ausdauer zerbrach. Während die Einmaligkeit der großen Französischen Revolution offensichtlich war, ein Jahrtausendereignis ohne Wiederkehr, hatten sich die Verfolgungen gegen Juden wie Protestanten zwar nicht gerade eingebürgert, aber sie waren doch außerordentlich häufig: zehn Glaubenskriege, danach die Dragonaden, die Kämpfe in den Cevennen, die Bedrohung der Hugenotten mit der Galeerenstrafe, die Konfiskation des Besitzes.

Die Kleinmütigen und Bequemen, die hatten ohnedies längst abgeschworen, die hatten schon bei den ersten Bedrängnissen in den Siebzigerjahren des siebzehnten Jahrhunderts aufgegeben oder spätestens nach dem Umsichgreifen der Dragonaden. Wer nach 1685 auswanderte, hatte schon soviel erduldet, daß er vor allem die innere Elastizität, die Fortdauer der Hoffnung verloren hatte. Das Maß war voll, und die Hugenotten, meist dem ordentlichen Mittelstand zugehörig, waren nicht von der Art, die jahrelang aus dem Koffer leben oder unklare Verhältnisse ertragen kann – da zerschnitt man notgedrungen eher das Band zur Heimat und ließ sich in der Fremde nieder. Es waren meist des Reisens ungewohnte Familien; zum Unterschied vom emigrierenden Adel der Revolutionszeit kannten sie nur den heimatlichen Kanton, hatten sie sich in fremden Ländern nie bewegt, keine Kriegsdienste genommen und besaßen auch keine Verwandtschaft jenseits der Grenzen. Aus interimistischen Verhältnissen kehrt man leicht und gern nach Hause zurück; der Bürger aber, der Handwerker, ja sogar der niedergelassene Arzt oder Apotheker, sie leben von und mit einer begrenzten und nicht transportablen Gemeinschaft, und spreche diese auch eine andere Sprache.

Was die Verwurzelung der Hugenotten in der Fremde beförderte und die Auslands-Verwurzelung der adeligen Emigranten der Revolutionszeit behinderte, das war aber auch ein sehr allgemeiner, vielleicht sogar gesamteuropäischer Vorgang: *Le Grand Siècle*, das große siebzehnte Jahrhundert, hatte mit dem Glanz des Sonnenkönigs und des Versailler Hofes die Frankophilie in Europa auf einen Höhepunkt geführt. So sehr man die Expansionspolitik Ludwigs XIV. ablehnte, so unstreitig war Frankreich doch zur kulturellen Vormacht geworden, und das Französische herrschte in Schönbrunn ebenso wie in Potsdam, man verzehrte sich in Madrid nach französischen Vorbildern und ahmte sie in Mailand wie in Neapel mehr oder minder glücklich nach. Selbst das stolze, in sein Inseldasein verliebte England hatte sich in den Zeiten der Restauration kulturell allem Französischen stark angenähert, wie wir bei Samuel Pepys nachlesen können.

Die nach Tausenden zählenden reformierten Auswanderer stießen demnach auf das, was man heute eine positive Erwartungshaltung nennen würde. Die französischen Damen, so abgehärmt sie auch ankamen, entzückten durch die Grazie ihrer Bewegungen und Umgangsformen und den eleganten Gebrauch jener Sprache, die das übrige Europa ja *erlernen* mußte. Und die Herren, die zeigten in den Niederlanden wie in Preußen, in der Schweiz wie in der Pfalz, daß Höflichkeit auch dem Mann gut anstehe, von allen sonstigen Fertigkeiten, über die sie verfügten, ganz zu schweigen. Sieht man von den Weltstädten jener Zeit, von Rom, Wien und London ab, so mußten Franzosen außerhalb Frankreichs positiv auffallen, schon weil sie Franzosen waren. Und daß man sie hilfsbedürftig und heimatlos fand, daß man ihnen als Ortsansässiger, derb, begütert und ungefährdet, endlich auf die Schulter klopfen konnte, das machte die einst

Überlegenen mit einem Mal doch noch sympathisch. Hatten diese Ankömmlinge dann auch noch das gleiche Glaubensbekenntnis, was in vielen Teilen der Schweiz, der Niederlande und Preußens zutraf, so schlug ihnen eine Welle der Hilfsbereitschaft entgegen, die zunächst die Niederlassung und später die sogenannte Integration außerordentlich erleichterte. Und tatsächlich gibt es in der gesamten Migrationsgeschichte unseres Erdteils kaum ein zweites Beispiel gleich glücklicher Assimilation wie jene, die uns die Hugenottengemeinde von Berlin vorlebte; selbst die Wiener Tschechen, die heute bodenständiger wirken als die Wiener vom Grund, müssen sich gegenüber dieser einzigartig glücklichen Entwicklung mit dem zweiten Platz begnügen.

Man zaudert, in allgemeinen Wendungen weiterzusprechen, ist doch gerade dieses Ereignis so deutlich wie kaum ein anderes eine Summe bewegender und oft erschütternder Schicksale. Statistiken vergröbern, Grundlinien sind vom Menschlichen überdeckt, Typisches vom Individuellen überlagert, wohin man auch blickt. Wir haben geglaubt, die Geschichte der Deutschen-Austreibung aus unseren Ostgebieten zu kennen — so lange, bis die vielbändigen Dokumentationen erschienen, in denen die Flüchtlinge selbst ungelenk, fassungslos und doch mit dem sonst unerreichbaren Kolorit des Selbsterlebten geschildert haben, wie es war. Und darum stimmt es auch, wenn ein Historiker wie Professor Dr. Friedrich Ebrard aus Luzern feststellt, daß die Geschichte der Vertreibung der Hugenotten noch nicht geschrieben sei. Lediglich die Materia prima für solch eine Darstellung ist zusammengetragen in mehr als hundert Bänden, die sich in zeitlosem Understatement *Bulletin de la Société de l'Histoire du Protestantisme français* nennen und doch eine Welt beinhalten. Es ist eine Welt, die hinabgegangen ist, aber unvergessen bleiben muß als jene Verbindung zur Heimat, die der Auswanderer auch in späteren Generationen noch braucht, und als Kompendium der Familiengeschichten, die jeder einzelnen dieser entwurzelten Sippen zwar nicht die Heimat ersetzen können, aber immerhin den Ort in der Zeit und in den Zeitläufen zuweisen und damit sichern. Wir werden an dem unendlichen Reichtum dieser Überlieferungen nur nippen können; er wird uns nur Beispiele liefern und jenes anekdotische Kleinmaterial, das in jeder zusammenfassenden Darstellung unentbehrlich zu sein scheint.

Es stellt keine Parteinahme dar, sondern entspringt einer logischen Überlegung, festzustellen, daß die auswanderungswilligen Hugenotten zum besten Kernbestand des französischen Volkes gehörten. Schon bei den Wirren um die Waldenser und Albigenser hatte sich gezeigt, daß die Religion, die diese Gruppen sich erwählt hatten, die Gemeinschaften festigte, das Familienleben gesünder gestaltete, den gewerblichen Fleiß steigerte: es war der andere Glaube, der die abfällig Sektierer Genannten eben wegen ihrer bedrohten und vielgeschmähten Existenz zu besonderen Anstrengungen aufrief, aber auch befähigte.

Ganz ähnlich hatten die Hugenotten bei der Aufhebung des Edikts von Nantes bereits eineinhalb Jahrhunderte eines harten Selbstbehauptungskampfes hinter sich. Ihre strenge Religion, die bis ins Gemeindeleben hineingriff, ließ ohnedies weder laxe Moral noch Müßiggang zu, und die Prüfungen, die das katholische Frankreich ihnen dazu noch auferlegte, verlangten naturgemäß besonderen Einsatz im Daseinskampf. Da die Lauen weggefallen waren, da sich viele aus den verschiedensten Rücksichten dem unmenschlichen Druck des Sonnenkönigs gebeugt hatten, blieben von Millionen Reformierten um 1685 nur noch etwa 500.000 übrig, die nicht bereit waren, ihre innerste religiöse Überzeugung zu opfern.

Dazu kam, daß in den eng zusammengeschlossenen hugenottischen Gemeinschaften die Pastoren eine besondere Rolle spielten. In Schottland und Neu-England nicht selten gefürchtete Bußprediger und Eiferer, bildeten sie in Frankreich und in der Schweiz sehr oft den echten Mittelpunkt der Gemeinschaft, hatten in den Notzeiten unermüdlich Trost und Hilfe gespendet und waren mit ihren Schäflein so eng verbunden, daß diese sich tatsächlich verwaist fühlten, als bei der Aufhebung des Edikts von Nantes verfügt wurde, die Pastoren müßten das Land verlassen, ihre Gemeindekinder jedoch müßten bleiben und ohne sie weiterleben.

Frankreich hatte in den vielen Kriegen des Jahrhunderts schon beträchtliche Blutopfer bringen müssen, und als sich nun noch abzeichnete, daß das Kriegsglück zum Gegner wanderte, die verbündeten Türken geschlagen wurden und große Feldherren wie Malborough oder der Prinz Eugen für den Kaiser und gegen Frankreich immer neue Siege errangen, da mußte für Frankreich selbst jene Phase des Wiederaufbaus nach allzuvielen Feldzügen einsetzen, in der jeder fleißige Mann, jede brave Familie gebraucht wurden. Der Sonnenkönig, dem eine im weitesten Sinne väterliche Einstellung zu seinem Volk nicht abgesprochen werden kann, wollte die Hugenotten nicht verlieren, und Frankreich konnte sie nicht entbehren. Darum wurden all jene, die ihren Pastoren zu folgen oder aus anderen Gründen zu fliehen versuchten, mit schweren Strafen bedroht. Das Denunziantentum blühte wie stets, wenn etwas zu holen ist, und die Prämien, die aus den beschlagnahmten Hugenottenvermögen bezahlt wurden, führten zu einer für jene Zeiten erstaunlich engmaschigen Überwachung nicht nur der Grenzen, sondern auch der Küsten Frankreichs. Ludwig XIV. hat also nicht, wie ein Halbjahrhundert später der Erzbischof Firmin von Salzburg, seine Landeskinder vertrieben, aber er hat es ihnen so gut wie unmöglich gemacht, weiter unter seiner Herrschaft zu leben, was letztlich auf dasselbe hinausläuft.

Für die Betroffenen brachte diese Lage zwar die große Bedrohung durch die Galeerenstrafe oder die Deportation in die Kolonien und dazu die Vermögens-Beschlagnahme, andererseits aber doch die Möglichkeit, Zeitpunkt und Umstände der Flucht einigermaßen frei zu wählen, da ohnedies alles insgeheim vorbereitet und durchgeführt werden mußte. Es war also nicht so wie in Salzburg, wo sich an bestimmten Tagen bestimmte Exulantengruppen mit vorgeschriebenem Gepäck an Sammelpunkten zum Abmarsch unter Bewachung einfinden mußten (was die katholische Geschichtsschreibung bis heute nicht daran gehindert hat, dennoch von freiwilliger Emigration zu sprechen!). Die Hugenotten durften wenigstens den Beginn ihres Exulantenelends selbst bestimmen, weswegen sich die Auswanderung ja auch auf viele Jahre verteilt. Manche Gemeinden, in denen es keine oder keine militanten Katholiken gab, zogen geschlossen mit ihrem Pfarrer ins Exil, vor allem in den ersten Wochen und Monaten nach der Aufhebung des Edikts von Nantes, gleichsam unter einem spontanen Entschluß. Jene, die zuwarten und Rücksichten nehmen mußten, waren durch die 1686 anlaufenden genaueren Überwachungsmaßnahmen stärker gefährdet: die Gegner hatten inzwischen voneinander gelernt, man kannte die Spitzel, man kannte die Schliche. So wie die Kontrollen sich organisierten, so bildeten sich auch die ersten Fluchthilfe-Organisationen mit jener durchaus zweifelhaften Aura, die sie noch heute umgibt.

Schon vor dem Cevennenkrieg war das große Plateau Central, war die ganze stille Auvergne und das schwer zugängliche Herz Frankreichs überhaupt eine Art Refugium für viele Hugenotten geworden; jene, die sich beobachtet fühlten, die den Neid und die Abneigung rund um sich spürten, weil man einander in den Dörfern doch kannte, die zogen zunächst fort, was noch nicht strafbar war, sofern man dabei die Landesgrenzen nicht überschritt. Damit war schon einmal die bewegliche Habe gerettet und mit ihr meist auch der Verkaufserlös für den übrigen Besitz. Ein weiterer Vorteil ergab sich daraus, daß es im dünn besiedelten Bergland der Auvergne beinahe mehr Wege gab als Menschen, sie zu überwachen. Der Vorgang erinnert auf überraschende Weise an den alten germanischen Waldgang, auch wörtlich, denn man sagte von jenen, die diese Flucht ins innerste Frankreich antraten, ›ils ont pris le bois‹, sie haben sich für den Wald entschieden. Die Cevennen und ihr Umland wurden mitten im katholischen Frankreich das, was im alten heidnischen Island das sogenannte Untaten-Felsland gewesen war, jene Zone außerhalb des Gesetzes, in der sich die Geächteten zusammenfanden und in Gemeinschaften eigener Ordnung lebten, bis die Verbannungszeit vorüber war.

Was die Auvergne darüber hinaus anziehend machte, war der Umstand, daß von ihr aus die rettende Schweiz nicht allzuschwer zu erreichen war. Ließen sich die in der Ebene verlaufenden Grenzen des nördlichen Frankreich verhältnismäßig leicht kontrollieren, so waren Savoyen und die Dauphiné, die bergigen Grenzländer, seit jeher das Terrain für Schmuggler und ganze Banden von Gesetzlosen. Noch war der große Mandrin (1725–55) nicht geboren, aber die Landschaft seiner großen Erfolge und die Voraussetzungen dafür, sich in Hochtälern, auf Jochen und Pässen der Überwachung zu entziehen und der Obrigkeit ein Schnippchen zu schlagen, die gab es hier seit jeher; schon römische Historiker beklagten die Unsicherheit dieser Grenzpfade.

Auch die politischen Verhältnisse waren in diesem östlichsten Frankreich für die Hugenotten etwas günstiger als im Norden: die Franche-Comté, im Erbgang habsburgisch gebliebenes Land zwischen Saône und Jura, war erst sieben Jahre lang Teil des französischen Königreichs, als das Edikt von Nantes aufgehoben wurde. Die Verwaltung des Sonnenkönigs saß dort noch nicht so fest im Sattel wie in anderen französischen Gebieten. Und Savoyen war zwar katholisch und den Hugenotten nicht sonderlich gut gesinnt, aber es war ein kleines und zu keiner Zeit gut verwaltetes Fürstentum, in dem die Ordnungshüter stets leicht zu bestechen gewesen waren, sofern sie nicht überhaupt mit den Schmugglern gemeinsame Sache machten.

Die Fluchtwege, die sich anboten, führten demnach

entweder durch die Franche-Comté nach Pontarlier und ins Schweizer Juragebirge mit dem Ziel Genf, der Stadt, die ohnedies für jeden Hugenotten eine Art Mekka bedeutete, oder durch die Berge ins schweizerische Rhônetal östlich des Genfer Sees. Da die Franche-Comté vor allem in der Saône-Niederung gefährlich flach und relativ übersichtlich ist, gewannen mit der Verschärfung der Überwachung die Gebirgspässe immer mehr an Bedeutung, und die vielgeplagten Hugenotten mußten beim letzten Akt ihrer Flucht meist die Beschwernisse von Hochgebirgswanderungen auf sich nehmen, mit Gepäck, mit Kindern und in der Regel bei Nacht!

Wir befinden uns im Bereich der höchsten Alpengipfel, zwischen Mont Blanc und Genfer See, und wie schwierig dieses Gelände ist, geht aus der Tatsache hervor, daß wir auch heute zwischen dem Großen Sankt Bernhard, der nach Italien führt, und den Ufern des Genfer Sees nur zwei Paßstraßen besitzen, jene von Morgins, die ins Schweizer Val d'Illiez hinunterführt, und die Chamonix mit Martigny verbindende Straße über den Col de la Forclaz. Neben der modernen Autostraße hat sich ein heute nur noch von Touristen begangener Paßweg erhalten, der Col de Balme, 2204 Meter hoch. Man brauchte, wenn man nicht allzuviel Gepäck hatte, etwa elf Stunden von Chamonix nach Martigny, das damals noch Martinach hieß. Angesichts solcher Mühen hatten die Hugenotten wohl wenig Sinn für die herrliche Hochgebirgsszenerie zwischen Mont Blanc und Dent de Midi. Hundert Jahre nach ihnen wanderte der junge Goethe, offenbar ohne von seinen Vorgängern zu wissen, auf den Spuren der Hugenotten über diesen Paß, in der gleichen Richtung, von Frankreich in die Schweiz, und daß auch zu seiner Zeit noch Schmuggler den heimlichen Weg benützten, geht aus seiner Schilderung vom November 1779 eindeutig hervor:

»Wir stiegen nunmehr immer den Quellen der Arve auf rauhern Matten und schlecht berasten Flecken entgegen und kamen dem Nebelkreis immer näher, bis er uns völlig aufnahm. Wir stiegen eine Weile geduldig fort, als es auf einmal, indem wir aufschritten, wieder über unseren Häuptern helle zu werden anfing. Kurze Zeit dauerte es, so traten wir aus den Wolken heraus, sahen sie in ihrer ganzen Last unter uns auf dem Tale liegen und konnten die Berge, die es rechts und links einschließen, außer dem Gipfel des Montblanc, der mit Wolken bedeckt war, sehen, deuten und mit Namen nennen... Wir stiegen immer frisch aufwärts, und bald kam uns ein Gegenwind vom Berge selbst zuhülfe, der durch den Sattel, der zwei Gipfel verbindet, hereinstrich und den Nebel wieder ins Tal zurücktrieb. Dieser wundersame Streit wiederholte sich öfter, und wir langten endlich glücklich auf dem Col de Balme an. Es war ein seltsamer, eigener Anblick. Der höchste Himmel über den Gipfeln der Berge war überzogen, unter uns sahen wir durch den manchmal zerrissenen Nebel ins ganze Tal Chamonix, und zwischen diesen beiden Wolkenschichten waren die Gipfel der Berge alle sichtbar. Auf der Ostseite waren wir von schroffen Gebirgen eingeschlossen, auf der Abendseite sahen wir in ungeheure Täler, wo doch auf einigen Matten sich menschliche Wohnungen zeigten... Auf allen Seiten von Gebirgen umschlossen, die sich weiter gegen den Horizont immerzu vermehren und aufzutürmen schienen, so standen wir auf der Grenze von Savoyen und Wallis. Einige Contrebandiers kamen mit Mauleseln den Berg herauf und erschraken vor uns, da sie an dem Platz jetzo niemand vemuteten. Sie taten einen Schuß, als ob sie sagen wollten: damit ihr seht, daß sie geladen sind, und einer ging voraus, um uns zu rekognoszieren. Da er unseren Führer erkannte und unsre harmlosen Figuren sah, rückten die anderen auch näher und wir zogen mit wechselseitigen Glückwünschen aneinander vorbei..."

Goethe hatte mit seinen Gefährten und einem Maultier, das die Gepäckstücke trug, von Prieuré auf der französischen Seite bis Martigny im Schweizer Rhônetal neun Stunden gebraucht. Wenn man bedenkt, daß hugenottische Flüchtlinge im Notfall schon in dem Dorf

Trient auf der Schweizer Seite Unterkunft und Verpflegung erhalten konnten, also nicht unbedingt bis Martigny gelangen mußten, dann war dieser Übergang bei erträglichem Wetter gesunden Menschen zuzumuten. Allerdings scheint es auf dem Col de Balme noch kein Refuge gegeben zu haben: Goethe sagt nichts davon, erst für die Wende zum zwanzigsten Jahrhundert ist ein kleines Gasthaus nachweisbar, und heute gilt der Übergang in der alpen-französischen Klassifikation als *Sentier de grande randonnée*, die Paßhöhe empfängt den Wanderer mit einem Schweizer Hotel.

Eine andere savoyardisch-schweizerische Übergangsmöglichkeit bildete das heute nach Italien mündende Val Ferret, wenigstens für jene, die den viel begangenen Großen Sankt Bernhard vermeiden wollten oder mußten. Entscheidend blieb, daß man in die Schweiz gelangte, nicht sosehr, weil dieses überfüllte Paradies religiöser Toleranz die Hugenotten hätte aufnehmen können, als vielmehr wegen der Hilfe, die den Flüchtlingen hier zuteil wurde. Da Calvin seine Lehre von Genf aus in die Welt geschickt hatte, fühlte die Suisse romande offenbar eine Verpflichtung als Missionszentrum und als Heimat des neuen Glaubens. Und da überdies das Ländchen zwar noch nicht so reich wie heute war, aber doch weit weniger mitgemacht hatte als alle anderen Nachbarn des Sonnenkönigs, so fanden die Flüchtlinge hier zumindest den Frieden für die ersten Wochen der Erholung, den Trost über den Verlust der Heimat und den Rat, wohin man sich weiterwenden könne.

Es gab in der Schweiz – wie Ebrard berichtet – schon seit 1683, also bereits vor der Aufhebung des Edikts von Nantes, eigene *Exulanten*-Kammern. Das Wort, bei uns meist im Zusammenhang mit den vertriebenen Salzburgern und ihrem berühmt gewordenen Lied gebraucht, kommt von dem Wort Exil und erlangte bald eine traurige Popularität. Die Kammern gewannen größte Bedeutung für die Emigrationsphase zwischen 1685 und 1697, die zwölf Jahre der Hoffnung auf die königliche Einsicht, in denen die Hugenotten noch meinten, nach und nach wieder in ihre französischen Heimatorte zurückkehren zu können. Sie hatten sich darum, nicht ahnend und nicht glauben wollend, daß Ludwig XIV. hart bleiben werde, vorwiegend in grenznahen Orten aufgehalten, waren aus der Schweiz nicht weiter nach Osten gezogen, sondern hatten sich um ihre Pastoren geschart und in der Westschweiz eigene kleine Gemeinschaften gebildet.

Zwischen Mai und Oktober 1697 tagte auf Schloß Huis te Nieuwburg bei dem südholländischen Dorf Ryswyk der Friedenskongreß zwischen Frankreich auf der einen, Spanien, den Niederlanden, England und dem Reich auf der anderen Seite. Aber den Verbündeten lag mehr daran, die von Frankreich eroberten Landschaften und Städte zurückzuerhalten als das Los der Exulanten zu mildern, vor allem, da schließlich auch Spanien und der Kaiser katholisch waren. Ludwig rettete damals nicht nur das Elsaß mit Straßburg für Frankreich, er setzte auch die sogenannte Ryswyker Klausel durch, die den Besitzstand der katholischen Religion überall dort garantierte, wo jemals französische Truppen gestanden hatten. Zu diesem Besitzstand gehörten auch alle Rechte.

Die Enttäuschung nach bangem Warten und nach vielerlei Gerüchten vom Kongreß muß furchtbar gewesen sein. Nun durften sich jene beglückwünschen, die nicht zugewartet hatten, die mit Hilfe oder doch Billigung der Exulantenkammern sich Arbeitsbewilligung verschafft oder sogar ihre kleinen Industrien und Werkstätten begründet hatten. Andererseits hatten eben diese ersten Jahre eines Zusammenlebens mit den Schweizern auch die Nachteile und Schwierigkeiten der Koexistenz auf kleinem Raum, in der engen Schweiz, in den oft selbst nicht sonderlich reichen Berglandschaften gezeigt. Nicht alle Hugenotten hatten Verständnis für die schon damals (!) sehr genaue und nicht selten kleinliche schweizerische Fremdenpolizei, und man meint Berichte über Emigrantenschicksale aus dem Zweiten Weltkrieg zu lesen, wenn etwa Ebrard und andere Autoren auf die »Empfindlichkeit der Altschweizer« gegenüber den Ankömmlingen aus Frankreich hinweisen, war doch Frankreich trotz absolutistischen Drucks allein durch seine Größe, seine Lebensart und Weltoffenheit eine Heimat mit einer vielleicht nicht höheren, aber sehr unterschiedlich akzentuierten Lebensqualität gewesen. Es kam zu ersten, wenn auch zahlenmäßig unbedeutenden Ausweisungen, es kam zu Rückwanderungen, und es setzte die große Weiterwanderung nach Deutschland ein. Von den dortigen großzügigen Verhältnissen versprachen sich die Hugenotten eine atmosphärisch wie materiell angenehmere Existenz, ja sie hofften, in deutschen Ländern auf Dauer heimisch werden zu können.

Diese Wiederaufbruchs-Welle erfaßte bei weitem nicht alle Neu-Schweizer. Es hatte für Kleinbetriebe, die sich relativ leicht in das landschaftliche Gefüge einpassen ließen, schnell Konzessionen gegeben. Werkstätten auf dem Gebiet der Textilfertigungen, die Handschuh- und Gürtelmacher und die der schweizerischen Mentalität nicht entsprechenden und darum weitgehend fehlenden Speditionsunternehmen hatten sich inzwischen nicht nur einigermaßen etabliert, sie hatten sogar in kleinen Jura-Orten, aber auch im Waadtland und im Wallis Arbeitsplätze für die ansässige Bevölkerung geschaffen. Es waren nicht allzuviele, aber in den Dörfern machte es sich ja schon bemerkbar, wenn nun drei oder vier Familien mehr als bisher ein sicheres Einkommen hatten.

Die solchermaßen etablierten Hugenotten blieben also, wo sie waren, größtenteils in der Nordwest- und Nordschweiz, im Schutz eines erstaunlich modern anmutenden Dachverbandes der Exulantenkammern. Die verwaltungsmäßige Bewältigung des starken Hugenottenzustroms in der kleinen Schweiz unterscheidet sich vorteilhaft von all jenen Härten und Unzukömmlichkeiten, die vorwiegend in süddeutschen und sächsischen Durchzugsorten auftraten, als fünfzig Jahre später die Salzburger Exulanten ankamen und weitgehend auf private Wohltätigkeit angewiesen waren. Allerdings stützten sich die hugenottischen Flüchtlinge auf das schlichte, aber wirksame Organisationsschema ihrer eigenen Kirche, und daß diese so tief ins Gemeindeleben eingriff, daß sie das ganze Dasein bis hinein in die Familien überwachte und leitete, erwies sich in diesen Notzeiten zum erstenmal als ein Vorteil. Jeder Pastor konnte in dieser Situation zum Moses der Seinen werden und sie führen, jede Kirchengemeinde bildete geschlossene Wander- und Schicksalsgruppen, die oft so eng zusammenhielten, daß sie zum Beispiel in Hauptdurchgangsstellen wie Frankfurt am Main ebenso geschlossen verzeichnet wurden. Das Einzelschicksal schien aufgehoben, das Kollektiv handelte für alle, schützte sie und verstärkte die Durchsetzungskraft nach außen. Viele solche Wandergruppen bewegten sich in nicht nachlassender Geschlossenheit und dank einer daraus resultierenden inneren Beständigkeit von den französischen Heimatorten durch die Schweiz bis in die Niederlande oder nach Brandenburg, über Tausende von Kilometern und durch Zeiträume von zehn bis zwanzig Jahren.

Kennzeichnend bleibt demnach, daß die Hugenotten ihre Gemeinden zu erhalten versuchten, wo immer dies möglich war, nicht nur aus religiösen Gründen, sondern um dem Heimweh und den Verlassenheitsgefühlen entgegenzuwirken. Der Gemeindezusammenhalt hatte jedoch auch wirtschaftliche Gründe: Die Wohlhabenden hatten in der gemeinsamen Flüchtlingsnot den Armen meist spontan geholfen. Später war dieser Dauer-Ausgleich der Einkünfte oft unter dem moralischen Druck der Gesamtgemeinde erfolgt, innerhalb deren man ja von jedem wußte, in welchen Verhältnissen er lebte. Das mochte so manchem nicht passen, aber es funktionierte, da der Pastor die Regie führte, und die Gemeinschaft hatte den Nutzen davon.

In dem Augenblick, da nun, nach dem Frieden von Ryswyk, der Gedanke eines abermaligen Aufbruchs sich aufdrängte, entstand für viele Flüchtlingsgemeinschaften eine prekäre Lage, eine innere Krise. Jene, die sich niedergelassen und eingelebt hatten, wollten bleiben, andere wollten weiterziehen, und da es naturgemäß die weniger Begüterten waren, die nach neuen Heimatorten Ausschau hielten, macht man in zusammenfassenden Darstellungen der großen Flüchtlingsbewegung der Schweiz gelegentlich den Vorwurf, sie habe die Reichen zurückbehalten und die armen Hugenotten nach Deutschland weitergereicht, sie zum Weiterziehen ermutigt.

Dieser Eindruck konnte und mußte entstehen, und der eine oder andere altschweizerische Gemeindevorsteher hat wohl auch das Natürlichste, für ihn Nächstliegende getan, wenn er die einen zum Bleiben ermutigte, den anderen aber durch Spenden und Hilfen den Entschluß zum Weiterwandern nahelegte. Angesichts einer Anzahl von mehr als 125.000 registrierten Flüchtlingen – damals etwa zehn Prozent der Gesamteinwohnerzahl der Vereinigten Kantone – mochte vor allem der bis dahin vorherrschende deutsche Bevölkerungsteil eine entscheidende Überfremdung befürchtet haben, was sicherlich auch dazu beitrug, die Weiterwanderung zu unterstützen. Da es im wesentlichen erst die Hugenotten gewesen waren, die ertragreiche Industrien in die Schweiz brachten, stellt es eine besondere wirtschaftliche Leistung der Altschweizer dar, die Hugenottenweiterwanderung mit Summen unterstützt zu haben, die nach der Kaufkraft-Umrechnung mit insgesamt etwa sechzig Millionen DM anzusetzen sind.

Den Zurückbleibenden läßt die schweizerische Geschichtsschreibung nicht nur Gerechtigkeit widerfahren, sie behandelt die Glaubensflüchtlinge, die schon seit der Bartholomäusnacht in die Schweiz strömten und hier blieben, mit einer gewissen achtungsvollen Zärtlichkeit. Im Blutjahr 1572 kamen 2360 Hugenottenfamilien allein in die Stadt Genf, und nicht weniger als 1638 von ihnen blieben – an die sechstausend Menschen in einer Stadt von 20.000 Einwohnern! In Basel beschränkte man ziemlich bald den Zuzug und das Niederlassungsrecht auf

›vermögliche und kunstreiche‹ Personen, also auf jene Neubürger, die entweder beträchtliche Vermögenswerte mitbrachten oder im Besitz besonderer Kenntnisse waren, während Zürich sein Bürgerrecht überhaupt nur noch geschenkweise, also gnadenhalber vergab und damit naturgemäß die freie Auswahl unter den Ankömmlingen hatte. In Basel ließen sich damals die Bortenerzeuger und Posamentierer Passavant und Lescailles nieder und gelangten zu blühenden Fabriken, während man unter die ›Kunstreichen‹ wohl die Gelehrtenfamilien rechnen darf, die Socin (Ärzte, Orientalisten), die Sarasin (Ethnologen, Zoologen) und andere. Eine der berühmtesten Gelehrtensippen, nämlich die Bernoulli, hatte nicht der Sonnenkönig vetrieben, sie waren schon im sechzehnten Jahrhundert vor den Schergen des Herzogs von Alba aus Antwerpen geflohen und über Frankfurt, das sich auch bei dieser Gelegenheit als eine Drehscheibe bereits des Voreisenbahn-Verkehrs erweist, nach Basel gelangt (Mathematiker, Ärzte, Astronomen, Naturwissenschaftler, Archäologen bis herauf zu dem Geologen Daniel Bernoulli und dem Pharmakologen Eugen Bernoulli in unserem Jahrhundert).

Der bekannteste Hugenotten-Import in die Schweiz ist und bleibt jedoch die Uhrmacherei. Sie war in Antwerpen zur Blüte gelangt, später in das mit den Niederlanden für lange Zeit verbundene Herzogtum Burgund verpflanzt worden und stellte, als die Hugenottenwanderung einsetzte, die wertvollste Morgengabe der neuen Bürger an die Aufnahmekantone dar. Für kleine und kleinste Gemeinden geeignet, übertraf die Uhrenindustrie bald die Textilbetriebe und die Druckereien der Hugenotten an Bedeutung. Zu erfinden war nicht mehr viel; es hat darum auch keinen Sinn, nach einzelnen Urhebern zu suchen und bald einen Lothringer, bald einen Antwerpener Uhrmacher als Deus ex Machina anzusehen. Als der energische und kenntnisreiche Charles Cusin (oder richtiger Cousin) seine Heimatstadt Autun verlassen mußte, weil er dort seinem Bischof zu nahe gewesen war, gab es in Genf schon sechzehn Hugenotten, die sich als Uhrmacher und Goldschmiede bezeichneten. 1601 gab es dann bereits die erste Uhrmacher-Gewerbeordnung in Genf. »Zusammenfassend läßt sich sagen: die von den Glaubensflüchtlingen ... in die Schweiz verpflanzten neuen Gewerbe, obwohl wie die alten anfänglich auf zünftischer Grundlage organisiert, enthielten durch ihre Massenerzeugung und die dadurch notwendige Ausfuhr im Großen bereits den Keim der kapitalistischen Industrieunternehmung, die sich zuerst im Verlagssystem (d. h. mit Hilfe von Heimarbeit) durchsetzte und später die Volkswirtschaft überhaupt in neue Bahnen lenkte« (Ernst Fischer).

AUF SCHLEICHWEGEN IN DIE PFALZ

Neben der Schweiz, die über Burgund oder die Franche Comté gut zu erreichen war und deren Gebirgsgrenzen sich kaum kontrollieren ließen, war die Pfalz eine besonders beliebte Fluchtregion für Hugenotten aus dem östlichen und nördlichen Frankreich. Das Land, Erbteil der berühmten und beliebten Princesse Palatine, war zwar eine Art Zankapfel zwischen deutschen und französischen Ansprüchen: Ludwig XIV. beanspruchte es für seine Schwägerin, für Liselotte von der Pfalz, die am meisten darunter litt, daß ihretwegen ihre geliebte Heimat so schweren Verwüstungen ausgesetzt war. 1679 und 1688 fielen französische Armeen in das nahe Land jenseits der Saar ein, und wie immer, wenn die echte Stärke fehlt, wenn keine wirkliche militärische Macht mehr gegeben ist, täuschten die französischen Soldaten Überlegenheit dadurch vor, daß sie plünderten und brannten, was das Zeug hielt. Nennenswerte Gegenwehr gab es nicht, denn

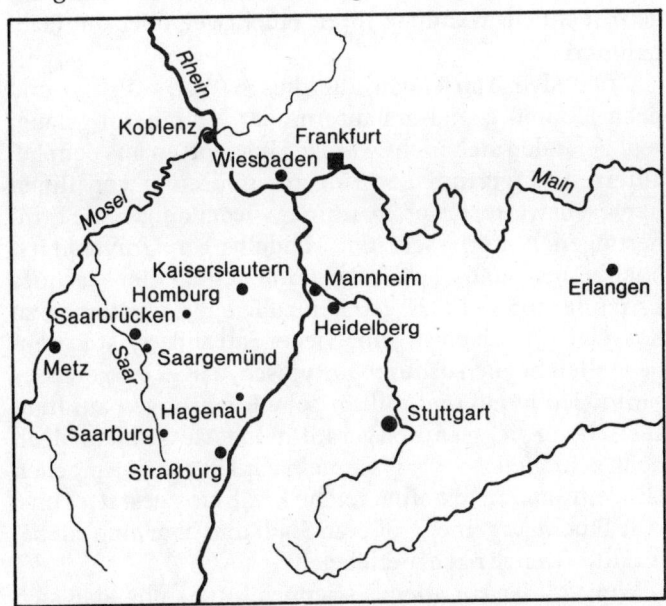

ehe sich die schwerfällige Reichsarmee in Bewegung setzte, zu der jeder Reichsfürst widerwillig nur seine schlechtesten Truppen abstellte, war der Feldzug der Franzosen meist schon vorüber.

Eben diese Wirren aber erleichterten den Grenzübertritt für die Hugenotten, weil die französischen Besatzungstruppen Nachschub brauchten und eine konstante Bewegung über die Saar ging, und weil in den pfälzischen Städten französische Ortskommandanten lagen, die als Frontoffiziere sich für die religiösen Auseinandersetzungen nicht sonderlich interessierten und eher geneigt schienen, Flüchtlingen von Rang und Vermögen entgegenzukommen. Vor allem aber war die Pfalz, was man heute leicht vergißt, ein beinahe rein protestantisches Land. Auf einen Katholiken kamen im Jahr der Revokation, also der Aufhebung des Edikts von Nantes, zwei Lutheraner und drei Reformierte; der Anteil der Katholiken lag demnach bei nur einem Sechstel (!), und vor allem die Reformierten konnten mit der Hilfe von Glaubensbrüdern rechnen, wenn sie ihren Fluchtweg über die Pfalz nahmen.

Unter den Tausenden, die diesen Weg wählten und nach Homburg, Kaiserslautern oder Mannheim gelangten, befanden sich nicht wenige Hugenotten aus dem begüterten Bürgertum Lothringens, und einer von ihnen hat lesenswerte, bis heute immer wieder aufgelegte Erinnerungen hinterlassen: der Heidelberger Universitätsbuchbinder und hessische Hofbuchhändler Jacques Estienne (1655–1732), geboren zu Dieppe, verstorben zu Kassel. Lag auch naturgemäß jeder Fall anders, ist Estienne vielleicht auch dadurch untypisch, daß er ein gewisses Vermögen besaß und militärische Erfahrungen auf französischen Kriegsschiffen gesammelt hatte, so bleibt doch noch sehr vieles, was als Gemeinschicksal anzusprechen ist. Seine an Einzelheiten reiche Erzählung gestattet uns, eine Flucht aus einer größeren Stadt und über eine gut bewachte Grenze nachzuerleben.

Wertvoll ist vor allem Estiennes Mitteilung, daß sich

der Druck auf die Hugenotten planmäßig gesteigert hatte, so daß 1685 auch schon vor der Revokation ein sehr schlimmes Jahr für die Protestanten genannt werden mußte: »Jeden Tag«, schreibt Estienne, »wurden neue Verordnungen erlassen, einmal gegen die sogenannten rückfälligen Ketzer, ein anderesmal, um den Kindern der Reformierten schon vom siebenten Lebensjahr an den Übertritt zum katholischen Glauben zu ermöglichen, auch gegen den Willen der Eltern. Ein drittes Edikt verbot protestantischen Hebammen, ihren Beruf auszuüben. Kirchen wurden abgerissen, und wenn die Reformierten sich in Privathäusern oder unter freiem Himmel versammeln wollten, schickte man Truppen gegen sie aus. Es begegneten weder die Alten und die Frauen noch die Kinder irgendeinem menschlichen Rühren; man hängte sie auf, man schickte sie auf die Galeeren; die Geistlichen aber, die solche Gottesdienste im Freien abgehalten hatten, wurden gerädert ... Die (übliche) Strafe für die Männer war das Verschicktwerden auf die Galeeren und für die Frauen lebenslängliche Gefängnishaft«.

Estienne hatte als Marinesoldat die angeketteten Galeerensträflinge gesehen, hundertfünfzig bis zweihundert auf einem Schiff, Hugenotten zwischen Türken und Afrikanern, geschoren, versklavt, dürftig ernährt. Die Flotten im Mittelmeer brauchten vor der Erfindung der Dampfmaschinen diese Manövrierhilfen, weil es oft an Wind mangelte, um die schweren Schiffe zu bewegen. Das war ein Schicksal, dem Estienne sich und die Seinen nicht ausliefern wollte.

»So ging es in das Jahr 1685. Die schrecklichen Nachrichten über die oben erwähnten Vorfälle verdoppelten sich. Dadurch entschloß mein Vater sich schließlich, mich Ostern zur Frankfurter Messe reisen zu lassen. Unter diesem Vorwand sollte ich versuchen, eine neue Bleibe für uns zu finden. Ich führte einen Packen Bücher mit mir, in dem insgesamt 10.000 Louis d'Or versteckt waren, die meinem Vater gehörten«.

Die Summe erscheint unglaubhaft hoch, vielleicht

liegt auch ein Lesefehler in dem stellenweise sehr undeutlich geschriebenen Manuskript vor. Auch hätte ein Einzelner kaum hundert Röllchen, ein jedes zu hundert Goldstücken, transportieren können, insgesamt 200.000 Livres, gleichwertig einer Mitgift in höchsten Adelskreisen oder zehn Obristen-Jahresgehältern. Andererseits erwarb Estiennes Vater einige Jahre später in Kassel zwei Häuser, er muß also ein vermögender Mann gewesen sein, und die außerordentliche Schnelligkeit, mit der Estienne Junior, ein Mann von dreißig Jahren, in Heidelberg bis zum Kurfürsten vordringen und sich alle Wege für eine Niederlassung ebnen kann, läßt vermuten, daß er einigen einflußreichen Vermittlern namhafte Geschenke zu machen in der Lage war.

»Die Nachricht des Widerrufs des Edikts von Nantes traf am Sonnabend, dem 20. Oktober (1685) in Metz ein, zugleich mit dem Befehl, unsere Kirche zu zerstören. Ein königlicher Beamter ließ sich noch am Abend die Schlüssel der Kirche ausliefern und verbot deren weitere Benützung. Diese Nachricht breitete sich aus und versetzte unsere arme Gemeinde in äußerste Verzweiflung ... Gemeinsam mit einem Freund machte mein Vater mir einige Fluchtvorschläge, die mir aber nicht so gut erschienen wie jene, die ich selbst ausgearbeitet hatte. Ich besprach mich noch am selben Abend mit meiner Frau, die in allem meine Ansichten teilte«.

Estienne handelte sofort, in der richtigen Erkenntnis, daß die Überwachung wohl noch nicht organisiert sei. Er ließ seine ganze feste Habe zurück, steckte nur das Geld zu sich, das er im Haus hatte, und tat sich mit seinem Schwager und dessen Frau zusammen, so daß schließlich zwei Ehepaare und ein Halbdutzend Kinder sich aus Metz in das ausschließlich von Hugenotten bewohnte Dorf Courcelles aufmachten. Der Coup gelang; Kinder und Frauen konnten über Zweibrücken nach Homburg an der Saar gebracht werden, ehe die Grenzen geschlossen wurden. Estienne mietete für alle eine Wohnung und kehrte mit seinem Schwager nach Frankreich zurück, um seine

Angelegenheiten nun, da er seine Frau und die Kinder in Sicherheit wußte, in Ruhe zu ordnen.

»Als wir auf der Rückkehr in Courcelles ankamen, fanden wir die Kirche zerstört und die armen Menschen in einer großen Betrübnis. Wir kamen am nächsten Morgen, Sonntag, dem 28. Oktober, wieder in Metz an und bemerkten gleich, daß sich Bürger am Stadttor befanden. Sie wollten verhindern, daß Bürger protestantischer Religion die Stadt verließen. So mußten wir befürchten, daß Metz für uns die Höhle des Löwen sein werde... Ich fand unsere Kirche in Metz zerstört und sah unsere Geistlichen Ancillon, de Combles, Bancelin und Jolly nach dem Willen des Königs gezwungen, ihre Gemeinde, ihre Kinder und ihren Besitz im Stich zu lassen. Nur ihre Frauen durften sie begleiten, um sich in Frankfurt niederzulassen; sie bewahrten dabei eine Haltung, die uns die Tränen in die Augen trieb«.

Estienne deutet an, daß in der reichen Stadt Metz nicht allzu viele es über sich brachten, ihre Habe zurückzulassen und in die Fremde zu gehen. Selbst innerhalb der Familien fielen sehr unterschiedliche Entscheidungen, und einer seiner Schwäger namens Gremecieux, »ein schwacher und leichter Geist, der einen schlechten Charakter hatte«, trat nicht nur zum Katholizismus über, sondern denunzierte Estienne aus lauter Angst und Liebedienerei sogar bei den Jesuiten. Aber man war in Frankreich und in der Provinz; Estienne hatte ebenfalls gute Freunde, und der König war in Paris denn doch ziemlich weit. Estienne erhielt die Erlaubnis, seine Familie heimzuholen (!), aber man schien den Braten doch auch ein wenig gerochen zu haben, denn niemand wagte es, ihm einen Paß auszustellen, und er mußte sich mit seinem Schwager in Bauernkleidung aus der Stadt schwindeln. Erst der dritte Bekannte, den er ansprach, war bereit, das Umkleiden in der Wohnung zu gestatten, so groß war bereits die Angst.

»Wir sahen uns so eigenartig hergerichtet mit scheußlichen Hemden und Hosen aus grobem, ganz zerrissenem Tuch und mit greulichen Fuhrmannskitteln. Unsere

Köpfe waren geschmückt mit ganz verschossenen Hüten, die uns über die Ohren hingen. Das war eine Ausrüstung, die offensichtlich sehr geeignet war, uns zu verbergen. Wir verließen eilig das Haus und durchquerten einen Teil der Stadt, um uns an das Tor von Marzelle zu begeben. Wir glaubten, daß wir dort leicht hinauskönnten. Als wir in die Nähe des Tores gelangten, näherte sich uns der papistische Bürger, der dort Wache stand, um die zu überprüfen, die hinauswollten. Er sah uns an und fragte, wohin wir gingen. Ich antwortete eilfertig in meinem besten Platt, daß wir nach Crépy gingen, wo wir wohnten. er fragte weiter, ob wir Pässe (Passierscheine) hätten; ich verneinte und setzte hinzu, daß Bauern derlei nicht bräuchten«.

Der wachsame Papist ließ sich jedoch nicht überzeugen; die angeblichen Bauern mußten auf die Torpassage verzichten und wanderten durch die ganze Stadt zum Saint-Thiébaut-Tor. Das war insofern ein Wagnis, als hier die Straße nach Luxemburg aus der Stadt führt, aber da in der Gegenrichtung so scharf aufgepaßt worden war, versuchte Estienne es nun auf die ganz primitive Tour: er stellte sich volltrunken und torkelte randalierend zwischen den Wachen hindurch, die ihm auch bereitwillig Platz machten. So alltäglich offenbar die Trunkenheit bei Bauern war, die in die Stadt geliefert hatten, so wenig vermochte man sich einen betrunkenen Reformierten vorzustellen.

»Auf solche Weise gelang es uns, die beiden Stadttore hinter uns zu bringen und auf das freie Feld vor der Stadt zu gelangen. Kurz danach wurden (wegen Dunkelheit) die Stadttore geschlossen. Wir setzten über Zäune und Mauern hinweg, um auf den Weg nach Deutschland zu kommen. Währenddessen wurde es vollends Nacht, und kaum daß wir den Weg nach Deutschland erreicht hatten, hörten wir auch schon hinter uns galoppieren. Wir verbargen uns schnell im Gebüsch, sahen aber bald, daß es sich um die übliche Post handelte, die nach Homburg (Saar) unterwegs war. Sie führte den Brief mit sich, in dem ich meiner Frau befohlen hatte, sich mit den Kindern unter keinen Umständen aus Homburg wegzubegeben«.

Die Hugenottenverfolgung und die Flucht finden also unter beinahe mittelalterlichen Verhältnissen statt. Selbst berühmte Städte wie Metz sind immerhin noch so arm an Bevölkerung, daß man die Gesichter der Mitbürger kennt. Estienne wäre nach geglückter Torpassage beinahe seiner Schwiegermutter in die Arme gelaufen, scheut sich aber trotz aller Mimikry nicht, seiner Frau einen alles verratenden Brief zu schreiben. Was nun, wenn die Rathaus-Papisten (wie er sich ausdrückt) zum Beispiel diesen Brief geöffnet hätten, der ja immerhin einen Namen als Anschrift tragen und damit auch den Absender verraten mußte?

Vor der Stadt finden sich weitere Flüchtlingsgruppen zusammen, auch einen Führer hat man vorher gedungen:
»Unser Führer war auch eingetroffen, so machten wir uns auf den Weg, während der Mond hervorkam. Dies begünstigte unseren Marsch, denn auf diese Weise hatten wir Licht ... Gegen Morgen trafen wir Bauern in einem Wald, die ins nahegelegene Dorf zur Messe gehen wollten. Sie waren von Zweifeln über unsere Personen ergriffen und beschimpften uns, wagten es aber nicht, sich uns zu nähern. So erreichten wir gegen zwei Uhr nachmittags glücklich den Ort Loudwiller, in dem vorwiegend unser Glaube ausgeübt wurde. Die Bewohner verließen gerade die Kirche, und einer unserer Glaubensbrüder empfing uns in seinem Haus. Dort machten wir erst einmal Toilette, was wir sehr nötig hatten. Wir beendeten den Tag, indem wir Gott dankten. Vor allem sagten wir den Psalm 74 auf, der unserer Situation entsprach; erst danach ruhten wir uns aus«.

Estienne und sein Schwager bewegten sich also im Wesentlichen in der heute vom Hauptstrom der Frankreich-Touristik durchflossenen Autobahnsenke zwischen Saarbrücken und Saargemünd (Sarreguemines), in den flachen Tälern des Mandelbachs und der Blies, und zwar auf Umwegen, zu denen die Flüchtlinge durch die inzwischen voll etablierte Überwachung der Grenzen gezwungen wurden:

»Am nächsten Morgen machten wir uns schon um zwei Uhr auf, mein Schwager und ich sowie unser Führer. Es ging in Richtung Saarbrücken, aber da wir wußten, daß die über die Saar führende Brücke sehr streng bewacht war, hielten wir es für richtig, uns ein Haus zu suchen, in dem wir uns verstecken konnten, bis wir eine günstige Gelegenheit gefunden hätten, um diesen Fluß zu überqueren. Aus diesem Grund wandte ich mich an den Vater meines früheren (Dienst-) Mädchens; er war Protestant. Aber als wir am frühen Morgen bei ihm ankamen, erschrak der gute Mann bei dem Gedanken, welche Gefahr wir für ihn bedeuteten und wollte uns nicht empfangen. Seine Tochter jedoch führte uns aus dem Ort hinaus in ein Bauernhaus, das einem Grafen gehörte und von Wallonen unseres Glaubens bewohnt war. Diese nahmen uns mit Freuden auf, gaben uns ein gutes Zimmer und reichten uns auch ein Frühstück«.

Estienne improvisiert jedoch nicht nur, er organisiert auch und bisweilen sogar ein wenig zuviel. Statt die Frauen in Homburg abzuholen, wo sie mit sieben Kindern ziemlich befrachtet auf die beiden Männer warten, werden sie durch einen gefährlichen Ritt, den der Führer auf sich nehmen muß, zu einem Treffpunkt bestellt. Und das Seltsamste ist: es geht dennoch alles gut. Obwohl der Führer, »ein einfacher Mann, der es nicht wagte, unsere Frauen in dem bezeichneten Haus aufzusuchen«, ziemlich ratlos in einem Homburger Wirtshaus herumsaß, ergab sich alles wie von selbst, eine Frau am Nebentisch erkannte die Lage und brachte alles in Ordnung. In einem Roman würde man Zufälle dieser Art dem Autor anlasten; in der gefährlichen Wirklichkeit solcher Flucht-Zeiten jedoch scheinen dem Zufall besondere Verdienste zuzukommen. Auch mag die Aufmerksamkeit aller Menschen in den Grenzzonen besonders geschärft gewesen sein.

»Wir hatten die Zeit, in der unser Führer weggewesen

war, gut ausgenützt und die Bekanntschaft eines Fischers gemacht, der uns einigemale Gesellschaft leistete. Wir erzählten ihm von den Schwierigkeiten, die wir voraussahen, den Fluß zu überqueren, und er versprach uns, trotz der strengen Verbote für die nötige Hilfe zu sorgen. Wir bezahlten unsere Wirte, bereiteten uns selbst für die Abreise vor und erreichten das Ufer der Saar bei Anbruch der Dunkelheit. Wir trugen übrigens immer noch unsere Bauernkleidung. Im Schutz eines Gebüsches fanden wir das kleine Boot, das unser Fischer uns zugesagt hatte, und überquerten den Fluß mit einer Art Ruder, das im Boot für uns bereit gelegen hatte. Als wir am deutschen Ufer angelangt waren und ich auf die Böschung springen wollte, glitt ich in einer kleinen Pfütze aus; ich rutschte in den Fluß zurück und tauchte bis über die Schultern ins Wasser. Da ich damals noch jung und kräftig war, kam ich dennoch aus eigenem ans Ufer, rutschte jedoch noch einmal aus und mußte ein zweites Bad nehmen, ehe ich die steile Böschung erklimmen konnte. Vollkommen durchnäßt, marschierte ich mit meinen Kameraden durch die Novembernacht, die so finster war, daß wir oft tasten und tappen mußten.«

Während dieser abenteuerlichen Nachtwanderung in Richtung auf Kaiserslautern hatte sich eine Art Fluchthilfe-Organisation der wohlhabenden Familie angenommen. Die beiden Frauen mit insgesamt sieben Kindern wurden von fünf bis sechs bewaffneten Burschen aus Homburg bis zu einem Haus im Großraum Kaiserslautern gebracht, das einem Glaubensbruder gehörte und als sicher galt. Auf dem Weg dorthin wurden die Familien nicht nur die ganze Zeit eskortiert, um den Zugriffen örtlicher Eiferer zu entgehen, es wurden auch die Gefährte dreimal gewechselt, um Beobachter und Denunzianten irrezuführen. Sicher geleitet kamen sie nach Kaiserslautern, »während wir«, wie Jacques Estienne weitererzählt, »so weit es uns möglich war zu Fuß durch die Dunkelheit wanderten. Wir stießen oft gegen Steine und an Baumstrünke, wir hatten oft Angst, wenn wir Dörfer durchquerten und helles Licht sahen oder Lärm aus den Weinlokalen vernahmen. Wir fürchteten, daß Archers (wörtlich: Bogenschützen, hier: Häscher) unter diesen Menschen seien. Diese nämlich befanden sich auf allen Straßen zwischen der Pfalz und Frankreich, um die unglücklichen Flüchtlinge zu fangen. Wir gingen einer hinter dem andern her und so leise wie möglich. In einem kleinen Waldstück rasteten wir und stärkten uns aus unserem Proviant. Das hatte uns gut getan, wir marschierten weiter und erreichten in tiefster Finsternis Bliesback (-ach), ein Dorf, das eine Wegstunde von Homburg entfernt liegt. Wir hörten den Ostwind pfeifen, sahen jedoch leider nirgends die Brücke (über die Blies), denn unser Führer hatte völlig die Orientierung verloren. So legten wir uns auf die Erde und suchten, mit den Händen tastend, diese elende kleine Brücke aus Bretterlatten, und als wir glücklich ans andere Ufer gelangt waren, zitterten wir alle«.

Estienne hatte also den Weg zwischen den Siedlungen hindurch gewählt, ließ Homburg/Saar nördlich liegen, Zweibrücken aber im Süden, beides Städte mit Mauern, Toren und Wachen. Ein Dorf, das sie durchqueren müssen, ist mitten in der Nacht hellwach: man drischt, so wie man anderswo in den Weinlokalen gefeiert hatte; die Nachtruhe scheint im pfälzischen Land damals nicht allzuviel gegolten zu haben.

Die Fama hilft weiter: die Flüchtlinge erfahren von ihr, aus puren Gerüchten, alles, was für sie wichtig ist. Die Familien sind gut durchgekommen, aber die Gegend wimmelt von Häschern. Man rät ihnen, sich zu verstecken, bis das bewaffnete Geleit der Frauen und Kinder frei und zurück ist. Da die Männer dieses Geleits ja nicht wissen können, wo sich Jacques Estienne, sein Schwager und der Führer im Augenblick befinden, geht aus diesem Rat eindeutig hervor, daß es zwischen Metz und Kaiserslautern bereits eine feste Flüchtlingsroute mit einer kleinen Organisation bewaffneter Fluchthelfer gegeben haben muß. Estienne geht, obwohl die Erinnerungen viele Jahre später aufgezeichnet wurden, auf diese Tatsachen nicht ausdrücklich ein, in der sein ganzes Leben bestimmenden Vorsicht, die man nicht mehr los wird, wenn man so lange als Flüchtling leben mußte, und die Häscher, vor denen man ihn damals warnte, mögen ihn noch oft im Traum heimgesucht haben:

»Das war eine mehr als unangenehme Botschaft für uns, die vor allem meinen Schwager völlig entmutigte. Ich jedoch verlor nicht den Mut und fand, daß man nach einem beschwerlichen Nachtmarsch von mehr als zwölf Stunden erst einmal Nahrung und Ruhe brauche. Ich bat (in einem nicht näher bezeichneten Dorf im Einzugsgebiet der Wiesbach, unweit der ›Nassen Hecke‹) um ein Essen, und nachdem eine kräftige Mahlzeit meiner kleinen Kumpanei wieder Mut gemacht hatte, legten wir uns zur Ruhe aufs Heu. Meine Kleidung war übrigens durch die Bewegungen während des langen Marsches an meinem Körper wieder getrocknet. So schliefen wir bis ein oder zwei Uhr mittags«.

Als Estienne erwachte, stand schon ein Mann des Geleits vor ihm; die Fluchthilfe-Eskorte hatte sich also, um keinen Verdacht zu erregen, für den Rückweg nach Westen aufgelöst und in jener Scheune, die offenbar häufig als Unterschlupf diente, Estiennes Gruppe angetroffen. Estienne erfuhr dadurch, daß Frauen und Kinder in Sicherheit seien.

»Ich schenkte ihm einen halben Louis d'Or (ca. 100 DM!) für die gute Nachricht. Dann rechnete ich mit unserem Führer ab und sandte ihn nach Metz zurück . . . Nachdem wir gut gegessen hatten, ruhten wir uns aus, bis gegen ein Uhr nachts geweckt wurde. Die Pferde wurden gesattelt. Wir saßen wie die heiligen George zu Pferd (d. h. als gelte es den Kampf gegen den Drachen). Unser Gastgeber und die Jäger waren gut bewaffnet, wir besaßen nur einfache Messer. Immer im Galopp und unter strikter Ausnützung der Dunkelheit näherten wir uns Kaiserslautern. Im Morgengrauen mußten wir, vor Kälte zitternd, eine Stunde warten, ehe die Stadttore geöffnet wurden. Wir zitterten vor Kälte, aber auch vor Furcht, daß man uns nicht einlassen werde. Alle Ängste hatten ein Ende, als wir endlich das Stadttor passieren durften und zu unseren Familien konnten, die wir noch im Bett antrafen. Es war Donnerstag, der 22. November 1685. Stellt euch unsere Freude vor, uns endlich wieder vereint zu sehen nach sovielen Gefahren!«

Die ungelenke Erzählung des guten Jacques Estienne, der als Buchbinder ja doch ein eher äußerliches Verhältnis zur Literatur hatte, ist dennoch ergreifend. Sie zeigt uns den Normalbürger im Ausnahmezustand, den Familienvater, der urplötzlich zum Abenteurer werden muß, einen dreißigjährigen braven Mann aus der französischen Provinz, den die Umstände zwingen, sich wie ein Geheimagent zu betragen, nachts durch fremdes Land zu galoppieren und tagelang in ärmlicher und schmuddeliger Kleidung herumzustreichen, was ihn offenbar besonders gestört hatte. Er berichtete nicht nur, daß andere Flüchtlingsgruppen, die Kaiserslautern erreichten, »wesentlich sauberer als wir« gewesen seien; er leidet auf der Weiterreise auch besonders unter dem abschätzigen Verhalten der deutschen Herbergswirte, die ja wohl nicht anders konnten, als nach dem äußeren Schein zu urteilen und im übrigen – als rheinische Katholiken – über die Protestantenflut aus Frankreich nicht sonderlich glücklich zu sein brauchten. Die wesentlichste Hilfe auf dem ganzen Fluchtweg wurde denn auch von den Hugenotten und von pfälzischen Reformierten geleistet, und auch in den Durchgangs- und Zielorten funktionierte der religiöse Zusammenhalt ausgezeichnet: Gab ein Flüchtling eine Wohnung auf, weil er weiterwanderte, rückten andere nach:

»Wir fanden eine Wohnung im Hause von Monsieur Haut, der sich nach Kassel zurückgezogen hatte. Allerdings fanden wir schon zwei andere Mieter vor, den Pastor Jacquelot mit seiner Frau und Monsieur Bouchon mit seiner Familie. Wir besorgten uns zuerst einen Vorrat an Stroh, um uns hinlegen zu können, und Feuerholz, um die

Kälte zu vertreiben. Als dies erledigt war, machte ich mich auf, meine guten Heidelberger Freunde und Fürsprecher aufzusuchen. Sie gaben mir die Versicherung, daß alles, was mir der (inzwischen) verstorbene Kurfürst Karl seligen Angedenkens versprochen hatte, von seiner Hoheit Philipp Wilhelm eingehalten werden würde. Dieser Nachfolger des verstorbenen Kurfürsten war allerdings Papist«.

Karl II. aus der sogenannten mittleren Kur-Linie von der Pfalz war am 26. Mai 1685, also kurz nach Estiennes erstem Besuch in Heidelberg, gestorben; er hatte, nicht zuletzt wegen seiner protestantischen Gemahlin, einer dänischen Prinzessin, die Politik fortgesetzt, die Heidelberg, die alte Universitätsstadt, schon seit hundert Jahren zu einem deutschen Mittelpunkt des Calvinismus gemacht hatte. Hier war 1556 die Reformation eingeführt worden, 1563 war der Heidelberger Katechismus erschienen, der den Namen der Stadt fortan mit dem reformierten Glauben verband, und nun kamen die Flüchtlinge!

Aber es zeigte sich, daß die verschiedenen deutschen Fürstlichkeiten, vor allem im Raum der Pfalz und Hessens, sich sehr schnell auf diesen Zustrom mitunter armer, aber stets ordentlicher und zu emsiger Arbeit bereiter Neubürger einstellten, und selbst kleinste Herrschaften wie etwa Hessen-Homburg blühten durch den Gewerbefleiß der Hugenotten auf, die in diesem Fall durch den Landgrafen Friedrich II. ins Land gerufen worden waren. (Wir kennen ihn besser unter der Kurzbezeichnung ›Prinz von Homburg‹; er war in der historischen Wirklichkeit schlichter, dachte praktischer und urteilte ruhiger als der Held des Heinrich von Kleist.)

Es überrascht also nicht so sehr, daß für die Hugenotten Heidelberg ein Begriff ist und die Fürsten Hessens und von der Pfalz zu ihnen ein durchaus rationales Verhältnis herstellen. Eher muß man sich, aus heutigen Verhältnissen zurückblickend, darüber wundern, daß diese altdeutschen Gebiete soviele Neubürger aufnehmen und ihnen offenbar auch ziemlich schnell Unterkünfte und

Arbeitsmöglichkeiten zur Verfügung stellen konnten. Da wirkte offensichtlich der schlimme Aderlaß des Dreißigjährigen Krieges noch nach, der ja in der Pfalz mit besonderer Hartnäckigkeit gewütet hatte. Auch die aktuelle Kriegsnot, die Reunionskriege des Sonnenkönigs, mochten dazu beitragen, daß sich die Ansässigen selbst von den Nöten der ersten Jahrhunderthälfte noch nicht zureichend erholt hatten. Brachten die Reformierten nun gar noch Geld ins Land – auch wenn es nicht gerade 10.000 Louis d'Or waren – so stießen sie auf keine nennenswerten Schwierigkeiten mehr. »Die Versprechungen, die mir gemacht wurden«, berichtet Jacques Estienne, »bewogen mich, hier in Heidelberg zu bleiben, und so leistete ich am 5. Dezember 1685 (vier Tage nach der Ankunft in der Stadt!) meinen Eid als Universitäts-Buchbinder ... Wir besorgten uns dann das Notwendigste an Möbeln, und ich hatte das Glück, alle für meinen Beruf nötigen Werkzeuge und Behelfe billig einkaufen zu können«.

Um Estiennes Lebensgeschichte abzuschließen, sei hier, den Zeiten etwas vorgreifend, gesagt, daß es ihm auch noch gelang, seinen Vater aus Metz nach Deutschland zu holen. Estienne *senior*, beträchtlich wohlhabender als sein Sohn, hatte nicht die bei vielen Hugenotten so auffällige Bereitschaft zum Verzicht auf irdische Güter aufgebracht, sondern den Katholiken in Metz einige Zugeständnisse gemacht, um nicht verfolgt zu werden. Als er daraufhin dann erkrankte, entschloß er sich zur Auswanderung, um in Deutschland wieder in seinem ihm so teuren reformierten Glauben leben zu können, und blieb überzeugt, daß die Krankheit eine Strafe für seinen Kleinmut gewesen sei.

Jacques Estienne konnte als Universitätsbuchbinder offenbar nicht die ganze große Familie ernähren, und als sein Vater zu ihm stieß, etablierte er sich dann in Kassel als Buchhändler. Das damals käufliche Privileg, sich Hofbuchhändler nennen zu dürfen, half ihm schon in seinen Anfängen. Er besuchte wiederholt die Frankfurter Messe, damals noch nicht von der Buchmesse getrennt, und begann auch einen Papierhandel von Deutschland nach Holland, der ihm besonders große Gewinne ermöglichte.

Das Jahr 1689 brachte die große Freude, England zur Reformation heimkehren zu sehen: In der ›Glorreichen Revolution‹ des Wilhelm von Oranien war Jakob II., der katholische Stuart-König, vertrieben worden, und die Insel zählte nun wieder zum protestantischen Lager. Im gleichen Jahr starb freilich Estiennes Vater, der sich von den Aufregungen der letzten Monate nicht mehr erholt hatte. Estienne selbst begann zu Buch- und Papierhandel, der sich dank verläßlicher Geschäftsfreunde in Bremen und Hamburg gut entwickelte, auch noch das Antiquariatsgeschäft und veranstaltete Buch-Auktionen. Die Söhne freilich erbten nicht seine glückliche Hand in Geschäften, und als er 1732 starb, war einer der Söhne bankrott, ein anderer lebte bescheiden von einem ziemlich eingeschränkten Papierhandel.

In Zeiten, in denen auch das religiöse Leben in einem Land so stark von der Persönlichkeit des Landesfürsten bestimmt wurde, konnten sonst wenig bedeutende Herrschaftssitze unversehens zu bedeutenden Asylen für die Verfolgten werden. Nur waren solche Zufluchten und Hoffnungen nicht selten trügerisch: starb der Fürst, so konnte ein Bruder oder Sohn oder Enkel mit völlig entgegengesetzten Meinungen auf den Thron kommen. Die Ärmsten, die hinter sich die Häscher des Sonnenkönigs wußten, konnten freilich nicht viel fragen, sie mußten in Kauf nehmen, daß sie binnen weniger Jahre wiederholt umziehen mußten; Sicherheit gab es an der Wende zum achtzehnten Jahrhundert noch nirgends.

In dieser Lage waren es Länder wie die Pfalz und das vielfach geteilte Hessen, die so manche Hugenottenfamilie anzogen, weil das Französische, von der kulturellen Oberschicht und von Besatzungssoldaten gesprochen, damals bis tief nach Deutschland hinein Geltung hatte. Aber auch die kleinen Herrschaften im französisch-lothringischen Grenzraum wurden das Ziel so mancher Flucht. Die Grafen von Salm-Salm hatten sich auf heute französischem Gebiet eine erstaunlich stabile Unabhängigkeit bewahrt, so klein ihr Ländchen auch war, und eine zweite Möglichkeit, Frankreich nahe zu bleiben, ohne zum Übertritt gezwungen zu werden, eröffnete sich in pfälzischen Besitzungen im westlichen Vorgelände der Vogesen, in den pfälzischen Städten Phalsbourg und Lixheim. Phalsbourg hatte wegen völliger Überschuldung einer pfälzischen Nebenlinie an den (katholischen) Herzog von Lothringen verkauft werden müssen, aber Burg und Kloster Lixheim, neun Kilometer westlich von Phalsbourg, wurden zwischen 1602 und 1608 zu einer Stadt der Reformierten ausgebaut und erhielten im ganzen siebzehnten Jahrhundert immer wieder Zuzug aus hugenottischen Familien. Kurfürst Friedrich IV. hatte in einer sogenannten *Capitulation* schon 1608 den Reformierten die freie Ausübung ihrer Religion ausdrücklich zugesichert. Der Text dieses Dokuments hat sich erhalten und ist in allen seinen Punkten sehr bezeichnend. Nach einer Einleitungsklausel, die alle Zuzügler zu einem Treueeid auf den Kurfürsten, seine Erben und Nachkommen verpflichtet, sichert der Kurfürst die freie Religionsausübung zu, bezeichnenderweise aber nicht auch für seine Nachfolger:

»Zum anderen wollen wir ihnen, den (um Aufenthalt) Ansuchenden nit allein Liberum Exercitium und freie (Aus)Übung der wahren Reformierten Religion ... verstatten, sondern sie auch ... dergestalt versichern (daß, wenn) sie von Uns oder unseren Erben inskünftig der Religion und deren (Aus)Übung wegen angefochten und ausgetrieben werden möchten, daß ihnen alsdann ihr zu Lixheim aufgewendter Baukosten nach ehrlicher Leut Erkenntnuß wieder gutgemacht und erstattet werden soll. Zu obgedachtem Ende (Zweck) wollen Wir ihnen die Kirche, so aniezo (jetzt) in dem Kloster Lixheim stehet, einräumen und dieselbe im wesentlichen Bau erhalten wie auch ein(en) Kirchen- und Schuldiener, so der deutschen und französischen Sprache mächtig (ist), stellen, besolden und demselben (eine) Wohnung verschaffen lassen«.

Der Grundsatz, *wessen Herrschaft, dessen Religion*

lebt also vor dem Dreißigjährigen Krieg wie nach ihm; nicht einmal ein Kurfürst vermag Zusicherungen abzugeben, die seinen Untertanen eine gewisse Sicherheit in Glaubensdingen auch für die künftigen Generationen einräumen. Das einzige, was er versprechen kann, ist die rein zivilrechtliche Entschädigung für jeden Aufwand, den die Hugenotten treiben sollen und werden: müssen sie tatsächlich weiterziehen, so sollen sie wenigstens keinen materiellen Schaden erleiden. Der Besitz war besser geschützt als die Gedanken- und Geistesfreiheit, und auch ein Fürst, der sich selbst zur reformierten Religion bekannte, war außerstande, dies zu ändern.

Die weiteren Bestimmungen über Lixheim lassen erkennen, daß man zwar den Franzosen sehr weit entgegenzukommen bereit war, daß aber auch Deutsche das Recht haben sollten, sich in Lixheim niederzulassen, und daß sie in diesem Fall an der Verwaltung des Gemeinwesens und seinem ganzen Leben in der üblichen Weise beteiligt werden müßten. Friedrich IV. war zwar für Glaubensfreiheit, aber er wollte in der lothringischen Grenzregion keine rein französischen Stützpunkte schaffen.

Die Stadtgründungs-Kapitulation von Lixheim ist unabhängig vom religionsgeschichtlichen Standpunkt sehr interessant, vor allem im Vergleich zu den Verträgen, wie sie einige deutsche Fürsten drei- oder vierhundert Jahre zuvor mit deutschen Kaufleuten abgeschlossen hatten, um neben den slawischen Ostseestädten deutsche Städte entstehen zu lassen oder sie in die alten Slawensiedlungen hineinzubauen. Die Stadtanlage von Lixheim wird nur vage vorgeschrieben, die Höhe der Häuser wird bestimmt, die Aufführung von Wällen angeordnet, in denen sich nur zwei Tore stadteinwärts öffnen sollen. Die Hugenotten, die an der Hauptstraße wohnen wollten, mußten sich zu dreistöckigen Häusern verpflichten, die übrigen konnten sich auf zwei Stockwerke beschränken; die Baumaterialien stellte weitgehend der Kurfürst aus eigenen Sand- und Kalkgruben und Steinbrüchen. Ziegel, Bau- und Brennholz konnten billig erworben werden.

Die Hugenottenwanderung führte also gelegentlich zu Stadt-Neugründungen, wie man sie seit dem großen deutschen Aufbruch in den ostelbischen Raum nicht mehr erlebt hatte. Mit Stadtmauern hielt man sich nicht mehr auf; sie wurden im siebzehnten Jahrhundert anderswo ja schon wieder geschleift: Wälle mußten genügen. Immerhin erhielt Lixheim aber noch einen Wassergraben und zwei Zugbrücken und als Novum eine Kanalisation, so daß die Stadt, so klein sie war und blieb, in den folgenden Jahrhunderten stets besonders freundlich und sauber wirkte. Während in so mancher Hansestadt große Spekulationsgewinne erzielt wurden, weil sich reiche Kaufleute etwa in Lübeck die besten Grundstücke und Bauplätze gesichert und diese dann weiterveräußert hatten, war in der Gründungsurkunde von Lixheim schon bestimmt, daß einer, der sich zum Weiterwandern entschloß, zu dem Preis verkaufen mußte, zu dem er erworben hatte.

Selten ist eine Stadtgründung von vornherein so gut durchdacht worden wie die dieses Städtchens. Lixheim durfte allwöchentlich einen Markttag für die ganze Umgebung abhalten und viermal im Jahr große Jahrmärkte. Sie machten das neue Gemeinwesen schnell bekannt und sicherten den emsigen hugenottischen Handwerkern guten Absatz bei den ins Städtchen kommenden Bauern der nahen und weiteren Umgebung. In Lixheim waren alle damals üblichen Gewerbe vertreten, und wenn eines fehlte, so fand man gewiß einen Glaubensgenossen, der noch nicht recht wußte, wo er sich niederlassen sollte und darum ganz gerne nach Lixheim kam. Unter ihnen allen, den Schreinern, Metzgern, Gerbern, Schmieden, Bäckern und so weiter, wurden aber nicht die Bierbrauer am reichsten, sondern kurioserweise die Schuhmacher. Das spricht einerseits für die Enthaltsamkeit der Reformierten, was den Trunk angeht, andererseits aber für ihre bekannte Unrast: so wenig sie an irdischem Besitz hingen, so schnell waren sie bereit, ihr Glück anderswo zu versuchen, und das ließ das alte

Schuhmacherhandwerk blühen. In Kenntnis dieser Tatsachen hatte der Fürst auf das *Umgeld* verzichtet, auf die Getränkesteuer: sie kam der Stadt zugute und wurde eine wichtige Einnahmequelle. Wenn wir lesen, daß die Hälfte der städtischen Ausgaben aus dem Ertrag der Getränkesteuer bestritten werden konnten, möchte man schließen, daß die Reformierten zwar vielleicht kein selbstgebrautes Bier tranken, dafür aber umsomehr von den guten Weinen des nahen elsässischen Landes. Die Einwohnerzahl wuchs schnell auf etwa 1400 an, und Lixheim galt bald als besonders wohlhabend.

Zwei Generationen hindurch konnte die kleine Stadt Vertriebene aus der Umgebung aufnehmen oder Flüchtlinge, die sich der Gegenreformation entziehen wollten, als Salm an Lothringen fiel und die glückhaften Zustände dieser kleinen Grafschaft neuen, strengeren Verhältnissen weichen mußten. Währte die Lixheimsche Idylle, ein ruhiges und arbeitsames Dasein in einem allzu bewegten Jahrhundert, auch nicht sehr lange, so hat sich doch bis heute so manche Fassade erhalten, die uns von den Gründerzeiten der Stadt erzählt. Die planmäßige Anlage zu beiden Seiten eines platzähnlichen Hauptstraßenzuges ist noch sehr deutlich, wenn auch die Tore das kleine Gemeinwesen nun nicht mehr abschließen. Neben der einfachen evangelischen Kirche gibt es heute eine katholische (die freilich die ältere ist: die Reformierten hatten in lothringischen Zeiten ihre Pfarrkirche abgeben müssen). Die Hauptstraße atmet noch die Atmosphäre der Gründerzeit, vor allem in dem dekorierten Portal von Haus Nr. 23, das die Jahreszahl 1608 trägt und dem Haus Nr. 33 mit seinem dreistöckigen Renaissance-Erker. Am Haus Nr. 40 können wir ein hübsches, von Säulen eingerahmtes Portal bewundern, das die Jahreszahl 1609 trägt. Manche besonders stattlichen Häuser brauchten länger, obwohl der Gründungsvertrag nur vier bis sechs Jahre Bauzeit einräumte: das schöne Wohnhaus Nr. 1, schlicht, aber eindrucksvoll, entstand erst 1623.

Es geht dem heutigen Besucher ähnlich wie etwa in

Brouage, dem gleichfalls sehr regelmäßig angelegten Salzstädtchen an der französischen Atlantikküste unweit von Royan: das eigentliche Leben, für das die kleine Stadt geschaffen wurde, existiert nur in uns, in unserem Wissen vom alten Lixheim, die Gegenwart hat demgegenüber weniger Bedeutung. Der friedvolle Eindruck der Häuserreihen sagt uns, daß die Stadt den Dreißigjährigen Krieg ohne Brände überstand, wenn auch die Einwohnerzahl stark absank. An Lothringen gefallen, hatte Lixheim bald katholische Herren, die sich jedoch an die alten Freiheiten hielten: als die Reformierten die katholische Kirche wieder herausgeben mußten, baute man ihnen auf Kosten des Herzogs ein neues Gotteshaus. So klein Lixheim auch war und blieb, es gab zu gewissen Zeiten doch eine Fürstin von Lixheim, und als diese einen Grimaldi heiratete, fürchteten die Einwohner der Hugenottenstadt natürlich verstärkt für ihren Glauben. Aber gerade der Fürst aus dem Mittelmeerraum interessierte sich für religiöse Dinge überhaupt nicht, und die Fürstin beschränkte sich darauf, das Kloster – ein 1106 gestiftetes Benediktiner-Priorat – wieder herzustellen, was man ihr umso weniger verübeln konnte, als sie ja auch den evangelischen Pfarrer besoldete.

Als Meister der glanzvollen Propaganda in eigener Sache hatte der Sonnenkönig bekanntlich seine Archivare bemüht, um uralte oder nicht ganz so alte Rechtstitel zu finden, denen zufolge einige vor Frankreichs Grenzen allzu verlockend daliegende Landstriche im Grunde französisches Land seien und mit dem Königreich darum wiedervereinigt werden müßten. Man kennt derlei noch heute: das letzte Wort sprechen in allen Fällen die Waffen, und da Frankreich bis gegen das Ende des siebzehnten Jahrhunderts noch die besseren Marschälle hatte, fanden sich die Lixheimer Protestanten eines Tages mit Frankreich »wiedervereinigt«. Glücklicherweise war über die neugebildete Saarprovinz ein vernünftiger *Intendant* gesetzt, ein Monsieur Bergeron de la Goupillière, dem –

wie seine Amtsbezeichnung sagt – an der wirtschaftlichen Blüte der ihm anvertrauten Gebiete mehr gelegen war als an der Durchsetzung von Unterdrückungsmaßnahmen, die noch nie irgendjemandem genützt haben. Er beruhigte nicht nur die Lixheimer Hugenotten, er sicherte sogar jenen, die aus Frankreich ihres Glaubens wegen auswandern wollten, zu, daß sie in seiner Provinz in allem wesentlichen unbehelligt bleiben würden, und versprach, in Lixheim und Burbach protestantische Kirchen bestehen zu lassen.

Bergeron de la Goupillière sah aus der Nähe deutlicher als Ludwig in Versailles, was das Land brauchte, und vor allem setzte ihm keine Maintenon die katholische Brille auf. Nach vielen Jahren der Reunions(Wiedervereinigungs-)Feldzüge brauchten alle Landstriche diesseits und jenseits der alten französischen Grenzen mit dem geplagten Volk nichts so dringend wie Ruhe, geistige und wirtschaftliche Sicherheit und ein wenig Hoffnung. Die vernünftige Politik des Intendanten sprach sich herum; Hugenotten aus verschiedenen Teilen Frankreichs, die eigentlich nach Deutschland wollten, ließen sich zwischen ihren Glaubensbrüdern in Frankreichs Randgebieten nieder, nicht wenige davon in Lixheim und Burbach.

Damit begann ein Flüchtlingsschicksal, das wir in aller gebotenen Kürze der glückhaften Wanderung des Jacques Estienne mit Bruder, Schwager, Kindern und Frauen entgegensetzen müssen, weil das Bild der Hugenottenwanderung durch das Saartal sonst doch zu idyllisch ausfallen würde. Die Familie des königlichen Rates Louis de Marolles hatte im Süden Frankreichs, im Languedoc, seit dem frühen siebzehnten Jahrhundert Schwierigkeiten mit den Katholiken. Im Languedoc waren die geschlossen calvinistischen Gemeinwesen selten, die Reibereien darum an der Tagesordnung. Die de Marolles und manche andere Familie in ähnlicher Lage zog darum vom Süden her in das schwer zugängliche Hügelland der Cevennen, das so vielen zur Zuflucht wurde. Weiterwandernd gelangten die de Marolles dann in die Champagne, in das

Städtchen Sainte Menehould, das durch seine knusprig gebratenen Schweinsfüße berühmt ist und am Rand der großen Ebene liegt, die man seit der Hunnenschlacht von 451 die Katalaunischen Felder nennt. Damit war schon deutlich, daß die Familie des königlichen Rates nach Deutschland strebte. Über Sainte Menehould führte seit jeher die große Straße von Paris nach Osten, und hundert Jahre nach Louis de Marolles wird hier Louis XVI. in seinem allzugroßen Reisewagen von einem der Revolution zuneigenden Posthalter erkannt werden, wonach dann seine Flucht aus Frankreich im nahen Varennes ein klägliches Ende findet.

Louis de Marolles vertraute sich, ebenso wie der sechzehnte Ludwig und Marie Antoinette, einer wohletablierten Organisation an, nicht der Armee wie der unglückliche König, sondern dem Fluchthilfe-Werk der Hugenottengemeinde Frankfurt am Main. Diese nützte die Tatsache, daß das Edikt von Fontainebleau, durch das der Sonnenkönig das Edikt von Nantes aufgehoben hatte, im Unterelsaß aus verschiedenen verwaltungstechnischen Gründen keine Geltung erlangen konnte. Ludwig XIV. ließ zwar sein Militär fleißig nach Flüchtlingen herumstreifen, aber die ortsansässigen Hugenotten durften es dennoch wagen, ihren Glaubensbrüdern beim Erreichen der rettenden deutschen Grenzen behilflich zu sein. Man kennt sogar die Namen der tüchtigsten Lotsen, die durch die Waldtäler des Elsaß auf sicheren, wenn auch schmalen Pfaden zum Rhein führten: der eine hieß Pierre Nivard und stammte aus Bischweiler, der andere war sein Schwager Jean Vautrin. Es ist vielleicht kein Zufall, daß wir diesem Namen bei Balzac wiederbegegnen, im *Père Goriot* und zwei anderen Romanen, als einem tatkräftigen Kämpfer gegen eine zweifelhafte Justiz.

Nivard und Vautrin arbeiteten im allgemeinen erfolgreich, sie schleusten Hugenotten aus Lothringen und aus Metz über die Grenze und brachten sich zuletzt selbst mit knapper Not in Sicherheit. In Frankfurt wurden sie von ihren Glaubensbrüdern nicht nur herzlich gefeiert, sondern auch ein jeder mit sechs Reichsthalern belohnt. Der einzige bekannte Mißerfolg betraf die Familie des königlichen Rates de Marolles, der, vielleicht ebenfalls mit zuviel Gepäck und Aufsehen reisend, auf dem Weg zu einem Rheinübergang im Unterelsaß die Aufmerksamkeit einer Militärstreife erregte und verhaftet wurde. Man trennte ihn von seiner Familie und warf ihn in Straßburg ins Gefängnis, wo man ihm nahelegte, dem Calvinismus abzuschwören. De Marolles blieb jedoch fest und wurde lebenslänglich zur Galeere verurteilt. De Marolles war nicht mehr der Jüngste, als das Unglück ihn ereilte, und starb wenige Jahre darauf im Gefängnis von Marseille, wo die meisten Galeeren lagen. Teile seiner Familie scheinen nach Lixheim zurückgekehrt zu sein.

Nicht ganz so schlimm erging es dem Tuchmacher Jean Parisot. Seine Familie hatte seit der Gründung des Städtchens in Lixheim gewohnt und war zu einem gewissen Vermögen gelangt, zeitweise auch zu einigem Einfluß auf die Stadtverwaltung. Jean Parisot gehörte zu jenen, welche die Aufhebung des Edikts von Nantes kommen sahen und nicht erst abwarteten. Er verließ das doch relativ sichere Lixheim im Jahr 1668, gelangte nach Frankfurt und scheint in den dortigen Unterstützungslisten noch 1676 als mittellos und krank auf. Am 17. Juni 1680 findet er sich wieder in Frankfurt ein und berichtet, daß man ihn unweit Nürnberg überfallen und ausgeraubt habe. Er empfängt abermals eine Unterstützung, geht, um Arbeit zu suchen, nach Berlin und kehrt 1692 immer noch arbeitslos nach Frankfurt zurück. Bis ins Jahr 1704 tauchen immer wieder Eintragungen mit seinem Namen in den Frankfurter Hilfsgelder-Listen auf. Parisot, der aus einer wohlhabenden Familie stammte und als Tuchmacher sein gutes Auskommen hatte, war durch die Emigration offenbar völlig aus der Bahn geworfen worden, hatte allerdings auch gesundheitlich Schaden genommen. Er wandert ruhelos und unglücklich sogar nach Phalsbourg zurück (!), als er so alt ist, daß sich kein Häscher mehr für ihn interessiert. Nach einer letzten Passage in Frankfurt, die ihm eineinhalb Gulden Unterstützung einbringt, verliert sich seine Spur endgültig: Er hat Lixheim in seinen Ängsten zweifellos zu früh aufgegeben und in dreißig ruhelosen Jahren kein neues Zuhause und auch kein Glück gefunden.

»Wenn wir von den Hugenotten und ihrer Geschichte reden«, sagt Albert Girardin in seiner kleinen Schrift über das Städtchen Lixheim, »so denken wir gewöhnlich an ihre Leistungen, die sie nach der Niederlassung in den Gastländern vollbrachten, ihren wirtschaftlichen Aufstieg, ihren weltgeschichtlichen Rang als Pioniere einer neuen Zeit. Sicher gehört dies alles dazu, und die Bedeutung der Hugenotten in Frankreich selbst, dann in Deutschland ... kann nicht hoch genug eingeschätzt werden. Aber Gestalten wie Parisot oder Bonnedame (der ein ähnliches Schicksal hatte) erinnern noch an eine andere Seite im Leben der Hugenotten, ohne die ihr Bild unvollständig und verzerrt wäre. Sie waren nicht nur erfolgreiche Bürger dieser Welt, sondern auch, wie die Erzväter des Alten Bundes, die ihnen soviel bedeuteten, ›Gäste und Fremdlinge‹. Wie viele von ihnen waren, zumindest einen Teil ihres Lebens, unterwegs. Mit dieser Pilgerschaft – denn um des Glaubens willen verließen sie den heimatlichen Herd – verkörpern sie einen echt biblischen Zug. Die Gemeinde Jesu Christi ist, was so leicht im Getümmel des Alltags vergessen wird, eine wandernde Gemeinde, und ihr Ziel ist nicht eine verbesserte Welt, sondern das Reich Gottes, das himmlische Jerusalem. Darum war für die Hugenotten die gesicherte bürgerliche Existenz nicht das höchste Gut. Sie haben sie willig dahingegeben, wenn der Glauben es erforderte, und sind oft genug als arme Leute in die Fremde gezogen. Und nicht immer gelang es ihnen, noch einmal irgendwo Wurzel zu fassen. Aber diesen gescheiterten Existenzen kommt ein ebenbürtiger Platz in der Reihe der hugenottischen Väter zu, weil sie mit ihrer Wanderschaft leibhaft verkörperten, was die christliche Gemeinde geistlich darstellen soll«.

EINER GEGEN SIEBENTAUSEND

Frankreich und Italien haben heute eine im großen und ganzen natürliche Grenze, die über eine Reihe von Hochpässen verläuft und nur noch ausnahmsweise ein Tal abschneidet wie etwa das der Roya. In der glorreichen Großmachtphase des Sonnenkönigs war natürlich auch das anders. Die Dauphiné und die Provence reichten weiter nach Osten, und eine ganze Anzahl von Tälern, die östlich des Alpenhauptkamms in die norditalienische Tiefebene hinabführen, hatten eine französische Bevölkerung. Das bekannteste unter ihnen ist das Aostatal, wo neben einer großen Franzosen-Sprachinsel auch eine köstliche französisch-italienische Mischküche zurückgeblieben ist. Aber auch in anderen Tälern erinnern Ortsnamen wie Courmayeur, Sestrière oder Fenestrelle daran, daß hier Nachkommen französischer Bergbauern wohnen.

In der Zeit der Glaubenskriege waren diese immerhin durch zweitausend Meter hohe Sättel und einige Dreitau-

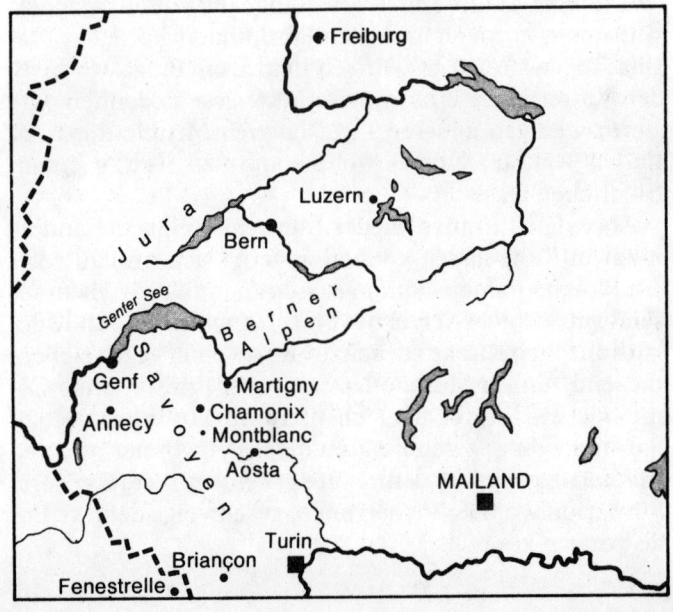

sender vom Mutterland getrennten Täler die Zuflucht nichtkatholischer Franzosen geworden, und so gab es zwischen Perosa Argentina und dem Mont-Genèvre-Paß um 1630 zwar 7700 Bergbauern und Waldarbeiter, aber nicht einen einzigen Katholiken. Die anderen waren teils Waldenser, teils Hugenotten, wobei der Waldenserglauben dieses Bergvölkchens so wenig vom Katholizismus abwich, daß Calvin eine Missionsreise für nötig hielt und auf einer Reise von Ferrara nach Genf das angebliche Waldensertal selbst besuchte. Auf einer Synode von 1532 beschlossen danach die Bewohner dieses Tales, sich der Reformation schweizerischer Prägung anzuschließen, aber, da sie französisch sprachen, eben nicht Zwingli, sondern Guillaume Farel und Calvin.

Die Tallandschaft des oberen Val Chisone ist heute nur noch im Winter häufiger befahren, wenn der mondäne Sportort Sestrière lange Wagenkolonnen aus Mailand und Turin hier herauflockt; der Montginevro-Paß hat nicht mehr viel Verkehr, seit die französische Küstenautobahn fertig ist und das französische Durancetal durch den großen Stausee viel von seiner reizvollen Wildheit verloren hat. Im siebzehnten Jahrhundert hatte das Pragela-Tal, wie es damals nach dem Dorf Pragelato hieß, den Vorteil einer Einsamkeit und Abgeschiedenheit, wie sie in wenigen anderen Landschaften Mitteleuropas zu finden war, und die Bewohner nützten ihn zu einem friedlichen Dasein.

Aber da es immer wieder Menschen gibt, die andere nicht in Ruhe lassen können, machte sich im Jahr 1629 ein Priester namens Simon Roude auf, um die siebentausend zufriedenen Ketzer des Pragelatales in den Schoß der katholischen Kirche zurückzuführen, einer gegen siebentausend, ein für Mentoulles ernannter Priester ohne Gemeinde, ein Eiferer, der sich allerdings gut informiert zu haben scheint – denn wären die Talbewohner nicht so friedfertig gewesen, dann hätte er seine private Gegenreformation wohl kaum beginnen, geschweige denn zu Ende bringen können.

Mentoulles liegt mitten im Tal, etwa auf halbem Weg zwischen Pragelato und Perosa Argentina (nur die heutige Autostraße führt südlich an Mentoulles vorbei). Der einsame Kampf des Simon Roude wäre ein Romanstoff, vor allem, da er dreißig Jahre lang so gut wie erfolglos blieb. Ein Priester lebte mitten unter Ketzern, ging mit ihnen um, vermochte sie aber nicht aus dem zu erlösen, was er als ihren Irrtum ansah. In dieser Lage scheint er sich mit einem Mädchen aus dem Tal getröstet zu haben; was soll ein Priester ohne Gemeinde auch anderes tun? Jedenfalls gab es bald einen Simon Roude den Jüngeren, der offiziell natürlich als sein Neffe galt. Dieser Junior hatte dem erbitterten, aber fairen, dem jahrzehntelang vergeblichen Kampf des Vaters zugesehen, und als er 1676 selbst Pfarrer wurde, weil Simon der Ältere entweder zu gebrechlich war, um weiterzukämpfen, oder schon gestorben, da erst erfolgte, wohl im Gedenken an das vergebliche Opfer des Vaters, der Übergang zu den üblichen Methoden der französischen Gegenreformation.

Simon der Jüngere strengte 1680 einen Prozeß gegen die Talbewohner an, um ihnen zu beweisen, daß die Toleranzartikel des Edikts von Nantes ›jenseits der Berge‹, also in den ostfranzösischen Vorländern, keine Geltung besäßen, die Religion der Hugenotten somit verboten sei. Man nahm es genau in Paris und fällte die Entscheidung erst, als sich erkennen ließ, daß jenes Toleranzedikt ohnedies nicht mehr lange zu leben haben werde: Am 7. Mai 1685, fünf Monate vor dem schwarzen Tag von Fontainebleau, erkannte das Pariser Gericht auf ein »Verbot der Ausübung der angeblich reformierten Religion, für immer und alle Zeiten im ganzen Bereich des Pragelatales, auch Valcluson genannt« (die französische Form der Chisone). Alle Tempel – das heißt: alle protestantischen Kirchen – seien zu zerstören und dem Erdboden gleich zu machen.

Gesiegt hatte Simon Roude der Jüngere jedoch erst, als im September 1685, vier Monate nach dem Pariser Urteil, die Dragoner in das friedliche Tal einrückten. Es hatte zwar hoch droben unweit der Paßhöhe stets eine alte Festung gegeben, den sogenannten Bec Dauphin, den Schnabel der Dauphiné, und in Briançon, hart jenseits des Passes auf französischer Seite, da lag stets eine Garnison. Damit diese Soldaten sich jedoch für das Pragelatal mit seinen kleinen Häusern und genügsamen Bauernwirtschaften interessierten, bedurfte es des Glaubenskrieges und eines Eiferers wie eben Simon Roudes.

Bis zum Eintreffen der Dragoner waren etwa dreihundert kleinmütige Talbewohner übergetreten; nach den Dragonaden, die für friedliche Bauern ungleich überraschender und bestürzender waren als für ihre Landsleute etwa im häufig durchzogenen Nordfrankreich, nach diesen völlig neuen und umstürzenden Erlebnissen teilte sich die Bewohnerschaft des Tales. Mehr als viertausend vermochten sich nicht von der Scholle zu lösen; sie hatten auch nicht, wie andere Hugenotten, ein Handwerk gelernt oder andere Fertigkeiten erworben, mit denen sie sich in der Fremde hätten durchbringen können. 2600 Personen zogen mit ihren reformierten Geistlichen über Genf in verschiedene Schweizer Kantone und danach weiter nach Deutschland. Die Pfarrer hießen Papon, Martin und Clement und stammten alle von alteingesessenen Familien des Pragela-Tales. Daß es Bauernnamen sind, erkennt man daraus, daß auch der Familienname eigentlich ein Vorname ist, nur Papon ist eine provenzalische Bezeichnung, eine scherzhaft-zärtliche Formel, die etwa besagt: unser Großvater. Und diese Rolle spielten die Pfarrer dieses Namens offenbar schon eine ganze Weile in Pragelato, woher sie stammten, und in Mentoulles.

Jacques Papon war der Hauptwidersacher des Priors Roude und bekam schon 1662 fünf Jahre Berufsverbot wegen angeblicher Beleidigung der heiligen Maria und des Papstes. Simon Roude der Jüngere setzte diesen Krieg fort, indem er den nun fünfundsechzigjährigen Papon denunzierte, dieser habe ›hinter verschlossenen Türen‹ neun verwandte und einige andere Kinder in Griechisch, Latein und Naturwissenschaften unterrichtet. Das gab abermals Berufsverbot, und zwar von 1684–87. Inzwischen hatte allerdings ein Papon-Sohn in Genf studiert und war 1680 in Fenestrelle Pfarrer geworden.

Nach dem Pariser Urteil, aber zwei Monate, bevor man im Tal von der Aufhebung des Edikts von Nantes erfuhr, erhielten die unliebsamen Pfarrer Papon Vater und Sohn mit der gesamten Nachkommenschaft Pässe für die Ausreise, das war billiger als ein neuerlicher Dragonereinsatz und schuf im Tal selbst keine Märtyrer. Ähnlich wie Jacques Estienne hatte auch Papon *jeune* einige jüngere Geschwister; jedenfalls sind in seinen Paß – wie der Spezialforscher Dr. Theo Kiefner aus Calw herausgefunden hat – gleich fünf Kinder eingetragen worden. Ludwig XIV. und Colbert wollten alle Papons los werden.(›Die Waldenser‹, Ötisheim-Schönenberg 1980)

Das Pragelatal bietet deutliche Beispiele für die Führerrolle der Pfarrer auch nach dem Verlassen der Heimat, und die Bergbauern waren wohl auch in besonders hohem Maß auf die Hilfe und Beratung ihrer Geistlichen angewiesen, konnten doch die wenigsten Talbewohner lesen und schreiben. So folgte also eine Gruppe dem schon vorher in die Schweiz geflohenen Pfarrer David Clement und gelangte nach Hofgeismar unweit Kassel, in eine Stadt, in der das evangelische Element sehr stark geblieben ist. Eine zweite Gruppe ließ sich von Pfarrer Daniel Martin nach Holzappel führen, eine erst wenige Jahrzehnte existierende reichsfreie Grafschaft im Raum Wiesbaden. Das war nicht ohne weite Umwege und langes Warten abgegangen, und daß sie gerade in Holzappel, einem Dorf, Aufnahme fanden, ist ein wenig kurios, war doch der Reichsgraf Peter Melander Eppelmann, dem der Kaiser die Grafschaft zuerkannte, gegen Ende des Dreißigjährigen Krieges kaiserlicher Generalissimus gewesen und damit ein Nachfolger des großen katholischen Feldherrn Wallenstein.

Die dritte und größte Gruppe war den Pfarrern Papon Vater und Sohn gefolgt, und was sie erlebte, ist eine jener Irrfahrten, wie man sie mitten in Europa, vor allem mitten in Deutschland nicht für möglich halten würde, und so mancher heute allseits verehrte und in den Geschichtsbüchern hochgelobte Fürst hat bei dieser Gelegenheit allerhöchste Naivität bewiesen, um es milde auszudrücken.

Christian Ernst, Markgraf zu Brandenburg-Bayreuth, war einundvierzig Jahre alt, als er sich durch das Vorbild des Großen Kurfürsten und durch den Einfluß eines Hofmannes aus Agen dazu bewegen ließ, Reformierte in seinem kleinen Land aufzunehmen. Er hatte zu diesem Zeitpunkt schon eine ganze Reihe Kriege geführt und Schlachten geschlagen, war kaiserlicher Feldmarschall und am Entsatz von Wien 1683 beteiligt gewesen, ja er hatte zeitweise sogar die ganze Reichsarmee befehligt. Aber das, was einen hohen Offizier eigentlich nie verlassen sollte, der Sinn für Organisation, das Vermögen, zu planen und das Bestreben, für die Seinen zu sorgen, das alles war ihm offenbar nicht gegeben.

Ein Monsieur du Cros, von dem wir nicht viel mehr wissen, als daß er aus dem alten Städtchen Agen stammte, hatte ein Projekt ausgearbeitet, das sich mit der Anwerbung und Eingliederung von Flüchtlingen aus Frankreich befaßte und offenbar recht rosig malte. Markgraf Christian Ernst war leicht zu gewinnen, aber seine lutherischen Hofgeistlichen und das Konsistorium zu Erlangen befürchteten von den Reformierten das Allerschlimmste; ja ein geheimer Staatsrat wanderte sogar aus Brandenburg-Bayreuth aus, als hätten die armen Bauern, Gemsenjäger und Maultiertreiber aus dem Pragelatal die Pest mitgebracht. Diese nämlich, die Gruppe der Pfarrer Papon, hatte Monsieur du Cros in einem Gespräch in Aarau dafür gewonnen, nach Erlangen zu ziehen und ihnen eine ganze Reihe von Zusagen gemacht, die weder er selbst noch sein allzeit in Geldnöten schwebender Fürst erfüllen konnten. Während so mancher französische General aus den Reunionskriegen als reicher Mann heimgekehrt war, hatte Christian Ernst offenbar noch die Mittel seines kleinen Landes in die Kriege des Jahrhundertendes gesteckt, kurz, als im Frühjahr 1686 die ersten von insgesamt etwa vierhundert Flüchtlingen aus dem Pragelatal in den Dörfern rund um Erlangen und in der Stadt selbst eintrafen, da war ihre Lage nicht viel besser als die heutiger Insassen von Flüchtlingslagern. Das für die Reise aus Bayreuth geschickte Geld war verbraucht; ein wenig Land und ein Waldstück standen zwar zur Verfügung, aber davon konnten höchstens zwanzig Familien leben, und auch das erst nach einem Jahr. Und was konnte ein Gemsenjäger, was konnte ein Mann, der Maultierkolonnen über den Ginevro geführt hatte, in und um Erlangen tun?

Die lutherischen Geistlichen, die sich gegen den Flüchtlingszustrom gewehrt hatten, waren die einzigen, die etwas für die in verschiedenen Gebäuden zusammengepferchten Obdachlosen taten, und sie berichteten naturgemäß über das Elend, das sie sahen, und unterließen nicht, darauf hinzuweisen, daß sie stets gegen diese Aktion gewesen waren. Der Ipsheimer Pfarrer, er hieß auf gut bayrisch Johann Sebastian Arzberger, sah zunächst mit dem Hugenotteneinfall das Ende seiner Gemeinde kommen; er fürchtete die Glaubensvermischung (obwohl kaum eines seiner Schäflein so schnell die Unterschiede zwischen dem lutherischen und dem calvinischen Katechismus hätte herbeten können). Er fürchtete die Auflösung der Moral, obwohl die Reformierten am strengsten auf die Tugend achteten, nicht nur auf die eigene, sondern auch auf das tugendsame Leben der Mitmenschen. Und er fürchtete Seuchen und Feuersbrünste, und diese beiden Ängste waren tatsächlich nicht von der Hand zu weisen angesichts der drangvoll-fürchterlichen Enge: in einem leeren Bürgerhaus nahe dem Pfarramt hatten nicht weniger als fünfzig Pragelaner Unterkunft gefunden, im Schloß Hoheneck gar zweihundertfünfzig, unter welchen Verhältnissen, läßt sich leicht denken. Sie hatten weder Geld noch Arbeit, sie sprachen nicht deutsch, und sie hatten eine Heimat verlassen, die zu den schönsten Gegenden der Alpen zählt.

Verschiedene Berichte sprechen von hundert Kranken, was angesichts der Verpflanzung, der ungewohnten und äußerst dürftigen Ernährung und der schlechten Unterbringung nicht verwunderlich ist. Wöchentlich sollen zwei bis drei Flüchtlinge gestorben sein, in den zwei Jahren, bis sie weiterzogen, insgesamt etwa achtzig. Bei diesen häufigen Todesfällen mögen wohl die Erschöpfung nach der langen Wanderung und die Enttäuschungen die Voraussetzungen für Erkrankungen geliefert haben.

Um den Ärmsten Mut zu machen, nahm Papon junior den Gemeindebetrieb so schnell wie möglich wieder auf. Er und zwei seiner Amtsbrüder hatten dem Landesfürsten einen Revers unterschreiben müssen, des Inhalts, daß sie nicht nur nichts gegen das augsburgische (lutherische) Bekenntnis unternehmen, sondern sich ihm sogar nach und nach ein wenig annähern würden. Daraufhin durften sie in einem Gasthaussaal zu Erlangen, später dann sogar im Rathaussaal der Stadt, ihre Gottesdienste abhalten, und am 14. Juli 1686, da wurde sogar der Grundstein zu ihrem Gotteshaus gelegt, nachdem eine Kompanie der markgräflichen Leibgarde den dafür vorgesehenen Platz von allem Bewuchs freigemacht hatte.

Ein Amtmann namens Mösch nahm an der Seite von Madame du Cros und anderen Damen an der Zeremonie der Grundsteinlegung teil und stellte Pfarrer Papon das Zeugnis aus, ein großer Prediger zu sein:

»Als wir nun allzusammen uns uff den Kirchplatz verfügt gehabt, hat Sieur Papon mit seiner Gemeinde uff die Knie gefallen und zu Gott ein Dankgebet gehalten für die Gnad und göttliche Führung hierher in dieses Fürstentum, druff sie wiederumb aufgestanden und alle sämtlich ausm Lobwasser den 83. Psalm gesungen«.

›Der Lobwasser‹, das war das populärste Kirchengesangbuch jener Jahre. Ambrosius Lobwasser aus Schneeberg im Erzgebirge war ein strammer Lutheraner, aber er hatte als Hofmeister in Frankreich den beliebten Psalter kennengelernt, den Clément Marot und Théodore de Bèze gemeinsam für die Reformierten geschaffen hatten.

Als er an der Universität Königsberg die Rechte lehrte, beschäftigte er sich nebenher mit der Übertragung dieses Erbauungs- und Gesangsbuches und überreichte die Arbeit 1565 Herzog Albrecht von Preußen zu dessen privatem Gebrauch. Der ersten öffentlichen Ausgabe, die 1573 in Leipzig erschien, folgten sechzig (!) weitere, obwohl der Königsberger Professor den poetischen Schwung eines Clément Marot niemals erreichte. Aber die Erlanger Lutheraner waren zufrieden, daß die Reformierten das Lobwassersche Werk kannten und benützten.

»Hernach hat besagter Papon, den Diskurs gegen seine Kirchengemeinde, so uffen Knien gelegen, angefangen, so beweglich (bewegend) und mit solcher Devotion, daß darüber nicht allein die Franzosen, sondern auch die beiwohnenden Deutschen, sowohl Einheimische als Nürnberger, bewegt wurden zu weinen«.

Hätten die Versammelten gewußt, daß es noch mehr als sechs Jahre währen würde, ehe die bescheidene Kirche ihrer Bestimmung übergeben werden konnte, sie wären wohl nicht so zufrieden in ihre überfüllten Quartiere abgezogen. Denn die Lage besserte sich nicht; die wirtschaftliche Struktur von Stadt und Umland war in Erlangen für die Ankömmlinge aus dem Pragela-Hochtal denkbar ungünstig, sie fanden keine Arbeitsmöglichkeiten und keinen Anschluß, es gab nichts, was sie aus ihrer armseligen Interimsexistenz erlöst hätte. »Sie hausten in unbeschreiblichem Elend, zusammengepfercht in wenigen Räumen, Gesunde und Kranke beieinander. Von 200 Talern, die gespendet wurden, kamen 100 an die (ehemaligen) Waldenser und andere Bedürftige in Erlangen, 80 gingen nach Ipsheim und Hoheneck. Die Gemeinde Erlangen war mit ihren finanziellen Mitteln am Ende und bat um Gaben, um ... helfen zu können ... Das Elend wuchs von Tag zu Tag. Aus der Nachbarschaft war nichts zu bekommen. Die Entsendung eines Kollektensammlers in die Ferne kam zu teuer. Es bestand die Gefahr, daß alle Armen durch Hunger zugrundegingen« (Theo Kiefner).

Gewiß, Simon Roude Senior und Junior hatten dies alles in Bewegung gebracht, sie hatten die siebentausend Reformierten des friedlichen Pragelatales aufgestört und dafür gesorgt, daß mehr als ein Drittel von ihnen das Land verlassen mußten. Aber was sich in Erlangen begab, wo man mehr als vierhundert Menschen, die der Fürst ins Land gerufen hatte, einfach zusammenpferchte und ihrem Schicksal überließ, dafür trug kein Simon Roude mehr die Verantwortung.

Wer sich immer noch verantwortlich fühlte, das waren Vater und Sohn Papon, und als sie sahen, wie es den Ihren ging, sannen sie auf eine neue Heimat, auf ein anderes Ziel. Es würde sehr viel schwerer zu erreichen sein, denn im Pragela-Tal, da war man wenigstens gesund aufgebrochen, hatte Vorräte mitgeführt und hatte noch hoffen können. Inzwischen waren von fünf Flüchtlingen einer gestorben, das heißt, jede Familie hatte mindestens einen schmerzlichen Verlust zu beklagen. Entkräftet und mutlos, maßlos enttäuscht von dem, was sie anstelle der fürstlichen Versprechungen hier erwartet hatte, waren die Pragelaleute wohl nur durch ihre aussichtslose Lage überhaupt für einen Neu-Aufbruch zu motivieren. Schlechter konnte es nicht mehr werden. Den Untergang vor Augen, fanden sie sich zu einem neuen Zug ins Ungewisse bereit und hofften auf Reisegeld aus Holland.

Einiges von dem holländischen Geld kam wohl tatsächlich, aber es zeigte sich, daß die Hugenotten nicht im holländischen Stammland willkommen waren, sondern lediglich in der Kapprovinz, dem heutigen Staatsgebiet der Südafrikanischen Union, wo es damals an harten und energischen Siedlern fehlte. Die ersten Buren standen dort seit fünfundzwanzig Jahren in schweren Kämpfen gegen die Hottentotten und hatten eben begonnen, die von der Holländisch-Ostindischen Kompanie gegründeten ersten Siedlungen zu einem geschlossenen Kolonialgebiet zusammenzufassen, so daß Siedler hochwillkommen waren – vor allem, wenn sie von Frankreichs König soviel zu leiden gehabt hatten wie die Hugenotten. Denn die Holländer fühlten sich von den Expansionskriegen des Sonnenkönigs zeitweise so bedrängt, daß die reichen Holländer nicht selten mit Hab und Gut in die klimatisch angenehme, langsam aufblühende Kapkolonie übersiedelten.

Zweifellos hätten die an genügsame Arbeit unter schwierigen Bedingungen gewöhnten Bauern und Maultiertreiber, die Jäger und Kleinhandwerker aus dem Pragelatal recht gut in die Kapkolonie gepaßt, aber sie waren weder gesundheitlich noch nervlich in der Verfassung für eine unter damaligen Verhältnissen monatelange entbehrungsreiche Seereise. Und daß es aus Südafrika kein Zurück geben würde, das war ihnen auch klar. Von Deutschland aus hatten sie über die Schweiz doch immer noch Verbindung mit den mehr als viertausend Zurückgebliebenen halten können, ja es waren sogar einzelne Familien anderer Auswanderergruppen inzwischen ins Pragelatal zurückgekehrt.

Nur dies – die Tatsache eines so grausamen, entscheidenden, unwiderruflichen Entschlusses – erklärt das lange Zaudern sowohl der Hugenotten des Pfarrers Papon als auch ihrer holländischen Gesprächspartner, die natürlich kein unsicheres, krankes, hilfsbedürftiges Völkchen in eine an den Rändern noch umkämpfte Kolonie importieren wollten. Die Folge dieser beiderseitigen Unsicherheiten waren endlose Verhandlungen, deren Ergebnis die Unglücklichen freilich nicht mehr in den Notquartieren rund um Erlangen abwarten mußten, sondern – da Holland die beträchtliche Summe von 3.500 Gulden geschickt hatte – unter angenehmeren Lebensbedingungen in Kesselstadt bei Hanau. Hier besuchte sie ein Monsieur Mortaigne, Gesandter der Niederlande in der Freien Reichsstadt Frankfurt am Main. Seinen Bericht nach Holland hat uns Franz Joseph Mone in einigen Brifen aus dem Jahr 1826 wie folgt überliefert:

»Ich habe noch nie eine Versammlung gefunden, in der das Geheimnis unseres Heils mit sichtbarerer Ergebenheit gefeiert wurde als bei diesen armen Leuten. Ich habe schon ausdrucksvollere Predigten gehört, aber noch keine so erbauende wie die von Sieur Papon. Ich weiß nicht, ob das durch die tiefe Liebe oder durch die fromme Schlichtheit des Predigers und der Zuhörer kam, was mir so tiefen Eindruck machte. Wir glaubten, den treuen Begleiter des heiligen Paulus zu hören, ich will sagen den Timotheus. Denn dieser ministre hat uns durch eine wahrhaft apostolische Beredsamkeit ohne eine sorgfältig ausgearbeitete, aber sehr gründliche und rechtgläubige Rede dargelegt, daß die Wahrheit des evangelischen Bekenntnisses der Waldenser seit der Urkirche ohne jede Unterbrechung bis heute besteht«.

In ihrer Enttäuschung zu Erlangen, für die sie vielleicht die Lutheraner verantwortlich machten, scheinen sich einige Leute aus dem Pragela-Tal von ihrem Anschluß an den Calvinismus distanziert und wieder ihrem alten Waldenserglauben zugewandt zu haben. Papon junior freilich, der acht Jahre lang in Genf studiert hatte, ist als mittelbarer Schüler Calvins anzusehen, das geht schon daraus hervor, daß verschiedene Beobachter an seinen Predigten die gleichen zu Herzen gehenden Eigenschaften hervorheben: die Gründlichkeit, die Überzeugungskraft, die Fähigkeit, die Gemeinde an sich zu binden. Mortaigne selbst mag diesen Eindruck gehabt haben, sonst hätte er seinen Vergleich wohl nicht so hoch angesetzt: Timotheus nämlich war durch eine Weissagung (1 Tim. 1,18 und 4,14) für das hohe Amt des Evangelisten bestimmt worden, er war an keinen feststehenden Ort gebunden, und er brachte für sein Tun zum Beispiel in Ephesus besondere Gaben mit.

Man möchte mehr von diesem Pfarrer wissen, der in den Notzeiten seiner Gemeinde, zu einem Zeitpunkt, da sein Vater schon alt und krank ist, sich zu einer Führer- und Fürsorgerpersönlichkeit von nicht alltäglichem Format entwickelt. Zweifellos durch seinen tiefen Glauben gestützt, sicherlich auch vom unbedingtem Vertrauen der ihm anvertrauten vierhundert Menschen getragen, steht er die Wirren durch, die wir uns nur vorstellen können, wenn wir an die heutigen Schicksale von Molukkern oder Palästinensern denken. Es bedurfte gar keiner Massenmorde, wie sie etwa die Türken an den Armeniern begingen, es genügte die uralte und unbezwingliche Bürokratie im Verein mit der schäbigen Intoleranz jener, die das Christentum für sich gepachtet zu haben glaubten und von den verhungernden und verwahrlosten Flüchtlingen immer neue Schriftsätze darüber verlangten, wie sie es denn nun mit der Religion hielten.

Kann man sich wundern, daß 1689/90, als ein Frontwechsel des Herzogs Viktor Amadeus II. von Savoyen neue Chancen in der alten Heimat zu bieten schien, vor allem die Jungen über Zürich zurück ins Pragelatal wanderten und dort gemeinsam mit den Zurückgebliebenen hartnäckig in den Bergen gegen Frankreich kämpften? Selbst der Tod im Kampf war ihnen lieber als das Dahinvegetieren in Sälen und Scheunen und das Betteln in reicheren Ländern. Aber auch Viktor Amadeus war nicht viel besser als seine Kollegen auf den anderen Thronen; als er mit Frankreich einen Separatfrieden schließen mußte, scheute er sich nicht, in einer Geheimklausel die Hugenotten zu opfern. Eine zweite große Auswanderungswelle war die Folge; sie zielte vor allem auf Württemberg und Hessen, und Hessen-Darmstadt war es dann auch, wo Papon mit den Seinen endlich zur Ruhe kam. Nach langwierigen Verhandlungen mit Holland und mit dem Kleinfürstentum Ysenburg-Büdingen konnten die ehemaligen Waldenser, nachdem sie die *confessio gallicana* der französischen Hugenotten unterzeichnet hatten, zunächst in der Grafschaft Nidda Quartier nehmen. Sie wurden 1699 dann endgültig in Mörfelden bei Darmstadt untergebracht (heute: Waldfelden).

Als ein Teil seiner Gemeinde drei Jahre später abermals weiterwanderte – nach Württemberg –, blieb Papon bei dem kleineren Rest. Er hatte nicht mehr die Kraft, die Wanderschaft über die eineinhalb Jahrzehnte der Not und Prüfungen hinaus zu verlängern. Sein Dienst blieb auch so anstrengend genug: obwohl nicht mehr jung, mußte er zwei weit auseinander liegende Gemeinden versorgen und bewältigte diese Aufgabe unter den Verkehrsverhältnissen jener Zeit eben mit dem Pferd, bei jedem Wetter. Geldsorgen blieben auch jetzt noch, die anstrengenden Ritte zehrten an seiner Gesundheit, er erblindete auf einem Auge und hielt schließlich am Neujahrstag 1714 seine Abschiedspredigt. Im Februar 1718 starb er hochbetagt in Hanau.

Indessen sind es nicht Vater und Sohn Papon und nicht die Maultiertreiber aus dem Val Chisone, an die man denkt, wenn von der Hugenottenansiedlung in Erlangen die Rede ist, und darum muß man dem guten Christian Ernst von Bayreuth-Brandenburg doch auch die Gerechtigkeit widerfahren lassen, daß seine Gaben und seine wirtschaftlichen Möglichkeiten zwar nicht für alle seine Ansiedlungs-Projekte ausgereicht, einiges aber doch zum Erfolg geführt haben. Wir sprechen von Neu-Erlang(en), jenem Stadtteil, der südlich der Erlanger Altstadt für die zugezogenen Hugenotten angelegt wurde und der für die ganze Stadt eine neue Entwicklung einleitete. Der Altstadtkern hatte gegen Ende des siebzehnten Jahrhunderts, bevor die Flüchtlinge eintrafen, ganze sechshundert Einwohner, und Erlangen selbst spielte zwischen dem lebhaften Nürnberg und dem altehrwürdigen Bamberg eine durchaus untergeordnete Rolle. Der Fleiß, das Temperament, die geschlossene und zielgerichtete Aktivität der an sich armen, aber tüchtigen Hugenotten gaben dem winzigen Gemeinwesen jenen Anstoß, der Erlangen bald zur Universitätsstadt machen sollte (1743) und die Einwohnerzahl bis 1900 auf das Zehnfache steigen ließ (15300 Evangelische, 6700 Katholiken). Und wenn Erlangen heute 80.000 Einwohner hat, so sind dies zwar zu einem Gutteil wiederum Neubürger, Flüchtlinge aus den deutschen Ostgebieten und Gastarbeiter aus anderen Ländern Europas, aber die Stadt selbst mit ihrer blühenden Universität läuft nun gewiß keine Gefahr mehr, zwischen Nürnberg und Bamberg übersehen zu werden.

Die Neustadt hatte, wie das so ist, allerlei Namen erhalten, die sich nur zum Teil über die dreihundert Jahre seither retteten, man nannte sie Neu-Erlang, Christian-Erlang oder gar Neustadt-Christian-Erlang. Sie gilt als eine der interessantesten Barock-Gründungsstädte, besitzt einen größeren Schloßplatz und einen kleineren Hugenottenplatz und führt ihre Straßen im übrigen gerade und rechtwinkelig zu diesen Plätzen hin und um sie herum. Die Häuser sind meist zweistöckig, also nicht so hoch wie in der ebenfalls barocken Gründung Lixdorf, und haben zum Teil Mansardengiebel. Dennoch ist die Stadt nicht einfach eine Reißbrettschöpfung des Weimarer Architekten Johann Moritz Richter (1647–1705); der brave Mann hat sich, was man ihm hoch anrechnen muß, auch mit den Neubürgern verständigt und einigen, gewiß den wohlhabenderen unter ihnen, den Gefallen getan, die eine oder andere Straße und Häusergruppe an Eindrücke aus Vitry-le-François anzunähern, also an das Städtchen zu erinnern, aus dem so mancher von ihnen stammte.

Wer denkt heute noch an Vitry-le-François, das 1545 gleichsam als Ersatz für eine von Kaiser Karl V. niedergebrannte Stadt errichtet wurde und darum so verblüffend regelmäßig ausfiel, daß der Paris-Fahrer, der Provins oder Sens besucht hatte, sich in seinen allzu geradlinigen Straßen immer wieder verirrte? Der Verkehr berührt es nicht mehr, seit die große Autobahn von Saarbrücken nach Paris vollendet ist und die *Poste*, wo man einst so gut aß, ihren Michelinstern verloren hat. Nun, ein paar Bürger, die Vitry verlassen mußten, haben in Christian-Erlang in der westlichen Hauptstraße nicht weniger als sechs Häuser gleichsam aus dem Gedächtnis erbaut, und das Spital der reformierten Gemeinde steht auch in Christian-Erlang im Nordwestviertel der Stadtanlage. Eine merkwürdige Parallele ergab sich überdies durch einen düsteren Zufall: Aus Vitry führt nach Norden eine Straße hinaus, die Vitry-le-brulé, also Straße des verbrannten Vitry heißt, zur Erinnerung an die Untaten der Soldaten Kaiser Karls V. Und die Erlanger Altstadt brannte 1706 so vollständig nieder, daß man beschloß, im Norden der Neustadt eine neue Altstadt barock wieder aufzubauen.

Betrachtet man die Hugenottenstadt genauer, so erkennt man, daß es der gewaltige zentrale Schloßbau war, der die Summen verschlungen hatte, mit denen die vierhundertfünfzig ehemaligen Waldenser aus dem Val Chisone gut hätten untergebracht werden können. Aber das Schloß mußte wohl sein. Neben dem Schloß brauchte man eine ganze Menge Kirchen, zunächst eine, in der Lutheraner und Calvinisten zwar nicht zugleich, aber doch in friedlichem Wechsel ihre Gottesdienste abhalten sollten. Sie hieß, wegen dieser erhofften Einmütigkeit, Concordienkirche und wurde 1708–10 erbaut. Wenige Jahre vorher war die französisch-reformierte Kirche erbaut worden, und als nach dem großen Franzoseneinfall in die Pfalz auch deutsche Reformierte nach Neu-Erlang kamen, brauchten sie eine dritte evangelische Kirche, die deutsch-reformierte. Da 1882, also vor hundert Jahren, zum letzten Mal von einer Erlanger Kanzel französisch gepredigt wurde, mögen sich die Wogen inzwischen geglättet haben. Die deutschen und die französischen Reformierten schlossen sich zusammen, und die Lutheraner antworteten mit einer vierten evangelischen Kirche, der 1718–32 errichteten Neustädter Kirche, die auch als Universitätskirche dient. Schloß und Schloßpark gehören seit 1814 zur Universität, da Erlangen bayrisch geworden war und die Wittelsbacher schließlich Schlösser genug hatten.

Die Hugenotten haben rund um das winzige Erlangen mit einer vorindustriellen Aktivität begonnen, die ihresgleichen suchte. Es waren Strumpfwirker und Gerber gekommen, Handschuhmacher und Hutfabrikanten; sie bildeten ein Industrieviertel an der Regnitz, nützten die Wasserkraft und machten das Städtchen, von dem bis dahin niemand gesprochen hatte, auf einmal bekannt. Man sprach plötzlich von einem Erlanger Glacé-Handschuh, man schätzte die Waffen von Charles Froment und die

Präzisionswaagen von Isaac Gallot. Das waren natürlich andere Verhältnisse, als sie die armen Pfarrer Papon hinter sich hatten, die nur Maultiertreiber und Bauern anbieten konnten . . .

Eine Fabrikation besonderen Charakters, noch berühmter als die Strumpfwirkerei, brachten jedoch die hugenottischen Tapetenweber nach Erlangen, neben denen sich bald die Gobelin-Wirker einen guten Ruf schufen. Warum dies verhältnismäßig schnell ging, warum einzelne der Neuankömmlinge überraschend prompt zu Arbeitsplätzen und großzügigen Privilegien gelangten, das verstehen wir, wenn wir uns mit den Tapissiers selbst beschäftigen. Man kennt nicht wenige von ihnen, weil die Hugenottenwanderung – ähnlich wie die der Salzburger Protestanten – besonders intensiv genealogisch erforscht ist. Ein Gutteil der Hugenottenliteratur überhaupt widmet sich heute Fragen der Familienforschung, der Herkunft, der Suche nach den französischen Heimatorten und den Schicksalen auf der Wanderung, da die rein religiöse Frage inzwischen glücklicherweise an Dramatik verloren hat.

Durch eine verdienstvolle Spezialforschung, an deren Spitze für Franken wie für Niedersachsen heute Wilhelm Beuleke in Salzgitter-Thiede steht, wissen wir, daß ein nicht unbeträchtlicher Teil der Erlanger Hugenotten aus Aubusson kam, dem Städtchen an der Creuse, dessen Webteppiche bis heute Weltruhm genießen. Beuleke nennt fünfundsiebzig von ihnen mit Namen, bezeichnet sie allerdings als Südfranzosen, was sie gewiß nicht sind: wir berühren Aubusson heute noch wenn wir durch Mittelfrankreich nach Limoges fahren. Südfrankreich aber beginnt allenfalls an der Gironde. Wie dem auch sei: die Tapissiers aus Aubusson hatten jedenfalls schon in ihrer Heimat genau das Richtige getan. Ein Sechstausend-Seelen-Städtchen mitten im Land, ohne Hafen, ohne Heilquellen oder andere Reichtümer, muß etwas durchaus Spezielles beginnen, um am Leben zu bleiben, und die Kunst, gefällige und großflächige Wandbehänge herzustellen, war zu jenen Zeiten keineswegs nur Befriedigung eines Bedürfnisses nach Luxus, sondern ein beliebtes Mittel zur Steigerung des Wohnkomforts. Vor allem die besser gestellten Familien lebten, wenn auch nicht immer in Schlössern, so doch in sehr soliden Häusern, in jenem Mittelding zwischen einem Stadtpalais und einem stattlichen Wohnhaus, das man in Frankreich Hôtel nannte. Die dicken Mauern solcher Bauten speicherten die Kälte, aber auch die Feuchtigkeit, und sie gaben beides wieder ab, wenn in den Räumen geheizt wurde. Moderne Isoliermassen oder Schutzanstriche kannte man noch nicht (und sie haben schließlich bis heute noch so manche unwillkommene Nebenwirkung); darum bemühte man sich, die Wohnräume weniger kalt und gefälliger zu machen, indem man die Wände entweder mit Behängen versah oder täfelte. Die Täfelungen waren ein Ausweg, der meist auf dem Land beschritten wurde, wo die Schloßherren eigenes Holz und billiges Personal zur Verfügung hatten.

Die Tapissiers von Aubusson produzierten die hübsche und weltweit geschätzte Gebrauchsware, die in großen Ateliers hergestellt wurde. Schon Heinrich IV., der Hugenotten-König, hatte Aubusson manche Privilegien und Vergünstigungen zukommen lassen, was vielleicht den schnellen Übergang des Städtchens zum reformierten Glauben erklärt. Aber auch der Sonnenkönig wußte, was er an Aubusson hatte, genauer gesagt: sein genialer Wirtschafts- und Handelsminister Colbert wußte es, und so wurde Aubusson kurz nach den Ateliers von Beauvais in der Picardie zu *manufactures royales* erhoben.

Um diese Zeit, zwischen 1665 und 1670, war Aubusson praktisch schon zur Gänze reformiert, von den Behörden und dem Personal der katholischen Institutionen abgesehen. Als sich der Widerruf des Edikts von Nantes abzeichnete, spannten die Tapissiers ihre Fäden nicht mehr nur über die Webstühle, sondern bis in die Fremde. Sie wußten längst, daß sie die Wahl haben würden. Webtapeten und Wandteppiche wurden überall gebraucht, und alle Höfe und Herrschaften Europas mußten sie für gutes Geld käuflich erwerben, Geld, das ins Ausland ging, nach Flandern und nach Frankreich (die später berühmten spanischen Manufakturen deckten damals noch nicht einmal den Bedarf des Hofes zu Madrid). Jeder kannte in Aubusson wie in Beauvais oder auch im Pariser Faubourg Saint Antoine die Geschichte von den Tapissiers, die in leeren Fässern über den Kanal geschmuggelt wurden, weil die Grafen von Pembroke in Wilton bei Salisbury eine Manufaktur aufziehen wollten, aber ein Veto des Sonnenkönigs fürchteten. Wenn auch die flämischen Tapissiers in England und Deutschland einen besonderen Ruf genossen, so wußten die Hugenotten aus Aubusson doch, daß sie nicht lange als Flüchtlinge auf der Straße stehen würden.

Wenn sich fünfundsiebzig Hugenotten aus Aubusson, darunter vierundvierzig erfahrene und tüchtige Tapetenund Gobelinhersteller, gegen Ende des siebzehnten Jahrhunderts nach Erlangen aufmachten, so waren die Voraussetzungen also ungleich günstiger als bei den vierhundert Schäflein der Pfarrer Papon Vater und Sohn. Daß man sich in besonderem Maß für sie interessierte und ihrer annahm, geht schon daraus hervor, daß sich genealogisch-detektivisch erfahrene Autoren wie Wilhelm Beuleke inzwischen Gewißheit über Namen, Daten und Schicksale der meisten von ihnen verschaffen konnten. Hier wanderte eine geschätzte Berufsgruppe im vollen Licht staatlicher Ordnungen und genoß jene Fürsorge, wie sie bis heute wichtigen und wertvollen Spezialisten zuteil wird. Beuleke stellt fest, daß mit den 44 Tapissiers nur 31 Frauen gekommen waren; Kinder werden nicht erwähnt. Das Mißverhältnis wird, ohne im einzelnen Beweise zu haben, durch die für Frauen schwerer zu ertragenden Strapazen der Wanderung erklärt. Es wären demnach einige Frauen und Mädchen aus Aubusson unterwegs gestorben, was man nicht so ohne weiteres glauben möchte: sie kamen aus geordneten Verhältnissen, hatten ohne Not gelebt und allenfalls bei den Grenzübergängen jene Strapazen auf sich nehmen müssen, die wir aus den Schilderungen des Jacques Estienne kennen.

Auffällig ist, daß die französischen Tapissiers am Zielort nicht lange fackeln: Kaum sehen sie, welch warmes Bett Markgraf Christian Ernst ihnen bereitet, da halten sie Umschau unter den Mädchen von Erlangen und Umgebung und werden nicht viele Fehlbitten getan haben. In Franken herrschte noch immer jener Frauenüberschuß, den der lange Krieg der ersten Jahrhunderthälfte begründet hatte und dem manche Herren der heimgesuchten Länder sogar durch die Erlaubnis abhelfen wollten, daß ein Mann sich zwei Frauen nehme. Da war es doch immerhin besser, man hatte einen Mann ganz für sich allein, auch wenn er aus dem fernen Frankreich kam.

Manche Teppichwirker scheinen nicht gewartet zu haben, bis nach dem Widerruf des Toleranzedikts die Grenzen geschlossen wurden. Wir wissen von einem Meister namens Michel de Claravaux (kein Adelstitel, sondern wohl nur eine Herkunftsbezeichnung), der aus Aubusson über Paris nach Franken gekommen war. Schon am 7. Mai 1685 erhielt er die Erlaubnis, sich im markgräflichen Schloß Hennebach bei Ansbach niederzulassen und dort eine Betriebsstätte zu eröffnen. Damit begann jedoch erst die Liste der Wohltaten. Der Markgraf gewährte Claravaux ein Darlehen, ließ nach den Angaben des Meisters die nötigen Wirkstühle bauen und befreite ihn von der Steuer (!) und von Einquartierungen, in kriegerischen Zeiten ein recht wichtiger Vorzug, den die Hugenotten, die unter den Dragonern so arg gelitten hatten, gewiß besonders zu schätzen wußten. Darüber hinaus aber wurde Claravaux für fünfzehn Jahre, aber wohl nur für seinen Ansiedlungsort, das Monopol der Tapisserie-Manufaktur verliehen: ohne seine Zustimmung sollte keine andere gleichartige Werkstatt ihre Tätigkeit aufnehmen können.

Die endgültige Ansiedlung der Tapissiers aus Aubusson erfolgte 1686/87 in Schwabach. Auch Claravaux zog um, und zwar in das stattliche Oberamtshaus (Königsplatz Nr. 21), in dessen Garten er seine neuen Werkstätten aufbauen durfte, und da er in Hennebach mehr im Grünen gelebt hatte, weil ihm dort die Nutzung einiger Wiesen überlassen worden war, wurde er auch dafür entschädigt.

Claravaux wäre gewiß eine besonders begehrte Partie gewesen, aber er hatte sich dort eine Frau geholt, wo sie den Ruf der hübschesten Hausfrauen genießen, nämlich in Paris. Sie hieß Marie Collet und lebte noch bis 1694 in Schwabach, ihre Tochter und Erbin des Betriebes starb dort im Jahr 1741. Das Privileg der fünfzehn Jahre wird 1701 zum letztenmal erwähnt, scheint also nicht mehr verlängert worden zu sein, weil der alte Meister Michel de Claravaux sich nur wenige Jahre des erfolgreichen Wirkens in Schwabach hatte erfreuen dürfen: er starb am 12. November 1688 auf Reisen in Regensburg.

Aus der von Beuleke in jahrelanger Arbeit erstellten Liste dieser Teppichwirker läßt sich nicht nur der Fluchtweg erkennen, sondern auch, daß so mancher sich in dem Augenblick, da er die Heimat verlassen mußte, durch eine schnelle Heirat unterwegs tröstete, ganz so, wie wir es von den Salzburger Glaubensflüchtlingen und aus Goethes großem Epos von Hermann und Dorothea kennen. Man zog, wie es ja durch die zentrale geographische Position Aubussons nahelag, nach Osten, also durch Burgund und die Bresse zunächst in die Schweiz, die große Drehscheibe der Flüchtlinge, wo verschiedene deutsche Fürsten ihre Vertrauensleute als Werber postiert hatten.

Jean Bertrand aus Aubusson heiratete seine Antoinette aus dem Hause Latelle zum Beispiel in Embrun, der kleinen Bischofsstadt im Durancetal, also auf dem Weg zum Mont Genèvre-Paß; vermutlich keine schlechte Partie, denn sie war die Tochter eines Goldschmieds. Paul Déchazeaux aus Aubusson fand sich ein Mädchen aus der Dauphiné, dem beliebtesten Durchzugsland, zwei andere heirateten in der Bresse, wieder andere in Grenoble, Sedan, im Quercy: man nahm sich noch schnell eine französische Frau mit, um die Fremde leichter zu ertragen, um für die Mutter der Kinder eine Französin zu haben, eine Frau, die den Kindern die Muttersprache beibringen würde, wo immer man die neue Heimat fand.

Claravaux war keineswegs der einzige Tapissier, der zu hohen Ehren und Vermögen gelangte, ja er war mit seinem Privilegium vermutlich der Grund dafür, daß sich so mancher tüchtige Meister aus Aubusson anderswohin wandte und einen Ruf annahm, der ihn zum Weiterwandern nötigte. Pierre Magniac aus Aubusson zum Beispiel wurde der Chef aller Tapissiers, die in Hannover in jenen Ateliers arbeiteten, die man ihnen in den Mansarden und unterm Dachgestühl der Marstallgebäude eingerichtet hatte. Und Jean Blanc aus Aubusson gibt, obwohl nicht mehr ganz jung, seinen Haushalt in Schwabach auf, weil ihm aus Wien eine Stelle als Maître Tapissier de Sa Majesté Impériale, also Seiner kaiserlichen Majestät, angeboten wird, die er auch noch jahrelang innehat. Ein Tapissier namens Elie Baraband versuchte sein Glück in England, kehrte aber 1712 nach Schwabach zurück. Meister Jean Dechazeaux, der sich zunächst in Christian-Erlangen niedergelassen hatte, wurde Hoftapissier zu Bayreuth.

Fälle von Not oder Bedürftigkeit sind unter den Tapissiers sehr selten; sie treten eigentlich nur auf, wenn einer sich auf eine zu weite Reise begibt, für die dann die Barschaft nicht ausreicht oder auf der er Verluste erleidet, erkrankt und so weiter. Wir kennen einen Michel Pochet aus Aubusson, der in Frankfurt um Zehrgeld bittet, er sei auf der Reise nach Schwabach und befinde sich in größter Dürftigkeit. Das war im Mai 1688. Seine Not dürfte nicht allzulange angehalten haben, denn wenige Jahre darauf ehelicht er ein adeliges deutsches Fräulein namens Sophie Juliane von der Eichen, heute ausgestorbener Pfälzer Adel mit Familienzweigen, die dem Waldensertum nahestanden.

An zwei Dingen hielten die Flüchtlinge allerdings fast immer fest, an ihrem Glauben – denn sonst hätten sie ja das ganze Elend der Flucht gar nicht erst auf sich nehmen müssen – und an dem erlernten Beruf, der oft die einzige Sicherheit war, die sie in die Fremde mitnahmen. Dennoch gibt es auch hier Ausnahmen, und Charles Tellier aus Aubusson, Tapissier und Sohn eines solchen, hatte zwar zunächst den großen Erfolg zu verzeichnen, daß ihn der Herzog von Württemberg aus Schwabach nach Stuttgart holte, als Leiter einer neuen Teppich- und Tapetenmanufaktur. Dann aber kamen drei Ehen, die erste noch mit einem Mädchen aus dem Languedoc, also zweifellos auch einem Flüchtlingskind, die zweite mit einer Stuttgarterin und die dritte mit einer Wirtstochter aus Bernhausen. Sie bringt Tellier nicht nur zwei Kinder in die Ehe mit, sondern vollzieht auch seinen Eintritt ins schwäbische Kleinstadt-Patriziat, denn ihr Vater, der Ochsenwirt zu Bernhausen, ist zugleich auch der Bürgermeister des Städtchens. Charles Tellier überlebt seine dritte Frau nicht mehr, die Ehe mit der jungen Witwe hat nur neun Jahre gedauert, und sie, die Anna Rosina geborene Mack, hätte beinahe den hundertsten Geburtstag des Gatten erlebt, als sie im April 1773 abberufen wurde. Er hatte ihr einen französischen Namen gegeben, sie hatte ihn zum Deutschen gemacht.

Die Tapissiers hatten nach dem Unglück der Flucht soviel Glück bei der Niederlassung und beim Aufstieg an den verschiedenen deutschen Höfen, daß ein Katholik, statt in die freien Stellen in Aubusson einzurücken, sich der glückhaften Wanderung anschloß: Warum sollten nur Hugenotten jenseits des Rheins zu Wohlstand und deutschen Frauen gelangen? Aber dieser Monsieur Cardon scheint von allen echten Flüchtlingen geschnitten worden zu sein, man weiß nur, daß er Tapissier war und in Schwabach registriert wurde. Vornamen, Herkunft und Schicksale sind unbekannt, so originell und bezeichnend auch sein Unternehmen genannt werden muß ...

NIEDERSACHSEN UND DIE FRANZÖSINNEN

Über all den geschickten Strumpfwirkern und Teppichkünstlern vergißt man nur zu oft, daß mit Tausenden von Männern auch beinahe ebensoviele Frauen aus Frankreich nach Deutschland kamen. Sie besaßen, nach den Handwerkssitten der Zeit, wenig spezielle Kenntnisse, und sie waren durch ihre strenge Religion auch weitgehend daran gehindert, jene Trümpfe auszuspielen, die den Frauen zu allen Zeiten über Mängel in der Ausbildung hinweggeholfen haben. Aber Frauen waren sie doch, und wenn auch die meist dem reformierten Glauben anhängenden Historiker der großen Wanderung sich mit ihnen nur zögernd beschäftigen, so bleibt doch die Tatsache bestehen, daß der natürliche Charme der Französin, die feinere Lebensart, der Reiz einer im ganzen überlegenen gesellschaftlichen Kultur ihre Wirkungen selbst dann ausübten, wenn die frommen Frauen und Mädchen aus Frankreich nur sehr wenig dazu taten, sich schlicht kleideten und in ihrer Frömmigkeit nur ausnahmsweise den Blick zu einem Mann erhoben, den sie noch nicht kannten.

Wir haben bei Jacques Estienne gesehen, daß die Hugenotten in ihrem starken Familiensinn ihr Möglichstes taten, um Frauen und Kindern das an sich schon schwere Schicksal der Flucht zu erleichtern. Im Wagen zu fahren, statt zu marschieren, das bedeutete zwar noch keinen Trost, aber es dämpfte die Verzweiflung, man kam sich nicht so völlig elend und verloren vor. Dennoch blieb die Mehrzahl der Hugenottenfrauen vor allem aus dem mittleren und südlichen Frankreich, wo lange Wege zu gehen waren, auf die eigenen Füße und das Bündel angewiesen, das sie auf dem Rücken trugen, und man muß den Spezialhistorikern glauben, wenn sie sagen, daß die Sterblichkeit unter den Frauen sehr viel höher war als unter den Männern. So manche war schwanger, andere durch die Doppelbelastung der Flucht und der Fürsorge für die Kinder schwerer geprüft als die Männer.

Dennoch können es nicht gar so wenige Frauen gewesen sein, die Deutschland erreichten, denn die Listen und Übersichten, die inzwischen von einer außerordentlich emsigen genealogischen Forschung erarbeitet wurden, weisen doch die Tatsache aus, daß die ersten Frauen so gut wie stets Französinnen waren. Dies zeigt immerhin, daß die Flüchtlinge sich nicht auf das Gastland verließen, sondern nach Möglichkeit mit einer Frau aus der Heimat die Grenze überschritten. Aber auch die zweite Frau ist in den meisten Fällen noch eine Hugenottin. Auch im Exil geben die Glaubensflüchtlinge in der Mehrzahl der Fälle einem weiblichen Flüchtling, der Tochter einer anderen Flüchtlingsfamilie oder einer Witwe aus dem Treck den Vorzug vor einer ansässigen Frau. Das ist ein bemerkenswertes Faktum, wenn man bedenkt, wieviele deutsche Frauen den Heimatlosen mit ihrer Hand auch ein Haus und eine Existenz bieten konnten, und wie beliebt die Franzosen mit ihren im allgemeinen sanfteren Umgangsformen, ihrer Höflichkeit und ihrem Ruf des Savoir-faire bei deutschen Frauen (mehr noch als bei deutschen Mädchen) stets gewesen sind. Die Hugenotten-Kirchenbücher wurden im allgemeinen mit größerer Sorgfalt geführt als die Aufzeichnungen über die Einheimischen, die für die einzelnen Gemeinden weniger Probleme aufwarfen und die genau zu erfassen keine aktuelle Veranlassung vorlag. Selbst die französischen Namen werden so häufig richtig wiedergegeben, daß sich jeder wundern muß, der genealogische Forschungen betrieben und seinen eigenen Namen je nach dem Ohr des Kanzlisten bald als Schriever, Schreiver, Schribbe, Schreber usf. vorgefunden hat.

Für die Hugenotten in Niedersachsen liegt aus der Feder von Wilhelm Beuleke eine genealogisch-statistische Spezialarbeit vor, die auf mehr als zwei Jahrzehnten archivalischer und Kirchenbuch-Forschungen beruht und der die neuere Hugenottenforschung entscheidende Impulse verdankt. Beuleke geht mit Emphase in jenes Detail, in dem für so viele der Teufel schlummert, und

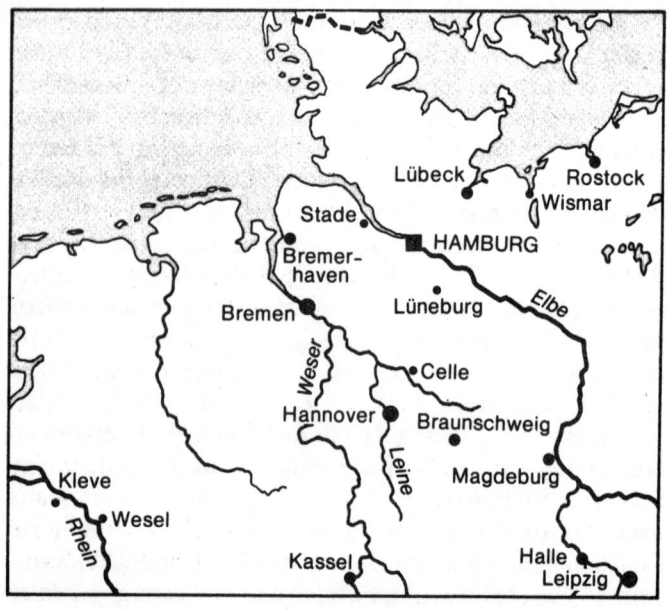

wenn auch manche seiner Kartogramme mehr von seiner Begeisterung für den Stoff zeugen als echten Nutzen bringen, so sind doch die Übersichten, die er zumindest für Niedersachsen gewinnt, sehr aufschlußreich auch für das allgemeine Hugenottenschicksal nach der Überschreitung der Grenzen.

Von etwa fünfzehnhundert erfaßten Reformierten aus Frankreich und der französischen Schweiz waren demnach 819 männlichen und 695 weiblichen Geschlechts; der zahlenmäßige Unterschied ist also in Niedersachsen nicht mehr so radikal wie nach jenen strapaziösen Wanderungen der Hugenotten, die nach Erlangen zielten! Bei den Hugenottennachkommen vermögen die Kirchenbücher in der Regel nur jene zu erfassen, die wiederum Hugenotten geheiratet haben, und das sind neunzig Mädchen gegen nur achtzehn Jungmänner. Das heißt, daß auch bei Eheschließungen in Deutschland die jungen Französinnen noch sehr begehrt waren. Unter den deutschen Reformierten, die nach Niedersachsen kamen, weil der dortige starke Protestantenanteil die Toleranz garantierte, überwiegen die Frauen mit 101 gegen 24 so außerordentlich, daß man schließen darf, es seien viele deutsche Frauen Ehen mit französischen Hugenotten eingegangen, mitunter sogar dann, wenn sie ihren angestammten Glauben, die katholische Religion oder den lutherischen Protestantismus, dafür aufgeben mußten. Die Rechnung geht beinahe auf, wenn zum Beispiel in Hameln 28 französische Zuwanderer unbeweibt bleiben mußten, weil 331 Männern nur 303 Frauen aus Frankreich gegenüberstehen, während zwei deutsche Reformierte nach Hameln zuziehen, aber nicht weniger als 28 deutsche Frauen ...

Genug der Zahlenspiele, zurück zu jenen, um die es tatsächlich geht, zu den Menschen, zu den Frauen, zu den Französinnen. Wir sind über sie nicht zuletzt durch Frauenbriefe unterrichtet, also durch weibliche Urteile über Geschlechtsgenossinnen, und wenn wir bedenken, wie abweisend sich etwa Maria Theresia in Wien gegenüber reisenden Damen verhielt, wie oft so manche, selbst wenn sie von Adel war, wieder ausgewiesen wurde, nur weil sie es gewagt hatte, allein zu reisen und in einem Wiener Gasthof abzusteigen, dann gelangen wir zu der Überzeugung, daß die Französinnen reformierten Glaubens durch ihre Frömmigkeit und das ihren Überzeugungen entsprechende Betragen selbst dann Gnade vor den Augen der strengen hochgestellten Damen fanden, wenn sie sehr hübsch waren.

»Ich glaube, daß dieser Brief ohne Zweifel sehr alt werden wird, jedoch ich habe Mademoiselle de Montargis nicht weg wollen lassen, ohne sie euch zu recommandieren (empfehlen)«, schreibt Liselotte von der Pfalz am 20. 8. 1678 an Frau von Harling, ihre einstige Erzieherin, die den Oberstallmeister am Hof zu Hannover geheiratet hatte. »Ich wünschte von Herzen, daß sie alle guten Qualitäten haben möge, so Madame de Schomberg mich versichert, daß sie hat«.

Selbst die gefürchtete Kurfürstin Sophie, eine der

stärksten, aber auch härtesten Frauengestalten des Jahrhunderts, beschäftigt sich wohlwollend mit den angekommenen jungen Französinnen, und ihr Bruder Karl Ludwig von der Pfalz interessiert sich natürlich besonders für die Vorzüge der jungen Damen aus dem Westen. Er schreibt an eine Vertraute: »Meine Schwester, die Herzogin, schreibt, das deux filles (zwei Mädchen) ankommen seind, de bonne conversation, modestes, nullement coquettes et trés belles (die sich gut auszudrücken verstehen, dabei aber bescheiden sind, keineswegs kokett und sehr schön). Die eine ist die Obbreuse (richtig: Olbreuse), die andere ist (Catherine de la Motte-) de la Chevallerie, blonde et extremement blanche (sehr weißhäutig)«. Karl Ludwig weiß weiter zu rühmen, daß Catherine neben Französisch auch Italienisch spricht, daß sie aus Tasso zu rezitieren versteht und sein Stück *Aminta* kennt, das damals immerhin hundert Jahre alt war. »Sie singt sehr hübsch, spielt auf der Guitarre und scheint ein recht ordentliches Mädchen zu sein, aber da sie noch nie bei Hofe lebte, wirkt sie ein wenig ländlich«.

Der rustikale Charme, den ein Kenner wie Karl Ludwig an Catherine de la Chevallerie, Baronesse de la Motte, entdeckt, reichte dazu aus, daß sie noch als Mittdreißigerin den aus der Normandie stammenden Oberstallmeister Sansdouville Dupuis de Sacetôt heiratete. Diese Ehe wird von der Kurfürstin Sophie in ihrer drastischen Manier wie folgt kommentiert: »Sie sind aus dem selben Land, von der selben Art, haben die gleiche Religion und die gleiche Herkunft – mar noch eens, dat is the deuffel: dieselben reichtümer, was heißt: sie haben beide nichts« (Französischer Text übersetzt).

Die sensationellste und folgenreichste Verbindung, die eine Französin in Niedersachsen einging, war freilich nicht dem Clan der de la Motte beschieden, sondern dem Mädchen, das Karl Ludwig nur kurz und obendrein falsch schreibend als ›die Obbreuse‹ bezeichnet. Es handelt sich um Eleonore Desnier d'Olbreuse, die am 3. Januar 1639 auf dem gleichnamigen Schloß im Poitou zur Welt kam, einer Landschaft des südwestlichen Frankreich. Suchen wir freilich das Schloß selbst auf – es kann sogar besichtigt werden –, so stellt sich heraus, daß es weit eher in die Saintonge gehört als ins Poitou, denn von Poitiers, wo die Autobahn endet, haben wir noch ein Stück zu fahren, über das alte Lusignan, vorbei an Melle, ehe wir siebzig Kilometer nordöstlich von Saintes auf Prissé und Usseau zuhalten können und Schloß Olbreuse erreichen.

Eine Legende, die sich um die schöne Hugenottin rankt, verbreitet der altehrwürdige Larousse, Frankreichs unübertreffliches Großlexikon. Da steht zu lesen, daß Herzog Georg Wilhelm seine spätere Frau bei einer Hofdame kennengelernt habe und sogleich in so großer Liebe für sie entbrannte, daß er sie nach Deutschland entführte (emmené). Eine Hugenottin, einen Flüchtling zu entführen, das war wirklich nicht notwendig, sie wünschten sich ja gar nichts anderes, als Frankreich zu verlassen.

Eleonore hatte dies schon im Jahr 1662 getan, in ihrem dreiundzwanzigsten Lebensjahr also; sie hatte in Deutschland das getan, was adelige junge Damen einzig tun dürfen: sie hatte eine Stelle als Gesellschafterin angenommen, und zwar bei einer Prinzessin von Tarent, die in Kassel lebte. Kassel als Stadt und das ganze Hessen-Kassel als Land waren inzwischen im Begriff, zu deutschen Zentren für die Hugenotten zu werden; die Refugiés trafen einander in der angenehmen, ruhigen und doch ein wenig mondänen Stadt, und Herzog Georg Wilhelm war gewiß nicht der einzige deutsche Potentat, der in diesem Teich mit den vielen hübschen und durchaus anständigen Französinnen auf einen Fischzug ausging. Die Vermittlerin einer, wie sich bald zeigen sollte, tieferen Beziehung wurde Nymphe de la Motte-Chevallerie, die etwas jüngere beste Freundin der Eleonore d'Olbreuse.

Beide Mädchen heirateten hochgestellte Herren, Nymphe den erheblich älteren André de Melville, Generalmajor schottischer Abstammung, einen Haudegen, der so gut wie alle Schlachtfelder seiner Zeit kannte, achtzehnmal verwundet worden war, einen verstümmelten Arm und offenbar auch noch andere Schäden zu beklagen gehabt hatte, denn die Kurfürstin Sophie, die sich ja nie ein Blatt vor den Mund nahm, schrieb an ihren Bruder Karl Ludwig: »Ich glaube, man wird bald heiraten; es scheint, daß es ihr lieber ist, einen halben Mann zu kriegen als gar keinen« – nach der allgemeinen Annahme jener Zeit war ein Mädchen mit siebenundzwanzig, selbst wenn sie so hübsch war wie Nymphe de la Motte-Chevallerie, schon beinahe eine alte Jungfer. Und Melville scheint, trotz aller Kriegsschäden, doch ein recht solider Lebensgefährte gewesen zu sein.

Eleonore konnte sich diesem Klima nicht entziehen, nur mußte es für sie heißen: besser eine halbe Heirat als gar keine, denn daß die Ziele schwerer erreichbar wurden, wenn sie so hoch gesteckt waren, das wurde zu einem Problem ihres Lebens. Georg Wilhelm, dem sie gefiel, holte sie nach Schloß Iburg; dort wurde sie nach manchem Hinundher Ehrendame am Fürstbischofshof zu Osnabrück. Schon bei dieser Verpflanzung und Berufung war klar, daß sie einem bestimmten Herrn nahe sein wollte und sollte, dem Prinzen Georg Wilhelm, der inzwischen Herzog von Celle geworden war.

Zweifellos war sich Eleonore, auch wenn sie keine höfische Erfahrung hatte, darüber klar, daß sie nicht allzulange die Scheinposition einer Ehrendame einnehmen könne, noch dazu bei der Gemahlin eines Fürstbischofs. Das Milieu sagte ihr zwar zu, denn sie war gläubige Protestantin, und der kuriose Kompromiß, daß Osnabrück zwischen katholischen und evangelischen Bischöfen wechselte, brachte der kleinen alten Stadt ein Klima der Toleranz, wie es anderswo selten war. Aber Eleonore d'Olbreuse war mittlerweile ebenfalls sechsundzwanzig Jahre alt geworden, und der charmante Fürst, dem sie sich versprochen hatte, war immerhin an die fünfzehn Jahre älter; überdies fühlte sie für die Rolle einer Mätresse an einem kleinen deutschen Hof schon aus religiösen Gründen wenig Neigung.

Herzog Wilhelm hatte es nicht ganz leicht, ihre Ungeduld durch Taten zu beschwichtigen. Zwar gefiel ihm die vornehme Hugenottin; sie war schlank und hochgewachsen, hatte beinahe schwarzes Haar und dunkle Augen, die der etwas strengen Schönheit ihres Gesichts Leben gaben. Haut, Zähne und Gestalt verrieten dem Pferdeliebhaber Georg Wilhelm, daß er eine gesunde Frau vor sich hatte, und da sie obendrein lebhaften Verstand und angenehmes Wesen mitbrachte und ihn auch recht gut leiden konnte, wäre alles besser gewesen, als dies im allgemeinen bei Heiraten regierender Fürsten der Fall ist.

Aber an Georg Wilhelm nagte eine alte Schuld: Er war mit Sophie von der Pfalz versprochen gewesen, einem stolzen Geschöpf von starker Intelligenz, und hatte die Verlobung lösen müssen, weil er sich in seinem Lieblingsmilieu, dem venezianischen Karneval, eine galante Krankheit zugezogen hatte. Um Sophie nicht sitzenzulassen, hatte er seinen Bruder Ernst August dazu gebracht, in das Verlöbnis einzuspringen (bei dynastischen Ehen waren, wie man sieht, die Partner innerhalb der Familie weitgehend zu ersetzen ...)

Was Brunhilde tat, als man ihr statt Siegfried Gunther an die Seite legte, dürfte inzwischen ziemlich bekannt geworden sein. Sophie von der Pfalz dachte realistischer. Sie tat, als ob der ganze Handel unter den Brüdern sie überhaupt nichts angehe und erklärte nachher in ihren Memoiren, sie sei zu stolz gewesen, um sich davon berührt zu fühlen. Aber sie verlangte, daß der Mann, der sie verschmäht habe, dann auch keine andere heiraten dürfe, und begründete dies damit, daß das Erbgut ihrer Kinder aus der Ehe mit dem Ersatzgatten Ernst August sonst allzusehr geschmälert würde.

Georg Wilhelm hatte in seiner Zwangslage allem zugestimmt, eine Rente ausgesetzt, einen Eheverzicht ausgesprochen und den dereinstigen Kindern Sophies und seines Bruders Erbfolge in Celle zugesichert. Und da kam nun die schöne Eleonore aus dem Poitou und machte ihm das Herz schwer, um so mehr, als die Krankheit offenbar sogar den beschränkten Mitteln der damaligen Medizin gewichen und Georg Wilhelm wieder ehewillig war.

Die Gegenspielerin der Eleonore d'Olbreuse stand damit von vornherein fest, es war Sophie von der Pfalz, eine Tochter Friedrichs V. von der Pfalz und der Elisabeth Stuart. Sie war 1630 im Haag zur Welt gekommen, also neun Jahre älter als die Hugenottin. Als Enkelin eines englischen Königs war sie mit einem überdimensionierten Selbstgefühl ausgestattet, und die unglückliche Rolle der Stuarts dämpfte ihren Hochmut nicht, sondern ließ ihn in unverhülltem Haß gegen glücklichere Familien umschlagen. In Eleonore d'Olbreuse, der jungen, hübschen Frau, die obendrein den Mann bekommen sollte, der ihr, Sophie, bestimmt gewesen war, konnte sie darum niemand anderen sehen als eine Rivalin, einen weiblichen Parvenu, eine Abenteurerin, die sich etwas anmaßte, was weder ihr noch ihrer Familie zugestanden werden durfte.

Die energische Sophie nahm den Brüdern Georg Wilhelm und Ernst August alle Entscheidungen ab und ertüftelte eine Lösung, die Georg Wilhelms Gewissen beruhigte, ohne Eleonore d'Olbreuse zu geben, was sie erwarten durfte: Eleonore wurde weder geheiratet, noch wurde sie die morganatische, geheimgehaltene Gemahlin des Herzogs; sie erhielt lediglich einen Vertrag. Vor sich selbst mochten Eleonore und Georg Wilhelm den Akt immerhin als eine Gewissensehe bezeichnen, vor der Öffentlichkeit, dem Volk und der Nachwelt erwarb sie auch durch Brief und Siegel nicht mehr als den Status einer herzoglichen Mätresse, denn solche Verträge hatten schließlich auch andere Fürsten schon ihren Geliebten gegeben.

Eleonore fügte sich; erstens wohl, weil sie sich ehrlich geliebt wußte und selbst mehr als Freundschaft für Georg Wilhelm empfand, zweitens aber, weil sie sonst hätte abreisen und nach Hause zurückkehren müssen, in ein Heim, dem ihr Vater in einer zweiten Ehe eine fremde Herrin gegeben hatte. Zudem sicherte sie der Vertrag einigermaßen; Georg Wilhelm hatte versprochen, sie nie zu verlassen, ihr zweitausend Taler jährliches Taschengeld zu geben und nach seinem Tod eine Pension von monatlich 500 Talern auszahlen zu lassen. Eine Rangerhöhung war allerdings nicht vorgesehen; der deutsche Adelsrang einer Frau von Harburg, wie die Olbreuse nun genannt wurde, besagte nichts gegenüber dem guten alten Namen, den Eleonore bereits mitbrachte.

In den nächsten Jahren sah es ganz so aus, als wolle das Schicksal Eleonore d'Olbreuse für ihre Selbstbescheidung belohnen. Sie führte eine glückliche Ehe mit Georg Wilhelm und erwarb sich sehr schnell auch die Achtung der Landeskinder, die in ihr zunächst naturgemäß nichts anderes gesehen hatten als die obendrein ausländische Mätresse des Herzogs. Als sie jedoch sahen, daß diese Fremde liebenswürdig und wohltätig, fromm und sparsam war, als sie erkannten, daß es sich um keine flüchtige Neigung ihres Landesherrn handelte, sondern daß hier der seltene Fall einer glücklichen Fürstenehe vorlag, da flogen die Herzen Eleonore zu, und Georg Wilhelm, der dies mit Freuden registrierte, ließ sich von seiner Gefährtin in vielen Fragen der Innenpolitik und der Volkswohlfahrt beraten.

Sophie hingegen, die Eleonore in ihren Ansprüchen so gedrückt und sie um das Glück einer gesegneten Ehe gebracht hatte, erlebte nach der Enttäuschung in der Verlobung auch noch die Schmach, in ihrer eigenen Ehe mit Ernst August hinter einer jungen Mätresse zurückstehen zu müssen, einer zugereisten Abenteurerin von kleinem Adel, die einer Stuart nicht das Wasser reichen konnte. Diese glückliche Siegerin hieß Elisabeth von Meysenbug ...

Damit werden nun die Unterschiede der Milieus sehr deutlich. Hat auch inzwischen der Name Meysenbug an Glanz gewonnen, durch jene Malvida, die Nietzsche und Garibaldi die große Geistfreundin gewesen ist, so mußten sich die frommen Mädchen von den Schlössern aus dem Poitou und der Saintonge doch sagen, daß selbst an kleinen Höfen, ja selbst an geistlichen Höfen doch sehr vieles ganz anders sei als zwischen Poitiers und Saintes. Und darum heirateten sie auch, selbst wenn die Herren, die sie für sich interessieren konnten, erheblich älter waren, darum weigerten sie sich, in den Wirbeltanz der Mätressen einzuschwenken, wie ihn die George aus dem Haus Hannover bald intonieren werden.

Was mit der höchst ernsthaften Verbindung zwischen Eleonore d'Olbreuse und dem letzten Herzog von Celle anhebt, ist ein ganzer Roman, und da er zu den interessantesten gehört, die sich aus unserer Geschichte gewinnen lassen, ist er inzwischen auch schon einigemale geschrieben worden, zuerst von Bülau in seinen ›Geheimen Geschichten‹, dann auch von Paul Heyse, von Friedrich von Oppeln-Bronikowski, von Vergessenen wie den Herren Schiff, Hemsen, Tiemann oder Burg und von Unvergeßlichen wie Schiller, der Eleonores Tochter, der unglücklichen Prinzessin von Ahlden, immerhin die Ehre eines dramatischen Entwurfs zuteil werden ließ und sie damit auf eine Stufe etwa mit Demetrius stellt: Sophie Dorothea, Tochter eines deutschen Fürsten und einer mittellosen Hugenottin aus dem Landadel, heiratete Georg I. Ludwig, Kurfürst von Hannover und König von England, im Jahr 1682 und wurde von ihm 1694 geschieden, als sie erst achtundzwanzig Jahre zählte. Von diesem Tag an war sie nur noch die ›Prinzessin von Ahlden‹, einsame Insassin eines Heideschlosses, die dort für die große Liebe ihres Lebens büßte, für die Liebe zu dem schönen Grafen Philipp Christoph von Königsmarck. Schiller sah in ihr den Inbegriff der tragischen Heldin, »wenn der Charakter der Prinzessin vollkommen rein gehalten wird und kein Liebesverhältnis zwischen ihr und Königsmarck stattfindet«. Aber es hatte eben stattgefunden, Königsmarck war dafür von einer Gruppe düsterer Kavaliere ermordet worden, die sich anmaßten, auf diese Weise die Ehre des Hauses Hannover zu retten, und mindestens einer, der Abbé de Montalban, tat es, wie man heute weiß, sogar für Geld.

Die Prinzessin von Ahlden war trotz ihrer kurzen Ehe mit einem Wüstling so glücklich gewesen, Kinder in die Welt zu setzen, und dadurch ist sie, die Unglückliche, die Stammutter nicht nur des Hauses Hannover, das bis heute den englischen Thron innehat, sondern auch der preußischen Königsfamilie: sie ist die Großmutter Friedrichs des Großen. Eleonore Desmier d'Olbreuse, sanfter Glaubensflüchtling aus dem französischen Südwesten, hatte dies alles nicht ahnen und schon gar nicht planen können, so schön sie auch war, »ein großes Mädchen mit majestätischem Wuchs, guter Haltung und ungezwungenem Benehmen. Was immer sie tat und sprach, war vornehm, aber auch gewinnend, und ihre großen, gut geschnittenen Augen entbehrten nicht der Lebhaftigkeit, ja bisweilen lag in ihrem Blick sogar eine stille Sehnsucht. Brust und Arme waren wohlgerundet, ansehnlich, aber nicht zu stark« (Frz. Text bei Beuleke).

Getreu den Traditionen der reformierten Familien bemühte sich Eleonore, kaum daß sie selbst eine neue Heimat gefunden hatte, auch für ihre ziemlich zahlreiche Familie zu sorgen. Ihr ältester Bruder hatte in seinen beiden Ehen Französinnen geheiratet, in zweiter Ehe sogar eine Cousine jener Madame de Maintenon, die das große Hugenottenunglück zumindest mitzuverantworten hat. Als dieser Bruder starb, weigerte sich Herzog Georg Wilhelm, Trauer zu tragen – wegen der Maintenon oder weil Alexandre Desmier, Seigneur d'Antigny d'Olbreuse, eben doch nur ein kleiner Edelmann gewesen war.

Für ihre ältere Schwester Angélique arrangierte Eleonore noch in deren vierzigstem Jahr eine mehr als standesgemäße Ehe mit Heinrich V. Grafen von Reuß-Burgk, womit also auch Angélique in ein regierendes Haus einheiratete. Allerdings war diese Spät-Ehe sehr unglücklich und wurde geschieden, und die allwissende Sophie, die wie eine Monsterglucke über all diesen Ehen thront, meinte auch den Grund zu kennen: »Ihre Schwester (d. h. Angélique) ist ein sehr unangenehmer Mensch, auf eine schreckliche Weise ländlich und ähnelt ihr (Eleonore) ganz und gar nicht«. Die beiden jüngeren Halbbrüder Eleonores starben für Braunschweig-Lüneburg-Celle: der eine fiel 1668 auf Kreta, der andere starb erst 28 Jahre alt in Celle an der Malaria, die er sich auf Kreta zugezogen hatte. (1667/69 belagerten die Türken Candia, und das Abendland gesellte sich zu Venedig, um die Stadt zu verteidigen; insgesamt 150.000 Menschen ließen damals ihr Leben, ohne die Inselhauptstadt retten zu können).

Die fünfzehnhundert Glaubensflüchtlinge, die aus Frankreich nach Niedersachsen gelangten, zeigen in vielen Beispielen dieses Eingreifen der großen Fluchtbewegung in historische, familiäre und gesellschaftliche Beziehungen, und man versteht die Spezialforscher, die diesen Verflechtungen ein Leben widmen. Denn in ihnen gewinnt die Geschichte unseres kleinen Kontinents menschliche Züge, ja sie wird von den Einzelschicksalen und den Familienbindungen her auf eine neue Art durchsichtig. Beinahe wäre man versucht, blind hineinzufassen in dieses Gespinst, und man sollte es eigentlich tun, weil die Namenlosen ebenso paradigmatisch zu nennen sind wie jene anderen, die sich für uns mit bekannten Namen und Ereignissen verbinden und in Bezügen stehen, die uns vertraut sind. Man möchte sie näher kennenlernen, jene, die als schwarze Schafe inmitten der frommen Herde auffallen, etwa Herrn Kommerzienrat Jean Pierre de Ponnier, 1696 nach Erlangen gegangen, drei Jahre später in Hameln registriert, ein Mann, der schon in Franken Flüchtlingsgeld veruntreut hatte und in Niedersachsen dasselbe noch einmal macht. Sogar in Celle, wo die kluge Eleonore d'Olbreuse die Zügel in der Hand hält, versteht er es, sich 233 Taler zu verschaffen, Reisegeld für die Schweiz, wo er Flüchtlinge als Kolonisten anwerben soll. Er tut es auch, nur kommen sie nie nach Celle – er hat sie nämlich nach Brandenburg geleitet, von wo er offenbar noch mehr Geld erhalten hat.

Entschuldbarer sind die Vergehen jenes Jean Salizon, der wiederholt versuchte, eine Anne Hugue zu heiraten, obwohl deren Mann gar nicht tot war, sondern als lebenslänglicher Galeerensklave auf einem Kriegsschiff seines allerchristlichsten Königs Dienst tat. Salizon, ein Strumpfwirker aus Saint Geniès, wird darum in Hameln exkommuniziert, aber der Bigamist ist ja eigentlich sie. Die beiden geben nicht auf, schon wegen der vier Kinder, die sie nach und nach zustandebringen, und scheinen in Hanau mildere Richter gefunden zu haben: dort nämlich läßt man sie an die zwanzig Jahre ungestört zusammenleben.

Diesen beiden Sündern stehen zwei Wohltäter gegenüber, die Brüder Jean und Jacques Gailhac, erfolgreiche Kaufleute aus Aniane im Languedoc. Ihr Vater war Notar, sie kamen also wohl nicht mit leeren Händen, und man sah sie häufig auf den Braunschweiger Herbst- und Frühjahrsmessen. Aus ihren beträchtlichen Gewinnen unterstützten sie die reformierten Gemeinden in Leipzig und Halle, in Berlin, Magdeburg und Braunschweig und stifteten das Französisch-Reformierte Waisenhaus in Berlin.

Man kann nicht sagen, daß Licht und Schatten gleichmäßig verteilt wären; selten tritt eine Menschengruppe in Erscheinung, in der die positiven Eigenschaften oder doch Verhaltensweisen so eindeutig überwiegen, eine Tatsache, die allerdings nicht nur für die Hugenotten zutrifft, sondern beinahe für alle Glaubensflüchtlinge der Weltgeschichte. Glaubensfeste und opferbereite Menschen widerstehen den Versuchungen dieser Welt standhafter und sind selbst durch die äußerliche Not der Wanderschaft, der Heimatlosigkeit und der Verfolgung nicht leicht aus der Bahn zu werfen.

Nicht immer reagiert das sogenannte Wirtsvolk – ein fürchterlicher Ausdruck – freundlich auf soviel Tugend. Heinrich V. Graf Reuß-Burgk scheint unter seiner Mustergattin erheblich gelitten zu haben; er läßt Angélique Desmier d'Olbreuse in zweiter Ehe eine Achtzehnjährige folgen, und zwar Christiane von Sayn-Wittgenstein-

Homburg, und strapaziert sich in der Ehe mit der fünfunddreißig Jahre jüngeren Comtesse sosehr, daß seine einzige Tochter erst sechs Monate nach seinem Tod zur Welt kommt.

Ein anderer, der in Deutschland nicht viel Glück hatte, und das trotz unbestreitbarer Vorzüge, war der Dichter Samuel Chappuzeau, Juristensohn wie die Kaufleute Gailhac, aber im Widerspruch zu seinem allzu seriösen Vater ein *poète vagabond*, ein umherziehender Dichter, also eine Spezies, die es unter den Hugenotten nur ganz selten gegeben hat. Chappuzeau kam um 1625 in Paris zur Welt, wird als reformierter Prediger ausgebildet und erlebt die frühe Enttäuschung, daß die Gatten seiner Schwestern ihn um das gesamte elterliche Erbe betrügen. Mehr Wirtschafts- als Glaubensflüchtling, besteigt er in Havre de Grâce ein Schiff und reist nach Bremen, wo ihn der protestantische Senat zu Probepredigten zuläßt. Diese müssen einen gewissen Erfolg gehabt haben, denn Chappuzeau taucht wenig später als Hofprediger der Landgräfin von Hessen-Kassel auf und verläßt diese bei den Hugenotten so beliebte Stadt erst, als im Jahr 1651 seine hohe Gönnerin, die Landgräfin Amalie Elisabeth, das Zeitliche segnet.

Fortan verträgt er sich, scheint es, mit den Deutschen überhaupt nicht mehr; er wandert in wallonische Gebiete aus, kehrt zeitweise nach Paris zurück, wird sogar Bürger der Stadt Genf, was für jeden Reformierten eine besondere Ehre bedeutet, und findet sich endlich unter den Herren, die Wilhelm III. von Oranien als Erzieher umgeben, den Fürsten, der durch die glorreiche Revolution den Protestantismus in England und Europa so nachhaltig stärken sollte.

Ein Lebenslauf, wie er eher in die Renaissance passen würde oder aber zu den Abenteurern des achtzehnten Jahrhunderts, findet seine Krönung dadurch, daß Chappuzeau sich nicht mehr damit begnügt, Prinzen zu erziehen, Druckbogen zu korrigieren oder an Nachschlagewerken mitzuarbeiten: er beginnt Komödien zu schreiben, er entpuppt sich als ein Reformierter mit Humor und nimmt die Gelegenheiten wahr, die mondäne Badeorte damals schon geboten haben: Als sein Dreiakter *An den Wassern von Pyrmont* vor einer illustren und selbstverständlich französisch sprechenden Badegesellschaft uraufgeführt wird, tritt auch ein charmanter Botenjunge auf, der von der Bühne herab die druckfrischen Exemplare eines anderen Chappuzeau-Werkes verteilt: es heißt *L'Europe vivante* und gefiel den Fürsten verschiedenster Klein- und Kleinststaaten so gut, daß sie dem Autor dafür reichlich Geldgeschenke zukommen ließen; er scheint an zweckdienlichen Schmeicheleien also nicht gespart zu haben. Allein Herzog Johann Friedrich von Hannover, den Chappuzeau am Pyrmonter Brunnen anschnorrte, ließ zweihundert Taler springen.

Es war Eleonore Desmier d'Olbreuse, die ihrem umgetriebenen Landsmann eine Art Ruhegehalt gewährte: Von 1682 bis zu seinem Tod im Jahr 1701 ist er Pagenhofmeister in Celle mit ganzen siebenundzwanzig Talern Monatsgehalt...

Chappuzeaus mehr als fünfhundert Seiten starkes Buch *L'allemagne protestante* hat nicht den Ruhm der anderen großen Reisewerke über unser Land erringen können, wie etwa Mirabeaus Berichte aus Preußen oder Henrik Steffens' unsterbliches Buch über das romantische Deutschland. Chappuzeau, der ehemalige Jesuitenzögling und obrigkeitshörige Pädagoge, erinnert uns eher ein wenig an den guten Kapellmeister Reichardt, der auf seinen Besuchen in vielen deutschen Städten alles so vortrefflich findet, daß man schließlich auch ihn selbst als einen reizenden Menschen ansieht und immer wieder einlädt. Dennoch: Um 1669, als Chappuzeau reiste, waren solche Berichte noch relativ selten; wir schreiben noch nicht jenes reisefreudige Jahrhundert, in dem sie dann alle zur Feder greifen werden, und darum ist *L'allemagne protestante* bis heute wertvoll geblieben als eines jener unentbehrlichen Dokumente, in denen uns die Augenzeugen eine versunkene Zeit bewahren.

Gleichzeitig mit Samuel Pepys schreibend, hat Chappuzeau nicht dessen Witz, und er ist auch kein großer Journalist wie der bald auf ihn folgende unerschöpfliche Archenholtz; aber er hat an den Höfen von Württemberg und Baden, in der Pfalz, Hessen, Sachsen-Anhalt und in Braunschweig-Lüneburg scharfsinnig beobachtet, mit der wachen Aufmerksamkeit des Schnorrers, der weder sich noch anderen die eigene Nichtswürdigkeit zugeben will. Und es ist schließlich auch eine Welt der Täuschung und Selbsttäuschung, in der er sich bewegt, ja die er zum Schluß geradezu durcheilt, weil ihn, als er noch Holstein und Mecklenburg vor sich hat, ein energischer Ruf nach Genf erreicht: er soll an sein Katheder zurückkehren und nicht so gefährlichen politischen Unsinn verzapfen, hat er doch – welche Todsünde – den Herzog von Savoyen als Grafen von Genf bezeichnet!

Weder die persönliche Haltung noch die Lebensführung Chappuzeaus sind calvinistisch; er faßt den Protestantismus recht liberal auf, geht zwar immer wieder in die Kirche, läßt sich aber nachmittags oft in einem Kreis junger Damen oder hübscher Hoffräulein vernehmen, wo man ihm gern zuhört. Sein Französisch ist so elegant, und er hat so schrecklich viel von der Welt gesehen, das ganze Frankreich, die britischen Inseln, Schottland sogar. Es ist gefährlich, ihm zu lauschen, einem Protestanten, der soviel von Ludwig XIV. hält, daß die offizielle französische Diplomatie ihn allerorten verwöhnt, und er läßt immer wieder anklingen, daß seine armseligen Pöstchen, Lehrer hier, Erzieher dort, für ihn nur Vorwände sind, weil man eben eine Art Position haben müsse in diesem allzu ordentlichen deutschen Land.

Abends sitzt der Glaubensflüchtling, statt sich in der Fremde abzuhärmen, am Spieltisch, wobei er seine Partner ebenso gut zu wählen versteht wie es später Casanova gelingen wird. Das ist wichtig: denn wenn man an den Herzog Georg Wilhelm von Braunschweig-Lüneburg am Abend sechzig Dukaten verliert, kann man sicher sein, am Morgen darauf, wenn Durchlaucht wieder nüchtern geworden sind, gnädig empfangen und reichlich beschenkt zu werden – in diesem Fall mit einer goldenen Kette, von der Chappuzeau offen zugibt, daß sie ihn über alle Gebühr entschädigt habe (qui me dedommagea hautement de la perte que j'avais faite).

Nicht so deutlich wie Pöllnitz in seinem anrüchigen Buch über das galante Sachsen, ist Chappuzeau nur gelegentlich wirklich ungalant gegenüber den Damen, die ihm begegnen, vor allem, wenn sie allerersten französischen Adelsfamilien entstammen wie Marie, Princesse de Bouillon et de Sédan, von den Häusern La Tremouille und de la Tour d'Auvergne: mit leisem Bedauern vermerkt er, wie unmäßig dick die Prinzessin geworden sei nach einigen Geburten, und daß es wohl dieses Übergewicht gewesen sei, das ihren frühen Tod herbeiführte und ihre Kinder zu Waisen machte.

Ein ganzer Schwarm von Chappuzeaus, der sich im Gefolge des Poeten und Prinzenerziehers nach Celle ergießt, zeigt uns, daß selbst die unsichersten Kantonisten das Familienleben und den Zusammenhalt der Familie zu schätzen wissen und, was in jenen schweren Zeiten mehr bedeutet, durch alle Fährnisse bewahren können. Christophe Chappuzeau, 1656–1734, Geheimsekretär des Herzogs Georg Wilhelm, könnte ein Sohn des Dichters aus der ersten, noch in Paris geschlossenen Ehe sein, die übrige Nachkommenschaft entstammt einer Verbindung, die er in Genf einging. Die Verbindung mit den Chappuzeaus konnte sich lohnen: daß der Strumpffabrikant Jaquet, Flüchtling aus dem Languedoc, eine Tochter des Dichters heiratete, brachte ihm immer wieder Aufträge vom Hof zu Celle ein; er und nach seinem frühen Tod seine Witwe haben – wie Beuleke in emsiger Archiv-Kleinarbeit herausgefunden hat – in einem Zeitraum von neun bis zehn Jahren zweieinhalbtausend Paar Strümpfe an den Hof von Celle geliefert und dafür annähernd dreitausend Taler erlöst. Chappuzeau-Père konnte demnach, wie uns diese Warenpreise eindeutig sagen, von seinem kleinen Gehalt allmonatlich maximal zwanzig Paar Strümpfe kaufen und verdiente, nach unseren Kaufkraftverhältnissen, etwa zweihundert DM.

Wir finden in diesen und anderen Fällen die vielgeschmähten und gegenüber ihren namenlosen Untertanen auch oft rücksichtslos-harten Landesherren beinahe väterlich, häufig ausgesprochen fürsorglich, wobei allerdings die Damen ihre Hand im Spiel gehabt haben mögen. Hat eine Französin – was selten genug vorkam – einmal nicht gut getan und allerhöchste Unruhe verursacht, so wird ihr zur Beruhigung ein möglichst schlichter Gatte an die Seite gegeben: es geht um ein charmantes Hugenottenfräulein namens Elisabeth de Landas, für das sich Georg Wilhelm (der spätere Gatte der Eleonore d'Olbreuse) allzu intensiv interessiert hatte, als er noch Prinz war. Um die Sache zu vertuschen, sucht man auf Schloß Iburg schnell nach einem Gatten für sie und findet einen alten Kammerherrn, nicht viel mehr als ein Bediensteter, den Sophie denn auch in gewohnter Deutlichkeit ›un vieux domestique‹ nennt. Er heißt Kurt Ludwig von Lenthe, entstammt einem bereits 1256 erwähnten Geschlecht, das sogar Minister hervorbrachte, und ist auch insofern sehr geeignet für den von ihm erwarteten Dienst, als man ihn als ›très bien gentilhomme, mais assez ignorant‹ qualifiziert. Die galante de Landas gab sich damit zufrieden, und die beiden kamen bestens miteinander aus.

Eine standhafte Hugenottin war hingegen Susanne de la Manselière, eine Bretonin von großer Schönheit, die aber eben durch diese äußeren Vorzüge in einen schwer auflösbaren Gegensatz zu ihrer Umwelt geriet: wunderschön, geistvoll, beliebt und charmant, war sie doch so fromm, daß es für sie gar nicht in Frage kam, die Vorschläge auch nur anzuhören, die Herzog Ernst August, später Kurfürst von Hannover, ihr unablässig machte. Dabei litt sie ganz offensichtlich seelisch und körperlich unter der Standhaftigkeit, die ihre Frömmigkeit ihr abverlangte, obwohl ihr Temperament es durchaus anders haben wollte: »Man sah sie nicht selten in unvermittelte

Ohnmachten fallen oder laut schreiend solche Zustände herannahen fühlen, daß man Angst um sie haben mußte«, berichtet die scharfsichtige Kurfürstin Sophie, »Das arme Ding vermochte den Vorzügen des Herzogs nicht zu widerstehen; sie begann ihn zu lieben, aber ihre Tugenden widersetzten sich einer solchen illegitimen Verbindung. Das hinderte die bösen Zungen nicht, allerlei über sie zu verbreiten, und vor allem Madame de Harbourg, die sie haßte, tat sich in diesen Verleumdungen hervor«. Die unglückliche Susanne glaubte, dem Klatsch zu entgehen, wenn sie nach Frankreich zurückging, vermochte ihrer inneren Zerrissenheit jedoch nicht Herr zu werden und starb, wie man heute sagen würde, an einer Medikamentenvergiftung.

Susanne de la Manselière ist eines der nicht allzu zahlreichen Beispiele für die Anpassungsschwierigkeiten, denen die frommen Damen aus Frankreich in der zweifellos ziemlich frivolen Atmosphäre der deutschen Höfe ausgesetzt waren. Zwar hatten die französischen Reformierten im Ganzen nicht den Weg zum lebensfeindlichen Puritanismus eingeschlagen, wie er zeitweise in Genf triumphierte und wie er in Schottland und in den Neuenglandstaaten zu nicht selten grotesken Zuständen führte. Aber der oder die Einzelne konnte doch leicht in Konflikte zwischen Religion und Alltag, zwischen den strengen persönlichen Grundsätzen und dem barocken Lebensstil des Adels gelangen. In solchen Konflikten waren nicht selten die Katholiken besser dran als die Reformierten; französische oder italienische Kavaliere erwiesen sich trotz ihres römisch-katholischen Glaubens als echte Lebenskünstler, die auch unter dem grauen Himmel Niedersachsens mit Fürst, Hofgesellschaft und Damen recht gut zurechtkamen. Einer dieser Kavaliere, den die Kurfürstin Sophie ebenso schätzte wie ihr Gemahl, heiratete nicht etwa in den hannoverschen Adel ein, sondern zog ein bürgerliches Mädchen aus Frankreich an seine Seite: Giovanni Francesco Maria Capellini aus Rimini, der sich aus unerfindlichen Gründen Stechinelli nannte, ehelichte im September 1662 Philippe Madeleine Marchand, eine Kammerfrau der Herzogin Sophie, die möglicherweise älter war als er, da er sie um zwanzig Jahre überlebte. Jedenfalls war sie verwitwet und die Schwester eines in Heidelberg tätigen reformierten Geistlichen namens Caré oder Carré.

Stechinelli scheint demnach nicht nur seine italienische Heimat verlassen, sondern durch diese Mischehe auch einigen Ärger mit seinem angestammten Bekenntnis auf sich genommen zu haben und erscheint uns damit als einer jener an der Wende zum achtzehnten Jahrhundert nicht eben seltenen Abenteurer oder irrenden Ritter, die glückliche Fügungen ausnützen und sich von ihnen auch über die Grenzen der Nation oder der Religion ziehen lassen. Die glückliche Fügung seines Lebens liegt ein wenig im Dunkel. Beuleke drückt sich auffällig sibyllinisch aus, wenn er sagt: »... aus Rimini gebürtig und in Venedig lebend, wo er dem Herzog Georg Wilhelm auf einer seiner Italienreisen irgendeinen wichtigen Dienst geleistet oder vielleicht eine Gefälligkeit bei einem galanten Abenteuer erwiesen haben muß. Jedenfalls fühlte sich Herzog Georg Wilhelm ihm gegenüber irgendwie verpflichtet oder verbunden«.

Nun waren gerade die galanten Abenteuer Georg Wilhelms in Italien alles andere als glücklich; er zog sich, wie erwähnt, eine jener Krankheiten zu, von denen man in Gesellschaft nicht sprach, und sie kosteten ihn die Ehe mit der energischen, aber eben auch bedeutenden Sophie. Wollte er diese Ehe gar nicht? Schützte er die Krankheit nur vor, und hatte Stechinelli mit venezianischer Schwarzkunst bei diesem Spielchen mitgewirkt? Jedenfalls ist die Tochter, die Georg Wilhelm mit der Ersatz-Gemahlin Eleonore d'Olbreuse in die Welt setzt, nämlich Prinzessin Sophie Dorothea, das schönste Geschöpf weit und breit, frei von jedem Makel, der an väterliche Krankheiten denken ließe, gesund, langlebig, Stamm-Mutter bedeutender Herrscherhäuser. So vollständig konnte man zu jener Zeit nicht einmal einen Tripper auskurieren, geschweige denn eine schwerere Geschlechtskrankheit.

Das wäre die eine Möglichkeit. Die andere, die man lieber glauben möchte, legt uns Professor Doktor Ernst Heinrich Kneschke in seinem renommierten *Deutschen Adels-Lexicon* (1859-70) nahe, wenn er uns erzählt, wie aus dem venezianischen Abenteurer ein deutscher Adeliger wurde: Johann Franz Maria Capellini, genannt Stechinelli wurde »für die Entdeckung eines Mordanschlages auf den Herzog Georg Wilhelm von Braunschweig(-Lüneburg-Celle) als Page mit nach Deutschland genommen, in Celle erzogen und 1688 mit dem Prädicat von Wickenburg in den Adelsstand erhoben«.

Stechinelli-Wickenburg hatte sich nach dieser Quelle also durchaus ehrenhafte Verdienste erworben, und was mehr ist: er machte sich auch weiterhin verdient und zeigte sich als Generalpostmeister in Braunschweig der Ehren würdig. Mit Hilfe seines Gönners baute er ein ansehnliches Haus an der Ecke der Breiten Straße mit dem Altstadtmarkt, also auf eine der wertvollsten Parzellen der ganzen Residenz, und erhielt auch jene besondere Zuwendung, für die man in Braunschweig einen eigenen Trick erfunden hatte: man trug Herren, denen man aus irgendeinem Grund verpflichtet war, eine Einlage, ein Darlehen ein und verzinste es aus der Staatskasse. So geschehen bei Montalban, als Honorar für die Ermordung des Grafen Königsmarck, so geschehen bei Stechinelli, der gewiß keine ehrenrührigen Verdienste aufzuweisen hatte, aber die 20.000 Taler, die man ihm als Darlehen bestätigte, naturgemäß lieber in sein Haus steckte, als in eine Truhe des Herzogschlosses.

Daß Stechinelli, immer noch im Unterschied zu Montalban, ein Ehrenmann war, geht auch daraus hervor, daß Sophie, die Unbestechliche, ihn mochte. Hätte sie im Zusammenhang mit ihm und Venedig irgendeinen Verdacht gehegt, dann hätte sie ihn nicht in den alljährlichen Karnevalsumzügen und -fêten als guten Kumpan an ihrer Seite geduldet. Ja vielleicht war es sogar Stechinelli-Wikkenburg, der in Hannover und Braunschweig die italienische Sitte des Maskentragens einführte, die der alternden Kurfürstin Sophie schließlich sehr zupaß kam: da sie bei den Festen nicht fehlen wollte, andererseits aber Schminke verabscheute, kam sie einmal als Türke, ein anderes mal als Madame Scaramouche, also als die Frau des Harlekins. Stechinelli, offenbar eine Art *Maître de Plaisir*, berichtete gut gelaunt, daß das Volk an dem höfischen Maskentreiben nichts auszusetzen fände, im Gegenteil: »Früher hätten die Untertanen ihre Herren zum Lachen gebracht, jetzt divertierten diese ihre Untertanen«. Für die Flüchtlinge aus Frankreich, für die frommen Damen aus dem reformierten Landadel, war all dies zweifellos eine bestürzend neue Welt und umso verwirrender, als man in den hannoverschen Staaten den Flüchtlingen mit echter Herzlichkeit und einer Fürsorge entgegenkam, wie sie nur in Brandenburg, dem ungleich größeren und mächtigeren Nachbarstaat, übertroffen werden konnte.

Die später vor allem in den österreichischen Erblanden zu hohen Verwendungen und zu Besitzungen gelangten Grafen Wickenburg bekannten sich stets zu ihrem Stammvater. Ihr Wappen zeigt einen schwarzen Kavaliershut mit silbernem Band, eine Anspielung auf den Namen Capellini, und die Nachkommen nennen sich auch Capello, Grafen von Wickenburg. Reichsgraf Anton Capello von Wickenburg, Enkel des heiteren Stechinelli, begründete drei Linien, von denen die dritte dadurch auffällt, daß die einheiratenden Damen französische Namen tragen. Sie heißen Selliers de Moranville, de Cointrelle u. ä., während sich die Grafen der beiden anderen Linien längst den attraktiven Ungarinnen zugewandt haben ...

Das den Namen gebende Gut lag bei Hannover und hieß Wickenberg, da klang natürlich Wickenburg in läßlicher Veränderung wesentlich besser. An dem angesehenen venezianischen Namen Capello hielten die nunmehr deutschen Grafen jedoch fest, auch wenn er übersetzt schlicht *Hut* bedeutet, denn die Capello sind tatsächlich ein venezianisches Ratsgeschlecht der sogenannten Case-Nuove-Gruppe: das heißt, sie zählen zwar nicht zu den vierundzwanzig ältesten Ratsfamilien wie etwa die Dandolo, Falier, Contarini oder Cornaro, aber sie stehen immerhin in gleicher Linie mit den Loredan, Venier, Barbaro oder Mocenigo. Einen Dogen haben die Cappello freilich nie gestellt, dafür aber einige Seehelden, und sie gelten im übrigen als eines jener Ratsgeschlechter, die sich vor allem im Geldwesen betätigt haben wie neben ihnen noch die Pisani, Garzoni und Priuli. Dieser Umstand läßt vermuten, daß Stechinelli dem deutschen Herzog in einer prekären finanziellen Lage, etwa bei einer Ehrenschuld, diskret unter die Arme gegriffen hat. Die Bankierstradition der Familie Capello bietet jedenfalls die Erklärung für die außerordentliche geschäftliche Tüchtigkeit Stechinelli-Wickenburgs in und um Hannover, denn während andere Glücksritter sich auf ihren Degen und ihr Mundwerk und allenfalls auf ein gewisses Geschick am Spieltisch verlassen mußten, hatte er eine den Thurn und Taxis vergleichbare Karriere als Post-Organisator, Tuchhändler und Häusermakler. Seine schöne Devise, eingegraben im Adelsbrunnen zu Celle, lautete: *Un douceur, mille douleurs.*

Wie greift alles ineinander, wie verblüffend verknüpfen sich die Schicksale! Und manches Los, das wie eine Niete aussieht, das Los des Flüchtlings etwa, der Haus und Habe verliert, erweist sich dann doch noch als Glückslos, ja mitunter als großer Treffer. Um die Fäden nicht zu verwirren, nur noch eine Dame, eine jener Französinnen, denen ihre strenge Religion den schmalen Pfad der Tugenden vorzeichnete, und die trotz aller Fährnisse und Entbehrungen die schönste Befriedigung erntete, die es für die Frau gibt: Mutter großer Söhne, Stamm-Mutter berühmter Nachkommenschaft zu werden. Sie hieß Susanne wie jene Unglückliche, die durch allzu drängende Fürstengunst nach Frankreich zurückgetrieben wurde, und sie stammte aus der sonnigen Saintonge. Susanne de Robillard war die Tochter eines sehr frommen, ja leidenschaftlichen Reformierten, der ein Mädchen aus dem großen Clan der La Rochefoucauld geheiratet hatte; es war für diese vielleicht eine Mesalliance, denn die Robillard gehörten nur der sogenannten Noblesse de Robe an, dem Juristen- und Parlamentsadel. Susanne ist noch ein Kind, als das Edikt von Nantes aufgehoben wird. Der Fluchtweg aus der meernahen Saintonge führt nach England, und wir gehen ein wenig ausführlicher auf ihn ein, weil wir die Spuren der Hugenotten bislang ja hauptsächlich zu Lande verfolgt haben. Wir werden sehen, daß die Fluchthelfer zur See sich mindestens ebenso reichlich bezahlen ließen wie jene Führer, die Hugenottengruppen über die Saar oder über die Schweizer Berge in Sicherheit brachten.

Susanne de Robillard, die Urgroßmutter des Romantikers de la Motte-Fouqué, verfügte in ihrer Heimat La Rochelle über gute Beziehungen zu Schiffern und konnte bei ihrer Flucht im Jahr 1687 eines der offenbar speziell präparierten kleinen Schiffe benützen, die in diesen Zeiten für ihre Eigner zweifellos besonders wertvoll waren. »Ich kam mit dem Kapitän dahin überein, daß er für den Kopf eines jeden der fünf Familienmitglieder zweihundert Livres erhalte, im ganzen also tausend Livres; die eine Hälfte bevor wir uns einschiffen, die andere, sobald er uns nach Exeter geführt haben würde, wohin er uns zu bringen versprach«.

Von tausend Livres lebte damals eine ganze Handwerkerfamilie anständig sechs Monate lang, wir können also für die wenige Stunden während Passage, die heute 200 DM kostet, von etwa 20.000 DM ausgehen.

»Nachdem wir so über alles vor unserm Zeugen handelseins geworden waren, trafen wir zusammen unsere Maßnahmen für unsere Einschiffung... wir machten uns allesamt sauber und zogen unsere besten Kleider an, da wir sonst keine mitnehmen durften. Wir taten so, als gingen wir auf den Schloßplatz spazieren, einem Ort, wo sich die vornehme Welt allabendlich einfand. Zu meiner Hilfe nahm ich die Hofmeisterin der Kinder mit, die in das Geheimnis eingeweiht war. Zwischen zehn und elf Uhr, wenn die Gesellschaft sich auflöste, stahlen wir uns davon und schlüpften durch die Hintertüre in ein uns vorher bezeichnetes, auf dem Deich gelegenes Haus. Wir wurden erwartet und ohne Geräusch sogar ohne Licht bis in eine Bodenkammer hinaufgeführt, in der wir bis ein Uhr nachts blieben. Dort suchten uns der Kapitän und unser Mittelsmann auf«.

Madame de Robillard mußte flehen und weinen, um (offenbar als sechsten Passagier) ihre jüngste Schwester, ein kleines Mädchen, mitnehmen zu dürfen; sie versprach, daß die Kleine sich ganz still verhalten werde, ließ sie mitten in der Nacht aus dem Bett holen, und dann watete man zum Schiff:

»Vier am Ufer befindliche Matrosen nahmen uns auf ihre Schultern, mich mit meiner kleinen Schwester in den Armen, trugen uns so auf das Schiff und ließen uns in das Versteck schlüpfen, das von ihnen eingerichtet worden war. Es hatte eine so enge Öffnung, daß ein Mann von innen uns durch das Loch hineinziehen mußte.

Nachdem wir dort untergebracht worden waren und auf der Salzladung saßen, da eine andere Stellung daselbst unmöglich war, verschloß man die Klappe und bestrich sie wie den übrigen Teil des Schiffes mit Teer, damit nichts die Öffnung erkennen lasse. Der Raum war so niedrig, daß wir (im Sitzen) mit den Köpfen an die Holzdecke stießen. Wir waren dabei bedacht, die Köpfe stets unter den Balken zu halten, damit die Kontrolleure des Königs, wenn sie nach ihrer schönen Gewohnheit die Degen durch die Bretter stießen, uns nicht den Schädel durchbohrten«.

Es gab nicht weniger als drei Kontrollen, und erst gegen Mittag war das kleine Schiff auf hoher See außer Gefahr.

»Es war auch höchste Zeit, denn wir erstickten fast in diesem Loche und glaubten daselbst, unsere Seelen übergeben zu müssen, sowie alles, was wir im Körper hatten und was nach allen Seiten davonging. Man erlaubte uns, Luft zu schöpfen und endlich, ganz herauszukommen, wobei wir mehr tot als lebendig waren. Zu bemerken ist, daß trotz diesem schlechten Zustande meine jüngeren Geschwister weder Schreie noch Klagen ausgestoßen hatten«.

Die fromme Dame drückt es diskret aus, aber man kann sich unschwer vorstellen, welche Verhältnisse in diesem winzigen Winkel des Laderaums geherrscht haben mögen. Und dafür hatten sie sich nun am Vortag noch besonders gesäubert und ihre schönsten Kleider angezogen!

An Deck wurde ihnen sogleich besser, die Seeleute empfanden so etwas wie Mitleid mit den halbtoten Flüchtlingen und gaben ihnen von jenen Vorräten ab, die Matrosen auf so kurzen Strecken an sich wenig schätzen: Erbsen, Schiffszwieback und Pökelfleisch. Nach sieben (!) Tagen wurde Falmouth erreicht, wo der Kapitän den ersten Versuch machte, die Robillards loszuwerden, obwohl er sich verpflichtet hatte, für einen Transport nach Exeter zu sorgen. Nun liegt Exeter nicht am Meer (weswegen man in manchen Übersetzungen dieses Berichts Chichester lesen kann, was aber offensichtlich nicht stimmt) und überdies etwa 150 km weiter östlich als Falmouth; der Schiffer hatte also die wenig angenehme Aufgabe, gegen widrige Winde aufkreuzend die gefährliche britische Südküste bis nach Exmouth entlang zu segeln. Es entspann sich ein Kampf, den Madame de Robillard lediglich mit Bitten und Tränen führen konnte und darum schließlich doch unterlag:

»An diesem Ufer mit einem kleinen natürlichen Hafen war keine Stadt noch auch ein Haus zu sehen. Die Furcht ergriff uns, und das nicht ohne Grund, als wie uns an einem Orte sahen, der uns eine Einöde zu sein schien. Der Kapitän trat auf mich zu und sagte mit sehr entschlossener Miene: »Geben sie mir jetzt das Geld, das sie uns noch schulden, die fünfhundert Livres«. Ich antwortete ihm, daß seine Forderung ungerecht sei, mußte ihn aber nichts destoweniger bezahlen; darauf ging er wieder in See und ließ uns am Strand zurück«.

Unter größten Schwierigkeiten gelangten die Ausgesetzten schließlich doch nach Exeter zu einem Hugenottenpfarrer, kehrten aber bald über den Ärmelkanal nach Europa zurück, in die Niederlande, in denen so mancher Reformierte damals das gelobte Land sah. Die Familie Robillard scheint sich in Den Haag gesammelt zu haben; es gibt in der jungen Generation Robillards, die dort zur Welt gekommen sind. Susanne, nun etwa zwanzig Jahre alt, heiratet in der alten holländischen Stadt einen anderen Reformierten, Charles de la Motte-Fouqué. Zu den La Motte oder de la Chevallerie-la Motte bestehen nur dürftige verwandtschaftliche Beziehungen, die de la Motte-Fouqué tendieren auch nicht zu jener Rastlosigkeit, wie sie manche andere Flüchtlingsfamilie von einer deutschen Stadt zur anderen treibt, man bleibt zunächst in Den Haag.

Am 4. April 1698 wird dem jungen Paar hier ein Sohn geboren, dessen Namen man bald in ganz Europa kennen wird: Heinrich August (späterer) Freiherr de la Motte-Fouqué, seit seinem achten Lebensjahr Page beim alten Dessauer, siebzehnjährig bereits im Feld gegen Karl XII. von Schweden, 1738 preußischer Major und einer jener Offiziere, die Friedrich II. durch Gespräche und Korrespondenz auszeichnet und zu seinem Kreis zählt. 1742, als die großen Pläne Friedrichs reifen, wird de la Motte-Fouqué aus dänischen Diensten in preußische zurückgerufen und Kommandant der exponierten Festung Glatz, um die es zwischen Preußen und Österreich besonders heiß herging. Zu diesem Zeitpunkt war seine Mutter Susanne geborene Robillard nicht mehr am Leben, sie war 1740 im Hugenottenhafen Celle gestorben. Den großen Ruhm ihres Sohnes hat sie nicht mehr erlebt und auch nicht seine Auflehnung gegen den königlichen Befehl und die Korrespondenz mit Friedrich II., die den General ebenso berühmt machte wie sein Verzicht auf höhere Ehren. Der Freiherr endete sein Leben als Dompropst in Brandenburg in einer nicht alltäglichen, aber auch nicht ganz seltenen Rückkehr zur Religion.

Es war der Freiherr de la Motte Fouqué, normannischer Adel mit dem sanfteren Blut der Robillard aus der Saintonge, der Friedrichs böses Wort empfing, daß ihm seine Generale mehr schadeten als die Feinde (mit dem Zusatz: weil sie Querköpfe seien). Fouqué griff daraufhin in einer Aktion, die er für aussichtslos hielt, die zweieinhalbmal so starken Österreicher unter Laudon an, wurde besiegt und gefangengenommen, aber blieb dem Herzen seines Königs immer nahe, der noch dem alten Dompropst zuliebe die besten Weine aus seinem Keller holen ließ.

Über Den Haag und Celle lief diese Hugenottenlinie, eine der schönsten, weil sie nicht nur einen tapferen Offizier und klugen Königsfreund nach Preußen brachte, sondern den Deutschen auch noch den Enkel dieses Freiherrn schenkte, den romantischen Dichter Friedrich Heinrich Karl Freiherr de la Motte-Fouqué. In seiner Kindheit in Brandenburg, seiner Jugend im Regiment Garde du Corps ging es schon so preußisch zu, daß nicht nur die ferne normannische Heimat völlig verblaßte, sondern auch der milde Musenhof von Celle mit seinen schönen, stillen Damen aus dem Poitou und der Saintonge.

So hatte mit Nah- und Fernwirkungen, mit schnellem Glück und langen Irrfahrten, auch in Braunschweig, Lüneburg, Hannover und Celle das begonnen, was sich im größeren Maßstab und wohl auch weiter reichenden Folgen gleichzeitig in Brandenburg-Preußen abspielte. Aber ehe wir uns dieser großen und berühmten Hugenotten-Zuflucht zuwenden, sei noch einer Besonderheit gedacht, einer eigens für die Hugenotten und mit ihrer Hilfe gegründeten hessischen Stadt am Weserufer. Die hessischen Landgrafen hatten seit Generationen voll Neid nach Hannoversch-Münden geblickt, wo ein kaiserliches Stapelrecht den Umschlag aus der Binnenschiffahrt in die Hand der ansässigen Kaufleute gab, während das große und blühende Kassel dann die verteuerten Waren ankaufen mußte. Das sollte durch die Gründung einer Hafen- und Industriestadt anders werden, die an der Weser lag, dort, wo Hessen dem Meer am nächsten ist. Und die Bürger dieser Stadt sollten Hugenotten sein, deren Gewerbefleiß die Welt inzwischen kannte.

Die Glaubensflüchtlinge, die im Juni 1699 an der Stelle eintrafen, an der die nach dem Landesvater Karlshafen benannte Stadt entstehen sollte, stammten zum Gutteil aus Südfrankreich und hatten bereits viele Stationen durchlaufen, ehe sie hoffen durften, eine endgültige neue Heimat gefunden zu haben. Sie wohnten in Baracken und hatten härteste Arbeit zu leisten, Auffüllung von Wasserlöchern, Abtragen von Sandbänken im Flußgrund. Der Hafen, der Diemelkanal und die nahen Wasserläufe Diemel und Weser bestimmten die sorgfältig ausgearbeitete Stadtanlage, die größten Wohnblocks wuchsen mit 80 × 120 Metern unmittelbar am Hafenbecken auf. Fachleute aus Belgien, Ingenieure aus der Umgebung des Landgrafen, ja sogar ein russischer Oberst, der Balte Münnich, leisteten die Planungsarbeiten und hatten die Aufsicht, und der Landgraf verbaute nicht weniger als 30.000 Taler, bis die Barjon und Portal, die Avesque, Galland, de Loriol und wie sie alle hießen ihre Wohnungen beziehen konnten. Kaum eine andere Hugenottengruppe hatte es schwerer als die Karlshafener an der Oberweser ...

HUGENOTTEN UND HANSEATEN

Vielen Glaubensflüchtlingen aus Frankreich erschienen die deutschen Seestädte als die günstigsten Ziele. Das hatte drei Gründe, von denen sich freilich nur zwei als stichhaltig erwiesen. Zunächst – und das war die trivialste Überlegung – konnte man im ganzen sechzehnten, siebzehnten und auch noch achtzehnten Jahrhundert einigermaßen bequem nur auf dem Wasser reisen. Je mehr Gepäck man mitzunehmen gedachte, je größer die Anzahl der reisenden Personen war, desto deutlicher wurden die Vorzüge des Schiffes gegenüber der Postkutsche. Wer immer sich der Überwachung soweit entziehen konnte, daß es ihm gelang, auf ein auslaufendes Schiff zu gehen, der reiste wesentlich bequemer nach Deutschland als die Hugenotten, die sich nächtlicherweise auf Feldwegen über die Grenze stehlen mußten; allerdings waren eben darum die Schiffspassagen nicht gerade billig, und so mancher Reeder und Kapitän verdiente sich an den ausreisenden Hugenotten die sprichwörtliche goldene Nase.

Der zweite Grund, der viele Hugenotten einen deutschen Nordseehafen ansteuern ließ, war die allen Kaufleuten bekannte Tatsache, daß man in großen Seestädten im allgemeinen freier lebte als im Binnenland. Weder Venedig noch Genua noch Marseille dachten daran, die aus dem Orient oder aber aus Afrika, England oder Skandinavien eintreffenden Händler dadurch zu vergrämen, daß man ihnen mit der heimischen Polizei beschwerlich fiel, und auch in den einstigen Hansestädten von Emden bis Dorpat genossen zumindest die Ausländer gewisse Freiheiten. Man wußte von Königsberg, daß dort die Briten die schönsten Stadthäuser besaßen, in Danzig stand es nicht viel anders, und auch in Hamburg waren sie wohl gelitten; warum also sollte man den verfolgten Hugenotten mit besonderer Strenge begegnen?

Nur der dritte Grund, der zunächst für Hamburg, Altona und andere Städte an der Deutschen Bucht gesprochen hatte, erwies sich bald als Irrtum. Viele Franzosen, die zuhause einen erbitterten Kampf gegen die Katholiken hatten ausfechten müssen, sehnten sich nach protestantischen Gegenden, ohne zu bedenken, daß Intoleranz und Engherzigkeit allgemeinmenschliche Laster sind, in allen Köpfen nisten und an kein Glaubensbekenntnis gebunden sind: die in Hamburg eintreffenden Reformierten hatten mit der dortigen lutherischen Geistlichkeit bald sehr heftige Kämpfe zu bestehen, die sich von den Schwierigkeiten in der alten Heimat allerdings dadurch unterschieden, daß die lutherischen Herren Pastoren keine Dragoner gegen ihre reformierten Glaubensbrüder einsetzen konnten, so gerne sie dies zeitweise auch getan hätten.

Hamburg, Altona und Stade sind aber für die historische Sicht auch noch aus anderen Gründen besonders interessant. Es war in Frankreich wie auch in anderen Ländern dem Adel verboten, Gewerbe zu betreiben oder Geldgeschäfte zu machen (eine Ausnahme bestand nur in der Normandie, wo es adelige Reeder gab). Die von französischen Seestädten in deutsche Häfen auswandernden Kaufleute bildeten eine Art Mittelschicht der Hugenotten, die jedoch bald zur Oberschicht wurde. Ganz unten waren – wenn man in diesem Bild bleiben will – die armen Leute aus dem Pragelatal oder die Cevennenbauern, sie waren auch ohne die Notwendigkeit der Flucht schon geprüft genug und lebten in heute unvorstellbar dürftigen Verhältnissen. Wesentlich besser ging es all jenen, die bestimmte Fertigkeiten erworben hatten, von der Strumpfwirkerei bis zur Kunst des Wandteppichs, und der Adel, durch Namen, Benehmen, Kenntnis des Waffenhandwerks und Bildung zum Leben in der Fremde besonders befähigt, hatte angesichts der Frankophilie des ganzen Jahrhunderts – wie wir gesehen haben – meist nur geringe Schwierigkeiten, Fuß zu fassen.

Zwischen die erfolgreichen Handwerker oder Fabrikanten und den hugenottischen Adel schob sich nun der wohlhabende und erfahrene hugenottische Fernhändler,

Reeder und Großkaufmann. Es handelte sich um Existenzen, die wir auch heute noch am oberen Rand der Geldgesellschaft ansiedeln, nur daß damals natürlich keine Tankerflotten die Meere befuhren, sondern Schiffe, die vom Negersklaven bis zum Kupfer, vom Teer bis zum Salz oder zum Wein so ziemlich alles transportierten, womit man ein Geschäft machen konnte. Diese Kaufleute hatten von der Tatsache profitiert, daß Frankreich relativ früh in Indien, auf den westindischen Inseln, auf den Inseln vor Neufundland, in Louisiana und in Kanada sehr aktiv kolonisierte und im allgemeinen bei den Bewohnern dieser Gegenden mehr Glück hatte als die Briten. Dieses Savoir-Faire im Überseehandel, die intime Kenntnis überseeischer Gebiete und Stützpunkte, verhalfen den nach Hamburg gelangenden hugenottischen Großkaufleuten aus Bordeaux oder La Rochelle zu einem beträchtlichen Übergewicht über die ansässige Kaufmannschaft, die damals noch keine deutschen Kolonien ansteuern konnte und weitgehend von der Küstenschiffahrt lebte.

Natürlich hatte es im Entdeckungszeitalter auch einen deutschen Welthandel gegeben; Schiffe der Welser, der Fugger und anderer Handelshäuser segelten mit in den großen Kauffahrteiflotten, die Vorderindien aufsuchten oder Südamerika. Aber als die Welser einmal eine ganze Flotte vor der chilenischen Küste verloren, als das verlustreiche Abenteuer ihres Feldhauptmanns Federmann praktisch den Schlußstein setzte im Wettbewerb um die südamerikanischen Minengebiete, da hatten sich doch die meisten deutschen Kaufleute wieder auf jene Ziele zurückgezogen, die seit hansischen Zeiten lohnend angesteuert werden konnten: die Hafenorte der Moskowiter an der Ostsee, die skandinavischen Häfen und die Weinländer Portugal und Spanien. Die Mittelmeer-Kauffahrt kam selten über Livorno und Venedig hinaus, und auf allen diesen Strecken erwiesen sich die Briten von Jahr zu Jahr deutlicher als harte Konkurrenten.

Gewiß haben die Hugenotten im Ganzen, mit Gewerbebetrieben, Kleinfabriken und sehr viel Fleiß die wirtschaftliche Situation im deutschen stadtbürgerlichen Bereich entscheidend und nachhaltig verändert; aber während diese Veränderung gleichsam von unten her vor sich ging, während die deutschen Zünfte langsam durchsetzt und zu neuen Aktionsformen veranlaßt wurden, hatte der Einbruch der Hugenotten in die hansischen Bereiche des Fernhandels beinahe etwas Sensationelles. Es ist darum verständlich, daß ein so großer Sozialökonom wie Max Weber grundsätzliche Überlegungen an diesen wirtschaftsgeschichtlich wie religionsgeschichtlich bemerkenswerten Vorgang knüpfte, umsomehr, als er sich schon in seiner Erstlingsarbeit mit den Handelsgesellschaften des Mittelalters beschäftigt hatte: er besaß also alle Materialien für einen großen Vergleich und veröffentlichte ihn fünfzehn Jahre nach jener Dissertation unter dem Titel *Die protestantische Ethik und der Geist des Kapitalismus* (1904/05). Schon mit sechsundfünfzig Jahren aus dem Leben abberufen, ist Weber uns die systematische Zusammenfassung seiner Gedanken schuldig geblieben; in zahlreichen Studien und Aufsätzen liegen sie zwar überschaubar, aber nicht zum System geordnet vor uns, und darum ist auch Max Webers These nicht zu Ende diskutiert worden: die Annahme, daß der Calvinismus den Aufstieg des Kapitalismus in Europa entscheidend gefördert habe. Manche von Webers Kritikern haben diese These überhaupt verworfen, andere, wie Percy Ernst Schramm, haben sie vorsichtig modifiziert, aber bis heute ließ sich ein sehr allgemeiner Zusammenhang zwischen der Stabilisierung des Einzelnen durch eine starke religiöse Bindung und dem kaufmännischen Erfolg nicht leugnen. Die großen jüdischen Vermögen sind dafür der positive Beweis. Den negativen Beweis mag man darin erblicken, daß in reformierten, streng lutherischen oder auch jüdischen Familien Verfalls- und Niedergangserscheinungen relativ selten oder doch später auftreten. Dynastien wie die Godefroy bei den Reformierten oder die Rothschild bei den Juden sind gar nicht anders denkbar, konnten gar nicht anders von Generation zu Generation weitererstarken, als durch die beständige Hilfe des religiösen Bekenntnisses. Auch Thomas Manns *Buddenbrooks* zeigen, wie der Niedergang einsetzt, als die alte Rechtschaffenheit über Bord geworfen wird, die gemeinsame ethische Basis für die menschliche und die wirtschaftliche Existenz. Auch der Niedergang der großen Handelshäuser der Reformierten setzt ein, als es ihnen im Dschungel moderner geschäftlicher Praktiken nicht mehr möglich ist, so ethisch zu handeln, wie es ihnen der Calvinismus vorschreibt. In einer volkreichen und vielbesuchten Stadt wie Hamburg lagen die gesellschaftlichen wie religiösen Verhältnisse freilich nicht so klar, daß sich die großen Familien der Refugiés von Anfang an abhoben, heraushoben, an die Spitze einer geschlossenen Kolonie setzten. Hamburg war im Gegenteil ein großer Schmelztiegel und Tummelplatz, nicht nur der Bekenntnisse, sondern auch der Nationen, wie es bei einem großen Hafen, bei einer Handelsmetropole gar nicht anders sein konnte. Das zeitweise schwer zu entwirrende Durcheinander wurde vollends chaotisch, wenn selbst die Pastoren es gelegentlich für opportun hielten, ihre eigene Konfession geheim zu halten, ja auf sie auch noch mit großen Worten schimpften, wie es uns der sehr kennzeichnende Fall des Pastors Werner aus dem Ende des sechzehnten Jahrhunderts zeigt.

Um diese Zeit lebten die französischen Hugenotten zwar noch im Schutz des Edikts von Nantes, aber die niederländischen Calvinisten hatten vor allem in den wallonischen Gebieten einen schweren Stand und kamen scharenweise nach Hamburg. Da sie zuhause jedoch nicht *expressis verbis* verfolgt, sondern nur benachteiligt wurden, sahen die Hamburger in ihnen mit einem gewissen Recht Wirtschaftsflüchtlinge und setzten sich gegen die Konkurrenz der erfahrenen und tüchtigen Einwanderer zur Wehr. Einer der heftigsten Gegner der neuen Bürger war der Magister Joachimus Werner, Pastor an der St. Johannis-Schule; er nannte die Calvinisten stets Sakrament-Schwärmer, wurde aber nach dem Brand vom 17. Juli 1589, gelegentlich der Dankgottesdienste in der ganzen Stadt, selbst als heimlicher Calvinist entlarvt und sogleich all seiner Ämter enthoben. Er wirkte dann von 1590 bis zu seinem Tod im Jahr 1614 als reformierter Pfarrer in Groningen.

In einer Rückschau auf diesen Fall schreibt Hieronymus Pasmann, Magister und Archidiakon von Sankt Michael und verdienstlicher Schöpfer der großen Armenschule in der Neustadt, daß »in Hamburg zum öfteren der leidige Satan sich gereget und greuliche und verdammliche Irrtümer vorgebracht habe, als: der Calvinisten Schwärmerei, der Quäker Greuel (!), der Papisten, Sakramentierer, Schwenkfelder, Wiedertäufer und anderer Irrgeister verwerfliche Lehren«. Pasmann zeigte sich allerdings auch sehr befriedigt über die Tatsache, daß seine »Vorfahren im Predigtamte nicht wie stumme Hunde geschwiegen, sondern laut und kräftiglich das Wort der Wahrheit dawider erhoben haben«. Auch ein Ehrwürdiger Rat habe seine Schuldigkeit meistens (also nicht immer!) erkannt und mit scharfen Maßnahmen dafür gesorgt, »daß der Teufel solch enthusiastisches Unkraut nicht ferner ausstreue«. In einem allerdings haderte Pasmann mit dem Rat der Stadt Hamburg: Der nämlich duldete die Synagoge einer großen Judengemeinde, obwohl Christen »ohne Verletzung der Ehre Christi, ihres Gewissens und des christlichen Glaubens den Juden eine Synagoge nicht gestatten können, wie Doktor Martin Luther lehret«.

Es gab also im Luthertum und vor allem unter den lutherischen Pastoren eine kräftige Strömung gegen die Zuwanderung, weil der junge Protestantismus sich ja noch in der sehr heiklen Phase der Profilierung befand. Pasmann sagte ausdrücklich, man könne es nicht billigen, »daß man Ketzer und Schwärmer haufenweise in die große Stadt aufnehme, unter dem nichtigen Vorwenden, daß die bürgerliche Nahrung bei vorhandenen schweren Zeiten brotlosen Handels und Wandels solches erfordere«.

Pasmann ist kein wirrer Eiferer, sondern ein besonnener, auch organisatorisch begabter Mann, aus dessen Schriften die Problemlage ziemlich deutlich wird. Der Stadtsenat, an höheren Abgaben und an der Ausweitung der wirtschaftlichen Aktivitäten interessiert, gestattete vor allem jenen Einwanderern die Niederlassung, die in ihren Heimatländern bereits erfolgreich tätig gewesen waren und einiges Vermögen nachweisen konnten; welchem Bekenntnis diese Familien anhingen, interessierte die für das Wohlergehen von Stadt und Hafen Verantwortlichen erst in zweiter Linie. Dennoch setzten sich die lutherischen Pastoren gelegentlich durch, dann mußten Hugenottengruppen sich statt in Hamburg eben in Altona und vor allem im nahen Stade niederlassen.

Die Bevölkerung selbst scheint diese Abwehrhaltung nur sehr bedingt geteilt zu haben. Es stand außer Zweifel, daß die Hugenotten das wirtschaftliche Leben anregten, kamen doch nicht nur Fernhändler, sondern auch Handwerker und Fabrikanten mit zum Teil neuen Methoden in die Stadt. Die Franzosen jedenfalls fühlten sich im allgemeinen gut aufgenommen, ja es ist heute, im Rückblick auf die Jahrhunderte, ziemlich klar, daß die Franzosen zu keiner anderen deutschen Stadt ein so konstant positives Verhältnis gewonnen haben wie zu Hamburg, so weit nördlich die Stadt auch liegt, so zurückhaltend die Hanseaten auch oft wirken. Wir besitzen den Bericht eines Zuzüglers aus Frankreich, der im ersten Drittel des siebzehnten Jahrhunderts länger in Hamburg lebte und den Frauen der Stadt das beste Zeugnis ausstellt; er heißt Aubrey du Maurier und schreibt unter anderem:

»Die Frauen in Hamburg, aber auch in Lübeck und in Bremen, denken nur an ihr Hauswesen. Die Mütter beschäftigen sich fleißig mit allerlei nützlichen Dingen im Innern der Wohnung und die Mädchen mit Nähen, Stricken und Spitzenklöppeln. Alles ist in ihrer Lebensart weise und wohlgeregelt, eine Kokette würde als ein Ungetüm betrachtet werden. Auch lesen sie (bis dato) niemals Romane, welche bekanntlich das Unglück der Jugend sind. Sie kennen hier bis jetzt auch keine Karten- oder andere Hasardspiele, welche so vielen untröstlichen Jammer in das Familienleben bringen und leider die gewöhnlichste Beschäftigung der französischen Damen bilden. Die hiesigen Frauen wissen noch kaum, was für Dinge Komödien, Opern, Bälle, nächtliche Gesellschaften und Karnevalsvergnügungen sind, wo man sich maskiert, wo Frauen sich als Männer verkleiden und tausend Torheiten begehen ... Die hamburgischen Frauen kleiden sich in einer äußerst anspruchslosen Weise; wenn sie sich auf der Straße sehen lassen, so erscheinen sie jederzeit von der Fußspitze bis ans Kinn dicht verhüllt. Zuweilen schmücken sie sich mit goldenen Ketten, tragen mitunter auch an allen Fingern dicke goldene Ringe und also sieht man sie gemessenen Schrittes majestätisch einherwandeln«.

Das französische Element brachte allerdings einen gewissen Stimmungsumschwung in die Gemeinschaft der bis dahin offensichtlich ziemlich zurückhaltenden Hanseatinnen. Aubrey du Maurier deutet ja schon an, was ihn an den Hamburgerinnen überraschte, und die eingewanderten Damen aus Frankreich, zu einem Gutteil von Adel, im übrigen aber aus angesehenen Patriziergeschlechtern der französischen Seestädte, hatten keine Lust, sich in der Fremde zu verstecken. Die Atmosphäre in der prüden Hansestadt begann sich langsam, aber merklich zu wandeln. Bei Ereignissen aller Art gab es auf einmal nicht nur Männer zu sehen, sondern auch Frauen, die sich »aus purer Kuriosität allemal so dicht herandrängten und gar nicht wegzubringen waren, obgleich sie den angeordneten Maßnahmen dadurch im Wege standen«.

Nun, der Rat der Stadt wußte sich zu helfen, auf eine wie uns scheint ziemlich einzigartige Weise: man bestrafte die eleganten und schaulustigen Damen an der empfindlichsten Stelle, nämlich bei ihrem Putz, und ordnete an, daß bei Aufläufen, Tumult und Feuerlärm sich kein Frauenzimmer auf Straßen und Plätzen zeigen dürfe, »bei Strafe des Verlusts des obersten ihrer Kleidungsstücke«, also des Kleides aus dem besten Tuch, wie es die Wohlhabenden anlegten; damit nun aber die Ärmeren nach solch einer Strafe nicht nackt durch die Menschenansammlung zu laufen brauchten, fügte die Stadtverordnung vorsichtig hinzu: »Sofern ein Frauenzimmer der Kleidungsstücke nicht viel wird auf der Haut haben und folglich mit Anstand nichts davon entbehren könnte, so soll es statt dessen anderen zum Abscheu mit Schlägen bezahlet werden«. Ob das dann freilich das erbaulichere Schauspiel war, bleibe dahingestellt; das Gesetz erinnert uns aber an ähnliche aus den puritanischen Gemeinden Neuenglands, und es gibt verschiedene Anzeichen dafür, daß sich die einheimische hamburgische Geistlichkeit im Stadtrat immer wieder durchzusetzen vermochte, um die Lockerung der Sitten oder das, was man so nannte, hintanzuhalten – eine Lockerung, die im Grunde nur ein Wandel war, hervorgerufen durch die Begegnung mit anderen Protestanten aus einer gesellschaftlichen Atmosphäre, die im Vergleich zu den deutschen Seestädten eben schon weiter fortgeschritten war. Aber woher sollte das etwa der eifernde Pastor Mayer wissen, der niemals auf den karibischen Inseln geweilt oder auch nur das vom kolonialen Widerschein erhellte Bordeaux besucht hatte? So verweigerte er in einem berühmt gewordenen tragischen Fall vom Jahr 1695 einem jungen reformierten Lizentiaten das christliche Begräbnis, weil dieser sich aus Liebeskummer selbst entleibt hatte: sein Vater war gegen seine Verbindung mit einem Mädchen gewesen, das aus einer anständigen, aber weitgehend mittellosen Zuwandererfamilie stammte. In seiner Reue nach dem Tod des Sohnes hatte der vermögende Vater dem Pastor oder dessen Gemeindekasse nicht weniger als viertausend Taler geboten, Doktor Mayer aber hatte das ehrliche Begräbnis verweigert, den Zugang zum Friedhof der Katharinenkirche verboten und den unglücklichen Lizentiaten durch den Scharfrichter und dessen Knechte auf dem Schindanger verscharren lassen.

Es scheint jedoch, daß dramatische Ereignisse dieser Art die Stimmung zugunsten der Refugiés besserten; dem hartherzigen Vater wie dem selbstgerechten Pastor wurden schmähende Demonstrationen dargebracht, und in der Folge entstanden nach und nach jene bis auf den heutigen Tag berühmten hugenottisch-hanseatischen Verbindungen, von denen die Hansestadt unleugbar manchen Vorteil hatte, ja nicht selten die ganze deutsche Seefahrt und mit ihr der im neunzehnten Jahrhundert sich weltweit entwickelnde deutsche Fernhandel.

Was sich nun anbahnte, waren Vermischungen und Tauschvorgänge auf einer neuen Ebene. Selbst kleine Höfe hatten den adeligen Hugenotten wiederum adelige Partnerschaften bieten können, und die Traditionen, unter seinesgleichen zu heiraten, waren erstaunlich konsequent weitergepflegt worden, durch die Jahrhunderte, durch die Generationen, in allen deutschen Landschaften. Erik Graf Wickenburg, der Schriftsteller, in Wien und im salzburgnahen Kasern lebend, hat eine Comtesse d'Orsay als Urgroßmutter, aber auf seinem Grabstein wird, wie er in einem Brief vom 16. VII. 1982 sagt, zweifellos stehen: Erik Capello Reichsgraf von Wickenburg, genannt Stechinelli, so wie in der Gleichenberger Familiengruft alle Gräber den Namen ›Capello, Reichsgraf von Wickenburg‹ tragen.

Dieser höfisch-gezügelten Hugenotten-Integration setzen die deutschen Handelsmetropolen wie Hamburg den bürgerlichen Assimilationsvorgang entgegen, in dem die Heiraten und die Geschäfte etwa gleich große Bedeutung haben. Zu dieser Ausgangsbasis treten aber sehr bald weitergehende Verflechtungen, so daß wir zweihundert Jahre nach der Aufhebung des Edikts von Nantes in Hamburg eine erstaunliche, wenn auch nicht einzigartige Bereicherung der Patrizierlandschaft antreffen.

Die berühmteste der hier zu nennenden Familien exemplifiziert uns dies alles, wenn ihre Geschicke auch den Vorgang nicht erschöpfen, die Godeffroy aus dem Hugenottenstützpunkt La Rochelle, der Hafenstadt mit den zwei dicken, wehrhaften Türmen, die schon in den Hugenottenkriegen eine einzigartige Rolle spielte. Hier lebte im fünfzehnten Jahrhundert Etienne Godeffroy, wanderte dann als Tuchhändler den Handelsweg der Loire aufwärts und ließ sich in Orléans nieder. Jean Godeffroy, um 1530 in Orléans geboren, ist schon ein namhafter Großkaufmann, der nicht nur viel reist, sondern darüber auch geschrieben hat.

Percy Ernst Schramm, der führende Historiker des deutschen Überseehandels, nimmt an, daß es die Bartholomäusnacht war, die Jean Godeffroy veranlaßte, nach La Rochelle zurückzukehren. Man war in Orléans der Metropole Paris zu nahe, der Stadt, in der in jenen Blutnächten mindestens zwei Frauen der Familien Godeffroy ermordet worden waren.

Mit dieser Rückkehr scheint auch das Interesse der Godeffroy am Binnenhandel erloschen zu sein. War die eigene Heimat ihnen feindlich gesinnt, so gab es immer noch die weite Welt, und so finden wir die späteren Generationen dieser tatkräftigen Hugenottenfamilie vorwiegend als Reeder und Fernhändler, vor allem auf den Westindienrouten, die für Frankreich damals eine größere Rolle spielten als heute. Das große Vermögen der Godeffroy schützt sie auch dann noch, als die Dragonaden längst eingesetzt haben: Schiffe, Landsitze und Stadthäuser gehören den Godeffroy in La Rochelle und Umgebung, und der später traditionelle Vorname César fällt uns schon 1687 auf, weil eines der Ostseeschiffe der Kompanie ihn trägt.

Um diese Zeit halten die Godeffroy bereits intensiv Ausschau nach einer neuen Heimat, und da sie mit Deutschland Handel treiben und katholische Länder wie Spanien oder Italien ihr Problem nicht lösen können, schwärmen die vielen Godeffroy nun aus: Percy Ernst Schramm berichtet von dem ersten César Godeffroy, Jüngster von vierundzwanzig (!) Geschwistern, der offenbar nach einer Handelsfahrt an die Odermündung diesen

Fluß aufwärts fährt und Frankfurt besucht. Es kommt jedoch zu keiner längeren Fixierung in dieser für Franzosen doch recht fremdartigen Stadt: die Godeffroy wandern bald nach Berlin weiter und schließlich nach Hamburg. Wo der Familienkern sich niedergelassen hat und ob er überhaupt beisammen blieb, ist nicht bekannt, vielleicht, weil die Flüchtlinge absichtlich die Spuren verwischten und weil auch ein großes Vermögen, wenn es in vierundzwanzig Teile zerfällt, unauffällig wird.

Vielleicht haben die uns unbekannten Godeffroy den Seehandel weitergepflegt; César in Frankfurt an der Oder widmet sich jedenfalls mit großem Erfolg dem Leinen, ist doch Schlesien so nahe; sein Sohn bleibt in Berlin bei der gleichen Branche, der Enkel, César III., jedoch eröffnet in Hamburg einen Weinhandel nach Lehrjahren im Haus des calvinistischen Bankiers und Fernhändlers Pierre Boué. Die Söhne dieses Weinhändlers, César IV. und Pierre, fassen dann mit Firmengründungen in Hamburg alles zusammen, was den Godeffroy bis dahin Glück und Reichtum gebracht hat: sie handeln weiterhin mit schlesischem Leinen, mit Wein und Südfrüchten und bauen schließlich dafür auch wieder eigene Schiffe, wie schon in La Rochelle. Dabei vernachlässigen sie ihre Glaubensbrüder nicht, sondern halten enge Verbindung zur calvinistischen Gemeinde Hamburgs, in der sie verschiedene Ämter und Ehrenstellen bekleiden.

Betrachtet man das Bildnis, das Martin Ferdinand Quatal von Jean César Godeffroy gemalt hat, so wirkt der im Jahr 1796 als Mittfünfziger portraitierte Kaufmann eher wie ein Gelehrter, allenfalls wie ein Arzt. Dreißig Jahre nach der Gründung seiner Weltfirma sieht er noch so zart, feinsinnig und vornehm aus wie die Salongelehrten seiner Zeit, und niemand würde glauben, gegen welche Widerstände politischer und wirtschaftlicher Natur sich dieser Enkel einer Flüchtlingsfamilie hat nach oben arbeiten müssen. Sein Bruder Pierre war kaum minder erfolgreich, und gegen Ende des Jahrhunderts besaßen die beiden Godeffroy prächtige Besitzungen, auf denen der dänische Architekt Hansen Herrenhäuser errichtete, die den Neid der eingesessenen hamburgischen Kaufmannschaft erregten.

Tatsächlich aber war dieser Aufstieg keinesfalls unverdient, ja die Männer des Hauses Godeffroy müssen ein ganz besonderes Geschick besessen haben, sich gegen Widrigkeiten aller Art durchzusetzen, eine Fähigkeit, die wir in nicht wenigen Flüchtlingsschicksalen bestätigt finden. Während die Kriege gegen Frankreich und bald gegen Napoleon die Jahrhundertwende in eine Krisenzeit verwandeln, in der große Handelshäuser wie zum Beispiel das des Großkaufmanns Schopenhauer in Danzig und andere Firmen, denen ganze Generationen vertraut hatten, in Schwierigkeiten geraten, erleiden die Godeffroy trotz der Ausplünderung Hamburgs durch die Franzosen nur unerhebliche Verluste – sie haben ihre Ware rechtzeitig ins nahe Dänemark verlagert. 1815, als in Preußen das Geld so ungemein knapp ist, daß Moratorien an der Tagesordnung sind, weiten die Godeffroy ihren Handel kühn aus und legen eine Reihe von Schiffen auf Kiel, sie haben Geld in einer Phase der deutschen Wirtschaft, da niemand anderer Geld hatte. Vierzig Jahre später besitzt das Haus nicht weniger als 27 Schiffe und damit die größte Flotte aller hamburgischen Reedereien.

Die Handelsverbindungen der Firma hatten sich außerordentlich erweitert; auf Cuba war ein eigener Stützpunkt errichtet worden, und es wirkte sich zweifellos günstig aus, daß man die alte Tradition, viele Kinder zu haben, weiter fortführte: für jeden wichtigen Handelsplatz auf der Welt gab es einen Godeffroy, und auch dies war ein Umstand, der den Namen weltberühmt machte. Man sprach eben nicht mit einem Kommis, Sensal oder Supercargo, sondern stets mit einem Herrn Godeffroy, gleichgültig, welchen Anteil an dem großen Besitz er hatte.

Die große Tat für die deutsche Weltgeltung, der Dank an das Gastland, das begann im vollen Lichte der Kolonialgeschichte im neunzehnten Jahrhundert, als Johann

Cesar Godeffroy (1813-1885) sich nicht scheute, die zwei Dampfschiffe der Firma zu verkaufen, um den Südseehandel intensivieren zu können. Von seiner Hauptagentur Apia aus, dem Hauptort der Samoa-Gruppe, errichtete Johann Cesar Godeffroy nach und nach nicht weniger als fünfzig Stützpunkte in Melanesien und Polynesien. Zwanzig kleine Segelschiffe holten Kopra, Baumwolle, Kaffee und Zucker von den Pflanzungen auf den Inseln zusammen, und die großen Frachtensegler des Hauses brachten den ganzen Segen nach Hamburg und anderen Häfen. Godeffroy hielt nicht nur sehr lange an den Segelschiffen fest, er baute sie inzwischen auch auf einer eigenen Werft.

Als dies geschah, gab es noch kein Deutsches Reich, und während sich die Weltmächte so manche schöne Südseeinsel sicherten, mußte das Haus Godeffroy ohne anderen Schutz als den seines eigenen guten Namens und unter der Flagge mit dem Falken sich das eigene Imperium aufbauen. Der Flüchtling aus La Rochelle hatte eine Familie nach Deutschland verpflanzt, die inzwischen in der vordersten Reihe der deutschen Kolonialpioniere stand. Obwohl die Godeffroy nicht, wie so manche andere Hugenottenfamilie, Männer der Wissenschaft hervorbrachte, empfand doch zumindest Johann Cesar die Verpflichtung, die für sein Geschäft eroberten geographischen Räume auch geistig einigermaßen zu erfassen und stiftete das nach ihm benannte, 1885 wieder aufgelöste Museum mit völkerkundlich interessanten Funden und Schaustücken aus der Südsee.

Dies alles ist umso höher einzuschätzen, als die Fülle des Kapitals inzwischen fehlte. Die deutsche Gründerzeit hatte so manchen energischen Konkurrenten auf den Plan gerufen, und in Hamburg selbst waren die Rivalitäten mit den Hugenottenfamilien gewachsen. Schon seit 1870/71 war das Haus Godeffroy in Bedrängnis geraten. Johann Cesar, auf einem Ölgemälde von Schneider aus dem Jahr 1847 noch ein schlanker, kühler, beinahe smarter Geschäftsmann, bekommt zu spüren, daß man gegen

Frankreich, gegen sein Heimatland gekämpft und gesiegt hat. Das Unglaubliche trat ein: Godeffroy brauchte Hilfe, aber wie in manchem ähnlich gelagerten Fall der Jahre 1930 und unserer Zeit, war es gerade die Größe des bedrängten Unternehmens, die alle Rettungsversuche unwirksam machte. Anlagen von ungeheurem Wert wie die Hamburger Grundstücke ließen sich ebensowenig in flüssige Mittel umsetzen wie die aussichtsreichen Bergwerksbeteiligungen, und die Deutschen, die bald darauf so stolz auf ihre Kolonien sein sollten, erwarben keine einzige Aktie einer Deutschen Handels- und Plantagengesellschaft, die Godeffroy zur eigenen Entlastung auf die Beine stellen wollte. Bismarck erkannte die Lage und die Verdienste der Firma, aber der Reichstag weigerte sich, eine Bürgschaft zu übernehmen, und am 1. Dezember 1879 war Godeffroy zahlungsunfähig. Der inzwischen völlig erblindete Johann Cesar durfte auf Dockenhuden wohnen bleiben; Freunde hatten den Familiensitz erworben und Johann Cesar angesichts seines hohen Alters das Wohnrecht belassen. Nach dreihundert in Wohlstand verbrachten Jahren hatte das Schicksal, dem sich die Godeffroy zunächst so geschickt und erfolgreich entzogen hatten, die Familie eingeholt.

Aus einem Seitenzweig der Godeffroy, der abweichend von den Händlergenies sich der Wissenschaft zugewandt hatte, stammt die Schauspielerin Tilla Durieux, die jedoch von Ahnenforschung und Rassenkunde nicht allzuviel hielt, vor allem, weil einer ihrer Lieblingspartner, der große Paul Wegener, stets als Prototyp der ostischen Elemente im deutschen Volk bezeichnet worden war und ihrer Meinung nach dennoch ihr ähnelte. »Mein Urgroßvater«, schreibt sie in ihren Erinnerungen, »zog 1812 nach Wien und nahm den katholischen Glauben an. Von dieser Linie bin ich die letzte. Mein Vater, Professor Dr. Dr. Richard Godeffroy, war Chemiker; es ist vielleicht nicht ohne Interesse, daß er uns oft von seiner Arbeit, aus Holz Seide zu machen, erzählte. Nach seinem Tod fand meine Mutter sein Pult im Labor erbrochen und alle Schriften entfernt. Der Vater meiner Mutter stammte aus Semlin, einer kleinen, Belgrad gegenüber liegenden Stadt und wurde später Hofrat im Kriegsministerium«. In ihrer Jugend und an ihrem Vater erlebte Tilla Durieux die Fernwirkungen dieser Verarmung nach großem Reichtum mit, und was sie dazu sagt, das enthält viel Typisches über das Schicksal der Entwurzelten, die zu einem kurzen und oft trügerischen Glück gelangen und denen die letzte Sicherheit doch immer fehlen wird, solange sie in der Fremde bleiben: »Ich liebte meinen Vater über alle Maßen, und stundenlang saß ich ruhig neben ihm, um einen Blick von ihn aufzufangen . . . Mein Vater hatte als junger Mensch ein seltsames Geschick zu erleiden. Aus großem Luxus und Reichtum war er plötzlich mit sechzehn Jahren durch die Verschwendung seiner Familie als armer Junge aufgewacht und hatte sich durch seine Energie und Intelligenz in eine angenehme Bürgerlichkeit hineingearbeitet, die ihn aber, glaube ich, schwerer drückte als wirkliche Armut«.

Tilla Durieux, zweimal mit Millionären verheiratet, durch Hitler und den zweiten Weltkrieg jedoch aus einer großzügigen Existenz in Not, Elend und Fremdheit geworfen, weiß, wovon sie spricht, und es sind die großen Hamburger Hugenottenfamilien, die uns solche und ähnliche Schicksale gleich mehrfach vorführen, während die Strumpfwirker und Hutmacher, die fleißigen Flüchtlinge kleiner Existenz vor diesen Höhen und Tiefen im allgemeinen sicher zu sein scheinen.

Neben den Großkaufleuten aus Seestädten wie Bordeaux oder La Rochelle wanderten zahlreiche Provenzalen nach Hamburg, Hugenotten aus dem alten und vielfach geprüften Protestantenzentrum des Luberon. Dieser heute von vielen Fremden besuchte, in seiner wilden Schönheit einzigartige Gebirgszug zwischen Apt und Aix en Provence war einst eine Zuflucht der Waldenser gewesen, bis sie in dem mit unerhörter Grausamkeit geführten Vernichtungsfeldzug des Sieur d'Oppède zu Tausenden ermordet wurden. Diese Landschaft war für immer für die katholische Kirche verloren, ja die Mitglieder der Familie d'Oppède selbst, bestürzt und beschämt über die Unmenschlichkeiten, die das Familienoberhaupt befohlen hatte, gingen zum Teil nach Deutschland, wo sie den Namen Dopheide (von d'Oppède) annahmen.

Die an Armut gewöhnten kleinen Gewerbetreibenden aus Merindol und Lançon, aus Velaux oder La Roque-d'Anthéron kamen mit ihrem Tuch- und Weinhandel, der Herstellung von Strümpfen und anderen Wollwaren im allgemeinen besser zurecht als die an großzügige Dispositionen und überseeische Geschäfte gewöhnten Fernkaufleute oder Bankiers, die unter den beschränkten hamburgischen Verhältnissen mitunter Fehlentscheidungen trafen, und das, obwohl sie nicht selten glanzvoll begonnen und ihre neue Umgebung verblüfft hatten...

Percy Ernst Schramm hat sich in verschiedenen Büchern und Aufsätzen mit dem Aufstieg hamburgischer Kaufmannsfamilien, aber auch mit den Krisen des deutschen Überseehandels beschäftigt und dabei die Rolle der Refugiés, der aus Frankreich gekommenen hugenottischen Kaufleute, gewürdigt. Hamburg war in der Zeit, als die Flüchtlinge sich hier niederließen, vor allem für das schlesische Leinen ein so dominierender Ausfuhrplatz, daß selbst bretonische Seefahrer hier luden und die Ware als Hamburger Leinen nach Afrika ging. Die Calvinisten scheuten sich nicht, am Elend der schlesischen Weber ebenso zu profitieren wie die Hanseaten, aber es gab auch große Vermögen, die aus dem Kupferhandel und anderen Überseegeschäften entstanden und aus den Finanzoperationen, die diese Aktivitäten begleiteten. Wir finden 1660 bis 1672, also noch vor der Aufhebung des Edikts von Nantes, einen Hugenotten namens Isaac de la Boé an der Spitze der *Glückstädter afrikanischen Gesellschaft.* Die Boé verbanden sich bald mit der ansässigen Kaufmannsfamilie Bardewisch. Da die Bardewisch aber auch mit der Bankiersfamilie Boué eheliche Bande knüpften, werden Boé (aus Lille) und Boué (aus Bordeaux) nicht selten verwechselt. Die Boué erwiesen sich bald als das glücklichere Geschlecht. Dieser wohlhabenden Familie entstammen die Vorfahren der Susanne Borckenstein (1769–1882), verehelichten Gontard, auch Susette genannt. Zu unsterblichem Ruhm gelangte sie als die Diotima Friedrich Hölderlins.

Die Boué waren über Holland und Kopenhagen nach Hamburg gekommen und wurden im Handel mit Wein, Zucker, Kaffee und amerikanischen Tabaken so reich, daß sie bald als Kreditgeber noch besser verdienten als durch den Handel. Sie unterhielten auf dem Hamburger Grasbrook ausgedehnte Lager für Holz, Steinkohle und andere Güter, bauten ihre eigenen Schiffe und betätigten sich auch im Verkehr mit England. Friedrich der Große, an Geldgeschäften, Lotterien und dem Bankwesen stets interessiert, aber darin nicht sehr glücklich, lud bekanntlich nicht nur den Lottozauberer Calzabigi nach Berlin ein, sondern auch Pierre Boué den Jüngeren, der ihn bei einer Neuordnung des preußischen Geldwesens nach dem Ende des Siebenjährigen Krieges beraten sollte. Die beiden Herren scheinen sich jedoch, obwohl sie beide gewöhnt waren, auf französisch zu verhandeln, nicht allzugut verstanden zu haben, was für Friedrich sehr bitter war. Er hatte große Hoffnungen in die Verbindung zu Boué gesetzt und am 14. Februar 1763 an seinen Bruder, den Prinzen Heinrich, geschrieben: »Alle unsere Gelder werden im Monat Juni auch auf einen besseren Fuß gesetzt sein; ich zahle alle Staatsschulden über kurz oder lang; nachher kann ich sterben, wenn es mir gefallen wird«. Und am 14. April des gleichen Jahres schrieb er über die Kleinkrämerei in seinem verarmten Land an seinen treuen Freund, den Marquis d'Argens: »Sie schreiben mir von Wachslichtern und hier spricht man mir von Heringen. In der Tat, darum verlohnt es sich, Krieg zu führen, daß ich auf meine alten Tage zum Krämer werden soll. Ich gehe auf das große Ganze, mein Lieber, ich ordne den Münzfuß und andere Dinge von größerer Bedeutung für den Staat . . . Heringe, Stiefel und Wachslichter werden von selbst in Ordnung kommen, wenn die Hauptsache geregelt ist«.

Da mit Boué keine Einigung zustandekam, vielleicht, weil der kluge Geldmann die am Horizont aufsteigenden Schwierigkeiten deutlicher erkannte als der König, kam es dann 1765 zu jenen Krisen der niederländischen und hamburgischen Geldinstitute, die Friedrich zwangen, Preußen gegen eine bedrohliche Entwicklung durch eine eigene wenn auch schwache Konstruktion abzuschirmen, die *Giro-Diskonto- und Leihbank*.

Die Familie Boué beteiligte sich, in logischer Ausweitung ihrer Aktivitäten, seit 1720 auch am Versicherungswesen, überstand aber die Schwierigkeiten, wie sie die napoleonischen Kriege für das besetzte Hamburg mit sich brachten, bei weitem nicht so gut wie Godeffroy. Nach einem letzten Rettungsversuch durch eine reiche Heirat mußte Jean Pierre Boué 1805 selbst und ehrenvoll liquidieren, ehe allzugroße Verluste eintraten.

Die Verwandtschaft mit dem ersten erfolgreichen Boué war es, die einem mittellosen Ankömmling aus Rouen den Aufstieg erleichterte. Er hatte den etwas unfranzösisch klingenden Namen His, kam als etwa Fünfundzwanzigjähriger in die Hansestadt und soll hier – nach J. G. Büsch – gern seinen Wanderstab gezeigt haben, der sein einziges Besitztum gewesen sei. Auch Pierre His kam aus einem bekannten protestantischen Zentrum, aus der Buchhändler- und Druckerstadt Rouen an der Seine, und als er 1724 eine Demoiselle Chaunel heiraten konnte, hatte er sich die Verbindung zu den bereits wohlhabenden und einflußreichen calvinistischen Milieus der Stadt Hamburg geschaffen. Pierre His mag äußerlich gut zu den Hamburgern gepaßt haben; er hatte ein langes, schmales Gesicht, das die damals übliche Perücke noch arroganter erscheinen ließ, und bemühte sich um eine gewisse Distanz auch dadurch, daß er nie Hamburger Bürger wurde. Er agierte als eine Art dänischer Konsul oder eher Handelsattaché und legte den Grundstock zu seinem Vermögen durch geschickte Aktionen im Umfeld der Piraterie: Der Handelskrieg zwischen Frankreich und England wurde durch Kaperkapitäne geführt, die am Rande der Legalität, aber mit umso größerer Kühnheit Schiffe des Gegners und seiner Verbündeten aufbrachten und diese Prisen dann im neutralen Ausland zu oft sehr günstigen Preisen anboten. Wer wußte, wann und wo er zugreifen mußte, und dazu die nötigen Barmittel besaß, konnte in solchen Fällen außerordentlich gute Geschäfte machen. Pierre His scheint ein ganzes Netz tüchtiger Kundschafter an sich gezogen und in verschiedenen Seehäfen besoldet oder durch Prämien belohnt zu haben.

His blieb mit allen seinen Geschäften in diesem politischen Bereich, was einem geschickten und entschlossenen Mann damals besondere Gewinne sicherte. Zwar handelte er auch wie seine ortsansässige Konkurrenz mit Leinen, Kupfer und Wein und überließ nur den Tuchhandel einigen spezialisierten Kaufleuten; aber seine Hauptaktivitäten verlagerten sich bald auf das internationale Geld- und Edelmetallgeschäft. Noch 1736 hatte His – wie Schramm berichtet – mehr Waren durch den Zoll geschleust als jeder andere Hamburger Kaufmann; bald darauf aber erwiesen sich seine Geschäfte mit der dänischen Münze als interessanter, der er das Silber für ihre Prägungen lieferte, offenbar sächsisches Silber, das auf der Elbe von den erzgebirgischen Gruben nach Hamburg gereist war. So lange Frankreich noch Hilfsgelder an Preußen bezahlte, also vor dem berühmten *Renversement des Alliances*, das die Pompadour an die Seite der Maria Theresia führte, gingen diese großen Summen über Pierre His nach Dänemark und Preußen. Als His im Jahr 1760 starb, war er mit einer halben Million Taler einer der reichsten Kaufleute der Stadt Hamburg und besaß, außer Geld und Waren, auch ausgedehnten Grundbesitz.

Er muß eine Art Finanzgenie gewesen sein, denn mehr als der Handel interessierte ihn das Geld selbst, und schon 1720, also noch ehe er dreißig Jahre alt war, soll er den Hamburgern die gefährlichen Versuchungen des Lotteriespiels beigebracht und daran gut verdient haben.

Obwohl man His vor allem wegen seines prächtigen Landsitzes an der Elbe unfrommen Aufwand vorwarf, nahm auch er eifrig am Leben der calvinistischen Gemeinde in Hamburg teil und setzte den geheimen Kritiken eine wohldosierte Wohltätigkeit entgegen.

Seine Tochter verehelichte His an den Baseler Albrecht Ochs, der 1752 nach Hamburg übersiedelte und nicht nur ein guter Geschäftsmann war, sondern auch stärkere geistige Interessen zeigte als sein Schwiegervater. Er verwaltete das His-Vermögen so erfolgreich, daß Friedrich der Große auch mit ihm in Verbindung trat und ihm sogar die Erhebung in den Adel mit dem Grafentitel in Aussicht gestellt haben soll. Ochs aber fühlte sich an der Elbe offensichtlich nicht sehr wohl, er kehrte nach Basel zurück und überließ die Firma His den Söhnen des Gründers. Einer von ihnen, François Pierre His, schockierte seine Glaubensbrüder nicht nur dadurch, daß er von seiner Ehefrau, einer Hugenottin, getrennt lebte, sondern auch durch anrüchige Festivitäten, die das His-Vermögen bald erheblich verminderten. Als schließlich noch eine große Mitgift ausbezahlt werden mußte und die einträglichen Lotterien allzuviele Konkurrenten auf den Plan gerufen hatten, war auch das Haus His am Ende und liquidierte 1781 noch vor den Boué. François Pierres Tochter hatte die für jene Zeiten sensationelle Summe von 400.000 Mark lübisch erhalten, als sie einen Comte d'Espagnac heiratete, einen Emigranten wie His selbst, der sich seine Verbindung mit einer Bürgerlichen kräftig hatte vergolden lassen.

Der geschäftlich unglückliche François Pierre His war persönlich, wie aus seinem Umgang berichtet wird, ein Mann von Charme und Kultur, und während die Damen seiner Familie einen ungeheuren Aufwand trieben und mit den Reichsten der Hamburger Geschäftswelt wetteiferten, besaß His »in einem hohen Grad das Talent einer leichten, abwechselnden Unterhaltung. Am liebsten schwätzte er mit gescheiten jungen Mädchen«. His hielt jedoch keinen Cercle, sondern widmete jedem Mädchen seines Kreises einen eigenen Abend, wie uns Piter Poel, der Bruder einer solchermaßen Ausgezeichneten, zu berichten weiß. Nach dem Niedergang trennte sich die

Familie vollends; die Damen gingen nach Paris, der alte François Pierre His fand Aufnahme bei seinem Baseler Familienzweig und starb 1803.

Heute leben in Hamburg noch zahlreiche Nachkommen jener großen und zunächst auch sehr erfolgreichen Hugenottenfamilien; manche sind wieder zu Vermögen gekommen, andere haben immerhin jene Tradition hinter sich, ohne die Hamburg ganz ähnlich wie Berlin nicht in diesem Maße zur Weltstadt geworden wäre. Hat man sich noch vor zweihundert Jahren mit wohlbegründeter Ängstlichkeit gegen die Expansion der Zuwanderer gewehrt, so sind solche und andere Gegensätze inzwischen längst vergessen, ja die Familie de Chapeaurouge, nächst Godeffroy, Boué und His eine der reichsten, stellte durch viele Jahre angesehene Abgeordnete der Hamburger Bürgerschaft, also des stadtstaatlichen Parlaments. »Wir haben, meine ich«, schrieb 1976 Hamburgs Erster Bürgermeister Hans-Ulrich Klose, »heute und im Rückblick auf die Vergangenheit Grund zu dem Bekenntnis, daß die wegen ihres Freiheitsstrebens in ihrer Heimat grausam verfolgten Hugenotten zusammen mit anderen Reformierten und Protestanten die politische und geistige Szene unserer Stadt zum Positiven verändert, der Freiheit und Toleranz den Weg gebahnt und auch an der wirtschaftlichen Entwicklung Hamburgs einen beträchtlichen Anteil haben«.

DER KURFÜRST MIT DER BREITEN BRUST

Zu den überraschendsten Tatsachen der Geschichte gehört das Wandern ganzer Völker oder Bevölkerungsgruppen, weil es so deutlich allem widerspricht, was der Europäer inzwischen als gewohnte Lebensform betrachtet: die Seßhaftigkeit in Häusern, die Verwurzelung in Städten oder Dörfern, die schicksalhafte Verbindung mit Grundbesitz, Arbeitsplatz, Umfeld. Auch in geschichtlichen Zeiten hat dieses Wandern nicht aufgehört, und obwohl wir es heute als beinahe bedrohlich empfinden, obwohl wir die unbehausten Völker mit Scheu, Mißtrauen, ja Abneigung betrachten, registrieren wir selbst in unserem kleinen Kontinent und in der jüngsten Vergangenheit der letzten drei- oder vierhundert Jahre verhältnismäßig große Wanderungsbewegungen: von Frankreich nach Deutschland, von Salzburg nach Ostpreußen, von Galizien nach Schlesien und Berlin und so weiter.

Von all diesen Wanderungen, wissenschaftlich Migrationen genannt, ist keine in so hohem Maß idealisiert und als Glücksfall für alle Beteiligten dargestellt worden wie die Einwanderung von insgesamt wohl 20.000 Hugenotten in Brandenburg-Preußen. In Festvorträgen wurde sie als *immigration modèle,* als der Musterfall einer Einwanderung bezeichnet, und die Franzosen trösten sich über den Verlust der aus religiösen Gründen Ausgewanderten gerne dadurch hinweg, daß sie aufzählen, was diese Auswanderer im nachbarlichen Deutschland alles bewirkt haben, von der Begründung der Industrie angefangen bis zum Sieg von Tannenberg 1914, der nicht etwa Hindenburg oder Ludendorff zu danken sei, sondern einem von Hugenotten abstammenden General namens Hoffmann. Ja Ludendorff, der einzige bedeutende deutsche Heerführer ohne Hugenottenblut, habe aus diesem Mangel heraus dann jene folgenschwere Verirrung begangen, die Hitler schließlich an die Macht brachte.

Es ist hier nicht der Ort, diese entschuldbare Begeisterung einiger Ururenkel ernsthaft zu diskutieren oder gar die Gegenrechnung aufzumachen, bei der zumindest Augusts des Starken Sohn, der Marschall von Sachsen, ebenso ins Gewicht fallen würde wie andere nichtfranzösische Feldherren unter französischen Fahnen, der Herzog von Berwick etwa oder der Fürst Poniatowski. Wir haben nicht die Aufgabe, hier Loblieder zu singen, sondern haben uns der Spurensuche verschrieben, und in einem Land, das wie Brandenburg im Herzen Europas liegt, kreuzen sich so viele Spuren wie kaum irgendwo anders, vor allem in jenem siebzehnten Jahrhundert, dessen erste Hälfte der große Krieg beinahe ausfüllt. Jahrzehntelang zog das Kriegsvolk aus verschiedenen Ländern durch die ganze Mitte unseres engen Kontinents, blieb da und dort, nahm nach damaliger Sitte durch Monate Quartier, schlug kurze Schlachten, führte ein Dasein, das angesichts der langen Dauer dieser Ausnahmezustände auch schon beinahe eine Einwanderung zu nennen war – vor allem in jenen Gegenden, die diese Soldaten nicht mehr herauszugeben gedachten. Und nach dem großen Krieg, da waren die Durchzugs- und Begegnungsländer in einer heute unvorstellbaren Weise verarmt und entvölkert, und so mancher Landstrich war nicht nur Einwanderungsgebiet, er mußte buchstäblich neu besiedelt werden.

So bekannt diese geschichtlichen Voraussetzungen für die großzügige Einwanderungspolitik Brandenburg-Preußens im siebzehnten Jahrhundert auch sind, so oft werden sie übersehen und als sekundär abgetan zugunsten einer Herrscherpersönlichkeit, die zum leuchtenden Muster schrankenloser Toleranz hochstilisiert und den weniger duldsamen Zeitgenossen gegenübergestellt werden soll. Aber gerade der Große Kurfürst, wie Friedrich Wilhelm gewiß zu Recht genannt wurde, konnte für sein Land soviel nur leisten, weil er mit einer gelegentlich rücksichtslosen Energie zweckmäßig handelte. Diese Zweckmäßigkeit bedeutete für seinen soliden Verstand mehr als Valeurs, Schattierungen und Lehrmeinungen, wie sie bis heute die verschiedenen christlichen Bekenntnisse voneinander unterscheiden; ja er nahm sogar Nichtchristen an seine breite Brust, wenn sie – wie die aus Wien abziehenden Juden – entsprechend viel Geld mit nach Berlin oder Brandenburg brachten. In einer Zeit, in der die Erblichkeit der Thronfolge nur ausnahmsweise starke Intelligenzen zum Herrscheramt gelangen ließ, in einer Zeit zudem, in der eifernde Theologen jede Vernunft-Maßnahme erschwerten, sicherte sich der Brandenburger damit eine so deutliche Überlegenheit, daß sein Erfolg nicht ausbleiben konnte. Wenn man bedenkt, wieviele tüchtige Männer in ganz Europa (und zum Teil bis heute) die ihnen zukommenden Positionen nicht einnehmen konnten und können, weil sie entweder das falsche Glaubensbekenntnis oder aber das falsche Parteibuch haben, dann wird klar, daß allein der Verzicht auf diese Vorurteile den Großen Kurfürsten schon in eine günstige Lage versetzte. Mit diesem von der Zweckmäßigkeit, der Staatsraison und der wirtschaftlichen Einsicht diktierten Grundsatz zukunftsweisender Toleranz unterschied sich der Kurfürst übrigens nicht nur von den meisten seiner Kollegen auf anderen Thronen, sondern auch – was oft vergessen wird – von den meisten seiner eigenen calvinistischen Glaubensbrüder.

Das innere religiöse Problem Brandenburgs bestand nämlich nicht im katholisch-protestantischen Gegensatz, wie er andere Länder beherrschte, sondern im Streit der Lutheraner gegen die Calvinisten, und darin war selbst die Herrscherfamilie nicht einer Meinung, seit 1613 Kurfürst Johann Sigismund, der Großvater des Großen Kurfürsten, zum Calvinismus übergetreten war:

»Entbehre auch dieser Bekenntniswechsel der großen politischen Folgen, so störte er doch empfindlich das Verhältnis des Kurfürsten gerade zu seinem märkischen Stammlande« schreibt Eberhard Faden in seiner umfangreichen Untersuchung über *Berlin im Dreißigjährigen Kriege.* »Bei gutem Willen waren die Unterschiede der beiden protestantischen Bekenntnisse nicht unüberbrückbar, und in beiden Lagern wirkten Männer, welche zur Versöhnlichkeit und Eintracht mahnten. Aber im Tageskampf und auf den Kanzeln wurden die Gegensätze vergröbert ... Eine Flut von Druckschriften ergoß sich über das Land – zweihundert hat man allein für den Zeitraum von 1614 bis 1617 gezählt –, die zum Teil in mehreren Auflagen erscheinen mußten und vor allem durch persönliche Gehässigkeiten die Gläubigen erhitzten... Von wirklicher Toleranz waren auch die Reformierten weit entfernt. Weder Johann Sigismund noch seine Räte haben jemals ernsthaft den Gedanken der Gleichberechtigung beider Bekenntnisse vertreten. Der Fürst war aus innerster Überzeugung Kalvinist geworden und gerade darum eifrig bestrebt, die wahre Religion in seinem Lande zu verbreiten".

Nur vereinzelt gelang es in der Zeit vor dem Großen Kurfürsten Nicht-Protestanten, einflußreiche Positionen zu erlangen, so etwa dem kurfürstlich brandenburgischen Statthalter Adam Graf von Schwarzenberg, einem Österreicher und Sohn eines kaiserlichen Feldmarschalls. Als diesem in hoher Gunst stehenden Mann aber sein katholischer Hauskaplan starb, weigerte sich die vereinigte Geistlichkeit zu Berlin, ihm ein christliches Begräbnis zu gestatten. Lediglich in der damals noch nicht mit Berlin vereinigten Stadt Cölln willigte der liberale Probst Johann Koch ein, und der Priester konnte begraben werden. Als Graf Schwarzenberg deswegen dem Berliner Ratsherrn Johann Schönbrunn bittere Vorwürfe machte, antwortete der durch eine ganze Reihe ähnlicher Sarkasmen bekannte Schönbrunn ungerührt: Was den Berliner Rat betreffe, so sei den Herren gewiß nichts lieber, als wenn alle katholischen Priester die Friedhofserde deckte. Selbst dieser Ratsherr, der in der Kirche Pamphlete las und persönlich keineswegs fromm war, fühlte also keinerlei Verpflichtung zur Toleranz; es gab keine Tradition der Toleranz, in die der junge Kurfürst hineingeboren worden wäre, aber es gab sehr konkrete Notwendigkeiten, die religiöse und andere Vorurteile als einen Luxus erscheinen ließen, den sich in so schweren Zeiten ein Landesherr einfach nicht leisten konnte.

Berlin und Cölln, die Doppelstadt an den Ufern der Spree, war bis zum letzten Jahrzehnt des Dreißigjährigen Krieges vom Schlimmsten verschont geblieben. Man hatte zwar Kontributionen bezahlen müssen, aber die Bürgerschaft hatte sie aufgebracht, und danach war sogar der Wohlstand ziemlich schnell wieder angestiegen. Erst die Vierzigerjahre des siebzehnten Jahrhunderts hatten Berlin stark heimgesucht; zu den Kriegsnöten hatten sich Seuchen gesellt, die dreijährige Anwesenheit des Regiments von Kracht (1638–41) hatte die gesamte Bevölkerung schwer belastet, ehe der Frieden mit den Schweden eine radikale Verminderung der Garnison gestattete. Man begann erst wieder zu hoffen, als am 4. März 1643 Friedrich Wilhelm, der junge Kurfürst, seinen Einzug in Berlin hielt, und es war Bürgermeister Friedrich Blechschmidt, der im Rahmen der Erbhuldigung dem Landesherrn dafür dankte, daß die Lutheraner ihre Religion frei ausüben durften – soweit war es gekommen: keine Gegenreformation, sondern eine neue Welle der Reformation vom Westen her hatte das Luthertum auch in den Staaten in Bedrängnis gebracht, die bis dahin sein stärkster Rückhalt gewesen waren.

Die Stadt hatte in den unmittelbar vorangehenden Jahren schwere Opfer bringen müssen, die den Einzelnen umso bitterer trafen, als die Einwohnerzahl ja stark abgenommen hatte. Die Angaben über die Kriegsschäden in Berlin gehen allerdings stark auseinander. Eine Quelle spricht von 727 bewohnten gegenüber 147 verlassenen Häusern, eine andere verzeichnet für 1642 gar 300 sogenannte Wüstungen. Die Einwohnerzahl, vor Kriegsbeginn meist auf 14–15000 geschätzt, war 1643 auf die Hälfte gesunken. »Die Stadt bot einen trüben Anblick. Die Vorstädte waren zerstört, viele Häuser und vor allem das Schloß seit Jahren nicht ausgebessert, nicht wenige Gebäude von den Bewohnern verlassen und völlig verfallen. Auf dem früher so belebten Werder sah es öde aus: der Schiffsverkehr hatte sich nach der sicherer gelegenen Langen Brücke gezogen, zumal die Schleuse unbrauchbar geworden war; indessen reichte der Raum dort nicht aus, und die Brücke war stark beschädigt«.

Friedrich Wilhelm konnte keine Wunder wirken, und da er zunächst einmal viele Kriege führte, waren ihm Schloß und Festungswerke wichtiger als die Residenz selbst. Aber vielleicht trug gerade dieser Umstand, die festigende, beruhigende Wirkung der neuen Verteidigungsanlagen und die Erneuerung des Schloßbezirkes, dazu bei, daß die Stadt sich nach und nach wieder mit Menschen füllte und die Bürger das Vertrauen zu ihr wiedergewannen. Eine Hauptstadt im flachen Land, durch natürliche Hindernisse gegen heranziehende Gegner kaum geschützt, bedurfte eines starken Herrschers, um wieder ein echter Mittelpunkt werden zu können. Erst, als dies geschehen und geschaffen war, im letzten Lebensjahrzehnt des Großen Kurfürsten, kamen die Glaubensflüchtlinge aus Frankreich, aus der Pfalz, dazu Einwanderer aus der Schweiz und den Niederlanden in größerer Zahl nach Berlin und erfüllten den Raum zwischen

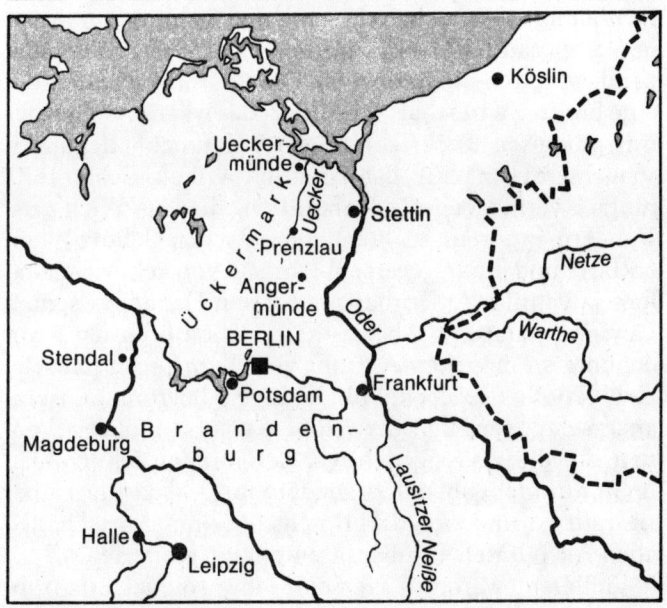

den Bastionen mit neuem städtischen Leben. Von diesen etwa 20.000 Berlinern des Jahres 1688, in dem der Große Kurfürst starb, war ein Drittel Franzosen.

Als Ludwig XIV. in Fontainebleau das Edikt von Nantes aufhob, lag des Großen Kurfürsten entscheidender Sieg über die Schweden, die Schlacht von Fehrbellin, bereits mehr als zehn Jahre zurück, das Bündnis mit dem Sonnenkönig war vier Jahre alt, Brandenburg-Preußen war — von dem gegen die Türken engagierten Österreich abgesehen — die erste deutsche Macht.

Dennoch wandten sich jene Hugenotten, deren Vermögen eine freie Wahl der Zufluchtsorte möglich machte, nicht diesem von einem calvinistischen Herrscherhaus regierten Kurfürstentum zu, sondern jenen Ländern, in denen sich die kaufmännische Eigeninitiative freier bewegen konnte, also England und den Niederlanden. Viele fühlten sich von selbständigen Seestädten wie Hamburg, Stade oder Lübeck angezogen.

Dem Großen Kurfürsten lag jedoch an vermögenden Neubürgern; Wirtschaftsumfang und Geldumlauf in seinen insgesamt nur eine Million Menschen zählenden Ländern waren unzureichend. Die Rüstungen brauchten eine breitere wirtschaftliche Basis; das war ein Gebot, das mit religiösen Rücksichten oder Toleranzüberlegungen so wenig zu tun hatte, daß Friedrich Wilhelm schon 1671 fünfzig vermögende Judenfamilien, die aus Wien auswandern mußten, zu brandenburgischen Schutz-Juden erklärte und ihnen gegen ein Jahrgeld von acht Reichstalern je Familie Aufenthalt und freien Handel in seinen Ländern gestattete. Aber es hatte schon im alten Brandenburg so manchen Aufruhr vor allem gegen jüdische Geldverleiher gegeben, Plünderungen, Pogrome, Auseinandersetzungen, und der Große Kurfürst mußte erkennen, daß die ansässigen Bürger sich mit den Schutzjuden nicht nur nicht abfanden, sondern fortgesetzt Klage über sie führten und sich dabei mehr über ihre wirtschaftlichen Aktivitäten als über ihre Religion ereiferten.

Vielleicht waren es vierzehn Jahre solcher Erfahrungen, die bewirkten, daß der Große Kurfürst im Fall der Hugenotten grundsätzlich anders vorging; eine Selektion mit besonderen Angeboten an die Reichsten hätte nur die einflußreichen Kreise der brandenburgisch-preußischen Bürgerschaft irritiert und vernehmliche Diskussionen ausgelöst, während sich die sogenannten kleinen Leute vermutlich leichter im ganzen Land verteilen lassen würden. Und es fehlte ja nicht nur an einem intensiven Wirtschaftsleben, sondern ganz einfach an Menschen, die es trugen, Menschen, denen man inzwischen in verschiedenen Teilen Deutschlands hatte zusehen können, auf welche Weise sie mit Vertreibung und Wiederaufbau in der Fremde fertig wurden.

Der Oktober 1685 setzte darum entscheidende Daten für die Geschichte der Beziehungen zwischen Franzosen und Deutschen, nicht sosehr zwischen Frankreich und Deutschland. Die Staaten nämlich waren verbündet, man hatte eine ganze Reihe politischer Ziele gemeinsam, und der Große Kurfürst hatte stets nur höflich gemahnt in religiösen Dingen: einen so hochfahrenden Herrscher, einen so mächtigen Verbündeten wie den Sonnenkönig verärgert man nicht ohne bittere Folgen. Aber was nun folgte, in Fontainebleau am 18. und in Potsdam am 29. Oktober, das verdient zweifellos eine Sternstunde genannt zu werden, denn wann hätte je in jenen Zeiten, die doch sonst von den umständlichsten Kanzlistentänzen gekennzeichnet war, ein Herrscher binnen elf Tagen so schlüssig und wirksam auf das Dekret eines anderen reagiert?

Man hat, da es schließlich noch keine schnelle Nachrichtenübermittlung gab, darum auch mit guten Gründen bezweifelt, daß der Große Kurfürst auf den großen König *reagierte.* Lag die Aufhebung des Toleranzedikts von Nantes nicht schon seit Wochen in der Luft? Hatte Friedrich Wilhelm nicht vielleicht einer faktischen Austreibung entgegenwirken wollen, indem er die großzügige Aufnahme mit allen erdenklichen Hilfen eben jenen in Aussicht stellte, die durch die Maintenon und die Jesuiten in Frankreich zu Menschen zweiter Ordnung geworden waren?

Sicher ist, daß des Sonnenkönigs Edikt vom 18. Oktober 1685 in München erst am 1. November bekannt wurde (Mercurii Relation Nr. 45), daß des Großen Kurfürsten Aufnahme-Angebot, das Edikt von Potsdam, in vollem Umfang und allen Punkten ausgearbeitet aber bereits am 29. Oktober 1685 publiziert wurde. Es sagte unter anderem (und ohne ausdrückliche Bezugnahme auf das Edikt von Fontainebleau) in französischer und deutscher Sprache:

»Da die Verfolgungen und strengen Maßregeln, die man seit einiger Zeit in Frankreich gegen die Bekenner des reformierten Glaubens übt, zahlreiche Familien genötigt haben, aus diesem Königreich auszuwandern und in fremden Ländern eine Zuflucht zu suchen, so haben Wir, voll des gerechten Mitgefühls... durch gegenwärtiges, von Unserer Hand unterzeichnetes Edikt geruht, den genannten Franzosen eine sichere und freie Aufnahme in alle Lande und Provinzen Unserer Herrschaft anzubieten und ihnen zugleich zu erklären, welche Rechte, Freiheiten und Vorteile Wir sie genießen lassen wollen, um sie in den Heimsuchungen, mit welchen die göttliche Vorsehung einen so beträchtlichen Teil der Kirche zu treffen für gut befunden hat, einigermaßen zu trösten und zu unterstützen.
1. Damit alle die, welche beschließen werden, sich in Unsern Staaten niederzulassen, dahin mit umso größerer Leichtigkeit übersiedeln können, so haben wir Unserem außerordentlichen Gesandten bei den Generalstaaten der Vereinigten Niederlande und Unserem Geschäftsträger in der Stadt Amsterdam Befehl gegeben, auf Unsere Kosten alle Reformierten, die sich an sie wenden, mit Schiffspassagen und Lebensmitteln zu versorgen, soweit sie diese nötig haben, um mit ihren Familien von Holland bis Hamburg zu gelangen. In letzterer Stadt wird ihnen dann Unser Gesandter beim Niedersächsischen Kreise alle Fahrgelegenheit verschaffen, die sie brauchen...«

Punkt 2 trifft ähnliche Anordnungen für Flüchtlinge aus dem mittleren und südlichen Frankreich: sie werden an die brandenburgisch-preußischen Geschäftsträger in Frankfurt am Main und Köln verwiesen.

Punkt drei ist vielleicht der wichtigste, was die präzisen Ausführungsbestimmungen betrifft. Der Große Kurfürst nennt darin die Städte, in die er die gewerbetreibenden Flüchtlinge zu lenken wünscht, stellt ihnen aber grundsätzlich frei, den Aufenthalt in allen seinen Ländern – Kleve, der Mark, Ravensburg, Minden, Magdeburg, Halberstadt, Brandenburg, Pommern und Preußen – frei zu wählen. Er macht Vorschläge aus seiner Kenntnis der Situation und deutet an, daß er es begrüßen würde, wenn vor allem Stendal, Werben, Rathenow, Brandenburg, Frankfurt an der Oder, ferner Magdeburg, Halle, Kalbe und Königsberg zu Zielorten der Einwanderung würden, »sei es wegen der Wohlfeilheit des Lebens daselbst, sei es wegen der Leichtigkeit, ein Geschäft zu errichten ... doch (bleibt es) dabei durchaus in ihren freien Willen gestellt, für welche Stadt oder Provinz Unserer Staaten sie sich entscheiden wollen«.

Diese freie Entscheidung führte denn auch ein Drittel der etwa 20.000 Einwanderer, jedenfalls aber mehr als sechstausend von ihnen, in eine Stadt, die der Kurfürst den Hugenotten nicht als Zielort genannt hatte, nämlich nach Berlin.

Die Punkte fünf bis dreizehn regeln Einzelheiten und sind in ihrer Großzügigkeit wohl nur dadurch zu erklären, daß – wie schon erwähnt – inzwischen ein gewisser Wettbewerb um die Auswanderer aus dem Land des Sonnenkönigs eingesetzt hatte. Ganz Europa hatte Krieg geführt, ganz Europa arbeitete an der Konsolidierung einer sehr jungen und gefährdeten Friedenswirtschaft und war dabei geblendet von dem in diesen letzten Jahrzehnten des siebzehnten Jahrhunderts nocheinmal aufstrahlenden *Grand Siècle*, einer außerordentlichen Blüte in allen Lebensbereichen des französischen Herrschaftsgebietes. Niemals vor oder nach dem Großen Kurfürsten kamen aus Preußen so großzügige Zusagen wie sie das Edikt von Potsdam enthält und freilich dann nicht immer einhalten konnte, und wir müssen, um das Klima dieser Modell-Einwanderung zu charakterisieren, zumindest einzelne der kurfürstlichen Versprechungen hier festhalten:

Die erwähnten Wüstungen hatten entweder keine bekannten Eigentümer mehr, oder diesen fehlte die wirtschaftliche Kraft, Häuser und Gehöfte selbst wieder aufzubauen. Für diesen Fall versprach der Kurfürst, die Grundstücke abzulösen (auch alle etwa darauf liegenden Lasten!) und sie den Immigranten kostenlos zu überlassen. Materialien zum Neubau oder zur Wiederherstellung sollten billig oder kostenfrei geliefert werden, eine Zusage, die sich praktisch nur stellenweise durchführen ließ, weil Steinbrüche, Waldwirtschaft und Fuhrwerk dem nicht nachkommen konnten. Neu erstellte Wohnsitze sollten sechs Jahre lang von allen Abgaben, auch von der Einquartierung frei sein, ausgenommen lediglich die neu eingeführte Akzise, eine vor allem in den Städten wirksame Verbrauchssteuer. Wer nicht sogleich ein geeignetes Grundstück für den Bau ausfindig machen oder erwerben konnte, durfte vier Jahre in nachgewiesenen Mietwohnungen kostenfrei leben, sofern er in dieser Zeit baute. Der Kurfürst zog also nicht nur französisches Geld ins Land, sondern rechnete auch mit der natürlichen Tendenz aller Wanderer, seßhaft zu werden und sich am Zielort eine Existenz zu schaffen. Und da niemand von der Akzise befreit war, ja diese Steuer schon wenige Jahre nach dem Tod des Kurfürsten weiter ausgebaut wurde, stieg mit den zwanzigtausend Hugenotten auch das Steueraufkommen beträchtlich. Baulücken wurden geschlossen, Wüstungen auf dem Land in Hofstellen verwandelt, der Wiederaufbau nach einem Jahrhundert verlustreicher Kriege zwar nicht gerade begonnen – dafür hatte der Landesherr schon vierzig Jahre lang gesorgt –, aber in einer Weise abgeschlossen, die alle Erwartungen übertraf, die man mit Brandenburg-Preußens eigenen begrenzten Kräften hätte verbinden können.

Sehr wichtig waren auch die Zusicherungen hinsichtlich des Bürgerrechts – sie übertreffen bei weitem alles, was heute üblich ist – und hinsichtlich der Gewerbefreiheit. Es war dies ein besonders heikler Punkt, weil es ja auch in Preußen schon jene Anfänge industrieller Aktivitäten gab, die man Manufakturen nannte. Ihr Bereich war noch sehr begrenzt, praktisch gab es nur die verschiedenen Formen der Textilindustrie bis hin zu Hutmachern, Putzmachern, Bortenherstellern und Handschuh- wie Strumpfwirkern, und da man ja nicht annehmen durfte, daß die Franzosen nur für den Bedarf der Eingewanderten arbeiten würden, war mit einer beträchtlichen Konkurrenz für die einheimischen Betriebe zu rechnen. Aus diesen offenkundigen Schwierigkeiten ergab sich der erste Streit mit Petitionen und rechtlichen Auseinandersetzungen, die dadurch kompliziert wurden, daß der Kurfürst den Franzosen eine eigene Gerichtsbarkeit zugesichert hatte.

Besonders entgegenkommend wurde der französische Adel empfangen; dies war eine brandenburgisch-preußische Tendenz, die bekanntlich in Friedrich dem Großen kulminierte, der nach seinen Siegen über die Schlachtfelder ging und die verwundeten Offiziere des französischen Gegners seinen besten Ärzten empfahl. Friedrich Wilhelm stellte die französischen Adeligen den einheimischen gleich, und da er ihnen nicht gleich soviele Güter schenken konnte, wie sie in Frankreich verloren hatten, sicherte er ihnen zumindest Hof- und Offiziersstellen zu. Auch hier erwies sich freilich, daß einfach nicht genug Stellen vorhanden waren, so daß Wartegelder bezahlt werden mußten. Da der Kurfürst aber ohnedies rüstete, behalf er sich mit der Aufstellung eigener französischer Einheiten, ein Korps unter dem Grafen Schomberg, das andere unter von Grumbkau. Offizierspatente wurden geprüft, Offiziere ohne Papiere nach Zeugenaussagen eingestuft. »Der Kurfürst ließ sie mit Pferden und Uniformen ausrüsten, die er ihnen schenkte. Er gab ihnen einen eigenen Pfarrer und einen französischen Feldscher, denen er beachtliche Gehälter bezahlte«, schreibt Charles Ancillon in seiner bis heute unentbehrlichen, wenn auch unkritischen ›Geschichte der Niederlassung der Refugiés in den Staaten seiner Kurfürstlichen Hoheit von Brandenburg‹, Berlin 1690 (!).

Natürlich wissen wir heute, daß Ancillon in seiner Begeisterung und aus viel zu geringem zeitlichen Abstand vieles übersieht, anderes noch nicht wissen konnte und im ganzen die berühmte rosige Brille auf der Nase trägt; dennoch bleibt es verwunderlich, daß nur ein Zehntel seiner Glaubensgenossen jener so einzigartig großzügigen Einladung folgte, die der Kurfürst Ende Oktober 1685 hatte veröffentlichen lassen. Zwar waren auch andere deutsche Landesfürsten den Einwanderern aus Frankreich günstig gesinnt, so eindeutig und so vielversprechend aber hatte sich nicht einmal die Pfalz festgelegt, von anderen Ländern ganz zu schweigen. Dem in seinem Spezialwissen wohl unübertroffenen Familienforscher Wilhelm Beuleke ist aufgefallen, daß nicht wenige Hugenotten in den Büros der Frankfurter Durchgangs- und Betreuungsstelle das großzügige Brandenburg zwar als Wanderungsziel angaben, dann aber gar nicht dorthin gelangten. Muß man daraus schließen, daß sich unter den Flüchtlingen jene Informationen herumsprachen, die Ancillon entweder nicht erhielt oder vernachlässigte, um sein Geschichtsbild des großen Immigrationsvorgangs nicht zu trüben?

In einer Zeit, in der ganz Europa in verzweifelter Abwehr von ostasiatischen Billigeinfuhren steht und Industriegiganten wie Kartenhäuser einstürzen, können wir vielleicht besser als so mancher Zeitgenosse verstehen, welche Probleme Tausende von geschickten französischen Handwerkern und Kleinfabrikanten für ein Land bedeuteten, dessen Bevölkerungszahl und Kaufkraft noch außerordentlich gering einzuschätzen waren. Das deutsche Bürgertum war noch weitgehend in Gilden organisiert, die nicht nur den Stand schützten und seine Gesetze und Gebräuche am Leben erhielten, sondern auch die Konkurrenz in Grenzen zu halten suchten, weil sie die Interessen auch ihrer schwächeren Mitglieder vertreten mußten. Der Große Kurfürst hatte die Neuankömmlinge ausdrücklich von diesem Gildenzwang befreit und ihnen die Niederlassung als sogenannte Freie Meister gestattet. Wenn man bedenkt, was ein einheimischer Geselle oft anstellen mußte, ehe er seine eigene Werkstatt erhielt, läßt sich die geradezu revolutionäre Bevorzugung einer großen Bevölkerungsgruppe ermessen, die Friedrich Wilhelm, als sich die Folgen zeigten, nicht mehr rückgängig machen konnte. Die Eingliederungsschwierigkeiten waren naturgemäß in den kleinen Orten schwerer zu überwinden als in der Hauptstadt Berlin; so manche der von den Franzosen gepflegten Gewerbe hatten eine eigene, natürlich französische Fachsprache, die in Berlin der Gesellschaft bekannt war, ob es sich nun um Kleider, Hüte, Mieder, Strümpfe oder andere Warengruppen handelte; in den damals oft nur zwei- bis dreitausend Einwohner zählenden Provinzstädten hingegen ergaben sich Gegensätze zwischen dem ansässigen Handwerk und dessen Eigentradition auf der einen, den Franzosen auf der anderen Seite, und es währte Jahrzehnte, ehe wirklicher Frieden einkehrte.

Da die Städtischen Behörden ja nicht im luftleeren Raum arbeiteten, sondern vielfach mit dem ansässigen Wirtschaftsleben verbunden waren, verzögerte die Angst vor der Konkurrenz, verzögerte aber auch der zu erwartende hohe Anteil an Fremden die Ausführung der Hilfsmaßnahmen, die der Große Kurfürst am grünen Tisch hatte ausarbeiten lassen. Notquartiere und Bauland wurden oft nur sehr zögernd nachgewiesen, finanzielle Starthilfen und Saatgutzuteilungen ließen auf sich warten, und wenn es nicht die einheimischen Gewerbetreibenden waren, die hinter dieser passiven Resistenz standen, so waren es die lutherischen Pastoren, die ja seit Generationen keine Auseinandersetzung mit Katholiken gehabt hatten und folglich in den Reformierten die eigentliche Gefahr für ihr Bekenntnis, die Gottesdienstordnung und das Gemeindeleben erblicken mußten. Es kam vor, daß in den lutherischen Kirchen die Bänke nach dem Gottesdienst abgeschlossen wurden, so daß die Reformierten, ehe sie sich eigene Bethäuser oder Kirchen schaffen konnten, nicht selten weite Wege zum sonntäglichen Gottesdienst zurücklegen mußten; und das war zwischen 1685 und den ersten Eisenbahnzügen eine sehr beschwerliche und langwierige Angelegenheit. Immerhin muß gesagt werden, daß es auch auf dem Land von Jahr zu Jahr besser wurde; zum Unterschied von den ins Land gerufenen oder gelassenen Juden wurden die Franzosen nach und nach akzeptiert, an manchen Orten allerdings um den Preis des Verzichts auf ihre eigenen Traditionen, gelegentlich sogar auf die französischen Namensformen: »Zwar begegneten auch die französischen Zuwanderer einer skeptischen Reserviertheit wegen ihrer abweichenden Sprache, ihrer Kleidung, Ausbildung und Lebensgewohnheiten, doch hatten sie nicht, wie die Juden, gegen ein jahrhundertealtes, in religiöser und sozialökonomischer Hinsicht negatives Bild von ihrer Gruppe anzukämpfen, sondern konnten zumindest im religiösen Bereich auf eine gemeinsame Wurzel verweisen und hatten das Wohlwollen der reformierten preußischen Oberschicht auf ihrer Seite« (Stefi Jersch-Wenzel: Preußen als Einwanderungsland).

Da alle diese Schwierigkeiten in Berlin geringer waren als in kleineren Städten oder gar auf dem Land, da es sogar hinsichtlich des Wohnraums in Berlin bessere Möglichkeiten für die Hugenotten-Unterbringung gab als in anderen Teilen Brandenburg-Preußens, zogen im Lauf der Jahre soviele von Hugenotten gegründete Betriebe in die Hauptstadt, daß etwa hundert Jahre nach der großen Einwanderung die Spreestadt zu einem industriellen Zentrum ersten Ranges geworden war (wozu freilich im allgemeinen Trend auch nichtfranzösische Gewerbetreibende kamen: eine Ballung übt eben eine gewisse Anziehungskraft aus). Allein die Seidenmanufakturen, die es vor der Immigration in Preußen praktisch gar nicht gegeben hatte, beschäftigten nun 7000 Arbeitskräfte, die sogenannten Tuch- und Zeugmanufakturen (Wolle und

Baumwolle) zusammen 13.000. Das Schwergewicht der industriellen Aktivitäten in Berlin blieb also durch Generationen und nicht etwa nur in der Gründungsphase bei jenen Geschäftszweigen, die von den Hugenotten eingeführt und zu einer ersten Blüte gebracht worden waren, außerhalb des eigentlichen Textilbereichs noch bei den Gürtlern, Tapetenherstellern, Juwelieren, den Leder- und Fischbeinmanufakturen, Lackierern und Seifenherstellern. Die Folgen dieser Industrieballung waren natürlich nicht nur positiv; in den schweren Zeiten unter dem großen Friedrich bekam Berlin dann die Kehrseite der Medaille zu sehen. Die Kriege hatten den Absatz der Waren gehemmt, die großen Lager unverkaufter Waren führten zu Bankrotten und Entlassungen, und im Jahr 1788, ziemlich genau hundert Jahre nach der Hoch-Zeit der Hugenotten-Einwanderung, verzeichnete man in Berlin rund 14.000 Arme, die aus öffentlichen Geldern versorgt werden mußten – zu jenem Zeitpunkt etwa zehn Prozent der Stadtbevölkerung.

Die Oberschicht sah naturgemäß eher die im Ganzen wohl auch überwiegenden Positiva dieser Entwicklung; die Kluft zwischen Adel und Hof auf der einen, der einfachen Bevölkerung auf der anderen Seite konnte eben nur durch die bürgerliche Kultur geschlossen werden, und an der hatte es bis dahin in Preußen und sogar in Berlin selbst weitgehend gefehlt. Darüber gibt es enthusiastische Resumés wie etwa jenes des Kammerherrn Carl Ludwig Freiherrn von Pöllnitz, und ruhigere, präzisere Beschreibungen, wie sie sich in der Lebensgeschichte des Friedrich August von der Marwitz finden. Sehr summarisch stellt Pöllnitz fest: »Wir haben ihnen (den Hugenotten) unsere Manufakturen zu danken, und sie gaben uns die erste Idee vom Handel, den wir vorher nicht kannten. Berlin verdankt ihnen seine Polizei, einen Teil seiner gepflasterten Straßen und seine Wochenmärkte. Sie haben Überfluß und Wohlstand eingeführt und diese Stadt zu einer der schönsten Europas gemacht. Durch sie kam der Geschmack an Künsten und Wissenschaften zu uns. Sie milderten unsere rauhen Sitten, sie setzten uns in den Stand, uns mit den aufgeklärtesten Nationen zu vergleichen, so daß, wenn unsere Väter ihnen Gutes erzeigt haben, wir dafür hinlänglich belohnt worden sind«.

Von der Marwitz schildert uns jene Phase der Anpassung, in der vor allem in Berlin selbst die Unterschiede zwischen der Lebensweise der Alt- und der Neubürger zu schwinden beginnen und Berlin den ziemlich plötzlichen Anstieg der Bevölkerung, aber auch den Zustrom zunächst fremder Elemente in einen einigermaßen normalen städtischen Alltag einmünden lassen konnte:

»In Berlin war damals, mehr noch als in anderen deutschen Städten, bei Hof und unter dem Adel die französische Sprache allgemein (verbreitet). Dies rührte weit weniger . . . von Friedrichs des Großen Vorliebe für diese Sprache her, als von der zahlreichen Ansiedelung der französischen Refugiés in Berlin. Da seit dieser Ansiedelung schon hundert Jahre verstrichen waren, so hatten sich die französischen adeligen Familien schon mit vielen einheimischen verschwägert. In dem Beamten-, Gelehrten- und Kaufmannsstande war dies zwar weniger der Fall, weil die Sprache hier noch ein Hindernis des Bekanntwerdens bildete. Da aber die französischen Kaufleute und Fabrikanten die geschicktesten und in vielen Fächern die einzigen waren, so war mit diesen der meiste Verkehr, und in allen Kaufläden wurde französisch gesprochen; auch verursachte die äußere feinere Bildung, daß die Erzieherinnen beinahe ausschließlich aus den Refugiés genommen wurden . . . Diese sprachen zwar schon sämtlich deutsch, aber schlecht und mit sehr merklichem Akzent. Wenn sie sich deutlich ausdrücken wollten, mußten sie französisch sprechen. Die ganz alten Leute konnten gar kein Deutsch. Die (französische) Kolonie hatte damals noch fünf Kirchen in Berlin, die stets ganz gefüllt waren, und da die französischen Prediger für die besten galten, so wurden sie auch von den Deutschen, die französisch konnten, also schon von dem ganzen Adel, häufig besucht. Ich bin in meiner Kindheit (d. h. also in den Jahren 1782–90) weit öfter in der französischen als in der deutschen Kirche gewesen. In den seither verflossenen fünfzig Jahren hat sich alles verändert. Die vierte und fünfte Generation (seit der Immigration) ist herangewachsen. In allen Städten hat eine gänzliche Vermischung (der Refugiés) mit den Deutschen stattgefunden; sehr viele führen jetzt noch französische Namen und können kein Wort französisch mehr. Ihre Kirchen stehen leer«.

Marwitz bestätigt uns, daß die Integration von oben her erfolgte, einmal, weil der deutsche Adel keine Sprachschwierigkeiten mit den Ankömmlingen hatte, zum andern aber, weil die Oberschicht von Brandenburg-Preußen sich im Gefolge der Herrscher weitgehend der reformierten Religion zugewandt hatte. Dazu kam, daß der Adel damals wie heute zahlreiche auch familiäre Beziehungen unterhielt, die nicht nur die politischen, sondern auch die Volkstumsgrenzen übersprangen; die Widerstände gegen einen so massiven Zustrom aus dem Westen waren also gerade beim Adel geringer als im Bürgertum, obwohl das Bürgertum das spezifisch städtische Element darstellte, während der Adel ja doch zumindest zeitweise auf seinen Gütern und jedenfalls von ihnen lebte.

Die publizistische Diskussion des ganzen Vorgangs hielt sich aus den oben erwähnten Gründen in Grenzen; erstens hatte die Immigration eine kurfürstliche Entscheidung zur Voraussetzung, und zweitens war der Widerstand gegen die Franzosen eher eine Angelegenheit der geistig nicht sonderlich interessierten Mittelschicht, so daß Pamphlete und Journale wenig Kapital aus ihm schlagen konnten. Gegen Ende des siebzehnten Jahrhunderts konnte man in einer Berliner Flugschrift lesen:

»Sonsten wurden die Franzosen bei den Teutschen nicht estimieret (geschätzt), heutzutage können wir nicht ohne sie leben und muß alles französisch sein. Französische Sprache, französische Kleider, französische Speisen, französischer Hausrat, französisch Tanzen französische Musik usw. Will ein Junggeselle bei einer Dame heutzutage attresse haben (gut ankommen), so muß er mit französischem Hütchen, Weste und Strümpfen erscheinen; tut er das, so mag er ansonsten eine krumme Habichtsnase, einen Buckel und krumme Beine haben, man fragt nicht danach; es genügt, daß er sich nach der französischen Mode kleiden kann... Die teutsche Sprach kommt ab, eine andre schleicht sich ein. Wer nicht Französisch redt, der muß ein Simpel (Tolpatsch) sein«.

Zweifellos ist in solchen und ähnlichen Stimmen nicht der Ausdruck von Kollektivhaß zu erblicken, ja vermutlich muß die Franzosenfeindlichkeit, wie sie die oben und im folgenden zitierten Stimmen zeigen, lediglich als ein Widerstand gegen Auswüchse aufgefaßt werden, und zu solchen Auswüchsen kommt es natürlich immer dort, wo eine Gruppe von Fremdstämmigen zu groß ist, um im einzelnen noch wirklich kontrolliert werden zu können. Das hat sich im Rußland des großen Zaren Peter I. ebenso deutlich gezeigt wie in den Industriestaaten des zwanzigsten Jahrhunderts, die Arbeitskräfte importieren mußten und zu spät bedachten, daß die Probleme dann entstehen, wenn jener Arbeiter seine Spitzhacke oder Schaufel aus der Hand legt und sich aus einem neutralen Instrument in einen Menschen mit Fleisch und Blut, mit Familie und alten Gewohnheiten zurückverwandelt – mitten in seiner neuen Heimat.

Für Auswüchse dieser Art waren weniger die Hugenotten selbst verantwortlich als jene zweite Welle der Einwanderer, die in die Bresche nachströmte. Die fleißigen, kenntnisreichen und frommen Vertriebenen hatten zumindest bei der Obrigkeit und bei ruhig urteilenden Fachleuten der Behörden eine gute Stimmung für die Franzosen geschaffen, und es konnte nicht ausbleiben, daß sich diese nun andere zunutze machten, Menschen, die man heute etwa Wirtschaftsflüchtlinge nennen und ebenso scheel ansehen würde:

»Sie kommen aus Frankreich«, heißt es in einer anonymen Flugschrift, die sich als ›ein ganz vermaledeites Märchen‹ bezeichnet, »sind gewöhnlich verjagte oder entlaufene Kammerzofen, veraltete (sic) Theaternymphen, abgedankte Kokotten, lahm gewordene Tänzerinnen ... aus Paris, der Hauptstadt aller Narrheiten. Man spart keine Kosten, sich diese kostbaren Möbel in die Hauswirtschaft herbeizuschaffen. Kaum ist die junge Komtesse, der junge Graf geboren, da wird schon eine Staffette nach Straßburg ... abgefertigt. Was geschieht? Die pädagogische Pfuscherin läßt sich vierfach das Reisegeld bezahlen, kommt mit Extrapost, bringt in ihrem Koffer einige nichts bedeutende Florfetzen und in ihrem Gehirn tausend Modetorheiten mit. Ihre Kenntnis besteht in einem Abrégé (heute soviel wie Digest, Kurzfassung) de morale, d'histoire, de géographie usw., denn ihre Nation hat alles in Abrégés gebracht, und behandelt daher alles oberflächlich, besonders die Erziehung. Wenn sie sich einmal in einem Hause eingenistet haben, so bringt sie kein Teufel mehr heraus, und nachdem die jungen Herren und Fräulein eine Menge Nichts erlernt haben, erhält die Erzieherin eine größere Pension auf (ihre restlichen) Lebensjahre als mancher wackere Soldat mit dreißig Wunden von seinem Monarchen empfängt«.

Der Verfasser dieses Angriffs scheint zu wissen, wovon er spricht und hat offenbar konkrete Fälle im Auge; auch ist anzunehmen, daß er selbst aus dem pädagogischen Bereich kommt, denn er fährt ziemlich schulmeisterlich, wenn auch nicht ganz ohne Grund fort, über die Pädagogen aus Frankreich herzuziehen:

»Die französischen Erzieher sind im Hauptzuge ihres Charakters den Gouvernanten bis auf die unmerklichsten Züge ähnlich. Man nennt sie Abbés. Sie sind größtenteils verkleidete Kammerdiener, Friseure, Marqueurs (d. h. Croupiers), unglückliche Spieler von Profession ... entsprungene Mönche oder Fechtmeister. Die Tanzmeister, die man in den ansehnlichsten Häusern sieht, sind keine Pariser, wie sie uns einreden wollen, sondern französisierte Deutsche«.

Mit solchen Pamphleten, die ja keineswegs nur primitiven Konkurrenzneid als Ursache hatten, sondern ein tieferes Unbehagen an der Franzosenbegeisterung verraten, münden wir in eine geistesgeschichtliche Situation, wie sie erst nach und nach und unter der Einwirkung so starker deutscher Geister wie Lessing, Herder und der Sturm- und Drangbewegung gewandelt wurde. Natürlich sind die Hugenotten nur eines der Elemente in einer ganz Deutschland erfassenden Bewegung, die im siebzehnten Jahrhundert anhob und ganz Mitteleuropa, aber auch Spanien und Italien nach Paris blicken ließ. Aber zum Unterschied von den katholischen Ländern hatte das protestantische Deutschland neben dem Ideen-Import auch noch eine Immigration von beträchtlichen Ausmaßen zu verzeichnen, und der schnelle Aufstieg Preußens, das verblüffende Anwachsen der Stadt Berlin trugen dazu bei, daß aus einer ursprünglich religiös orientierten Wanderung schließlich eine gewaltige Woge französischer Kultur wurde. Und je größer so eine Woge aufwächst, umso mehr reißt sie mit sich, schwemmt sie hinweg.

Wir kennen einige der in jenem ›vermaledeiten Märchen‹ so pauschal geschmähten Erzieher aus dem Westen genauer und Hunderte mit Namen und Herkunft. Die bekannteste, unserem Pamphletisten durchaus recht gebende Szene hat sich zweifellos zwischen Friedrich dem Großen und dem Chevalier de Seingalt abgespielt, der unter dem Namen Giacomo Casanova berühmt geworden ist, unehelicher Sproß eines venezianischen Patriziers aus der Verbindung mit einer munteren und intelligenten Schauspielerin, die später in Dresden Furore machte. Zu einem Engagement des französisch gebildeten Venezianers als Erzieher an einer preußischen Kadettenanstalt kam es nicht, vermutlich, weil der große Friedrich den wortgewandten Abenteurer doch nicht nach seinem Geschmack fand (nach Casanovas Memoiren allerdings, weil der elegante Venezianer an der Primitivität einiger kleinadeliger Junker und an einem vollen Pot de Chambre Anstoß nahm).

Zustande kamen wichtige Verbindungen und Verpflichtungen, wenn die großen Familien Brandenburg-Preußens den Eindruck hatten, an Herren von Charakter und Religion geraten zu sein, denen sie ihren Nachwuchs unbedenklich anvertrauen konnten. Das war in hohem Maße der Fall bei Alexander von Dohna, Baron von Coppet (1661-1728), dem Sohn eines Gouverneurs des holländischen Fürstentums Orange an der Rhône. Seine Mutter, eine geborene du Puy-Ferassière, entstammte einer seit vielen Generationen hugenottischen Adelsfamilie der mittelfranzösischen Provinz. Auch der Mann, der den stärksten Einfluß auf den jungen Dohna hatte, war der Sproß einer alten Hugenottenfamilie, wenn es sich auch nicht um Adel, sondern um Pastoren handelte: Pierre Bayle, einer der besten Köpfe seines Jahrhunderts.

Auf dem Schloß, das schon durch Bayle, noch mehr aber beinahe durch die Staël berühmt wurde, formten sich Bildung und Persönlichkeit Alexanders von Dohna, der auf wunderliche Weise aus seiner Offizierslaufbahn, ja beinahe aus dem Feldlager weg an den Hof zu Berlin geholt und zum Erzieher des Kurprinzen bestellt wurde, des späteren Königs Friedrich Wilhelm I. Schon Dohnas Vater hatte sich auch schriftstellerisch betätigt, hatte in Coppet eine hochgeistige Altherrenexistenz anderen Verwendungen vorgezogen, und sein Ältester, Alexander, war eben 34 Jahre alt geworden, als er gegen den Willen des beinahe allmächtigen Ministers Danckelmann den Oberhofmeisterposten erhielt (Danckelmann hatte ihn natürlich für einen seiner vielen Brüder begehrt, er hatte nicht weniger als sechs davon unterzubringen, und das war selbst für einen Premierminister im kargen Preußen nicht ganz so einfach).

Danckelmann blieb Dohnas Widerpart, und vielleicht ist es dieser Gegensatz zwischen Potsdam und Coppet, zwischen Preußentum und der freundlichen Lebensphilosophie, wie sie von Bayle und Leibniz herkam, der auf unselige Weise wiederkehrte, als Friedrich Wilhelm I., auch der Soldatenkönig genannt, alles Französische aus seinem Sohn, dem später so großen Friedrich, hinausprügeln wollte. Denn der preußisch-französische Gegensatz schwelte auch schon zwischen Danckelmann und der Kurfürstin und manifestierte sich darin, daß der Minister dem Grafen Dohna einen Klotz ans Bein hängte, einen sogenannten Informateur. Dies war ein untergeordneter, aber mit dem eigentlichen Unterricht betrauter Lehrer namens Cramer, der sich als Verfasser einer antifranzösischen Streitschrift bei Danckelmann Liebkind gemacht hatte. Dieser verwahrloste, durch den ungebärdigen Zögling sichtlich überforderte Lehrer trug die Schuld daran, daß der Prinz jahrelang so gut wie nichts lernte und Dohna schon um seinen Abschied bitten wollte, als Danckelmann plötzlich im November 1697 seiner Ämter enthoben und später sogar vor Gericht gestellt wurde. Damit war natürlich auch Cramer seinen Posten los, und Dohna konnte sich endlich – wie sich zeigen sollte: zu spät – intensiver mit seinem Zögling beschäftigen. Der Mann, der ihm dabei half, entstammte ebenfalls einer Hugenottenfamilie und hieß Jean Philippe Rebeur. Rebeurs Eltern waren den Weg vieler Flüchtlinge gegangen, waren in die Schweiz gelangt und zunächst in der Nähe des Calvinistenmekkas Genf geblieben; erst später hatten sie die deutschen Fleischtöpfe gesucht und waren nach Berlin weitergezogen.

Was Dohna und Rebeur mit dem Kurprinzen erlebten, die Wutausbrüche, die Tobsuchtsanfälle, die heftigen Versöhnungen, dies alles zeigt uns schon den späteren Soldatenkönig. Dohna, der eine gewisse Distanz zu dem Prinzen halten konnte, der als Kriegsmann vielleicht auch aus dem härteren Holz geschnitzt war, überstand diese schwierigen Jahre und beerbte noch die erloschene schlesische Linie seines Hauses, so daß er zum Ahnherrn der Dohna von Schlobitten wurde. Rebeur, gegen den Kurprinzen auf verlorenem Posten, erhielt zwar zum vierzehnten Geburtstag seines Zöglings noch ein großes Geldgeschenk und manche Versprechungen, starb aber schon mit vierzig Jahren und erhielt 1703 ein so prunkvolles Begräbnis, daß die Kundigen darin einen Ausdruck des schlechten Gewissens der ganzen nunmehr königlichen Familie erblickten. Dohna sagte, in eindeutiger Anspielung auf das Schicksal, das die daheimgebliebenen Hugenotten erwartete, nach dem Tod des treuen Rebeur: »Auf den Galeeren wäre er glücklicher gewesen«. Dabei hatten Dohna wie Rebeur als wohlausgebildete und gläubige Reformierte das einzige Druckmittel zur Hand gehabt, auf das der spätere Friedrich Wilhelm jemals reagierte: die Religion, die Drohung mit den Höllenstrafen. Dohna scheint sich, vor allem, als Rebeur unter der Erde lag, keinerlei Illusionen mehr über den ihm anvertrauten Prinzen und dessen Persönlichkeit gemacht zu haben; er fand ihn im Gehaben und in den Neigungen nicht prinzlich, sondern auf dem Niveau eines Unteroffiziers, und vielleicht geht das böse französische Wort vom *Roi sergeant* tatsächlich schon auf diesen Ausspruch des Grafen Dohna zurück.

Friedrich Wilhelm I. freilich scheint geahnt zu haben, welche Mühe seine hugenottischen Erzieher mit ihm gehabt hatten, denn wenn er auch für Rebeur nichts mehr tun konnte, den Grafen Dohna machte er schon in den ersten Wochen nach dem Regierungsantritt zum Generalfeldmarschall (und das, obwohl Dohna nie mehr als ein Regiment kommandiert hatte).

Dohna hatte seine Hand auch noch im Spiel, als für Friedrich Wilhelms Sohn, den späteren Friedrich den Großen nach dem frühen Ende der Gouvernanten-Erziehung ein Präzeptor für den eigentlichen Unterricht gesucht wurde, den Gouverneur und Sous-Gouverneur, wie man die adeligen Erzieher deutschen Blutes damals nannte, nicht selbst zu leisten bereit und in der Lage waren. Unter der Oberaufsicht eines Generals, des Grafen Albrecht Konrad Finck von Finckenstein, und des Obersten von Kalckstein aus dem ziemlich unbotmäßigen und zu Abenteuern neigenden ostpreußischen Geschlecht empfing der Kronprinz sein eigentliches Wissen ebenso wie einst sein Vater von einem Refugié, von Jacques Egide Du Han, dessen Vater Philippe ein kleines Gut unweit Sedan besessen hatte. Auch die Mutter Du Hans war von Adel und entstammte einer Offiziersfamilie, in der wichtige Kommandoposten an Frankreichs Ostgrenze so gut wie erblich gewesen waren, ehe die Du Han sich dem reformierten Glauben zuwandten. Diese wichtigen Verwendungen in der Verwaltung und in der Verteidigung des Landes erklären, warum Philippe Du Han trotz der Nähe der Grenze nicht still verschwinden konnte wie etwa die bürgerliche Familie Estienne aus Metz. Philippe Du Han wurde verhaftet, doch gelang ihm mit seiner Frau die Flucht, und der kleine Jacques Egide kam bereits in Berlin zur Welt, besuchte hier – wie sollte es anders sein – das bereits berühmte *Collège Français* und wurde in jungen Jahren Haushofmeister in der Familie des Grafen Alexander von Dohna.

Was nun folgt, ist sehr bekannt; die Jugendgeschichte Friedrichs ist, vor allem wegen seines Fluchtversuchs, genau erforscht und der einflußreiche französische Lehrer Du Han nicht selten für die Entstehung der Fluchtgedanken verantwortlich gemacht worden, obwohl er seine Tätigkeit beim Kronprinzen ja schon drei Jahre vor jenen denkwürdigen Ereignissen eingestellt hatte. Es braucht hier also nicht viel gesagt zu werden. Friedrich, Urenkel der schönen und geistvollen Hugenottin Eleonore d'Olbreuse, nahm willig, ja gierig all das auf, was sein Vater störrisch und unter ständiger Auflehnung empfangen hatte. Du Han riskierte es – wie man sagen muß: unter Gefahr für Leib und Leben –, dem Kronprinzen auch Dinge beizubringen, die der bildungsfeindliche Friedrich Wilhelm I. aus dem Lehrplan gestrichen hatte, die alte Geschichte zum Beispiel. Die Strafen, die verhängt wurden, bestanden im Auswendiglernen von Katechismuskapiteln, eine Anordnung des königlichen Vaters, die Friedrich II. einen frühen Widerwillen gegen die reformierte Religion mit ihren oft engherzig wirkenden Lebensregeln eingab. Man hat es oft dargestellt und inzwischen sogar aus dem Fernsehen erfahren, daß sich Du Han das Geld für jene Bücher, die Friedrich offiziell nicht lesen durfte, heimlich zusammenborgte, und daß der Soldatenkönig, als er den Handel entdeckte, an die viertausend Bücher, von denen viele seinem Sohn sehr lieb geworden waren, kurzerhand verkaufen ließ.

Nach dem Fluchtversuch des Kronprinzen und der Hinrichtung seines Freundes Katte setzte Friedrich Wilhelm I. seine alte Abneigung gegen jegliche Bildung, die mehr als Religion und brandenburgisch-preußische Geschichte umfaßte, in rücksichtslose Aktion um. Du Han, der zuvor in Ehren verabschiedet worden war, wurde wie später noch andere mißliebige Beamte nach Memel verbannt, wo er von heimlich übermittelten Geldspenden seines treuen Schülers mehr als dürftig lebte. Ja selbst Du Hans greiser und eo ipso vollkommen schuldloser Vater wurde unter Verlust seiner Bezüge seines Postens enthoben, eines der frühesten Beispiele von Sippenhaftung in der preußischen Geschichte. Zehn Jahre währte die schwere Zeit für Du Han, dann kam Friedrich II. auf den Thron und beeilte sich, an seinem Lehrer und Freund, dem Trost seiner Jugend, gut zu machen, was sich noch gut machen ließ. Als Du Han 1745 starb, war er zwar älter als Rebeur, der sich an Friedrich Wilhelm I. verbraucht hatte, mag aber doch als zweites Beispiel dafür dienen, mit welcher Aufopferung und Uneigennützigkeit sich Hugenotten, also Franzosen, einsetzten, um deutschen Prinzen jene Bildung und Lebensart beizubringen, wie sie damals im ostelbischen Adel noch nicht oft anzutreffen waren. Wie hart dieser Kampf oft war, wie hartnäckig sich einflußreiche einheimische Kreise in ihrem Widerstand erwiesen, das beweisen Männer wie der Minister Danckelmann und Naturen wie der auf vielen Gebieten so zielbewußt-tüchtige Soldatenkönig, Friedrich Wilhelm I. von Preußen.

Die Einflüsse intelligenter und hingebungsvoll arbeitender Erzieher auf junge Prinzen sind sehr oft stärker und wirkungsvoller, als zunächst offenkundig wird. Das Hofleben brachte es in fast allen europäischen Staaten mit sich, daß ein Thronfolger in einem Alter, in dem er besonders viel Zuneigung und Fürsorge braucht, bereits völlig allein gelassen wird, und so wie der fünfzehnte Ludwig sein Leben lang von Frau zu Frau eilte, weil er mütterliche Liebe nie empfangen hatte, so war vielleicht auch das Verhältnis des großen Friedrich zum anderen Geschlecht dadurch beeinträchtigt, daß er vom fünften Lebensjahr an und über die Pubertät hinweg auf eine gefährdete und geheime Männerfreundschaft angewiesen blieb. Wären diese Umstände ohne die regulierende und reglementierende Kraft der reformierten Religion eingetreten, die Auswirkungen hätten für Preußen und Deutschland sehr bedenklich werden können. Ohne die Spekulation weiter treiben zu wollen, läßt sich also sagen, daß die *immigration modèle,* die Einwanderung der französischen Protestanten gegen Ende des siebzehnten Jahrhunderts, zu einer Sternstunde des jungen brandenburgisch-preußischen Königtums geworden ist, unvorhersehbar wie so manches andere letztlich segensreiche Großereignis der Geschichte.

DIE STREUSANDBÜCHSE SIEGT

Blickt man von der oft unbeherrschten und immer wieder ins Extrem verfallenden Politik des Soldatenkönigs auf die Persönlichkeit des Großen Kurfürsten zurück, so wächst die Bewunderung für die Konsequenz, mit der dieser große Erstling eines neuen Staatswesens und Staatsdenkens seine ungeheure Arbeit verrichtete. Die sogenannte Peuplierung ist in ihr nur ein Teil, aber neben den militärischen Erfolgen wohl der wichtigste, und wie sehr sie dem Kurfürsten am Herzen lag, geht am deutlichsten daraus hervor, daß ihm kaum eine Minderheit für seine Zwecke ungeeignet erschien. Daß er Juden kommen ließ, aus Wien wie aus Holland und Hamburg, wurde schon erwähnt; daß er die Mennoniten aufnahm, die andere nicht nur nicht wollten, sondern sogar verfolgten, macht ihn zu einem achtbaren Einzelgänger unter seinen Zeitgenossen. Und daß er die Waldenser willkommen hieß, während die sonst recht gut beleumundeten Fürsten von Savoyen auf diese wehrlosen Bergbauern grausamste Jagden veranstalteten, das hebt den Großen Kurfürsten vollends aus seinem Jahrhundert heraus, das als eines der blutigsten der europäischen Geschichte gilt.

Es war eine der letzten größeren Aktionen Friedrich Wilhelms, daß er im April 1688, wenige Wochen vor seinem Tod, die Bürger seiner Stadt Stendal davon zu überzeugen suchte, daß der Zuzug der Waldenser ein Vorteil für sie sein werde. Er versicherte ihnen, daß »durch eine neue Colonie Unsere gute Stadt mit mehreren Einwohnern besetzt und weil gedachte Waldenser ein ziemliches Vermögen (?) mit sich bringen, Nahrung und Gewerb daselbst ... befördert werden könnten«.

Die Peuplierung, die Vermehrung der Bevölkerung, war für Brandenburg wie für Preußen eine Lebensfrage. Es ist heute kaum mehr vorstellbar, mit welch harten Mitteln und Strafandrohungen die Bevölkerung auf der Scholle festgehalten werden mußte. Der lange Krieg der ersten Jahrhunderthälfte hatte das Vertrauen nicht nur der Bauern, sondern auch der Landarbeiter in Sinn und Zweck ihrer Daseinsform immer wieder zutiefst erschüttert. Mühsam Erarbeitetes war binnen Stunden ein Raub der Flammen geworden, Weiler und Dörfer lagen selbst kleinen Streifscharen gegenüber schutzlos da, und weil im nahen Polen solche Verhältnisse auch noch zur Zeit des Großen Kurfürsten und später andauerten, hielt es schwer, in Brandenburg-Preußen die Bindung an Grund und Boden, an Besitz und Bauernarbeit zu festigen. Wäre es anders gewesen, so hätte Preußen nicht neben den meist städtisch orientierten Hugenotten auch noch Waldenser, Mennoniten und später viele Tausende von Salzburgern aufgenommen, ja im Grunde aufnehmen müssen.

Die stillschweigende Annahme, die diesem Menschenimport zugrundelag, lief auf die Assimilationskraft des Bodens hinaus. Hatten nicht auch die Ostseeslawen im Lauf der Jahrhunderte den Weg in die Lebensgemeinschaft der Hansestädte gefunden? Waren nicht Lübeck (eine slawische Gründung), Stralsund, Wismar, Reval und Riga mit ihren zahlenmäßig starken slawischen Unterschichten inzwischen deutsche Städte geworden? Die drastischen Strafen hinderten zum Beispiel das Gesinde, sich einfach auf die Wanderschaft zu machen. Zwar deuten manche Biographen des Großen Kurfürsten, wie zum Beispiel Ludwig Hüttl an, daß der dünn besiedelte Doppelstaat gar keine realen Möglichkeiten hatte, einen Grenzübertritt ins Ausland zu verhindern, aber wer bei der Landflucht aufgegriffen wurde, hatte doch sehr ernsthafte Unannehmlichkeiten zu gewärtigen. Und daß der Kurfürst – wenn ihm an einer Festnahme besonders gelegen war – auch nicht davor zurückschreckte, einen Kommandotrupp ins Ausland zu entsenden, das hatte schließlich der Fall des politischen Agenten Christian Ludwig von Kalckstein bewiesen, den Friedrich Wilhelm im Dezember 1670 mitten in Warschau hatte entführen und in einen Teppich gerollt nach Preußen bringen lassen, um ihm den Prozeß machen zu können.

Einmal unter solcher Herrschaft, durfte man sich zwar an eine starke Brust gedrückt fühlen, doch war dem einen oder anderen die Umarmung denn doch zu eng oder gar bedrängend. Die Hugenotten gewannen die inneren Kräfte für die große Umstellung aus ihrem Zusammenhalten, aus dem Familiensinn und einem Gemeindeleben, das – wie wir gesehen haben – auch auf der Wanderung sehr oft intakt blieb. Es bewährte sich in der neuen Heimat, es etablierte sich selbst in kleinen deutschen Städten, die nur einige Dutzend von Hugenottenfamilien aufgenommen hatten, und es wirkte zumindest zunächst dem geheimen Fernziel der Obrigkeit, der Assimilation, sehr standhaft entgegen. Kennzeichnend ist der Fall jener Familie Ancillon, der auch der erste Chronist der Ansiedlung entstammte: Charles Ancillon, geboren in Metz, wo sein Vater David reformierter Prediger gewesen war, und 1685 mit seinem Vater nach Berlin gelangt. 1701, als Preußen Königreich wurde, erhielt Charles Ancillon die ehrenvolle Funktion eines Hof-Historiographen und wurde Mitglied der Akademie der Wissenschaften, in der jeder Dritte Hugenotte war oder aus einer Hugenottenfamilie stammte.

David Ancillon war einer der vielen, die keineswegs den geraden Weg nach Berlin wählten, sondern erst in jenem westlichen Deutschland blieben, aus dem der Heimweg kürzer war und das Exil darum erträglicher schien: er hatte sich zunächst in Hanau niedergelassen. David Ancillon war bei seiner Flucht bereits siebzig Jahre alt, aber gerade er kann als Beweis dafür gelten, wie Verantwortung und Würde in einer Gemeinde auch dem Einzelnen Kraft und Ausdauer gaben, und in kaum einer anderen Hugenottenfamilie waren hohe und schwere Ämter so üblich wie bei den Ancillon: Schon Nicolas Ancillon hatte um 1580 als Procureur du Palais in Metz entscheidenden Anteil an der Begründung der reformierten Gemeinde der Stadt gehabt.

Der Große Kurfürst, der sich über hervorragende Ankömmlinge stets Bericht erstatten ließ, empfing Ancillon Vater und Sohn mit großer Freundlichkeit. »Ich danke Gott«, sagte er, »daß er Sie bewogen hat, den Rest Ihres Lebens in meinem Lande zuzubringen; ich werde alles tun, daß Sie hier in Zufriedenheit leben können. Meine Schwägerin, die Herzogin von Simmern, hat sie mir angelegentlich empfohlen; ich ernenne Sie daher zum ordentlichen Geistlichen meiner französischen Kirche in Berlin«.

Da unter den Flüchtlingen verständlicherweise viele hervorragende Kirchenmänner waren, gab es an den Kirchen der Refugiés nicht selten zwei oder gar drei Pastoren, und die Kassen der Reformierten wurden erheblich strapaziert. Die Ancillon aber wichen bald auch auf andere Berufe aus. Charles Ancillon wurde als Jurist Syndikus der Gemeinde und war zeitweise Polizeidirektor von Berlin. Die Traditionen innerhalb der Familie waren so stark, daß die Ancillon in vielen Generationen keine Ehen mit Deutschen schlossen; Charles, der Chronist, ging eine Verbindung mit der Tochter seines Vaterbruders ein, heiratete also eine Cousine ersten Grades.

Betrachten wir nur die ersten vier Berliner Generationen der Ancillon, so gewinnt man den Eindruck, sie lebten in einem ummauerten Ghetto: der Sohn des Chronisten, er heißt Frédéric Auguste, heiratete eine Judith Naudé, deren Vater Mathematiker war und Mitglied der Akademien von Berlin und London – und die Naudé stammen, wie die Ancillon, aus Metz, der unvergessenen Heimat. Auch Louis Frédéric Ancillon (1740–1814) heiratet in Marie Mathis eine Hugenotten-Nachkommin, deren Eltern und Großeltern aus Metz stammen. Diese Generation zeigt einen gewissen sozialen Abstieg. Nach den hohen Rängen der ersten Ancillon ist Louis Frédéric nun ein schlichter Pastor, seine Frau stammt von Gewürzhändlern, Perückenmachern, Kaufleuten.

Aber der Sohn dieses einfachen Paares bringt der Familie dann den deutlichsten Aufstieg: Jean-Pierre Frédéric Ancillon (1767–1837) ist zwar zunächst wie der Vater Prediger in der Berliner französischen Gemeinde. Des Vaters Leichenpredigt auf den großen Friedrich hatte die Ancillon wieder ins Gespräch gebracht, Sohn Jean-Pierre aber war ein durchaus eigenständiger Geist, hatte in Genf studiert, hatte in Paris die Große Revolution erlebt und war endlich auch dem Freiherrn von Stein aufgefallen, der 1808 auf den geistvollen und durch eine Reihe von Publikationen ausgewiesenen Mann aufmerksam machte, als für den Thronfolger, den späteren Friedrich Wilhelm IV., ein Erzieher von Format gesucht wurde.

Nach ersten Kontakten im Schicksalsjahr 1809 betrieb vor allem die Königin Luise die Betrauung Ancillons, der dann 1810 bis 1814 die schwierige Aufgabe übernahm. »Wie in früheren Hohenzollerngenerationen, so wurde auch jetzt ans Ehrgefühl appelliert und das wilde, ungestüme Wesen als herabwürdigend verurteilt. Bei peinlichen Zwischenfällen drohte der Erzieher, zurückzutreten. Erst nachdem der Zögling feierlich Mäßigung versprochen hatte, ließ Ancillon sich herbei, seine Aufgabe als ›Freund und Rathgeber des Prinzen‹ weiterzuführen. So ging es hin und her zwischen Krisenzuständen und moralischem Fortschritt (so Ancillon). Wie man sieht, der typische Phasenverlauf in den Entwicklungsjahren eines zyklothymisch veranlagten Psychopathen« (Pierre-Paul Sagave).

Ancillon war mit seiner Betrauung zunächst Staatsrat, danach Legationsrat geworden und wurde, als seine Aufgabe bei dem Prinzen beendet war, einer der engsten Mitarbeiter des konservativen Staatskanzlers Hardenberg. Nach dessen Tod eher hinter den Kulissen wirkend, blieb Ancillon als Staatssekretär eine der Konstanten der damals vielumstrittenen preußischen Politik, und es darf zweifelhaft bleiben, ob Preußen ohne diesen angesehenen, hochgebildeten und untadeligen Konservativen jene so konsequent reaktionäre Politik durchgestanden hätte, die den Staat in die Heilige Allianz führte. Intellektuelle aller liberalen Lager haben Ancillon wiederholt angegriffen, aber auch dem Superpatrioten Treitschke war der – wie er sich ausdrückte – glatte Halbfranzose und elegante Prediger nicht recht. Ranke freilich ließ nichts auf seinen Lehrer kommen, verteidigte die Berufung Ancillons zum Prinzenerzieher und nannte ihn – zweifellos mit Recht – »einen der besten Repräsentanten des in den Nachkommen der französischen Refugiés fortlebenden Interesses für die allgemeine europäische Kultur in religiöser und politischer Beziehung«.

1832 bis 1837 Außenminister, ist Ancillon bereits dem Vormärz zuzuzählen. Der Mann, der in jüngeren Jahren ein vielbeachtetes Werk über die europäischen Revolutionen schrieb, machte als Minister nur dadurch Furore, daß er ein Bürgerlicher war – vor allem im Portefeuille des Auswärtigen eine bis dahin undenkbare Tatsache. Da Hardenberg nicht mehr lebte, schloß er sich eng an Metternich an und wäre mit diesem gescheitert, hätte ihn nicht der Tod vor all den kommenden Konflikten bewahrt. Immerhin: Ancillon, später ein erzkonservativer Politiker, hatte im Jahr 1818 Hegels Berufung auf den Philosophie-Lehrstuhl der Universität Berlin durchgesetzt...

Das Beispiel der Familie Ancillon, die mit dem Minister im Mannesstamm ausgestorben ist, steht nicht allein da, wenn auch nicht allzuviele Hugenottensippen Gelegenheit hatten, sich in gleichem Maße von Verbindungen mit Ansässigen freizuhalten und dies auch meist gar nicht wollten. Berlin, wo die französische Kolonie soviel Einwohner stellte wie anderswo ganze Städte haben, bot eben ungleich mehr Möglichkeiten, innerhalb der Eingewanderten zu heiraten als kleinere Orte.

Immerhin kann das Beispiel der Ancillon und anderer eine wichtige Frage beantworten: die nach dem Verhältnis der Refugiés zu ihrer früheren Heimat. Erinnern wir uns an den Renegatenhaß, der in der Geschichte soviel Unheil anrichtete: an die einst christlichen Führer türkischer und nordafrikanischer Piratenflotten und ihre Brandschatzungen der Mittelmeerküsten, an Patkuls Kriegstreiberei aus Haß gegen Schweden, an die widerliche Rolle des Korsen Pozzo di Borgo im Kampf gegen

Napoleon. Die in Frankreich verfolgten Reformierten hätten allen Grund gehabt, den Sonnenkönig zu hassen und das von ihm repräsentierte Land möglichst schnell vergessen zu wollen, denn die Dragonaden und die Galeeren, der Cevennenkrieg und die Bastille sprachen doch eine sehr deutliche Sprache. Aber die Reformierten verstanden es im großen und ganzen, zwischen heimatlichen Traditionen und französischer Königsgewalt zu unterscheiden. Es gab zwar französische Regimenter in der brandenburg-preußischen Armee, sie haben gelegentlich auch gegen Frankreich gekämpft, so wie sie für ihren Souverain auch gegen jeden anderen Gegner angetreten wären. Im Grundsatz aber, in Lebensführung und Familienexistenz, hielten die meisten Reformierten bewundernswert eine moralisch-religiös bestimmte Mitte zwischen Ludwig XIV. und dem Marquis de Brandebourg, wie der Sonnenkönig seinen Widersacher in Angelegenheiten der Reformierten verächtlich zu nennen pflegte.

Schon vor der ausdrücklichen Einladung des Großen Kurfürsten, in den Jahren der ersten gegenreformatorischen Maßnahmen in Frankreich, hatte Friedrich Wilhelm französische Helfer bei seinen zunächst eher unauffälligen Versuchen, die Not der Hugenotten zu lindern. Sie sind heute meist vergessen, der Großstallmeister Graf von Beauveau ebenso wie der Hofprediger Gaultier de S. Blancard, der Kammerherr Claude de Bellay und der Generalleutnant Henri de Briquemault. Hingegen kennt man noch Ezechiel von Spanheim, den aus Genf gebürtigen bedeutenden Juristen und unbeugsamen Anhänger Calvins, den der Große Kurfürst nicht ohne Absicht neun Jahre lang als außerordentlichen Gesandten in Paris amtieren ließ. Spanheim – mit dem kurpfälzischen Grafengeschlecht gleichen Namens nicht verwandt – war Sohn eines bekannten Theologen, danach selbst Mitglied des Großen Rates in Genf, und trat mit sechsunddreißig Jahren in kurbrandenburgische Dienste, zunächst als Resident in London, von 1680 bis 1689 in Paris.

Friedrich Wilhelm setzte also dem Sonnenkönig mit Bedacht einen der prominentesten und best ausgewiesenen Calvinisten vor die Nase, der schon darum unangreifbar war, weil er diplomatische Immunität genoß und sich nicht so sehr auf religiösem Gebiet einen Namen gemacht hatte als durch seine großen Arbeiten über antike Münzen (!) und seine Übersetzungen antiker Autoren. Es entbehrt nicht der Komik, daß ein Mann vom geistigen Rang des nun geadelten Spanheim mitten in Paris der Maintenon den Tort antat, reformierte Gottesdienste in französischer Sprache abzuhalten, die allen offenstanden, die sich zu diesem Zweck in die Gesandtschaft begeben wollten. Als Ludwig XIV. dagegen einschritt, drohte der Große Kurfürst, die katholischen Gottesdienste in der Berliner französischen Gesandtschaft ebenfalls für alle Franzosen zu sperren, die dem diplomatischen Personal nicht angehörten, woraufhin der Sonnenkönig lediglich die französische Sprache verbieten ließ; es mußte beim Freiherrn von Spanheim deutsch gepredigt werden. Daraufhin wurde dem Großen Kurfürsten dieser Kleinkrieg zu lächerlich und er bewies auch gegenüber den Katholiken Toleranz: in der Berliner Gesandtschaft Frankreichs durften deutsche Priester die Messe lesen und Gottesdienste in deutscher Sprache abgehalten werden, wann immer dies gewünscht wurde.

Dabei verkannte Friedrich Wilhelm die große Verantwortung nicht, die ihm als einem Reformierten unter den Fürsten auferlegt war. Die zweite protestantische Macht, Sachsen, war lutherisch gesinnt, und wenn auch die sächsischen Herrscher sich gegen Ende des siebzehnten Jahrhunderts ungleich mehr um ihre Mätressen kümmerten als um religiöse Dinge, so zeigten sie eben dadurch, daß die Reformierten in Sachsen keine Hilfe zu erwarten hätten: die Lutherischen zu Leipzig und Dresden bekämpften sie so erbittert wie vordem die Katholiken, und als es wenige Jahre nach dem Tod des Großen Kurfürsten gar um die Königswürde im erzkatholischen Polen ging, da zauderte August der Starke nicht lange und trat zum Katholizismus über (ohne allerdings die Protestanten seines Landes in irgend einer Form unter Druck zu setzen).

Es lag also viel, wenn nicht alles bei Brandenburg-Preußen, und das Kurfürstentum, bald darauf Königreich, war für die Hugenotten nicht irgendein Fluchtland, sondern es war die Schutzmacht der Reformierten schlechthin. Sie statteten Preußen ihren Dank auf die verschiedenste Weise ab, und im allgemeinen, ohne ihrer bisherigen französischen Heimat mit Haß oder anhaltender Feindschaft zu begegnen, eine Haltung, die sie beinahe von allen Emigranten vor und nach ihnen unterscheidet.

Die Concreta zu solchen Überlegungen liefern immer wieder die Familiengeschichten, und jede von ihnen würde ein eigenes Buch ergeben, das Ganze aber eine einzigartige Bibliothek jenes besonderen Lebens zwischen Frankreich und Deutschland, zwischen der nur mühsam bezwungenen Sehnsucht nach den alten Lebensformen und den legitimen Ansprüchen, wie sie das neue Leben stellte. Die Kleinarbeit zur Sicherung der genealogischen Voraussetzungen, der Herkunftsorte, Zwischenaufenthalte und Niederlassungsziele hat uns in vielen Jahrzehnten die Familienforschung geliefert, emsig, oft enthusiastisch und mit jenem Fleiß, wie er in der Lokalhistorie den weiten Horizont allgemeinerer Geschichtsdarstellungen ersetzt. Ein Gutteil jener Genealogen, die Forschungsaufträge übernehmen, wird bis heute von Nachkommen jener Hugenotten gestellt, die vor drei- bis vierhundert Jahren ihre Heimat verließen, denn es sind ja eben die Wanderungen, die einen besonderen Anreiz für die detektivische Forschung bieten, die Suche nach verballhornten Namen der Franzosen, der Salzburger u. a., der Rasten und Zufallsbindungen (deren berühmteste bekanntlich Goethe in *Hermann und Dorothea* darstellte).

Von Wilhelm Beuleke bis in alle Verästelungen erforscht, bietet sich heute etwa die Sippe der nordfranzösischen Fouquet als Beispiel an, das den intellektuell orientierten, immer an der Spitze marschierenden Ancillon eine breite vorwiegend bäuerliche Wandergruppe entgegensetzt. Die Stammeltern Guillaume Fouquet und Susanne Fieret kommen aus der Pikardie, genauer gesagt aus der Landschaft Thiérache. Sie heirateten 1653, also noch vor dem Widerruf des Edikts von Nantes, bereits auf deutschem Boden, nämlich im pfälzischen Frankenthal, und ihre zwölf Kinder sind sämtlich in der Pfalz geboren.

Jeanne Fouquet, die älteste Tochter der beiden, macht den ersten Versuch, in der neuen Heimat auch familiär Wurzel zu schlagen und heiratet den Frankenthaler Tagelöhner Jacob Wagner. Ihre zweite Ehe jedoch geht sie dann doch mit einem Hugenotten ein, der aus Französisch-Flandern stammt. Ihre jüngere Schwester Madeleine vermeidet den Umweg und verbindet sich gleich in erster Ehe mit dem flandrischen Zimmermann François de Lattre in jenem Herbst 1685, in dem die Ältere Ihr Glück noch einmal versucht. Vielleicht war es eine Doppelhochzeit, mit der die Schwestern Fouquet auf die Aufhebung des Edikts von Nantes reagierten, doch wenn es so war, so währte die Freude nicht lang: Der Sonnenkönig holte zumindest jene Flüchtlinge ein, die sich in die Pfalz gewandt hatten: Kurfürst Karl von der Pfalz war im Mai 1685 gestorben, und Ludwig XIV. erhob für seine Schwägerin Liselotte von der Pfalz Erbansprüche auf das betriebsame, angenehme Ländchen.

Für die Hugenotten, die in der Pfalz gesiedelt hatten, um der Heimat nahe zu bleiben, bedeutete diese Entwicklung, daß sie weiterziehen mußten, denn während für die Ansässigen ›nur‹ die Kriegsnot herankam, mußten sie zudem noch fürchten, als Religionsflüchtlinge besonders hart verfolgt, ja auf die Galeeren geschickt zu werden. Es lag nahe, bei diesem neuerlichen Aufbruch das Wanderziel nun besonders sorgfältig zu wählen, irgendwann mußte man schließlich endgültig zur Ruhe kommen. Als solch eine für Generationen sichere Zuflucht bot sich eben Brandenburg-Preußen an.

Die Bauern, Pächter, Zimmerleute und Landarbeiter ziehen nun allerdings nicht nach Berlin, was sollen sie auch dort, sondern gelangen zu einem Gutteil ins Magdeburgische (wo der Dreißigjährige Krieg besonders gewütet hat) und in die Uckermark. Dieses nach dem Fluß Uker oder Üker langezeit ohne c geschriebene Ländchen umfaßte im Wesentlichen die Kreise Prenzlau, Templin und Angermünde und bot auf 3700 Quadratkilometern bei sehr geringer Siedlungsdichte noch einen erheblichen Siedlungsraum vor allem um das Hugenottenzentrum Strasburg.

Jenes Strasburg am Rande der Uckermark ist als Stadt etwa ebenso alt wie das westpreußische Strasburg; beide Siedlungen entstammen der großen Zeit der deutschen Ostkolonisation und erhielten noch im Hochmittelalter Stadtrecht. Das Uckermärkische Strasburg jedoch spielte so lange beinahe keine Rolle, bis es den kräftigen Blutzustrom der Hugenotten erhielt und wuchs auf Einwohnerzahlen von 7000 (um 1905) und 9000 heute an, wobei die Katholiken nur eine verschwindende Minderheit von einigen hundert Seelen bilden.

Wir sehen aus den Sterbedaten der Fouquet und ihrer Angehörigen, daß die zugewanderten Hugenotten ein kräftiger Menschenschlag waren und für jene Zeiten sehr hohe Lebensalter erreichten, so gut wie stets über sechzig, oft über siebzig, ein Gärtner aus Magny bei Metz wird gar achtzig und ein hugenottischer Einwanderer aus Mons in Belgien 82 Jahre. Weniger sicher sind wir hinsichtlich der Gesamtzahl der Einwanderer, wie ja überhaupt alle Zahlenangaben über die Hugenottenwanderung erstaunlich stark differieren: man wanderte eben manchmal nicht nur hin, sondern auch her, und es ist den verschiedenen betreuenden Beamten in der Durchgangsstelle Frankfurt am Main oder in den kleinen brandenburgisch-preußischen Orten nicht zu verdenken, daß sie sich dabei irrten oder die fremdklingenden Namen so falsch schrieben, daß Doppeleintragungen und dergleichen das Bild weiter verwirrten. Beuleke nimmt nach jahrelanger Beschäftigung mit einzelnen Familien an, daß insgesamt 2500 bis 3000 Hugenotten in die Uckermark gekommen sind; die Situation, die sie hier vorfanden, läßt sich am besten am Beispiel des Städtchens Strasburg deutlich machen und trifft für eine ganze Reihe anderer Siedlungen in Brandenburg-Preußen ebenfalls zu.

Strasburg liegt in einer sehr fruchtbaren Gegend, hat seinen Namen von einer längst verschwundenen Straßenburg am Handelsweg Stettin-Hamburg, der sich hier mit der Straße von Prenzlau nach Anklam und Greifswald kreuzte. In der alten Burgsiedlung, deren Reste bis etwa 1740 in den Äckern zu erkennen waren, müssen sich deutsche Neubürger. mit ansässigen Slawen vermischt haben, der erste erwähnte Schultheiß (Bürgermeister) taucht immerhin schon 1267 auf.

Wie entscheidend der Hugenottenzustrom wurde, geht aus den Einwohnerzahlen und den Schicksalen der kleinen Stadt hervor. 1625 zählte man in Strasburg 217 Herdstellen, eine Zahl, die mit der bewohnter Häuser etwa gleichzusetzen ist. 1643–45 sank die Zahl bewohnbarer Häuser weiter ab, ja es bekannten sich überhaupt nur noch neun Bürger mit ihren Familien als ständig in Strasburg wohnhaft. Den Rat, der 1515 noch zwölf Mitglieder haben mußte, hätten diese neun Familienväter also gar nicht mehr bilden können.

1469 war Strasburg bei einem kriegerischen Einfall niedergebrannt worden; danach hatte es vier weitere Brände gegeben, und 1681 zerstörte ein Großbrand die Stadt zur Gänze, unmittelbar bevor die ersten Hugenotten eintrafen, fünfundfünfzig Familien, die über die Pfalz aus Frankreich kamen, wie wir nun wissen. Diese 304 Menschen sind der Neubeginn für die alte, aber beinahe zugrundegegangene Siedlung. Der Kurfürst gibt ihnen das Geld für den Hausbau, denn sie sind ja keine wohlhabenden Gewerbetreibenden mit Ersparnissen, sondern Landarbeiter. Ja er kauft ihnen insgesamt achtzig Hufen Bauernland, auf dem die Refugiés nun Weizen anbauen, aber auch Tabak, ja bei einem Fouquet finden wir die Berufsbezeichnung ›Ackerbauer und Tabakhändler‹ (später wird der Zucker den Tabak ersetzen).

1636 und 1638 hatten die Schweden geplündert, dazu

hatte es vier Pestepidemien in einem einzigen Jahrhundert gegeben und bis ins neunzehnte Jahrhundert herauf Cholera und Typhus mit 470 Toten bei Bevölkerungszahlen, die erst zwischen 1700 und 1730 emporschnellten (1730: 2.300 1800: 2.600 1840:3.745 1871:5.013). Neben der Landwirtschaft betrieben die Hugenotten Gerbereien und verfertigten Schuhe, eine Tradition, die später in die zwei Lederfabriken mündete, von denen ein Gutteil der Strasburger Arbeit und Lohn empfing. Die hugenottische Tuchmacherei war nur im achtzehnten Jahrhundert bedeutend; sie verschwand kurz bevor die Eisenbahn der kleinen Stadt bessere Verkehrsverbindungen schuf: Strasburg hatte keine Poststation und blieb bis 1867, als die Pasewalk-Mecklenburger Eisenbahn eröffnet wurde, reichlich abgeschieden.

Angesichts des massiven französischen Zustroms nimmt es wunder, daß erst 1708 ein Einwanderer aus Frankreich in den Stadtrat aufgenommen wird. Es ist ein Gremium, auf das allerdings die Familie von Lebbin seit mehr als zweihundert Jahren großen Einfluß ausübte. Später finden sich aus jedem der drei Stadtteile zwei Stadtverordnete, und zwei von diesen insgesamt sechs Ratsmitgliedern sind Refugiés. Immerhin: die kurfürstliche Zusicherung einer eigenen Gerichtsbarkeit für die Hugenotten wird auch hier beachtet, wo seit alters die Familie von Lebbin die Stadtrichter ernennt. Die Franzosen haben ihren eigenen Richter, der später seinen Sitz im nahen Prenzlau nimmt. Die Vereinigung der beiden protestantischen Bekenntnisse erfolgte in Strasburg nicht, zumindest nicht, solange die Kirchen dies selbst zu bestimmen hatten. Das östliche Kreuzgewölbe des Rathauses wurde zu einer reformierten Kirche ausgebaut, die man später ›kleine Kirche‹ nannte. Die letzten reformierten Schulen schlossen 1832 und 1837.

Natürlich starben die Franzosen nicht aus, sie gingen lediglich in der ansässigen Bevölkerung auf, und da diese lutherisch war, da die Landbevölkerung für theologische Spitzfindigkeiten auch wenig Verständnis aufbrachte, ließ sich die Trennung der Bekenntnisse ebensowenig aufrecht erhalten wie das besondere Kolonie-Dasein der Franzosen, die Pflege ihrer Gebräuche aus Flandern oder Metz und am allerwenigsten die Abschließung familiärer Art. Hatten die Fouquet auch noch in der ersten, bereits in der Pfalz geborenen Generation nach Möglichkeit Refugiés geheiratet, so wurde dies doch immer schwieriger wegen der Frauenknappheit. Cousinen ersten Grades wurden Ehefrauen wie auch bei den Ancillon, nur dort, wo Beziehungen zu größeren Siedlungen wie etwa Stettin bestanden, gelang es den Fouquet noch, sich an nicht verwandte Hugenottenfamilien anzuschließen. In der Enge der Kleinstadt war dies aber bald so gut wie unmöglich.

Diese wenigen Fakten aus der Uckermark lassen immerhin erkennen, wie schwer sich ein zutreffendes Gesamtbild gewinnen läßt. Gewiß gelten die allgemeinen Entwicklungen der Geschichte dieses Raumes in großen wie in kleinen Gemeinwesen, aber die örtlichen Verhältnisse gewinnen immer wieder besondere Bedeutung: eine Straße, ein Gewerbezweig, eine herrschaftliche Familie vermögen Schicksal zu spielen vor allem dann, wenn die Hugenotten sich so vielfach mit den Ansässigen verbunden und verflochten haben, daß sie aufhören, als wanderlustige Gruppe zu existieren, und als verwurzelt gelten können.

Freilich gab es Ereignisse, die alle Zuwanderergruppen immer wieder dazu veranlaßten, ihre Lage zu überdenken. Die Zeiten waren bewegt, und wenn eine Weile Frieden herrschte, so konnten durch Seuchen oder Brände Veränderungen eintreten, die neue Möglichkeiten schufen: des einen Eule wurde nicht selten zu des anderen Nachtigall ...

Zwischen dem Großen Kurfürsten und dem Soldatenkönig steht in der brandenburgisch-preußischen Herrscherliste Friedrich I., der erste König. Er wird von den Studienräten des wilhelminischen Deutschland im allgemeinen ziemlich abgekanzelt, weil er die Rüstung vernachlässigt

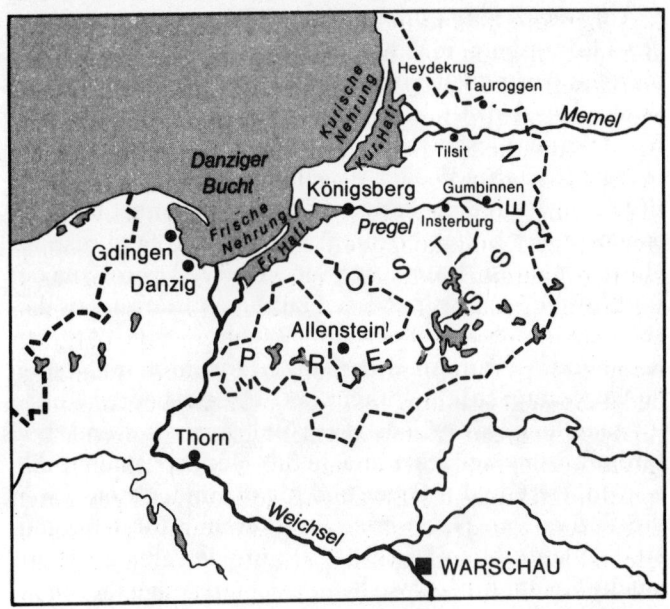

und wenige Kriege geführt, dafür aber reichlich gebaut und viel Geld für seine Hofhaltung ausgegeben hat. Friedrich I. hatte eben an den Goldmacher Ruggiero eine Menge Geld verloren und den Scharlatan außerhalb preußischen Gebietes verhaften und in Küstrin hängen lassen; so mancher abergläubische Untertan befürchtete von dieser harten Maßnahme Unglück für die Staaten des Königs. Es war aber nicht von Ruggiero herbeigehext worden, sondern längst da, die große Pest, die aus dem Osten heranwehte und gegen die sich Preußen verzweifelt abzusichern versuchte. Berichte aus den Jahren seit 1708 malen uns apokalyptische Bilder: Städte und Dörfer, die sich durch tiefe Gräben gegen unkontrollierten Zuzug schützen, Märkte, die vor den Städten abgehalten werden, damit niemand mehr durch das Tor müsse, verlassene Dörfer, in denen keine Hofstelle mehr bewirtschaftet werden kann, während die Ernte auf den Feldern verdorrt und man im Umkreis von vielen Meilen keiner Menschenseele mehr begegnet.

Am besten ging es noch den größeren Siedlungen wie etwa Königsberg, in denen es Ärzte und Spitäler gab; auf dem Land war die Bevölkerung völlig hilflos und unberaten und starb dahin. »Zu diesem Jammer«, schreibt Paulig in seiner Geschichte Friedrichs I., »gesellte sich ein beispiellos kalter Winter. Einen vollen Meter tief war die Erde festgefroren. Es kamen Fälle vor, in denen die Menschen in den Betten erfroren. Die Wachen fand man erstarrt auf ihren Posten, und die Vögel fielen tot aus der Luft hernieder. Noch andere Plagen resultierten aus dieser außergewöhnlichen Kälte. Raubtiere aller Art, vor Kälte und Nahrungsmangel, kamen aus ihren im Norden behaupteten Schlupfwinkeln und drangen beutesuchend in Städte und Dörfer, jeden Weg und Ort für Reisende und Einheimische unsicher machend. Hunderte fielen den wilden Tieren zum Opfer und nicht minder groß waren die Verluste an Haustieren. Der Verkehr auf den Landstraßen unterblieb fast ganz, konnte derselbe doch nur auf die Gefahr hin, entweder von der grimmigen Kälte getötet oder von wütenden Wölfen und Bären zerrissen zu werden, zur Ausführung gelangen. Es wird berichtet, daß im Mai die Flüsse noch mit Eis bedeckt waren; erst im Juni sah man einige Grashalme hervorsprießen. Durch das ganze Land ging die furchtbarste Teuerung und Hungersnot.«

Als die Seuche abgeklungen war – nicht zuletzt wohl durch die abnorme Kälte und den *Cordon sanitaire*, den die leeren Dörfer nun bildeten – erließ Friedrich I. seinen Aufruf zur Wiederbesiedlung des östlichen Preußens und der litauischen Grenzgebiete. Das war im September 1711, also zwei Jahrzehnte nach der Wanderung aus der Pfalz in die Mark, und so mancher Laboureur, wie die hugenottischen Bauern sich nannten, hatte inzwischen mehr Kinder aufwachsen sehen, als seine Hofstelle ernähren konnte. Nur einigen wenigen war der soziale Aufstieg geglückt, sie waren Lehrer, Lektoren oder Prediger geworden und erblickten damit den Silberstreif einer höheren Existenz. Die meisten aber hatten von ihrer harten Arbeit in der Uckermark und anderswo noch nicht viel Ertrag gesehen, und die kräftigen Söhne und Töchter der Einwanderer erblickten in dem Aufruf, der relativ viel Land und staatliche Hilfen verhieß, eine willkommene Chance.

Was man damals Litauen nannte, deckte sich nur teilweise mit den Grenzen des inzwischen in die Sowjetunion einbezogenen kleinen baltischen Staatswesens. Es handelte sich um ausgedehnte Wald-, Moor- und Weidegebiete in der weiteren Umgebung von Gumbinnen, Judtschen und Insterburg, wozu man sagen muß, daß es die Stadt Gumbinnen damals genau genommen noch nicht gab, sondern nur ein Dorf namens Pisserkeim an den Ufern der Pissa.

In diesem Teil des nordöstlichen Ostpreußens (heute unter sowjetischer Verwaltung und damit praktisch unzugänglich) zogen seit 1711 Hugenotten aus wallonischen Heimatorten wie zum Beispiel die Fouquet und ihre weitere Verwandtschaft, aber auch reformierte Schweizer. Die Hugenotten trafen im Raum dieser Siedelgebiete auf Glaubensflüchtlinge, die noch der Große Kurfürst hierher dirigiert hatte. Die Kolonien, die sich nun hier entwickelten, gelten als die erfolgreichsten der ganzen Wiederbesiedlungsaktion, wozu wohl auch die wenig später ins Land gekommenen Salzburger beitrugen. An der Pissa regte sich neues Leben, und als der Soldatenkönig 1724 eine Stadtgründung an dieser Stelle beschloß, wurde das alte Dorf zum Altstadt-Teil und die planvoll angelegte neue Stadt auf dem Südufer des Flusses ihr gegenüber errichtet. Das Städtchen wuchs schnell, blieb weit überwiegend protestantisch und verzeichnet bis in den Anfang des neunzehnten Jahrhunderts als Umgangssprache deutsch *und* französisch. 1937 waren von 21.588 Einwohnern nur 522 katholisch. Theodor von Schön und Wilhelm von Humboldt interessierten sich gleichermaßen für diese Stadt aus der Retorte an den Grenzen Preußens und erreichten durch ihren Einfluß, daß Gumbinnen schon 1813 ein eigenes Gymnasium erhielt. Die örtliche Zeitung jener Tage nannte sich bezeichnenderweise *Intelligenzblatt für Litthauen* ...

Gumbinnen heißt angeblich Flußkrümmung; die Stadt hatte also bereits vor ihrer faktischen Existenz einen Namen, und zwar einen litauischen, und es spricht für den Wirklichkeitssinn des Königs, daß er diesen althergebrachten, mit der Örtlichkeit verbundenen Namen nicht änderte, als er sich 1721 zur Stadtgründung entschloß. Unter den Gebäuden, die er in Gumbinnen errichten ließ, befand sich übrigens auch das Salzburger-Hospital, das für viele Generationen von Einwanderern zu einem Zentrum wurde und sie zusammenhielt, so wie die Hugenotten ihre Fürsorge-Organisationen als Mittel des Zusammenhalts einsetzten.

Im nahen Insterburg brauchte Friedrich Wilhelm I. nur Neu- und Zubauten zu subventionieren; die Siedlung rund um die einstige Ordensburg war schon 1583 mit kulmischem Recht ausgestattet worden, besaß alte Marktrechte und sechs Stadttore. Auch Insterburg hat eine Flußlage, Angerapp und Inster vereinigen sich hier zum Pregel, und im Osten der Stadt erstreckt sich ein weites Sumpfland. Schon 1662 waren die ersten Hugenotten hier angekommen, neunzig Jahre später gab es noch vierundzwanzig Hugenottenfamilien in der Stadt selbst, in der Umgebung erheblich mehr. In dieser Zeit waren außer den Salzburgern auch noch Schotten, Mennoniten und 1733 weitere protestantische Gruppen aus Nassau und aus der Pfalz eingetroffen und hatten die Einwohnerzahl des Städtchens auf dreieinhalbtausend ansteigen lassen.

Durch Zufall hatte auch Insterburg, wie Strasburg, im Jahr 1690 gebrannt, was dem am Städtebau so stark interessierten Friedrich Wilhelm I. manche Baumaßnahme erleichterte. Er ließ 1723 die Vorstadt und die sogenannte Schloßfreiheit mit der eigentlichen Stadt vereinigen und 1729 den alten Markt planieren. 1735 erhielten die Reformierten hier eine eigene Kirche, vier Jahre vor den Glaubensbrüdern in Gumbinnen, das um diese

Zeit schon zu einer Salzburger Stadt geworden war: die Glaubensflüchtlinge aus dem intoleranten Erzbistum bestimmten nämlich nach Aussehen und Gehaben das Bevölkerungsbild des Städtchens. In dem kleinen und neugegründeten Gumbinnen wurde dies ungleich deutlicher als in Insterburg, wo die Reformierten aus Nordfrankreich und der Schweiz dominierten, aber wenig Einfluß auf die Stadtverwaltung erlangen konnten. Ja bis 1610 waren die Calvinisten überhaupt und grundsätzlich von allen Ämtern ausgeschlossen, so daß auch deutsche Reformierte in Insterburg öffentlich keine Rolle spielten: Erst 1704 hatte sich hier eine reformierte Gemeinde konstituiert.

Insterburg blühte vor allem durch die Garnison und durch den Anschluß an die Eisenbahn (Berlin-Eydtkuhnen 1860) so schnell auf, daß es am Vorabend des Zweiten Weltkrieges an die 50.000 Einwohner zählte. Damit war nun natürlich das so verdienstvolle französische Element weitgehend zurückgedrängt, wenn es auch in den Adreßbüchern immer noch französische Namen gab. Hier trafen Wallonen und Schweizer auf ein Zentrum, das besondere Chancen hatte, das durch den Wasserweg früh am Fernhandel teilhatte und mit 400 Juden schon 1865 auf beachtliche geschäftliche Aktivitäten schließen läßt, die mit den eingewanderten Landwirten nichts mehr zu tun haben. Es ist auch gewiß kein Zufall, daß so manche spezifisch ostpreußische Tradition im Zunftleben und im geistigen Leben sich an Insterburg bindet. Die von Simon Dach besungene Anke aus Tharau starb in Insterburg als Witwe des Pfarrers Beilstein (1689), und mit Ernst Wichert (nicht E. E. Wiechert) und Alfred Brust sind zwei der bedeutendsten Erzähler Ostpreußens in Insterburg zur Welt gekommen, wenn sie dort auch nicht geblieben sind.

In der Zwischenkriegszeit wurde Insterburg, die Stadt, an der so verschiedene Bevölkerungsgruppen mitgebaut hatten, zur Vorzeige-Urbanisation der Hitlerschen Ostpolitik. Rund um die Stadt entstanden Kasernenbauten, dazu ein Flugplatz und ausgedehnte Sportstätten, die hinsichtlich der Einfügung in die Landschaft als vorbildlich galten.

Mit dem Weiterwandern nach Ostpreußen waren die Hugenotten aus dem Einzugsgebiet von Berlin in das der Stadt Königsberg gelangt, der Stadt, die in der deutschen Geistesgeschichte eine bedeutende Rolle gespielt hat. Hier stand die deutsche, ja die ganze westliche Kultur selbst auf kolonialem Grund, hier hatte der europäische Geist eine Art Frontdasein geführt, ehe im Gefolge der großen Katharina und der Fürstin Daschkoff Literatur und Philosophie auch bei den Moskowitern Einzug hielten.

Es ist ein kleines Heldenlied des deutschen Buchhandels, wie sich die berühmten Firmen dieser Stadt die neuesten Titel aus Leipzig, Berlin und Frankfurt, aber auch aus Wien und Paris zu verschaffen wußten und nach Riga, Reval und Dorpat weiterleiteten. In Königsberg herrschte durch den Seehandel vor allem mit Holland und den britischen Inseln ein relativ freier Geist; zahlreiche ausländische Kaufleute ließen sich in der Stadt am Haff nieder und erbauten dort schöne Häuser, und wir wissen aus der Lebensgeschichte Kants, wie sehr mancher dieser Fremden mit dem Geistesleben am Ort verwuchs. Im siebzehnten Jahrhundert war es hier noch reichlich eng zugegangen; die verschiedenen Lehrmeinungen des Luthertums hatten einander Lehrstühle und Bischofswürden streitig gemacht, um den großen Osiander hatte es kleinliches Gezänk gegeben. Die großen Zeiten eines Hamann und Herder, eines Hippel und Kant standen noch bevor, als 1686 die ersten Hugenotten in Königsberg ankamen und auf der sogenannten Schloßfreiheit angesiedelt wurden. Es handelte sich dabei praktisch um einen Damm mit einigen Gartengrundstücken, woraus später die Französische Stadt wurde. Und sehr französisch war auch, was die Neuankömmlinge taten, die keineswegs Bauern oder Tabakpflanzer waren, sondern Perückenmacher und Seidenbandwirker, Uhrmacher und Strumpfwirker, Schneider, Hutmacher und Juweliere neben einem Chirurgus, einigen Juristen und Herren von Adel im Offiziersstand. Die Gegenden, aus der die ersten Einwanderer kamen, weisen eine gewisse Verwandtschaft mit Königsberg auf, was die Lage betrifft: die Seestadt Bordeaux, die Normandie und die Picardie. An die Spitze der kleinen Gemeinde trat ein Prediger aus altem normannischem Adel, der bald beträchtlichen Einfluß gewinnen sollte: Abraham Boulay du Plessis, ehemals Feldprediger beim Herzog von Kurland. Die Gottesdienste fanden in der reformierten Schule statt, Holländer und Schotten hatten die deutschen Reformierten schon an ausländische Glaubensbrüder gewöhnt.

Unter den Hugenotten des zweiten Einwanderungsschubes nach Königsberg sind Familien aus La Rochelle, aber auch die Salomon, die über das Baltikum nach Rußland gelangen und sich dort Salomé nennen werden. Ein erster Gemeinderichter wird bestellt, und durch Fleiß und Sparsamkeit kann man mit dem Sammeln der Gelder für die Kirche beginnen. Die kleine Gemeinde legt vom ersten Tag an strengste Maßstäbe an das Verhalten ihrer Mitglieder an, vielleicht, weil man sich zwischen lutherischen Protestanten und deutschen Reformierten keine Blöße geben will. Das Leben in Königsberg wird darum nicht so tätig-fröhlich wie in den Gemeinden auf dem Land, wo einfachere Menschen unbeobachtet auf Bauernwirtschaften saßen; Kleinstadtatmosphäre und äußere Zwänge lassen bald den einen oder anderen gegen die Kirchenzucht verstoßen, wie die Hugenotten in Königsberg ihr Reglement nennen. Die Pestjahre haben überall in Preußen die Moral gelockert; die Todesnähe und die Auflösung der irdischen Gemeinschaften führen sonst brave Leute auf einmal in Versuchung. Der Pelzhändler Gebert muß verwarnt werden, ebenso Monsieur de Nun, Hersteller von Seidenbändern, der sich zusehr dafür interessierte, was seine weibliche Kundschaft mit solchem Putz alles anstellte.

»Die meisten der Sünder«, sagt Pfarrer Hérancourt in seinem Jubiläumsvortrag von 1959, »wurden durch Vorhaltungen und unendliches Werben in Liebe wieder auf den rechten Weg gebracht ... Einmal wurde ein ganz Verstockter nach Pillau abgeschoben, und da er auch von dort sein unsauberes Wesen in Königsberg weitertreiben wollte, wurde er mit Hilfe des Grafen Dohna nach Holland transportiert. Ein anderer legte sich einen falschen Namen bei, um nach dem Verlassen seiner Frau wieder heiraten zu können. Um sittliche Ordnung und Sauberkeit zu erhalten, muß sich das *Consistoire* mit allen möglichen und unmöglichen Dingen beschäftigen: angefangen mit einem Liebesbrief, der voll verbrecherischer Leidenschaft war, über Betrügereien untereinander beim Geldwechseln...«.

Man denke an das Wort einer Fürstin in Berlin, die gefragt wurde, ob sie sich für ihren zur Reparatur gegebenen wertvollen Schmuck eine Quittung habe ausstellen lassen: »Wozu denn?« antwortete die Dame, »bei dem Juwelier handelt es sich doch um einen Hugenotten«. Dieser außerordentliche, ja wesenhafte Ruf der Rechtschaffenheit war zwar keineswegs auf die Refugiés zu Berlin beschränkt, aber doch auch nicht auf alle anwendbar, wie die Königsberger Beispiele zeigen. Die kolonialen Verhältnisse, der Betrieb einer Hafenstadt, die Enttäuschung vielleicht über ein doch recht enges Leben unter der Aufsicht der Richter, Prediger und Ältesten, das alles scheint in Königsberg besondere Verhältnisse geschaffen zu haben, die einen Fall erklären, wie er sonst eher nach Massachusetts, in die puritanischen Neuenglandstaaten zu passen scheint. Pfarrer Hérancourt nennt ihn »ein besonders schönes Beispiel von rührender Reue« und berichtet dann aus dem Protokoll des Jahres 1717 weiter: »Eine Frau war wegen unsauberen Lebenswandels in wiederholter Rückfälligkeit auf ein Jahr vom Abendmahl ausgeschlossen. Nach Ablauf dieser Frist bittet sie um Wiederaufnahme in den Frieden der Kirche; dazu muß sie öffentliche Buße tun; sie findet sich in der Kirche ein, hört aufmerksam der Predigt zu, die aus diesem Anlaß gehalten wird. Am Ende der Predigt tritt sie in den Mittelraum und antwortet auf alle an sie gestellten Fragen. Mit ihrem Schluchzen und ihren Tränen hat sie gezeigt, wie sie wahrhaft vom Schmerz durchdrungen ist. Das Collegium ist sehr erbaut über die Zerknirschung, die sie gezeigt hat, und ein großer Teil der Gemeinde hat sich mit seinen Tränen zu dem Weinen dieser Büßenden gesellt«.

The scarlet Letter in Königsberg, der scharlachrote Buchstabe siebzig Jahre nach den Geschehnissen, wie Hawthorne sie aus dem puritanischen Boston schildert, im preußischen Königsberg, nur daß jene Namenlose keinen Hawthorne fand, der sich ihres Falles annahm. Immerhin hatte der Kirchenliederdichter Simon Dach es gewagt, eines der schönsten deutschen Liebeslieder einem Mädchen namentlich zu widmen, jenem Ännchen von Tharau, das trotz dieses Ruhmes wohl ein so braves Frauchen wurde wie die ebenso schön besungene Friederike Brion aus Sesenheim.

In Königsberg war also manches anders. Zweihundert Jahre lang blieben die französischen Reformierten bei dieser strengen Schutzhaltung, trotz heftigen Widerstandes aus den eigenen Reihen und einer Diskussion über das Disziplinierungsrecht des Konsistoriums überhaupt. Es waren ernsthafte Schwierigkeiten, die wohl nur durch die tatkräftige Hilfe hoher Gönner wie des gräflichen Hauses Dohna und des aus der Ferne wirkenden Spanheim überwunden werden konnten. Auch Friedrich Wilhelm I., selbst eifriger Anhänger des Calvinismus, griff in örtlichen Streit immer wieder zugunsten der Hugenotten ein und kränkte die deutschen Reformierten tödlich, als er von ihrem Friedhof den Baugrund für die neue französische Kirche abzutrennen befahl. Nur die Predigten, die einzelne wortgewaltige Franzosen hielten, die waren dem tätigen und sparsamen König zu ausführlich. Auch wollte er wohl jenen Exzessen entgegenwirken, die sich die schottische reformierte Kirche bei ihren bis zu acht Stunden währenden Bußpredigten gestattete, während deren die ganze Gemeinde verschreckt die Köpfe duckte. 1715, 1723 und 1729 mußte Friedrich Wilhelm I., zuletzt mit der Androhung von Strafen verbunden, seinen Befehl wiederholen, die Predigten auf die Dauer einer Stunde zu begrenzen.

Die Jahrzehnte währende Entwicklung, die diesen religiösen und moralischen Übereifer dämpfte, brauchte ausländische Einflüsse; die frommen Hugenotten allein hätten wohl in der Karkasse ihrer Gemeindeexistenz verharrt und zu den aufgeklärten Daseinsformen des städtischen Lebens im achtzehnten Jahrhundert keinen Zugang gefunden. Einen ersten Aufschluß gibt uns schon das Dokument über den Verkauf des Friedhofsgrundes von der deutschen an die französische reformierte Gemeinde. Auf deutscher Seite unterzeichnen nämlich – neben den Herren von Baehr, Schrotberg und Christen – auch die in Königsberg zum Teil seit vielen Jahren ansässigen Kaufleute Cannot, Collins und Kestlooth. Sie müssen demnach in der reformierten Gemeinde der Stadt eine beträchtliche Rolle gespielt haben, so wie auch im geselligen Leben: wir wissen, daß Immanuel Kant seinen engsten persönlichen Umgang mit dem Kaufmann Green aus dem Geschäftshaus Green & Motherby pflegte, und daß der Tod des Freundes den radikalsten Eingriff in das Leben des großen Philosophen darstellte. Die Briten waren lange vor den Franzosen ungleich enger mit der Königsberger Gesellschaft und dem Geistesleben der Stadt in enge Verbindung geraten, und das, obwohl auch sie als Reformierte strengere Moralauffassungen hatten als zum Beispiel der baltische Adel.

Die entcheidende Wandlung auch für das Leben der Hugenottengemeinde kam jedoch durch eine jener kriegerischen Begegnungen, deren Charakter sich heute nicht mehr vorstellen läßt, weil der Charme jenes achtzehnten Jahrhunderts eben unwiederbringlich zerstoben ist. In den Jahren 1758–62, also während des Siebenjährigen Krieges, war Königsberg von russischen Truppen besetzt; russische und auch einige österreichische Offiziere nahmen in diesen Jahren unter einem Gouverneur aus einem baltischen Adelsgeschlecht am gesellschaftlichen Leben der Stadt so intensiv Anteil, daß man ihnen später vorwarf, sie hätten sich ungleich mehr um die Damen der Stadt gekümmert als um die Prozesse gegen Spione. Es kam zu den kuriosesten Vermischungen der Nationalitäten, Traditionen und Lebensauffassungen, denn die Zarin entsandte nach Königsberg ihre liebenswürdigsten und gebildetsten Offiziere, durchwegs Herren aus jenem Petersburger Adel, der ohnedies die französische Sprache sprach und sich in der Stadt Königsberg mit ihrem starken Franzosenzustrom ebenso leicht verständigen konnte wie mit dem Landadel der Umgebung, den Keyserling, Dohna, Lossow und anderen. Der österreichische Oberstleutnant Freiherr von Dillon, der damals Kant näher kennenlernte, aber auch andere Chronisten haben uns berichtet, wie diese wenigen Jahre die Stadt am Haff zu einem Schmelztiegel glücklichster Art machten und erst damit die Voraussetzungen für jene geistigen Bewegungen schufen, die in der zweiten Jahrhunderthälfte von Königsberg ausgingen.

»Eines Umstands, der auch für Kants Leben bedeutsam ist, muß hier gedacht werden«, schreibt Kurt Stavenhagen in seiner ausgezeichneten Studie *Kant und Königsberg*, »der vollständigen Umgestaltung des Lebensstandards und der gesellschaftlichen Formen, die Königsberg jetzt erfuhr. Mit der Okkupation zog die ganze Breite und Vorurteilslosigkeit des östlichen Lebensstils in die alte zopfige Stadt ein. Die Grundlage dafür war das Aufblühen eines nicht immer soliden wirtschaftlichen Lebens. An den Getreidelieferungen für die russische Armee verdienten die Königsberger Kaufleute, allen voran der damals vielgenannte Kommerzienrat Saturgus, ungeheure Summen«.

Königsberg hatte damals etwa 50.000 Einwohner, für jene Zeiten eine beträchtliche Zahl. Zum Handel, den die russischen Nachschublieferungen belebten und an dem neben Deutschen auch Briten und französische Kaufleute gut verdienten, kamen bauliche Maßnahmen in der Stadt, in der für die Russen Platz geschaffen werden mußte. Die Politik der Zarin Elisabeth, neben der damals schon die junge deutschblütige Großfürstin stand, die bald als Katharina II. den Thron erobern sollte, diese Politik war ganz entgegengesetzt späteren Tendenzen darauf ausgerichtet, jenen deutsch-baltischen Osten und sein Vorfeld im Guten für Rußland zu gewinnen. Die Offiziere der Besatzungsarmee waren überwiegend gebildet, wozu kam, daß sie sich gesellschaftlich mit großer Sicherheit bewegten und von ihren französischen und deutschen Hauslehrern die Sprachen des Westens gelernt, ja Mittel- und Westeuropa bereist hatten. Diese Herren, die obendrein nicht selten beträchtliche Privatvermögen hinter sich hatten, machten in der von den zwei reformierten Kirchen beherrschten preußischen Stadt beinahe Revolution:

»Eine luxuriöse, bisher nicht gekannte Lebensweise mit den üppigen Tafelfreuden der französischen Küche verdrängte die preußische Sparsamkeit. Das Punschtrinken wollen die Königsberger erst damals von den Russen erlernt haben, und der Samowar mit echt chinesischem Tee dampfte allabendlich auch in einfachen Haushaltungen. Durch den Verkehr mit den ›artigen Kavalieren‹, die sich die Damenherzen gewannen, wurden deren ungezwungene Form und deren verbindliche Allüren allgemeingültig. Vor allem: diesen Offizieren waren die Schranken, die Adel und hohes Beamtentum von der Universität und diese wieder von den Wirtschaftskreisen absonderten, völlig unverständlich, und sie brauchten sich nicht um die herrschende Etikette der Stände und Cliquen zu kümmern. So erhielt zu den rauschenden Festen auf dem Schlosse die von den Adjudanten Korffs persönlich übermittelte Einladung alles, was sich durch Schönheit, Geist und gesellschaftliche Talente auszeichnete, und auf den Diners, Bällen und Redouten und Maskeraden wurde, wie der das Treiben als Student beobachtende Scheffner erzählt, ›der oft häßlich breite Rain zwischen Adel und Bürgern ziemlich glatt und platt getreten«.

Was aber auf dem Schlosse Zutritt hatte, wurde in das rivalisierende Palais im Vorder-Roßgarten eingeladen. Dort residierte als Hausherrin neben dem Gatten, dem Erbherrn auf Rautenburg, die schöne damals dreißigjährige Charlotte Amalie Keyserling, die Gönnerin Kants, deren Zauber damals General Fermor und der Gouverneur Korff verfielen. Was aber im gräflichen *Hôtel* gültig war, das galt auch in den anderen gastfreien Häusern der Stadt, bei dem Bankier Jacobi und dem Dr. med. Gervais. In allen diesen Privathäusern waren die fremden Offiziere als Tänzer und Gesellschafter beliebt, allen voran der chevalereske, durch alle körperlichen Vorzüge ausgezeichnete, fließend deutsch und französisch sprechende Gregorij Gregorjewitsch Orloff, der von der Schlacht bei Zorndorf als Verwundeter dorthin gekommen war und nach ein paar Monaten den Auftrag erhielt, als Ehrenwache den bei Zorndorf gefangenen Adjudanten des Königs, den Grafen Schwerin, an den Hof nach Petersburg zum Thronfolger Peter zu bringen.« (Stavenhagen)

Jacobi, von dem noch die Rede sein wird, hatte familiäre und geschäftliche Bindungen zu Hugenottenkreisen, und der Arzt Gervais spielte in der kleinen Kolonie eine besondere Rolle; die Gervais waren seit Beginn des Jahrhunderts unter den Mitgliedern des Konsistoriums immer wieder aufgetaucht. Man sieht, wie die ehrenfeste Gemeinde der französischen Reformierten in der Stadt am Pregel unter einen schier übermächtigen wirtschaftlichen und gesellschaftlichen Druck geriet, den man freilich auch als eine freundliche Aufforderung verstehen kann, sich nicht länger abzuschließen.

»Aber nicht nur Stände und Cliquen wurden durcheinander gewirbelt – die pedantische Prüderie des pietistischen Lebensstils wurde zerbrochen und wich einem freieren Anstandston. Man hat mit Recht von einer Emanzipation der bisher klösterlich eingeengten Frauenwelt der Stadt gesprochen. Man sah jetzt junge Damen, die sich bisher nicht am Fenster und nicht *sans cortège* einer älteren Begleiterin auf der Straße zeigen durften, unter Schellengeläut im Schlitten mit dem hinter ihr auf dem Trittbrett stehenden Kavalier causierend und coquettierend in östlichem Tempo den Steindam zu den Hufen herauf- und herunterjagen. Man sah Damen im *Auditorium maximum* der Albertina zu den öffentlichen Sitzungen und, was die Alten besonders echauffierte, in der Komödie und sogar auf Maskeraden mit den Offizieren erscheinen. Natürlich ergaben sich dabei Affairen, die Stoff für die *Chronique scandaleuse* waren: so etwa die Geschichte von jenem aus Livland stammenden Offizier, der die Gattin eines Kaufmanns auf einem mit Kommissstiefeln nach Riga fahrenden Schiff entführte. Wir kennen die Angelegenheit genau aus den Memoiren des Kapitäns dieses Schiffes, Joachim Nettelbeck.

Aber was bedeuteten schon solche gelegentlichen Entgleisungen gegenüber der inneren Befreiung, die diese Umgestaltung der Lebensformen mit sich brachte. Damals um die Jahrhundertmitte wurde Königsberg nicht nur, wie ein Zeitgenosse bemerkt, zum erstenmal ›ein zeitvertreibender Ort‹, sondern es entstand erst, die weiterbestehenden ständischen Lebenskreise überwölbend, jene alle geistigen Kräfte vereinigende Gesellschaft, die Königsberg als Zwischenstation zwischen Berlin und Petersburg für den Fremden so anziehend machte. Ohne diese Aristokratisierung der Stadt, die Ausweitung ihres Lebensstils und seine innere Angleichung an Mitau, Riga und Petersburg hätte Königsberg in einem Zeitalter, wo alles gemeinsame Leben auf die persönlichen Beziehungen gestellt und durch die Geselligkeit getragen wurde, nie die Rolle spielen können, die ihm in der zweiten Hälfte des Jahrhunderts zufiel: Vorort des Ostens zu werden. Und diese ihr Zeitalter geistig miterlebende aristokratische Gesellschaft ist das Königsberg, das Kant, den eleganten Magister mit dem sicheren Auftreten des Mannes von Welt, heranbildete und in dessen Leben auch das seine aufging« (Stavenhagen).

Solchermaßen erlöst, treten nun die Französinnen und ihre Nachfahren aus ihrem Mauerblümchendasein heraus. Es kommt ein wenig spät, was sich in Königsberg an Umschichtungen ereignet hat. Achtzig Jahre sind die Refugiés nun hier. Das graue Meer ist gleichwohl ein Tor zur Welt, das nahe Zusammenleben mit Fernhändlern verschiedener Nationen und der Champagner mit den Herren Offizieren aus Petersburg und Moskau, dazu die vielen gewandten Balten, die russische Uniform tragen, dies alles hat eine Entwicklung zum Abschluß gebracht. Die jungen Damen können sich voll entfalten, lassen das Doppelerbe der Grande Nation und des deutschen Ostens aufblühen, und so entstehen Blumen wie jene Madame Jacobi, die eine der ganz wenigen verbürgten Neigungen des großen Philosophen wird. Die Großkaufleute Jacobi und Toussaint gehören mit Green, Motherby und Hippel zum engeren Kreis des Denkers, zu den Häusern, in denen er regelmäßig verkehrt und deren Einladungen er erwidert, gelegentlich stoßen noch der Münzmeister Göschen und der Bankier Ruffmann hinzu. Kollegen von der Universität und Theologen sind nicht darunter, wohl aber die Gattinnen und Töchter, denn – wie Kant im Kolleg wiederholt sagte – »eine Gesellschaft ohne Frauenzimmer ist nicht komplett«. In seinen *Beobachtungen über das Gefühl des Schönen und Erhabenen*, kurz nach dem Erwachen Königsbergs im Jahr 1764 erschienen, unterscheidet Kant zwei Arten von weiblichen Schönheiten, die reizenden und die rührenden. Eine der Reizenden schrieb ihm im Juni 1762 ein kokettes Briefchen, dem man anmerkt, daß sie das Französische noch besser beherrscht als das Deutsche, und in den Jahren 1766/69 wird aus dem neckischen Verhältnis dann eine tiefe Leidenschaft: es handelt sich um Marie Charlotte Jacobi, die mit dreiundzwanzig Jahren viel jüngere Frau des reichen Kommerzienrats Jacobi, der bald das Dohnasche Palais kaufen wird. Und es war vielleicht die Neigung zu Kant, wie sie in einem Brief aus Berlin gesteht, die sie aus ihrer Ehe befreite und ihr den Mut gab, der ganzen lange Zeit so puritanisch-strengen Gesellschaft Königsbergs zu trotzen. 1769 heiratet sie den eleganten Münzmeister Göschen, der – wie sie selbst auch – mit Kant in lebenslanger Freundschaft verbunden blieb.

Keine andere Stadt zeigt uns so deutlich wie Königsberg, daß eine glückliche Mischung die verblüffendsten Ergebnisse zeitigen kann, während das verzweifelte Postulat der reinen Rasse oder der bewußten Zucht im Menschlichen wie in der Kultur sehr oft nur blasse Sterilität hervorbringt. Wir finden hier in Königsberg unter den Hugenotten alles wieder, was uns bisher begegnet ist: die braven Reformierten aus dem grenznahen Metz oder aus dem Städtchen Vitry-le-Francois an der Straße nach Deutschland: Jean le Jeune, den Schneider, der mit Frau, Kindern und einer Dienstmagd gekommen ist oder Abraham Didier, Perückenmacher aus Vitry, der Frau, Kind, einen Bruder und ebenfalls eine Magd mitgebracht hat. Nicht wenige aber kamen auch aus dem Süden, aus dem damals noch halb spanischen Languedoc wie der Kaffeehändler David Damiez oder der wohlhabende Perückenmacher Marc Teissier, der gleich mit vier Domestiken anreist. Sie kommen aus Marseille und aus der Champagne, aus den Cevennen und aus Sedan, aus La Rochelle und Burgund, und der Arzt Pierre Ferrier entstammt sogar jenem Waldensertal von Pragelas, das durch die Hartnäckigkeit eines einzigen Zeloten seiner tüchtigsten Familien beraubt wurde.

Im Geburtsjahr Kants, zum Beginn des Jahrhunderts also, bezeichnen sich in Königsberg noch 107 Haushaltungen mit 424 Personen als Franzosen, das ist nicht allzuviel, denn Königsberg hat damals schon etwa dreißigtausend Einwohner; aber diese hundert Familien bilden einen ganz wesentlichen Kern, ein wichtiges Element in dem herrlichen Gebräu, zu dem sich die Gesellschaft dieser östlichsten unter den großen deutschen Städten entwickeln wird.

Im einzelnen schwer erfaßbar, leuchten diese fruchtbaren Verflechtungen immer wieder auf, wenn wir die großen Namen der nun anbrechenden Zeiten, der Wende zum neunzehnten Jahrhundert, und ihre familiäre Herkunft näher betrachten, was naturgemäß nur in Stichproben möglich ist. Da sehen wir eine Isabeau Moynier, Baronin von Fourque aus Nîmes, mit sechs Kindern um ihres Glaubens willen geflüchtet, zur Großmutter einer Gräfin von Finckenstein werden und zur Urgroßmutter des großen Feldmarschalls von Sayn-Wittgenstein-Ludwigsburg, der 1813 als russischer Oberbefehlshaber auch wieder in Königsberg kommandiert. Die Rigot de Montjoux und die du Port de Pontcharra, Hugenottenfamilien aus dem Languedoc, gehören zu den Urgroßeltern jenes Friedrich Heinrich von Diebitsch, der als russischer General an der Jahreswende 1812/13 mit Yorck die berühmte Konvention von Tauroggen abschließt. Die Marion aus Metz, die Gontard aus Grenoble, dazu die de Meulles und Sarasin finden sich als französische Hälfte unter den Vorfahren des russischen Ministers und baltischen Grafen Nesselrode. Seine Mutter war eine Gontard aus jener wohlhabenden Juristenfamilie Grenobles, die alles aufgab, um ihren Glauben zu bewahren und sich nicht zu gut war, in Frankfurt am Main vom Galanteriewarenhandel zu leben. Selbst der Name du Plessis, in Königsberg ehrwürdig vertreten durch den ersten Pfarrer (der freilich oft kränkelte), die du Plessis also sind mit einem Zweig weiter hinein nach Rußland gewandert und tauchen unter den Urgroßeltern des russischen Ministers Sergius von Witte auf, der am 13. März 1915 ermordet wurde, als der ewig zaudernde Zar sich endlich dazu aufgerafft hatte, Witte die volle Entscheidungsgewalt zu übertragen, um das von den ersten Niederlagen schwer angeschlagene große russische Reich zu retten.

Man könnte noch lange so fortfahren, und es wäre gewiß mehr als eine genealogische Spielerei (so viel ich diesen auch stets abgewinnen konnte), wenn wir das Hugenottenblut der Sippen Roux de Damiani und Dunant-Johannot auch noch bei jenem Generalleutnant Nikolaus-Robert von Ungern-Sternberg feststellen, der als Kommandeur der Asiatischen Kavalleriedivision die sogenannten Weißen, die legendäre weiße Armee, in der Mongolei befehligte und noch in dieser Lage, im Jahr 1919, die neunzehnjährige Helena Pawlowna Zsi heiratete.

Sie gingen heimlich, oft ärmlich; sie blieben lange stumm, sie stimmten ihre Choräle hinter verschlossenen Türen an und senkten die Augen vor den Versuchungen der Welt. Auf einmal aber, in der zweiten, dritten, vierten oder fünften Generation, erwacht dieses Erbe aus Unterdrückung, Verzweiflung, Flucht und neuer Hoffnung zu den überraschendsten Blüten, und zwar überall zwischen der Saar und dem Memelfluß und noch weiter hinaus in die Weiten des Ostens.

DER KLUFT DAS RECHTE MASS ZU GEBEN

Hat des Reiches Streusandbüchse nun tatsächlich gesiegt? Hat diese Mark Brandenburg, zu deren Durchquerung man einst Kaldaunen von Kupfer brauchte (wie ein Reisender jener Zeit sich ausdrückte), hat sie alle Spuren unsichtbar werden lassen und den Hauptstrom der Hugenotten in ihre Weiten aufgenommen, in ihren kleinen und großen Städten versickern sehen?

Theodor Fontane, Hugenotten-Nachkomme von Familien, die aus der Saintonge und dem Languedoc kamen, hat in seinem Gedicht *Auf dem Matthaeikirchhof* launig und nachdenklich zugleich formuliert, worum es für ihn, aber auch für die Refugiés der späteren Generationen ging: »Man ist nicht null, nicht geradezu Luft/aber es gähnt doch eine Kluft/und das ist die Kunst, die Meisterschaft eben/dieser Kluft das rechte Maß zu geben/nicht zu breit und nicht zu schmal/ sich flüchtig begegnen, ein, zwei, dreimal«.

So wie Fontane sein Verhältnis zu den Häuptern der Französischen Kolonie von Berlin sieht, so sahen viele Hugenotten ihre Rolle in einem deutschen Staatenbund, der zu Beginn des neunzehnten Jahrhunderts so lange und so schwer gegen Frankreich gekämpft hatte und 1870/71 dann noch einmal, wenn auch mit schnellen Siegen. In langen Besatzungsjahren unter dem ersten Napoleon war vieles zum Problem geworden, was bis dahin beinahe eine Empfehlung bedeutet hatte: die französischen Familiennamen, der Gebrauch der französischen Sprache auch noch in der dritten oder vierten Generation nach der Einwanderung, aber auch die erzkonservative, ja oft bürgerlich-enge Einstellung zu Leben und Politik, die nach den Freiheitskriegen und im Vormärz vor allem bei der jüngeren Generation der einstigen Glaubensflüchtlinge auf verbreitete Ablehnung stieß.

Einzelne, vor allem kleinere Kolonien gaben in dieser Lage auf. Die tüchtigen und zum Teil vermögenden Hugenotten, die ins preußische Halle gelangt waren, zogen zum größten Teil weiter nach Leipzig, nicht erst 1813, sondern schon unter dem Eindruck örtlicher Antipathien, die sich früher bekundet hatten. Sie hatten kein Verlangen mehr nach neuen Abenteuern, hatten sie deren doch auf der Flucht genug erlebt: Der Großhändler Gabriel Benard aus Paris hatte sein Vermögen wie einst die Brüder Polo aus Venedig in Diamanten umgetauscht und diese an seinem Leib versteckt, so daß er trotz verschiedentlicher Überfälle noch als reicher Mann in Halle eintraf. Die Pastoren Superville, Moutier, Cotin und Augier waren beim Grenzübertritt gestellt und von ihren Familien getrennt worden: sie waren als einsame Männer in Halle angekommen. Es wäre zu verstehen gewesen, wenn die Hugenotten nach harten Schicksalen gemeinsam die deutsche Mitte gesucht und sich dort wieder zusammengefunden hätten. Was sie daran hinderte, war die bei vielen auch nach Jahrzehnten noch lebendige Hoffnung auf eine Rückkehr: einer der Hallenser Glaubensflüchtlinge zum Beispiel stiftete seiner Gemeinde eine kostbare Schale mit der Auflage, daß sie mit nach Châlons-sur-Marne genommen werden müsse, sobald die Heimkehr möglich sein werde. Sie entschlossen sich erst nach und nach und wohl auch jeder für sich allein, die innere Umkehr zu vollziehen, die kaum minder schwer war als der nun weit zurückliegende Entschluß zur Auswanderung aus Frankreich. Das erstemal war es um die Rettung des Glaubens und des inneren Zusammenhalts der Familien gegangen; nun waren die äußeren Gefahren abgewendet, aber da alle Deutschen in ein neues Verhältnis zu Frankreich gezwungen worden waren, da nur einige wenige wie Goethe, die beiden Brüder Humboldt oder der jüngere Forster sich genug geistige Freiheit für eine eigene Entscheidung bewahrt hatten, war die solide Basis des französisch-deutschen Zusammenlebens, das Einladungsedikt von Potsdam, nicht gerade aufgehoben, aber doch aus dem öffentlichen Gedächtnis fast völlig verdrängt worden.

Inzwischen hatte es natürlich auch so manche Zuwanderer aus Frankreich oder Italien gegeben, die das alte deutsche Vorurteil gegen die Welschen zu bestätigen schienen, Männer, die ihre Karriere noch unter dem frankophilen großen Friedrich begonnen und später dann ihre neue Heimat verraten hatten. Der eine ist Jean Guillaume Lombard (1767–1812), Sohn eines hugenottischen Perückenmachers und einer Reformierten aus der französischen Schweiz, unter Friedrich II. Kabinettssekretär und später dann einer der umstrittenen Ratgeber Friedrich Wilhelms III. Auffällig ist, daß der Perückenmacher für seinen Sohn schon Paten aus altem preußischen Adel findet (von Reibnitz, von Münchow) und wie schnell Lombard Karriere macht. So lange Napoleon durch energische preußische Kriegspolitik noch ernsthaft zu gefährden war, riet Lombard hartnäckig zum Frieden, ganz ähnlich wie der Graf Lucchesini, den Friedrich II. vertrauten Umgangs gewürdigt hatte und der 1802–1806 als preußischer Sondergesandter in Paris eine so verhängnisvolle Rolle gespielt hatte, daß die Königin Luise ihm bitterste Vorwürfe machte. Napoleon mochte ihn nicht, weswegen Lucchesini einmal sagte, er sei ein besserer Franzose, als der Kaiser dächte. Lombard, der kein Graf war und keine Fürstin Montecatini zur Mutter hatte, sondern nur die von Bauern stammende Susanne Monod, wurde nach der preußischen Katastrophe von 1806 kurzerhand verhaftet, bald darauf aber wieder freigelassen und sogar auf einen Posten an der Akademie berufen. Lucchesini, Lombard und deren zum Teil dem deutschen Hochadel angehörenden Verbindungen brachten – da man nach jeder Niederlage naturgemäß Schuldige sucht – alles in Mißkredit, was nach Preußen zugezogen war, und die Offiziere, die lange Zeit hatten abseits stehen müssen, während andere mit französischen Namen und glatten Umgangsformen schneller Karriere gemacht hatten, scheuten sich nun nicht mehr, ihrem Unwillen laut Luft zu machen. Blücher, der sich stets besonders deutlich ausdrückte, nannte die einstigen Refugiés im Heer und im Staatsdienst eine Rotte niederer Faultiere, und der Freiherr vom

Stein bezeichnete, allerdings ohne Verallgemeinerungen, Lombard als einen seichten Schwätzer und französischen Dichterling, als einen Roué und frivolen Menschen.

Die Roués, das waren die Gefährten des Regenten Philipp von Orléans während dessen ausschweifenden Soupers gewesen, und es gibt wohl keinen größeren Abstand als den zwischen der calvinistischen Moral und der Lebensgier des frühverstorbenen, im übrigen hochbegabten Sohnes der Liselotte von der Pfalz. Daß ein Mann wie der Freiherr vom Stein diesen Abstand mit bewußter Wortwahl überbrückte, zeigt sehr deutlich, daß man nicht mehr bereit war, der Französischen Kolonie zu Berlin besonderen moralischen Kredit einzuräumen. Lombard starb dann auch fern von Berlin im milden Frühling der Stadt Nizza, in jenem Jahr 1812, da Napoleon nach Rußland zog. Es liegt nahe, das auffällig positive Bekenntnis zu den Hugenotten, wie wir es von einzelnen namhaften und erprobten Patrioten wie zum Beispiel von der Marwitz kennen, auf dem Hintergrund gegenteiliger Äußerungen einzelner großer Männer aus der Zeit der Befreiung von Napoleon zu sehen.

Die preußisch-hugenottische Prominenz aus einem guten Mischungsverhältnis bleibt dennoch weit in der Überzahl; sie macht sich gerade in den Folgegenerationen so deutlich bemerkbar, daß einem die Wahl schwerfällt, wenn man ins Detail gehen möchte – und müßte, weil ja eigentlich nur die Familiengeschichte mit ihren Zu- und Zwischenfällen das genealogische Schema unterhaltsam macht. Da empfehlen sich etwa die Forcade, bei denen – wie bei von der Marwitz – die Hälfte der Ahnen aus Frankreich, die andere aber aus Deutschland kommt, nur daß es bei den Forcade die Vaterseite ist, die dem Hugenottenreservoir entstammt, aus altem südfranzösischem Adel der erzhugenottischen Landschaft Béarn mit zum Teil höchsten Hofrängen: der Ururgroßvater des preußischen Generals Friedrich Wilhelm Quirin von Forcade de Biaix war königlicher Schatzmeister, ein anderer kam aus dem Uradel der Gascogne. Der General, dem

Friedrich der Große 1746 den Orden *Pour le mérite* verlieh, hat eine Frau aus Honstedt zur Mutter, heiratet selbst aber die Tochter eines preußischen Generals mit französischem Namen und hat mit ihr nicht weniger als achtzehn Kinder, von denen wiederum zwei mit dem hohen und begehrten Orden ausgezeichnet werden.

Man entsinnt sich der düsteren Anekdote, die den großen Friedrich nach einer blutigen Schlacht durch die Reihen der Verwundeten gehen läßt; er fragt den ersten Offizier nach seinem Namen: »Von Wedel«, den zweiten: abermals von Wedel, der dritte wieder. Auf das traurige Kopfschütteln des Königs sagt der junge Leutnant: ›Hier liegen eben überall Wedels, Majestät‹. Ein Offiziersstamm wie jener der Forcade und mancher anderen Hugenottenfamilie veränderte natürlich auch die trüben Bilanzen auf den Schlachtfeldern, auf denen bis dahin nur Preußen und Märker gestorben waren.

Weniger Freude als mit den Forcade hatte der große Friedrich mit Isaac Franz Edmond de Chasot, der 1734 aus französischen Diensten in preußische übertrat, nicht als Glaubensflüchtling, sondern wegen eines Duells. Friedrich, damals noch Kronprinz, lernte den Grafen Chasot kennen, fand ihn sympathisch und zog ihn in seinen Rheinsberger Kreis. Im Zweiten Schlesischen Krieg kam die große Stunde für Chasot. Der aus einem der berühmtesten Kriegergeschlechter Frankreichs stammende Offizier rettete Friedrich dem Großen in der Schlacht bei Mollwitz das Leben, eine Episode, die Voltaire zu einem Gedicht anregte. Auch im zweiten Jahr dieses verlustreichen Krieges zeichnete sich Chasot aus, als er gemeinsam mit dem General Geßler bei Hohenfriedberg die Bayreuther Dragoner führte. Daß dieser ungestüme Angriff zwanzig österreichische Bataillone warf, entschied die Schlacht für Friedrich, und Chasot empfing die hohe Ehre einer Wappenvermehrung durch den preußischen Adler und den Zusatz H. F. 66, der auf die 66 erbeuteten Fahnen von Hohenfriedberg hinwies. Das war ein Höhepunkt selbst für das Grafengeschlecht Chasot, das schon bei Azincourt im Jahr 1415 zwölf Ritter stellte, von denen nur ein einziger heimkehrte.

Aber Helden schlagen auch im Frieden oft über die Stränge. Chasot hatte in Berlin weiter eine Ehrenaffaire nach der anderen, und als er sich auch noch für die schöne Tänzerin Barberina interessierte, die Friedrich der Große unter beträchtlichen finanziellen Opfern für sich selbst hatte aus dem Ausland anreisen lassen, da war es mit der Geduld des Königs vorbei. Chasot fiel in Ungnade, erhielt aber später den ehrenvollen und ruhigen Posten eines Kommandanten von Lübeck. Dort heiratete er und lebte ohne weitere Sensationen noch bis zum Jahr 1797. Sein zweiter Sohn, Graf Ludwig August von Chasot, hatte dennoch eine große Karriere. Er wurde Flügeladjudant König Friedrich Wilhelms III. und danach Stadtkommandant von Berlin. Als es im April 1809 dem Major von Schill gelang, sein Regiment aus dem französisch besetzten Berlin heraus zum Freikorpskrieg gegen Napoleon zu führen, erhielt Chasot den Abschied. Er resignierte aber nicht – schließlich hatte in jenen Jahren so mancher verdiente Mann das gleiche Schicksal zu erdulden –, sondern ging nach Rußland und war hervorragend an der Bildung jener russisch-deutschen Legion beteiligt, die 1812 in die Kämpfe gegen Napoleon so nachhaltig eingriff.

Der Lübecker Chasot, der Graf der vielen Duelle, hatte die Barberina nicht bekommen können; sie heiratete in die angesehene preußische Beamtenfamilie de Cocceji ein; aber eine andere Italienerin war ihm doch an die Ostsee gefolgt: die geistvoll-schöne Tochter des Malers Stefano Torelli. Es ist also, ähnlich wie im Fall Lucchesini, eine sehr welsche Mischung, die im alten Preußen für Unruhe sorgt, aber in den folgenden Generationen finden die Chasot dann umso eindrucksvoller in die Kreise der preußischen Reformierten. Einer der erfolgreichsten Kaperkapitäne des Ersten Weltkriegs, Graf Dohna-Schlodien, ist ein Nachkomme der Chasot, und so manches, was er auf zwei langen Fahrten mit dem Hilfskreuzer *Möwe* anstellte, wird so richtig erst verständlich, wenn man an die alte heldische Tradition und das Draufgängertum der Chasot denkt.

Neben den italienischen Namen mengen sich aber auch gelegentlich polnische in die Traditionen französischen Preußentums und die gemeinsamen franco-prussischen Entwicklungen im achtzehnten Jahrhundert: Daniel Chodowiecki, der große Kupferstecher, Zeichner und Maler, hat trotz seines polnischen Namens eine beinahe rein deutsch und hugenottisch kombinierte Vorfahrenreihe, in der Kaufleute aus Thorn und Danzig neben einer Linie evangelischer Prediger und Lehrer stehen. Sein Großvater war als Ältermann der Kramerzunft dem Danziger Patriziat zuzuzählen, und sein Vater heiratete eine Hugenottin aus jenem flämisch-wallonischen Landstreifen, aus dem gerade in den Nordosten Deutschlands so viele Glaubensflüchtlinge gekommen waren. Chodowieckis Mutter war die Tochter eines hugenottischen Gold- und Silberdrahtfabrikanten, und Chodowiecki selbst hat in Berlin Jeanne Barez geheiratet, die Tochter eines hugenottischen Goldstickers.

Die viel schreibende, aber geistvoll-sympathische Johanna Schopenhauer hat uns geschildert, wie Chodowieckis Mutter, die das Deutsche immer noch unzureichend beherrscht, als Hugenottin in der alten Handelsstadt Danzig lebte und ein paar aufgeweckten Kindern aus guten Familien Unterricht im Französischen gab:

»Die düstre Schulstube mit ihren getäfelten Wänden von durch die Zeit gebräuntem Eichenholz, in der wir dennoch so fröhliche Stunden verlebten, das große, aus mehr als hundert kleinen, runden Scheiben zusammengesetzte Fenster stehen noch sehr lebhaft in meiner Erinnerung. In der Ecke dieses Fensters thronte, in ihrem geräumigen Sorgenstuhl, eine uralte Frau *(sie war 67!)* mit schneeweißem Haar in etwas fremdartiger, sehr saubrer, aber einfacher Tracht.

Das Alter hatte ihre Augen mit einem immer dichter werdenden Schleier umwoben, doch ihren heiteren Sinn nicht zu umdunkeln vermocht. Deutsch sprach sie wenig und ungern: sie hatte als Hugenottin ihres Glaubens wegen aus ihrem schönen Vaterland flüchtig werden müssen, aber sowohl die Tracht, als auch Sitten und Sprache des französischen Bürgerstandes beibehalten ... Ich durfte dicht zu ihr hinflüchten, wenn das Getobe der wilden Knaben mir zu arg wurde. Dann nahm sie mich auf den Schoß und sagte allerlei leichte französische Worte und Redensarten mir vor, die ich zu ihrem großen Vergnügen wie ein gelehriger Papagei nachplapperte und zuletzt auch wirklich verstehen lernte.

Während eines Besuches von einigen Tagen, den Chodowiecki in Danzig bei seiner Mutter absolvierte, ließ er auch in unsere Schulstube sich führen; neugierig sah ich, wie der fremde, ernste Mann ein Tischchen hin- und herrückte, bis es ihm recht stand. Seine beiden Schwestern, unsere Lehrerinnen, gingen indessen, freundlich uns zuredend, durch unsere Reihen, versprachen Thorner Pfefferkuchen, Rosinen und Mandeln in Hülle und Fülle, wenn wir nur ein kurzes Stündchen, so wie wir eben saßen und standen, uns ruhig halten wollten.

Der fremde Mann setzte sich inzwischen an seinen Tisch, legte Papier vor sich hin, packte Bleistifte und andere kleine Gerätschaften aus, sah aufmerksam umher, schrieb etwas, wie es mir schien, sah wieder auf, schrieb wieder, ich hielt mich nicht länger: Ich vergaß Rosinen, Mandeln und Pfefferkuchen und alles; leise, leise wie ein Kätzchen schlich ich zwischen und unter den Tischen und Stühlen bis zu ihm hin und sah so bittend ihm ins Gesicht, daß er es nicht übers Herz bringen konnte, mich zu verscheuchen. Freundlich nickte er die Erlaubnis mir zu, neben ihm stehen zu bleiben«.

Der Wißbegier dieser kleinen Danzigerin – später Mutter eines großen Philosophen – verdanken wir die hübsche Schilderung von Chodowieckis Arbeitsweise; sie stammt aus den wenigen Wochen, die der schon früh nach Berlin gegangene Künstler in der alten Heimat seiner Familie an der Weichsel zubrachte. Die Genreszene, die ihn dort und vorwiegend in den Kreisen der Französischen Kolonie berühmt machte, hatte ein Thema aus dem Glaubenskampf zum Gegenstand: *Les adieux de Calas à sa famille*. Der Ketzer Calas nimmt von den Seinen Abschied, eine Szene aus einer Affaire, die ganz Frankreich durch Generationen beschäftigte, vor allem auch Voltaire, der damals etwa die Rolle spielte, die Zola im Dreyfus-Prozeß auf sich nahm.

Wir kennen heute, im Rückblick, ein ungemein reiches Werk Chodowieckis, dieses großen und dabei beliebten Meisters. Sowohl von seinen hugenottischen Vorfahren wie von den Kornhändlern aus der Weichselniederung hatte er jene kaufmännische Begabung, die ihm rationelles Arbeiten und gute Einkünfte sicherte. Ein jüngerer Bruder und andere Hilfskräfte arbeiteten mit ihm, und alles, was er unternahm, auch die Reise nach Danzig, wurde in ganze Folgen von Skizzen und Strichen umgesetzt und ausgemünzt.

Die Aufzeichnungen, die Chodowiecki offensichtlich nur für sich von jener Danzigreise des Jahres 1773 gemacht hat, bezeugen uns nicht nur seine eigene enge Bindung an die französischen Reformierten, sondern auch die Blüte der reformierten Gemeinde in Danzig, wo in zwei Kirchen zu verschiedenen Zeiten französisch gepredigt wird. Die Namen, denen wir in den Eintragungen begegnen, sind zum Teil die der bekannten Hugenottenfamilien aus Königsberg, die inzwischen – in den abgelaufenen sechzig Jahren – begreiflicherweise Zeit gefunden haben, sich im ganzen Preußenland zu verbreiten.

»15. Juli. Um siebeneinhalb Uhr ging ich in die Elisabethkirche. Monsieur de la Motte predigte über den Text, daß wir nur durch den Heiligen Geist befähigt seien, Jesum Christum unseren Herrn zu nennen«.

Aber dabei bleibt es nicht. Chodowiecki ist nicht irgendein Kirchgänger, und die Reformierten pflegten ja, das kannte der Maler schon von den Danziger Engländern, stets einen besonders engen, auch privaten Kontakt mit ihren Pfarrern:

»Nach der Predigt war ich bei ihm. Ich traf ihn in seinem Garten. Man richtete den Kaffeetisch. Ich zeigte ihm das Bildnis der Madame Öhmchen und die anderen. Den Monsieur Rosenberg und einige andere erkannte er. Dann erschienen seine Tochter und eine Demoiselle Correy ... Monsieur de la Motte macht sehr zierliche Schreiner- und Drechslerarbeiten. Um zehneinhalb Uhr empfahl ich mich«.

De la Motte ist der Typus des emsigen Hugenotten, er tischlert nicht nur, er dillettiert auch ein wenig in der Malerei. Die Portrait-Aufträge, die Daniel Chodowiecki braucht, kommen aber nicht von den Reformierten, die offensichtlich zu wenig Geld haben, sondern vom deutschen Adel (Keyserling), von Juden (Rosenberg) und von polnischen Adeligen wie der Gräfin Csapska oder der Comtesse Podoska. Während die hübschen polnischen Damen deutlich Distanz wahren und sehr gut bezahlen, macht Madame Öhm(i)chen, die mit den Jahren rundlich gewordene Geliebte eines polnischen Würdenträgers, unverhohlen Jagd auf den immerhin Fünfzigjährigen. Chodowiecki aber fühlt sich offensichtlich im friedvollen Milieu der reformierten Pfarren am wohlsten:

»Da es bereits zu spät geworden war, um noch in die Elisabethkirche zu gehen«, schreibt er am 18. Juli, »und noch zu früh für die französische Kirche, ging ich zu Monsieur Lohmann ... Als ich dann um halb acht zur Kirche gehen wollte, rief mich Pfarrer Boquet vom Fenster aus zu sich. Ich ging zu ihm hinauf; Monsieur Vernezobre, der Pfarrer und der Kantor, waren bei ihm. Monsieur Boquet ist immer noch krank, deshalb soll der Kantor die Predigt lesen. Um neun Uhr ging ich mit Madame Boquet zur Kirche, sie lud mich zum Abendessen ein, ich versprach zu kommen, wenn es mir möglich sein würde. In der Kirche waren nur wenige Leute anwesend, unter ihnen der Bürgermeister Weichmann und der Schöffe Wolters. Der Kantor las sehr schlecht eine Predigt von Monsieur Malhans aus Frankfurt am Main über die Gottesfurcht«.

Chodowieckis Aufenthalt in Danzig zieht sich hin. Die

Portraits machen die Runde, und wenn man auch findet, daß er die Männer genauer treffe als die Damen, so ist vielleicht gerade das der Grund, daß sich Mütter und Töchter für immer neue Portraitskizzen anmelden und ihm schmollend Vorwürfe machen, weil er eine junge Lehrerin, eine Demoiselle Gousseau, zu hübsch dargestellt habe.

»8. August. Monsieur Baudouin hat mir Grüße für seine Frau aufgetragen, wenn ich nach Berlin komme. Vor dem Kirchgang arbeitete ich noch ein wenig an den Portraits der Madame Gerdis und des Monsieur Karphoff. Um neun Uhr war ich in der französischen Kirche. Pfarrer Boquet sprach über den Text: ›Das Verborgene ist für die Ewigkeit, das Offenbarte aber für uns und unsere Kinder‹. Seine Predigt war diesmal besser ausgearbeitet als gewöhnlich. Es waren recht wenig Leute anwesend«.

Die Boquet kamen aus der Champagne nach Preußen, die Vernezobre waren zu Beginn des Jahrhunderts eine der wohlhabendsten Hugenottenfamilien in Preußen und stifteten für die junge Gemeinde in Königsberg mit 950 Gulden einen beträchtlichen Betrag (Ein Vernezobre ist damals Ancien, also Ältester der Gemeinde). Aus den Aufzeichnungen Chodowieckis geht aber auch hervor, daß diese Gemeinden ihre Kirchen nicht mehr zu füllen imstande sind, und um die Schäfchen nicht zu verschrekken, hat man auch die strenge Zucht, die uns in den Königsberger Frühzeiten beinahe unmenschlich anmutet, offensichtlich erheblich gemildert. Chodowiecki, der als galant'uomo aus der Metropole die Runde bei den Danziger Damen macht, wird keineswegs geächtet oder auch nur ermahnt. Er malt Damen im Negligé, er trifft andere im Hemd an bei seinen unermüdlichen Rundgängen in der Hafenstadt, er läßt sich verwöhnen, bewirten und becircen und landet doch immer wieder an den Kaffeetischen der Pfarrhäuser.

Die engen Bindungen an die Gemeinde, die in Berlin ja noch ungleich stärker blüht als in Königsberg oder in Danzig, werden nach dem Tod des Malers noch deutlicher offenbar als zu seinen Lebzeiten. Heinrich Isaak Chodowiecki, Sohn des großen Kupferstechers, ist bis zu seinem Tod im Jahr 1831 Pfarrer an den französischen Kirchen von Halle und von Potsdam. Susanna Chodowiecka ist mit dem Pfarrer Jean Henry verheiratet, der zu einer der berühmtesten Familien reformierter Geistlicher auf deutschem Boden gehört. Unter den Enkeln der beiden entdecken wir die Brüder Emil und Paul Du Bois-Reymond, namhafteste Mitglieder der französischen Kolonie in Berlin. Von ihnen hatte Emil, vielseitiger als sein vorwiegend mathematisch orientierter Bruder, zunächst Theologie studiert und auch später in seinen Publikationen den religiösen, geisteswissenschaftlichen und künstlerischen Aspekt fast stets mit berücksichtigt.

1802 starb Daniel Chodowiecki, dem Namen nach ein Pole, nach den bekannten Ahnen ein glücklicher Zusammenklang aus nordfranzösischen Hugenotten und ostdeutschen Patriziern, künstlerisch geschult an Callot und anderen linksrheinischen Vorbildern, religiös bestimmt durch die *réligion prétendue reformée*, die, noch ehe der große Zeichner und Kupferstecher das Zeitliche segnete, in Frankreich wieder in alle ihre Rechte eingesetzt worden war.

Als Friedrich der Große auf den allzustrengen Soldatenkönig gefolgt war, hatte ganz Brandenburg-Preußen aufgeatmet, und auch die Hugenotten, die sich nun wieder mit ihren Geschäften freier bewegen konnten, hatten beim Tod ihres großen Förderers doch festgestellt, daß er nach und nach eine deutliche Abneigung gegen das französische Wesen an den Tag gelegt hatte. Dem zweiten Friedrich sah man darum mit gewissen Erwartungen entgegen; er war schließlich schon als Kronprinz so francophil gewesen, daß sein Vater darob manchen Rohrstock zerbrochen hatte. Dabei blieb es auch; Franzosen kamen, die keineswegs Glaubensflüchtlinge waren, und die Hugenotten sahen mit einem lachenden und einem weinenden Auge Berlin französischer werden als je zuvor. Nur war dieser philosophische König in Dingen der Religion von bedrückender Gleichgültigkeit; mit seinem frommen Vater hatte man über die Erfordernisse der Kirche ganz anders reden können und bei ihm für die Gesetze und Maßnahmen der Konsistorien viel mehr Verständnis gefunden.

Als Napoleon bei Jena und Auerstedt so eindeutig gesiegt hatte, daß Preußen sich 1809 nicht an die Seite Österreichs zu stellen wagte, sondern die französische Besatzung weiterhin ertrug, da gab der zaudernde König Friedrich Wilhelm III. den unwilligen Patrioten im eigenen Land immerhin soviel nach, daß er die Privilegien der Hugenotten, der französischen Kolonie, allesamt aufhob. Soweit sie rein wirtschaftlicher Natur gewesen waren, hatten sie ihre Bedeutung inzwischen weitgehend verloren: 1685 erlassen, hatten sie fünfviertel Jahrhunderte später nur noch auf ganz wenigen Sondergebieten etwas zu besagen. Aber es gab eine Freiheit von Einquartierungen, ja sogar eine weitgehende Befreiung vom Militärdienst, und beide Privilegien hatten die französischen Familien, die sich ja längst niedergelassen hatten, die Häuser besaßen, Läden, Werkstätten und Grundstücke, von Generation zu Generation besser gestellt als die Mitbürger, und das war in den Kriegsnöten umsomehr aufgefallen, als es ja französische Truppen waren, die nun Kontributionen erhoben und durch Brandenburg-Preußen zogen.

Es ist gewiß kein Zufall, daß in dieser Zeit der Napoleonischen Vorherrschaft in Deutschland und im französisch besetzten Berlin der Roman *Vor dem Sturm* spielt, der erste und umfangreichste Roman des Hugenottenstämmlings Theodor Fontane, der sich jedesmal geärgert haben soll, wenn ihn jemand so aussprach, wie wir dies heute tun: er selbst veschluckte also offenbar das Schluß-E. Daß der Verfasser der unsterblichen *Wanderungen durch die Mark Brandenburg*, dieser für uns lebendigste Schriftsteller seines ganzen Jahrhunderts, ein Franzose war, vermag man trotz dieses Namens kaum zu glauben;

er selbst aber war davon überzeugt, legte Wert darauf und hat es auch allen seinen Lesern klar gemacht — nur bei der mütterlichen Großmutter war er im Zweifel, da sie Mumme hieß und ihre Familie ein Gut bei Groß-Beeren besaß.

»Nicht weit von der Rhônemündung, auf dem etwa zwischen Toulouse und Montpellier gelegenen Gebiet, stoßen von Westen her die Vorlande der Gascogne, von Norden und Osten her die Ausläufer der Cevennen zusammen, und auf diesem verhältnismäßig kleinen Stück Erde, wahrscheinlich im jetzigen Département Hérault oder doch an seiner Peripherie, waren meine Vorfahren väterlicher- wie mütterlicherseits zuhause. Nächste Nachbarn also. Weil sich indessen auf diesem engen Raum zwei grundverschiedene Volksstämme berühren, so darf es nicht sonderlich überraschen, daß *mes ancêtres*, trotz räumlicher Nachbarschaft, dieser Stammesverschiedenheit entsprachen, eine Verschiedenheit, die völlig unbeeinflußt durch die inzwischen erfolgte Verpflanzung ins Brandenburgische sich auch noch in meinen Eltern zeigte: Mein Vater war ein großer, stattlicher Gascogner voll Bonhomie, dabei Phantast und Humorist, Plauderer und Geschichtenerzähler, und als solcher, wenn ihm am wohlsten war, kleinen Gasconaden (d. h. Aufschneidereien) nicht abhold; meine Mutter andererseits war ein Kind der südlichen Cevennen, eine schlanke, zierliche Frau von schwarzem Haar, mit Augen wie Kohlen, energisch, selbstsuchtslos (sic) und ganz Charakter, aber ... von so großer Leidenschaftlichkeit, daß mein Vater, halb ernst — halb scherzhaft von ihr zu sagen liebte: ›Wäre sie im Lande geblieben, so tobten die Cevennenkriege noch‹ — «.

Languedoc und Cevennen haben, wir konnten es in den vergangenen Kapiteln feststellen, einen Großteil der Religionsflüchtlinge gestellt, die nach Deutschland kamen, soweit der Weg dorthin auch war. Fontanes Großvater trug die Vornamen Pierre Barthélemy, war ein mittelmäßig begabter Maler, aber sehr tüchtiger Zeichenlehrer und – er sprach ein ausgezeichnetes Französisch. Wie viele andere Hugenotten erteilte auch er Unterricht bei Hofe, und zwar den ältesten königlichen Prinzen. Königin Luise kam einmal in die Zeichenstunde, hörte das Französisch des Monsieur Fontane und nahm ihn als Kabinetts-Sekretär in ihre persönlichen Dienste. »Vielleicht«, schreibt der Enkel, »geschah es auch auf Vorschlag des um jene Zeit überaus einflußreichen Kabinettsrates Lombard (vgl. S. 293), der dabei den Zweck verfolgen mochte, seine auf ein Bündnis mit Frankreich hinarbeitende Politik durch bei Hofe verkehrende Persönlichkeiten verstärkt zu sehen«.

Nach der Katastrophe von 1806, als der Hof nach Königsberg ging, wurde Pierre Barthélemy Fontane Kastellan von Schloß Niederschönhausen. Fontanes Großeltern auf der mütterlichen Seite hießen Labry und waren Mitinhaber der Seidenhandelsfirma Hunbert & Labry. Sie widmeten sich also einem Geschäftszweig, der fast ausschließlich von Hugenotten gepflegt wurde. In einem feinen Pensionat lernte Mademoiselle Labry eine junge Schauspielerin kennen, die trotz erster Bühnenerfolge dort noch wohnte und mit einem Herrn Fontane versprochen war; es war der älteste Sohn des nunmehrigen Kastellans, und die Verlobung ging in die Brüche, weil jene Schauspielerin dem Charme ihres berühmten Kollegen Karl von Holtei erlag. Aber die Verlobungszeit hatte gereicht, Mademoiselle Labry mit dem jüngeren Fontane, d. h. dem Vater des Dichters, bekannt zu machen, und kurz nach der Verlobung mit ihr erstand der frischgebackene Apotheker die vakante Apotheke zu Neu-Ruppin. Fontane betont ziemlich ehrfurchtslos, daß die Apothekerprüfung damals eine Formsache gewesen sei, und er hält auch von den Kriegsabenteuern seines Vaters nicht allzu viel, obwohl dieser in die blutige Schlacht von Großgörschen geriet. Aber er rechnete es seinem Vater hoch an, daß er trotz eineinhalb Stunden Fußwegs von Niederschönhausen in die Stadt das berühmte Gymnasium im Grauen Kloster erfolgreich besucht hatte. Im übrigen aber sei er ein rechter Gascogner geblieben, gab die sehr günstig erstandene Apotheke schon nach sieben Jahren wieder auf und brachte das vorhandene kleine Vermögen beim Whist durch, wie er seinem Sohn Theodor einmal sagte, an die 10.000 Taler. Glücklicher war der Großvater, dem gegenüber Fontane eine besondere Anhänglichkeit erkennen läßt, wenn er von ihm schreibt, daß er es »mit Hilfe dreier in guten Abständen geheirateter Frauen erst vom Zeichenlehrer zum Kabinett-Sekretär und ganz zuletzt, was noch wichtiger, sogar zum gutsituierten Berliner Hausbesitzer gebracht hatte, freilich nur in der Kleinen Hamburger Straße. Seinen Söhnen und Enkeln ist die sich hierin aussprechende Lebenskunst verloren gegangen«. Ein wehmütiger Schlußsatz, der gewiß nicht nur auf diese Hugenottensippe zutrifft. Die Söhne und die Enkel besuchten auch, wie Vater und Sohn Fontane, schon deutsche Schulen, und selbst die Frauen bekannten sich – wie Fontanes Mutter – zur reformierten Religion oft nur, weil dies als vornehm galt, weil es unerläßlich war, um in der ›Kolonie‹, unter den Franzosen Berlins, gesellschaftlich eine Rolle zu spielen.

Das Verhältnis des Dichters selbst zur französischen Kolonie ist, da man sich mit Theodor Fontane ja sehr eingehend beschäftigt hat, wiederholt Gegenstand von Erörterungen gewesen, und es steht heute wohl fest, daß Fontane zwar mit Leib und Seele Berliner war, daß er elf seiner siebzehn Romane in dieser Stadt ansiedelte und viele Straßen, Plätze, Bauwerke und Verhältnisse in seinen Büchern getreu portraitierte und sie so wichtig nahm wie Dickens sein London und Zola sein Paris. Das Verhältnis zur Französischen Kolonie jedoch war wohl durch die Tendenz charakterisiert, die in unserer Kapitelüberschrift zum Ausdruck kam, eine Tendenz, die sich nicht auf Frankreich und die Franzosen im allgemeinen bezog. Obwohl die Franzosen dem prominenten Kriegsberichterstatter 1870/71 bekanntlich manche Schwierigkeiten bereiteten, verhehlte Fontane seine Sympathien für Frankreich niemals, was ihm einmal sogar sein Sohn George vorwarf. Das ist bemerkenswert, wenn auch nicht sehr überraschend, und muß festgehalten werden angesichts der beeindruckenden Fülle von Berichten und Dichtungen aus dem englisch-schottischen Bereich im Werk Theodor Fontanes. Waren die britischen Inseln das beherrschende Bildungserlebnis des Dichters, so blieb Frankreich undiskutiert (und auch durch viele Wochen der Haft unerschüttert) seine geistige Heimat. Er hat sie nie verleugnet, so deutlich auch Menschen und Schauplätze seiner Bücher die neue Heimat der Fontane spiegeln, die Heimat, die sie nicht mitbekommen hatten, sondern die sie sich erobern mußten.

Es scheint allerdings, daß der Dichter in allem, was sein Verhältnis zu Frankreich und seine ziemlich konsequente Kritik an Berlin und den Berlinern betrifft, zweierlei Maßstäbe benützt. Die Frauen kommen bei ihm stets besser weg, auf beiden Seiten, die Französinnen der Hugenottenkolonien in verschiedenen Teilen Preußens, und die Berlinerinnen, die ja niemand zutreffender geschildert hat als der Verfasser von *Irrungen, Wirrungen*, von *Frau Jenny Treibel* oder auch *Mathilde Möhring*. Unter den Berlinerinnen jeden Alters und jeder Couleur, die uns in Fontanes Werken entgegentreten, gibt es auch jene amüsante und zweifellos Fontane selbst amüsierende späthugenottische Mischung, die den französischen Namen und das Gebaren der Madam' mit einer durchaus berlinischen Herzhaftigkeit und dem treffsicheren Wort verbindet, wie sie dieser Stadtgrund seinen köstlichsten Pflanzen mitgegeben hat, »ein Etwas, das die Welt nicht zum zweitenmal gesehn«.

Solch ein Etwas und zweifellos ein echtes Unikum aus der Doppelexistenz, wie die Franzosen sie in Berlin führten, war jene Madame du Titre, an die Fontane mehr als einmal gedacht haben muß in der Figurenvielfalt seiner Romane, denn »sie ist gewissermaßen die Urberlinerin, so etwas wie ihre Idee« (Paul Fechter). Sie hieß bürgerlich-vollständig Marie-Anne du Titre und war eigentlich eine reine Französin, nur eben 1748 in Berlin zur Welt gekommen. Ihr Vater Benjamin George war als wohlhabender Bierbrauer eine bekannte Erscheinung der französischen Kolonie, ihre Mutter entstammte der Hugenottensippe Robert, und Marie-Anne heiratete, auch durchaus typisch, einen reichen Seidenhändler, eben Monsieur du Titre, der allerdings keinen Augenblick die Chance hatte, so bekannt zu werden wie seine Frau, an der die Berliner alles an Anekdoten befestigten, was nur immer mit ihr in Einklang gebracht werden konnte. Sie durfte ihren unbekümmerten Witz und ihre Schlagfertigkeit auch bei Hofe loswerden, denn die berühmte Wilhelmine Encke, später Gräfin Lichtenau, war eine ihrer Schwägerinnen...

Fontanes Romane wiesen ihn als großen Wanderer nicht nur in der Mark, sondern auch in Berlin selbst aus, und seine Schilderungen der Stadt, die soziale Zuordnung der Viertel und Straßen, geben uns ein kaum zu übertreffendes Bild auch von dem politischen Klima jener Tage, in denen die Franzosen, bis dahin ein geschätztes Element des Berliner Lebens, plötzlich eine diskutierte Minderheit wurden. Die beinahe ängstliche Überbetonung ihrer Loyalität bewahrt die Berlin-Franzosen zwar vor Verfolgungen und Pogromen, kettet sie aber auf Jahrzehnte im konservativen Lager fest und begründet damit die Isolierung der Hugenotten und ihrer Familien gegenüber den Entwicklungen, die in den Befreiungskriegen begonnen hatten und 1848 kulminierten.

Die innere Position des Dichters wird dadurch nicht sehr nachhaltig, ja vielleicht überhaupt nicht berührt. Seine Kritik am Preußentum und an Berliner Zuständen bleibt ebenso deutlich wie seine Sympathien für Frankreich. Noch in einem späten Brief, 1894 an Georg Friedländer gerichtet, sagt Fontane: »wie unsere Junker unausrottbar dieselben bleiben, kleine, ganz kleine Leute, die sich für historische Figuren halten, so bleibt der Berliner ein egoistischer, enger Kleinstädter. Die Stadt wächst und wächst, die Millionäre verzehnfachen sich, aber eine große Schusterhaftigkeit bleibt, die sich vor allem in dem Glauben ausspricht: Mutters Kloß sei der beste«.

Demgegenüber bleibt das französische Element, wo immer es in Erscheinung tritt, für Fontane positiv, aufhellend. In dem schönen Buch *Meine Kinderjahre*, das Fontane als autobiographischen Roman verstanden wissen wollte, schreibt er über das kleine Swinemünde, in dem er so glückliche Jahre verbrachte, und berichtet nach Aufzählung aller weiblichen Schönheiten des Viertausend-Einwohner-Städtchens über die dorthin zugezogene Familie Scherenberg. Der alte Scherenberg sei zweimal verheiratet gewesen: »in erster Ehe mit einem Fräulein Couriol, in zweiter Ehe mit einem Fräulein Villaret, beide der Stettiner französischen Kolonie entstammend. Aus diesen Eheschließungen mit Damen von durchaus französischer Eigenart erklärt es sich auch wohl, daß durch jetzt drei Generationen hin alle oder doch fast alle diesem Swinemünder Zweig der Scherenberg-Familie Zugehörigen eine ausgesprochene, zum Teil von sehr bemerkenswerten Erfolgen begleitete Vorliebe für die Schönen Künste gehabt haben. Denn wenn es auch – ich habe darüber mit dem verstorbenen Konsistorialrat Fournier, einem der besten Kenner auf diesem Gebiete, mehr als einmal eingehende Gespräche führen dürfen – als sicher gelten darf, daß, auf allgemeine geistige Veranlagung hin angesehen, von einer im vorigen Jahrhundert von Seiten der Kolonieleute noch als eine Art Dogma betrachteten Überlegenheit längst keine Rede mehr sein kann, so möchte ich doch beinahe annehmen, daß in bezug auf künstlerische Beanlagung (Handgeschicklichkeiten mit eingeschlossen) auch in diesem Augenblicke noch die Nachkommen der Kolonie den berlinischen Autochthonen (d. h. Eingeborenen) um einen guten Pas (Schritt) voraus sind. Ich glaube, dies mannigfach beobachtet zu haben«.

Fontane untermauert diese Behauptung, in der er von der französischen Kolonie von Berlin bezeichnenderweise als von etwas Vergangenem spricht, durch eine genaue Aufstellung über die Scherenbergs und sieht das besondere Verdienst der Blutmischung darin, daß diese Familie bis dahin eben nur Kaufleute hervorgebracht habe, während sich nun, nach diesen beiden Ehen, höhere Interessen und Begabungen in ihrer Nachkommenschaft entwickelt hätten. Die Frage ist für den autobiographischen Roman Fontanes nicht wichtig, sie ist eigentlich ein die Swinemünder Idylle störender Exkurs. Es geht vielmehr um ein fundamentales Problem, das Fontane außer mit dem Konsistorialrat Fournier nirgends ausdiskutiert hat, vor allem nicht schriftlich: um das, was man heute das Selbstverständnis der Hugenotten nennen würde, eine Grundfrage auch der Gesamtexistenz Theodor Fontanes selbst. Diese Grundfrage berührt auch sein Verhältnis zu seinem Vater, dem er mit einer entzückend zärtlichen Ironie begegnet, gleichsam als ob man eben einem Gascogner mehr durchgehen lassen müsse als den anderen Franzosen (dabei spricht manches dafür, daß die Fontane gar nicht aus dem Languedoc, sondern aus der Saintonge stammten, also von der unteren Charente, am Atlantik).

Fontane hat dieses sehr persönliche Thema, mit dem er offenbar nicht völlig ins reine kommen konnte, so lange er sich auch damit beschäftigte, bei großer Öffentlichkeit, bei besonderen Anlässen stets gemieden, aus einer begreiflichen Scheu. Verallgemeinerungen, wie er sie etwa über die Berliner vorbringt, enthalten stets Ungerechtigkeiten, andererseits neigte der Journalist in Fontane zu Pointen und Überspitzungen. Ebenso schwer wie die vollgültige und unmißverständliche Entscheidung zwischen Frankreich und Preußen fiel ihm aber auch die Parteinahme für eine der beiden Organisationen, in die sich das französische Berlin inzwischen gespalten hatte. Es gab nun neben den bekannten Familien, die praktisch alle Ämter der reformierten Kirche und der Gemeindeverwaltung unter sich aufteilten, eine Vereinigung, die sich *Réunion* nannte und wohl den Zweck hatte, jüngeren, freiheitlich gesinnten oder vermögenslosen Hugenotten-Nachfahren ein Sammelbecken zu bieten, damit sie nicht völlig ohne Organisation im deutschen Berlin versickerten. Die Reunionisten ließen sich zwar noch reformiert taufen und bevorzugten bei ihren Heiraten die französische Kirche, aber in den Gottesdiensten sah man sie höchst selten, und am Gemeindeleben nahmen sie praktisch auch nicht mehr teil. Erst für die Vorbereitungen für die Zweihundert-Jahr-Feier der Französischen Kolonie zu Berlin taten sich alle Hugenottenmilieus an der Spree zusammen, und nun blieb auch Fontane nicht mehr abseits. Das Festspiel, das man von Fontane aus diesem Anlaß erbat, lieferte der Dichter zwar nicht selbst, wollte es andererseits aber auch nicht völlig aus der Hand geben. Es wurde, zweifellos in familiärer Absprache, von Fontanes Sohn Theo verfaßt, der eben sein Assessorenexamen bestanden hatte. Der Dichter selbst beschränkte sich darauf, zu den lebenden Bildern aus der Geschichte, die bei diesem Fest gestellt werden sollten, kurze Begleittexte zu schreiben und jenen Prolog, in dem trotz einer gewissen feierlichen Steifheit doch genug Persönliches anklingt, um ihn als ein Bekenntnis, ja vielleicht sogar als eine dichterische Bilanz dieser zweihundert Jahre ansehen zu können. Nach den huldigenden Einleitungsversen sagt Fontane:

Land-Fremde waren wir, nicht Herzens-Fremde
so ward die Freistatt bald zur Heimatstätte,
zur Stätte neuer Lieb', und was seitdem
durch Gottes Ratschluß dieses Land erfahren,
wir lebten's mit, sein Leid war uns Leid,
und was es freute, war auch unsre Freude.
Wohl pflegten wir das Eigne, der Gemeinde
Gedeihn und Wachstum blieb uns Herzenssache,
doch nie vergaßen wir der Pflicht und Sorge,
daß, was nur Teil war, auch dem Ganzen diene.

Und dann läßt Fontane erkennen, daß er sich zügeln muß, daß er eigentlich nun mit einem großen Loblied auf die Hugenotten und deren Leistungen fortfahren möchte, sich aber um des Anlasses willen bescheidet:

Mit fleißger Hand, in allem wohlerfahren,
was älterer Kultur und wärmrer Sonne
daheim entsproß und einem reichen Lande –
so wirkten wir. Doch unser Tun zu rühmen,
es ist nicht das, was diesem Feste ziemt,
heut ziemt's uns nur zu huldgen und zu danken.

Die bewegendste Strophe steht am Schluß des Textes zum fünften der gestellten historischen Schaubilder, das von den Drangsalen Zeugnis geben will, denen die Hugenotten nach der Aufhebung des Edikts von Nantes und auch schon vorher in Frankreich ausgesetzt waren. Fontane findet in der letzten Strophe dieses Begleittextes zu der knappen Härte seiner schottischen Balladen und gibt dem Festakt damit einen ernsthaften, ja beinahe tragischen Akzent:

So geht der Trost. Da sinkt die letzte Hoffnung
einflüsternd siegreich in das Ohr des Königs
sprach die Marquise, sprach die Maintenon –
Und das Edikt, das Henri quatre gegeben,
Louis quatorze hebt es wieder auf.
Der Freibrief ist vernichtet, ist zerrissen,
der Calvinist steht außer dem Gesetz,
und rechtlos worden nimmt er seinen Stecken
und läßt sein Land. Gott mit dir, Hugenott!

BERICHT ZUR LITERATUR

Wir wissen es aus unseren Tagen: Vertriebene schreiben gern über ihre Schicksale und über die verlorene Heimat, und sie lesen nach Möglichkeit das, was von anderen über diese ihnen am Herz liegenden Themen geschrieben wird. Ausnahmen machen nur jene Flüchtlings- oder Emigrationsgruppen, die nach ihrer sozialen Zusammensetzung zur literarischen Berichterstattung wenig befähigt sind, die Armenier etwa nach dem Ersten Weltkrieg oder auch die Salzburger Bergknappen und Bauern im achtzehnten Jahrhundert. Für sie sind dann andere in die Bresche gesprungen, Goethe mit *Hermann und Dorothea*, Franz Werfel mit dem unvergeßlichen Riesenepos *Die vierzig Tage des Musa Dagh*.

Eine literarische Bewältigung solcher Gültigkeit hat das Gemeinschaftsschicksal der Hugenotten bis heute nicht gefunden; lediglich um die Zeit der innerfranzösischen Auseinandersetzungen, die ja vor der Auswanderung liegt, haben sich Ludwig Tieck und Conrad Ferdinand Meyer oder auch Fritz Hochwälder (Donadieu) verdient gemacht, dazu die großen französischen Erzähler Merimée und Alexandre Dumas père. Le Réfuge, die große Einwanderungswelle in die deutschen Länder und vornehmlich nach Brandenburg-Preußen, hat aber auf deutschem Boden noch keine umfassende oder auch nur Einzelfragen befriedigend darstellende literarische Würdigung erfahren, und so mancher Romancier, der sich kleiner und kleinster Fakten aus der Geschichte des Großen Kurfürsten oder Friedrichs des Großen angenommen hat, ist an diesem gewaltigen Thema vorbeigegangen.

Dieses Fehlen einer deutschen Hugenottenliteratur ist außerordentlich auffällig angesichts der zahlreichen namhaften Flüchtlinge und ihrer zum Teil sehr eindrucksvollen Karrieren auf deutschem Boden, und das erklärt sich nur zum Teil daraus, daß diese gebildeten, frommen und oft der Reflexion stark zugeneigten Menschen relativ viel selbst geschrieben und private Aufzeichnungen veröffentlicht haben. Worin die Hemmschwelle bestand, die so fruchtbare Routiniers wie Schaumburg (Autorenname Burg) oder so gebildete Stoffwälzer wie Wichert oder Willibald Alexis von so dankbaren Stoffen absehen ließ, wage ich nicht zu sagen. Nur andeutungsweise sei die Vermutung geäußert, daß in dem vergangenen Jahrhundert der historischen Vielschreiberei die kulturelle Überlegenheit des Hugenottenmilieus noch so deutlich empfunden wurde, daß sich deutsche Schriftsteller eine zutreffende Bewältigung ebensowenig zutrauten wie etwa heute ein moderner Romancier versuchen würde, in den Milieus eines Joseph Roth oder Isaac Bashevis Singer mit diesen Autoren wettzueifern. Die Hugenotten schrieben sich ihre Schicksale selbst vom Herzen, sie kamen jedoch damit nur an eine begrenzte Öffentlichkeit: Sie nützten das ihnen allen zu Gebote stehende einzigartige Forum der *Geschichtsblätter des Deutschen Hugenottenvereins* und der diesem Verein nahestehenden anderen Publikationsreihen. Dort sprach stets einer zum andern unter Glaubensbrüdern unter weitgehendem, wenn auch nicht beabsichtigtem Ausschluß der vielen anderen Interessenten, die keine familiengeschichtliche Bindung an die Hugenottenmilieus aufzuweisen hatten.

Allen jenen, die sich über dieses Buch hinaus für die Hugenotten und für die Schicksale einzelner Hugenottengemeinden oder -familien interessieren, kann keine bessere Adresse genannt werden als der Verlag des Deutschen Hugenottenvereins 3305 Obersickte/Braunschweig (Postfach). Die größtenteils ehrenamtlichen Mitarbeiter verschicken Gesamtregister aller Veröffentlichungen und übernehmen es auch mit größter Bereitwilligkeit, Fotokopien vergriffener Publikationen zu günstigen Preisen anzufertigen. Hier erschließt sich buchstäblich eine ganze Welt vergangenen Lebens, hinabgegangener Generationen, und die Berichte der Flüchtlinge selbst, die Aufzeichnungen der ersten über die Grenzen gekommenen Generation sind in ihrer aufrichtigen Kunstlosigkeit der erschütternde menschliche Spiegel eines großen historischen Vorgangs. Hier lösen sich Ereignisse in Privates auf und werden damit erst wirklich greifbar, so wie ja auch die große Bonner Dokumentation über die Vertreibung der Deutschen aus den Ostgebieten diesen empörenden, nutzlosen und historisch wie wirtschaftlich widersinnigen Vorgang erst wirklich begreiflich gemacht hat. Wir konnten aus den Berichten solcher Hugenotten-Flüchtlinge einiges zitieren, aber naturgemäß nur einen Bruchteil des vorhandenen gewaltigen Materials, das in unserer Sprache noch keineswegs aufgearbeitet ist.

Etwas günstiger als für die eigentlichen Wanderschicksale der Hugenotten ist die Literatursituation für das sechzehnte und frühe siebzehnte Jahrhundert, in dem sich die Verhärtung der französischen Gegenreformation abzeichnete und die Gewaltmaßnahmen des Sonnenkönigs anhoben. Aus der unschätzbaren Reihe der Augenzeugenberichte, die bei Hachette erscheint, liegt deutsch der Band über die Hugenottenkriege vor, den Julien Coudy herausgegeben hat (verschiedene Ausgaben, auch Buchgemeinschaften und TB). Darüber hinaus ist der im Text erwähnte Roman von Ludwig Tieck über den Aufruhr in den Cevennen immer noch lesenswert. Auch Heinrich Manns Romanbiographie über Frankreichs Heinrich IV. ist lieferbar und eine Menge Literatur über die Zeit des Sonnenkönigs, unter anderem eine kleine, handliche Auswahl der Memoiren des Herzogs von Saint-Simon (im modernen Antiquariat). Wer die Gegenden besuchen will, in denen sich diese Ereignisse abspielten, also die Cevennen, das Languedoc oder auch die französisch-schweizerische Grenzregion, wird über unsere Angaben hinaus in den grünen Michelin-Führern Hinweise auf die wichtigsten Schauplätze finden.

PERSONEN- UND ORTSREGISTER

Aigle 19, 32
Alagon, Jesuitenpater 80
Alava, Don Francès de 56
Albret, Jeanne d' 56f
Alençon, Herzog von 62, 64
Alès 92, 101, 106f
Almansa 104, 111
Altona 210f, 216
Amboise 45f, 86
Ameaux, Pierre 34
Amsterdam 240
Ancillon, Familie 261–264, 267, 272
Anduze 102
Angoulême 15f, 78, 80
Anjou, Herzog von 72f
Anton, König von Navarra 39
Anton Ulrich, Herzog zu Braunschweig und Lüneburg 208f
Antwerpen 131
Armagnac, Chevalier de 71
Artichaud 22
Arzberger, Johann Sebastian 163
Aubigné, Jesuitenpater 80
Aubigné, Agrippa de 86
Aubigné, Constant de 86
Aubusson 173–179
Augsburg 35f, 59f
August der Starke von Sachsen und Polen 266
Avignon 53
Balzac, Honoré de 154
Barberina (Tänzerin) 296
Bardewisch, Familie 226
Barre des Cevennes 101
Basel 15, 27, 30f, 35, 130f, 230
Bassompierre (Betstein) 76
Bayle, Pierre 253
Bayonne 73, 80
Beauveau, Graf von 265
Bellay, Claude de 265
Bellegarde, Herzog 75f
Bellius, Martin s. Castellio
Benard, Gabriel 292
Benjamin, Rabbi 28
Berlin 193, 221, 227, 231f, 234–237, 239, 241, 245–249, 252–254, 256, 261f, 264, 266, 268, 278, 280, 286, 291, 294, 296, 301–303, 306–311
Bern 19f, 35
Bernoulli, Familie 131
Berthelier, Freiheitskämpfer 35
Berwick, Herzog von 108, 110
Beuleke, Wilhelm 173, 181f, 191, 197, 267

Bèze, Théodor de (Beza) 14, 30, 36, 164
Béziers 50f
Blandis 61f, 69
Blechschmidt, Friedrich 236
Blois 56
Boé, Isaac de la 226
Bolsec, Hieronymus 35
Bordeaux 87, 212, 218, 225, 279
Boué, Familie 226–228, 230f
Bourges 14f, 61
Brantôme, Seigneur de 73
Braunschweig 193, 196, 201f, 208f
Bremen 216
Briquemault, Henri de 265
Brüssel 76f
Brust, Alfred 277
Buren, Idelette von 22, 29
Butzer, Martin 21f, 24
Byzanz 22
Caën 73
Calvin 7, 11–44, 50f, 64f, 81, 84, 126, 158, 168, 265
Calvin, Gérard (Cauvin), Vater Calvins 12–15
Camisarden 101–108
Capellini, Joh. Franz, genannt Stechinelli, Graf von Wickenburg 199–203, 219
Carpentras 22
Casanova, Giacomo 252
Castellio Chatillon, Sebastian 26f, 30f
Castres 48f
Cavalier, Jean 103–107, 110f
Celle 187, 190, 192, 195, 197, 201, 203, 207f
Cevennen 91, 101–111, 122f
Chamonix 124f
Champvallon, Harlay de, Monsignore 90
Changet, Guillaume 53
Chapeaurouge, Fam. 231
Chappuzeau, Samuel 194–197
Chasot, Isaac Franz Edmond de 295–297
Chodowiecki, Daniel 297–299, 302
Christian Ernst, Markgraf zu Brandenburg-Bayreuth 162, 170, 176
Claravaux, Michel de 176–178
Clemens VIII., Papst 86
Clement, David 160f
Clément, Mönch, Mörder Heinrichs III. 41
Coeures, Marquis de 77

Coligny, Gaspard de, Admiral 47f, 55–59, 62f, 65f
Cordier, Mathurin 12f
Courcelles 136f
Cusin (Cousin) Charles 131

Dach, Simon 277, 281
Damiez, David 288
Danckelmann, E. C. B. Frhr. von, Minister 253f, 257
Danton 73
Danzig 210, 222, 297, 299–301
Didier, Abraham 288
Diebitsek, Friedrich Heinrich v. 289
Dillon, Freiherr von 283
Dohna, Familie 280f, 283
Dohna, Alexander von, Baron von Coppet 253–256
Dopheide, Familie 226
Dresden 266
Dubois, Raymond, Brüder 302
Du Han, Jacques Egide 255–257
Du Han, Philippe, Vater von Jacques Egide 255–257
Duplessis-Mornay, Herzog v. 42
du Puy-Ferrassière, Familie 253
Durfort, Armande de, Dame de Verlhac 51
Durieux, Tilla 224f

Ebrard, Friedrich 119f, 126f
Elisabeth, Zarin v. Rußland 284
Elisabeth, Erzherzogin von Österreich 68
Entragues, Henriette d' 75
Epernon, d', Begleiter Heinrichs IV. 79
Eppelmann, Peter Helander 161
Erlangen 163–168, 170–176, 182
Ernst August, Kurfürst von Hannover 198
Estienne, Jacques 134–147, 153, 161, 176, 180, 256
Estrées, Gabrielle dé 75, 84–86, 95
Eugen, Prinz von Savoyen 89, 121

Faden, Eberhard 234f
Farel, Guillaume 19f, 22, 27, 32, 37, 47
Fechter, Paul 307
Ferrara 16, 18
Ferrier, Pierre 288
Finck von Finckenstein, Graf Albrecht Konrad 255
Fontane, Theodor 291, 303–312
Fontane, Pierre Barthélemy, Großvater Fontanes 304f
Fontanges, Madame de 88f
Forcade, Familie 294
Forcalquier 53

Fouché, Joseph, Herzog von Otranto 52
Fouquet, Familie 267–270, 272, 275
Frankfurt a. Main 129, 131, 135, 137, 146, 154f, 221, 241, 244, 269, 278, 289
Franz I., König von Frankreich 17, 40
Franz II., König von Frankreich 41, 45
Freiburg 19f
Friedrich I., König von Preußen 272–274
Friedrich II., Prinz von Homburg 145
Friedrich II. der Große 227, 230, 243, 246, 248, 252f, 255–258, 263, 292, 294–296, 302
Friedrich IV., Kurfürst von der Pfalz 148f
Friedrich Wilhelm I., Kurfürst von Brandenburg 233–245, 259–261, 265f, 272, 275
Friedrich Wilhelm I., König von Preußen 253–257, 259, 265, 272, 275f, 281f, 302
Friedrich Wilhelm III., König von Preußen, 293, 296, 303
Friedrich Wilhelm IV., König von Preußen, 263
Fugger, Haus 59f, 212

Gaches, Jacques 48
Gailhac, Jean und Jacques 193f
Garde, Hauptmann de la 80
Geizkofler, Dr. Lucas 59–65, 69f
Genf 16, 19f, 22–27, 29–37, 39, 43, 45, 47–49, 51, 53, 112, 124, 126,, 130, 132, 158, 160f, 168, 194, 196, 199, 265
Georg Wilhelm, Herzog von Celle 185–191, 196–201
Gervais, Familie 285
Girardin, Albert 156
Giono, Jean 52
Godeffroy, Familie 219–225, 228, 231
Goethe, Johann Wolfgang von 124–126, 267, 292
Goupillière, Bergeron de la 152f
Gregor XIII., Papst 74
Gruet, Jacques 34
Guise, Haus von 39, 45, 57f, 63, 66, 73
Guise, Franz von, Herzog 46, 58
Gumbinnen 275–277

Halle 193, 291, 302
Hamann, Johann Georg 287
Hamburg 210–212, 214–217, 219, 221–223, 225–231, 238, 240
Han – s. Du Han
Hanau, Graf Philipp von 61

317

Hannover 198, 202f, 208
Hector, Claude Luis, Herzog von Villars 108
Heidelberg 134, 136, 145f
Heinrich II., König von Frankreich 40
Heinrich III., König von Frankreich 41
Heinrich IV., von Navarra, König von Frankreich 15, 39, 41, 56f, 59f, 62–66, 72f, 75–85, 95, 115, 174, 312
Heinrich V., Graf von Reuß-Burgk 191, 193
Henningius, Student 62
Héraucourt, Pfarrer 280
Herder, Johann Gottfried 278
Hermes, Rudolf 35
Hippel, Th. G. v. 278
His, Pierre 228–231
His, François Pierre, Sohn von Pierre 230f
Hochwälder, Fritz 316
Homburg 134, 136, 138–142
Hugues, Genfer Bürgermeister 112
Humboldt, Wilhelm von 275, 292
Hüttl, Ludwig 260

Insterburg 275–277

Jacobi, Bankier 285, 287
Jacobi, Marie Charlotte 287
Jakob II., König von England 90
Jean II. de Lettes 50f
Jeanne d' Arc 43
Jersen-Wenz, Stefi 246
Johann Sigismund, Kurfürst von Brandenburg 234f
Joncuqière, Oberst de la 105f
Judtschen 275

Kaiserslautern 134, 141–144
Kalckstein, Christian Ludwig von 260
Kant, Immanuel 278, 282f, 285–288
Karlshafen 208 f.
Karl II., Kurfürst von der Pfalz 145, 268
Karl V., Kaiser 19, 171
Karl IX., König von Frankreich 41, 51, 55–58, 64f, 68, 70, 72
Karl Ludwig von der Pfalz 184
Kassel 144, 146, 161, 185, 194, 208
Katharina II. von Rußland 278, 284
Katharina von Medici 41, 51, 55–57, 62, 65, 72
Keyserling, Charlotte Amalie v. 285
Kiefner, Theo 161, 165
Kiel 222
Klose, Hans Ulrich 231
Knox, John 42
Köln 21, 241

Königsberg 210, 241, 274, 278–289, 299, 301, 305
Königsmarck, Philipp Christoph 196f
La Chaise, Pater 90, 92–94
La Reynie 89
La Rochelle 85, 110, 204, 212, 220f, 223, 225, 279
Lascours 105
Latomi, Gerichtspräsident 51
Lausanne 27
Lebbin, Familie von 271
Leipzig 193, 266, 278, 292
Lenclos, Ninon de 88, 91
Léron, Monsieur de 71
Lescailles, Familie 131
Liberati, Astrologe 80
Liselotte von der Pfalz 92–94, 97, 114, 133, 183, 268, 294
Lixheim 148–153, 155f
Lobwasser, Ambrosius 164f
Lombard, Jean Guillaume 293f, 305
London 31, 104, 118, 265
Lothringen, Claudia, Herzogin von 71
Lothringen, Kardinal von 74
Louvier, Charles de, Seigneur de Maurevert 52
Louvois, Minister Ludwigs XIV.s 92f
Loyola, Ignatius von 36
Luberon 50, 99f
Lucchesini, Girolamo, Marquese 293
Ludwig I., Prinz von Condé 47f, 76f
Ludwig IX., der Heilige, König von Frankreich 34
Ludwig XIII., König von Frankreich 81, 101
Ludwig XIV., König von Frankreich 84, 88–95, 97, 100f, 112, 114–116, 118, 120f, 123, 126f, 131, 133, 146f, 152–154, 157, 161, 167, 174f, 196, 238f, 240f, 265f, 268, 312
Ludwig XV., König von Frankreich 258
Ludwig XVI., König von Frankreich 154
Lübeck 216, 238, 260, 296
Luise, Königin v. Preußen 263, 293
Luther, Martin 14, 21, 24, 27, 31, 36–38, 40, 43, 215
Lyon 26, 29, 31, 49, 73, 101

Magdeburg 193
Mailli, Comtesse de 52f
Maintenon, Marquise de 86–95, 97, 114f, 153, 191, 239, 266, 312
Mannheim 134
Manosque 52f
Manselière, Susanne de 198f

Manz, Hörmann v. 68
Margarete von Valois 38, 41, 56f, 60, 71, 82, 85
Maria Stuart 41
Maria Theresia, Kaiserin von Österreich 183, 229
Marie Antoinette, Königin von Frankreich 56, 154
Marolles, Louis de 153–155
Marseille 155, 210
Marteville 14
Martin, David 161
Martinach (Martigny) 124–126
Marwitz, Friedrich August v. der 247–249, 294
Maurel, Abdias (Catinat) 103
Maynier d'Oppède, Fam. 50, 225
Medici, Haus 51, 57
Medici, Maria v. 85
Melanchthon, Philipp 11, 22, 24, 38
Metz 136f, 139, 142f, 146, 154, 256, 261, 269, 272, 288
Meyer, Konrad Ferdinand 316
Meysenbug, Elisabeth von 189
Meysenbug, Malvida 189
Migault, Jean 96f
Mihiel, Giovanni 44
Miraman, Marquise de 106, 109
Mömpelgard 19
Moissac, Abtei von 51
Mone, Franz Joseph 167f
Montauban 50f, 85
Montbazon 79
Montespan, Madame de 88 f
Montfort, Simon von 50
Montmor, de, Familie 12
Montmorency, de, Charlotte-Marguerite, Princesse de Condé 75–77
Montmorency, Connetable de 76
Montpellier 85, 92
Montrevel, General 105, 107–109
Mortaigne (Gesandter) 167 f.
Moskau 287
Motte, Baronesse de la, Catherine de la Chevallerie 184
Motte, de la, Geistlicher 299f
Motte-Fouqué, Susanne de la 203–208
Motte-Fouqué, Heinrich August Freiherr von la 207f
Motte-Fouqué, Friedrich Heinrich Karl Freiherr von la 208
Mougon 96
Mousnier, Roland 80f
Moulins 80
Moynier, Isabeau 289

Nantes, Edikt von 46, 84, 90, 95, 97–99, 110, 112, 114, 116, 120–123, 126, 134, 136, 154f, 159, 161, 176, 204, 214, 219, 226, 238f, 268, 312
Nantouillet, Präfekt von Paris 72
Napoleon 81, 222, 265, 291, 293f, 296, 303
Narbonne 49
Navarra 39, 57, 71, 75, 86
Nettelbeck, Joachim 286
Neuchâtel 16
Neuenburg 19
Neuser, Wilhelm 34
Nevers 63
Nîmes 101–103, 289
Niossans, Baron 71
Nivard, Pierre 154
Nostradamus, Michael de 80
Noyon 11–14, 16, 21, 84
Nürnberg 170

Olbreuse, Eleonore Desnier d' 184–192, 195, 198, 200, 256
Olivétan, Pierre Robert 15f
Orléans 14, 16, 43f, 61, 220
Orloff, Gregorij Gregorjewitsch 285

Palatine, Princesse, s. Liselotte von der Pfalz
Papon, Vater und Sohn 160–170, 173, 175
Paris 12–15, 19, 36, 41, 43, 47, 52, 55, 57–62, 65, 71–74, 78–81, 85–87, 90, 92, 137, 154, 159, 175, 177, 194, 220, 251f, 263, 265f, 278, 293
Parisot, Jean 155f
Passavant, Familie 131
Paul V., Papst 78
Paulig, F. R. 274
Perrier, Astrologe 80
Perrin, Ami 35
Perrin, Madame 33
Petersburg 283, 285–287
Petrus Ramus 67
Phalsbourg 148, 155
Philipp der Großmütige von Hessen 21
Philipp von Orléans, Herzog 116
Philipp II., König von Spanien 78
Plessis, du, Familie 289
Plessis, du, Abraham Boulay 279
Pöllnitz, Carl Ludwig Freiherr v. 247
Poissy 46
Ponnier, Jean Pierre de 192
Pont-l'Evêque 14
Port de Pontcharra, du, Familie 289
Poutrain 79

Pragela-Tal 158–163, 165–169, 211, 288
Ranke, Leopold v. 264
Ravaillaç, Francóis 15, 78–80, 82
Rebeur, Jean Philippe 254f, 257
Regensburg 21f, 177
Reims 73
Reisner, Verleger 31
Renata, Fürstin von Ferrara 18
Restif de la Bretonne 87
Reuchlin, Johannes 11, 22
Richter, Johann Moritz 171
Rigot de Montjoux, Familie 289
Robespierre, Maximilian de 39, 52
Robillard, Susanne de, s. de la Motte-Fouqué
Roland, Camisardenführer 102f
Rom 16, 24, 42f, 74, 118
Roude, Simon, d. Ä. 158f, 166
Roude, Simon, d. J. 159, 166
Rouen 68, 80, 228
Ryswyk, Frieden von 127, 129
Saarbrücken 139f
Sabatier, Ernest 50
Sadolet, Kardinal 22
Sainte Menehould 154
Saint Jean du Gard 102
Saint-Martin-du-Fresne 26
Saint-Simon, Herzog von 87, 92
Saint-Cyr 116
Salizon, Jean 192
Salomon, Familie 297
Salzburg 31, 60, 126, 128, 232
Sarasin, Familie 131
Saumur 85
S. Blancard, Gaultier de 265
Scarron, Paul 87
Scherenberg, Familie 309
Schiller, Friedrich v. 190
Schlettstadt 21
Schön, Theodor v. 275
Schwabach 176
Schopenhauer, Johanna 197f
Schramm, Percy Ernst 220, 226, 229
Schwarzenberg, Adam Graf v. 235
Serveto, Miguel (Pseudonym Villanova, Villeneuve) 27–31, 35
Sestrière 158
Sinclair, Eduard v. 109
Socin, Familie 131
Sophie Dorothea, Prinzessin von Ahlden 190f
Sophie von der Pfalz 183, 187–189, 198f, 201

Spanheim, Ezechiel v. 265f, 281
Stade 211, 216, 238
Stapulensis (d'Etaples), Faber 16
Stavenhagen, Kurt 283ff
Stein, Frhr. vom 293f
Sterzing 59, 65
Stettin 272
Strasburg 269–271
Straßburg 20–22, 26, 36, 59f, 127, 155, 251, 276
Strozzi, Regent von Béziers 51
Sully, Minister Heinrichs IV. 77, 81, 85
Tarn, Dép. 48f
Tende, Graf von 53
Teissier, Marc 288
Tharau, Ännchen von 277, 281
Tieck, Ludwig 109f, 318
Tillet, Louis du 16, 19
Titre, Marie-Anne du 307
Toledo 28
Toulouse 80
Trient 126
Tudela 28
Turcar, Astrologe 80
Uckermark 269ff
Uzès 92, 102, 105
Val Ferret 126
Vassy 46
Vautrin, Jean 154
Vendras 106
Venedig 41, 212
Villanova s. Serveto
Villars, de, Marschall von Frankreich 101, 104
Vitré 100, 110
Volmar, Melchior 14
Voltaire 82, 295, 299
Wechelin, Andreas 61
Welsperg, Paul von 61
Werner, Joachimus 214
Wichert, Ernst 277, 317
Wickenburg, Familie 201f
Wien 31, 41, 60, 118, 162, 183, 234, 238, 278
Wilhelm III. von Oranien 147, 194
Witte, Sergius v. 289
Wittenberg 31, 37
Worms 21
Zamet, Bankier 85
Zingle, Pierre de 16
Zürich 35
Zweig, Stefan 29, 31
Zwingli, Ulrich 21, 24, 27, 158

ZEITTAFEL

1509 Johannes Calvin (auch Chauvin oder Cauvin) in Noyon in der Picardie geboren

1536 Calvin gibt in Basel seine *Unterweisung in der christlichen Religion* heraus (später mehrfach umgearbeitet)

1545 Massaker im Luberon (Provence). Etwa 4000 Waldenser und Hugenotten werden getötet. Die Familie Maynier d'Oppède sagt sich von ihrem Oberhaupt los, das diese Aktion befehligte, und wandert nach Deutschland aus. Unter dem Namen Dopheide gelten sie als die ersten Refugiés (Glaubensflüchtlinge).

1553 Servet (Miguel Serveto) wegen abweichender Lehrmeinungen in Genf verbrannt.

1564 Tod des Johannes Calvin.

1572 Bartholomäusnacht in Paris. Massenmord an Hugenotten und Sympathisanten. Mindestens 2000 Menschen sterben mit ihrem Führer Coligny.

1589–1610 Heinrich IV. König von Frankreich. Er erläßt 1598 das Edikt von Nantes, das den Reformierten Glaubensfreiheit gewährt.

1613 Johann Sigismund, Kurfürst von Brandenburg, tritt zum reformierten Glauben (Calvinismus) über. Damit endet auch (1614) der Erbstreit um Jülich, Kleve, Mark, Ravensburg und Ravenstein.

1618–48 Dreißigjähriger Krieg.

1620 Gründung nordamerikanischer Kolonien durch Puritaner (britische Kalvinisten) an verschiedenen Punkten der Küste von Neuengland.

1638–1715 Lebenszeit Ludwigs XIV. (König seit 1643).

1640–1688 Friedrich Wilhelm I. (der Große) Kurfürst von Brandenburg.

1648 Der Westfälische Friede beendet den Dreißigjährigen Krieg. Hinterpommern, Cammin, Halberstadt und Minden fallen an Brandenburg.

1675 Der Große Kurfürst besiegt die Schweden bei Fehrbellin.

1685 (Oktober) Unter dem Einfluß seiner Maitresse, der Marquise de Maintenon, widerruft Ludwig XIV. das Edikt von Nantes und weist die Pfarrer der Reformierten aus. Unmittelbar danach erläßt der Große Kurfürst das Edikt von Potsdam, das die französischen Glaubensflüchtlinge in seine Länder einlädt und praktische Hinweise für die Reise und die Niederlassung gibt.

1686–1699 massive Einwanderung von französischen Glaubensflüchtlingen über die Niederlande, den Raum der Saar und die Schweiz nach Deutschland. Hauptdurchgangsplatz und Zentrum für Unterstützungen ist Frankfurt am Main.

1688 Wilhelm III. von Oranien bringt in der sog. Glorreichen Revolution den Protestantismus in England wieder an die Macht. Jakob II. aus dem Hause Stuart geht nach Frankreich.

1688–1713 Friedrich III. (seit 1701 als König Friedrich I.) Herrscher in Brandenburg-Preußen.

1695–1786 schnell wachsender Einfluß der Hugenotten in Brandenburg und Preußen (Offiziere, Prinzenerzieher, Hofmeister). Wirtschaftliche Expansion der Refugiés vor allem in Berlin und Hamburg.

1713–1740 Friedrich Wilhelm I., der Soldatenkönig. Energische Kolonisationsmaßnahmen, um die Rückschläge durch Seuchen und Entvölkerung zu überwinden.

1740–1786 Friedrich II., der Große, schon als Kronprinz francophil, herrscht in Preußen. Viele freundschaftliche Bindungen an Franzosen liberaler Einstellung (Voltaire) und Hugenotten (Foucqué, Chasot).

1799 Der 18. Brumaire, Napoleons Staatsstreich, bringt ihn an die Macht, die er bis 1814 und für 100 Tage des Jahres 1815 behält. Französische Vormacht in Europa.

1804 Napoleon Kaiser der Franzosen.

1806 Vernichtende Niederlage der preußischen Armee in der Doppelschlacht von Jena und Auerstedt. Französische Besatzung beinahe in ganz Preußen, hohe Kriegslasten, langsamer Beginn einer inneren Erneuerung des Staates.

1809 Die Privilegien der Hugenotten in Preußen werden aufgehoben, doch behalten französische Gelehrte, Pädagogen und hohe Beamte weiterhin Einfluß bei Hof.

1812 Napoleon und seine Verbündeten ziehen gegen Rußland. Russischer Widerstand und eisige Kälte vernichten die französische Armee. Zum Jahresende erklärt sich die preußische Armee unter Yorck neutral (Konvention von Tauroggen).

1813/15 Die Freiheitskriege, danach Erstarken der Reaktion in den sog. Karlsbader Beschlüssen. Innere Konflikte in Hugenottenkreisen zwischen der älteren konservativen und der jungen liberalen Generation.

1870/71 Preußisch-französischer Krieg unter Beteiligung anderer deutscher Staaten führt 1871 zur Gründung des Deutschen Reiches. Fontane als Kriegsberichter in Lothringen verhaftet und wochenlang gefangengehalten.

1885 Großes Fest der Berliner französischen Kolonie zur Zweihundertjahrfeier des Edikts von Potsdam. Prolog von Theodor Fontane.

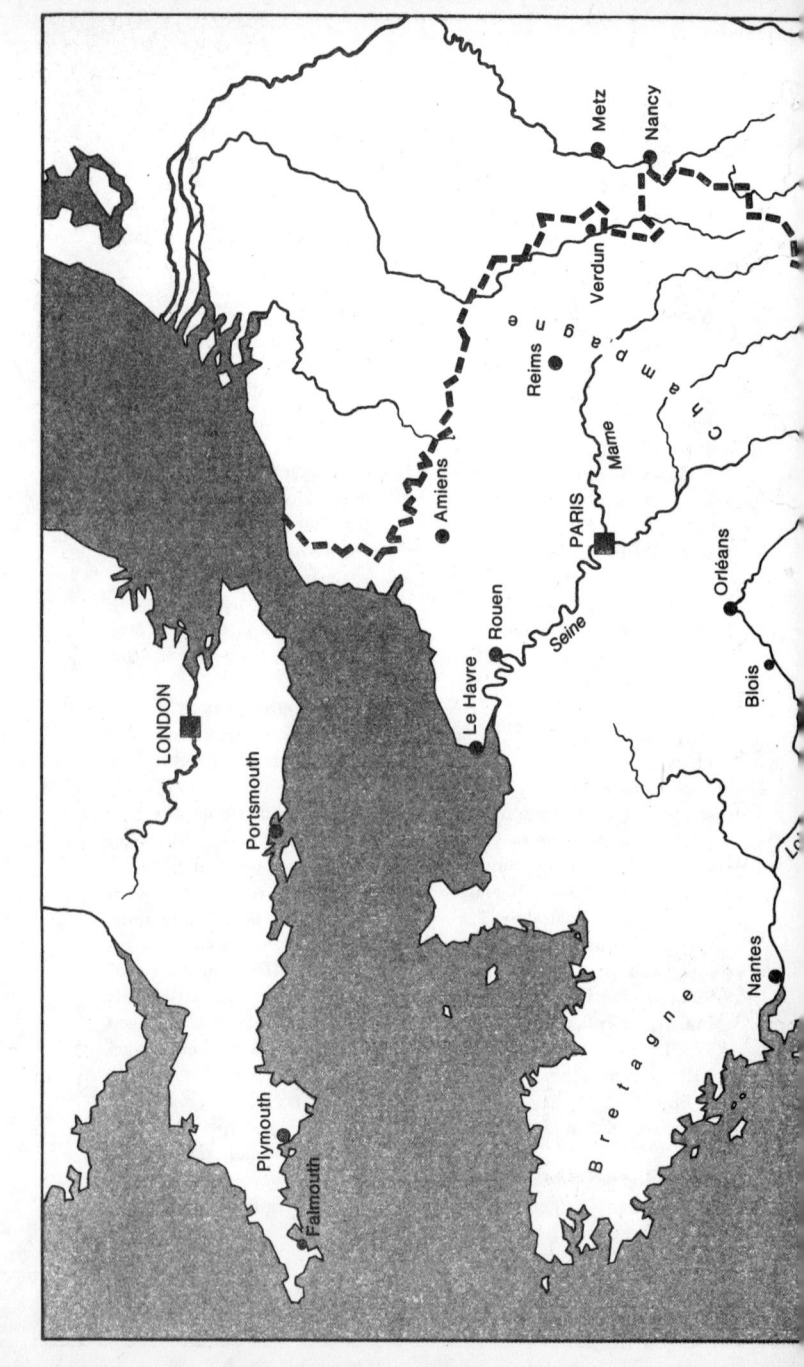

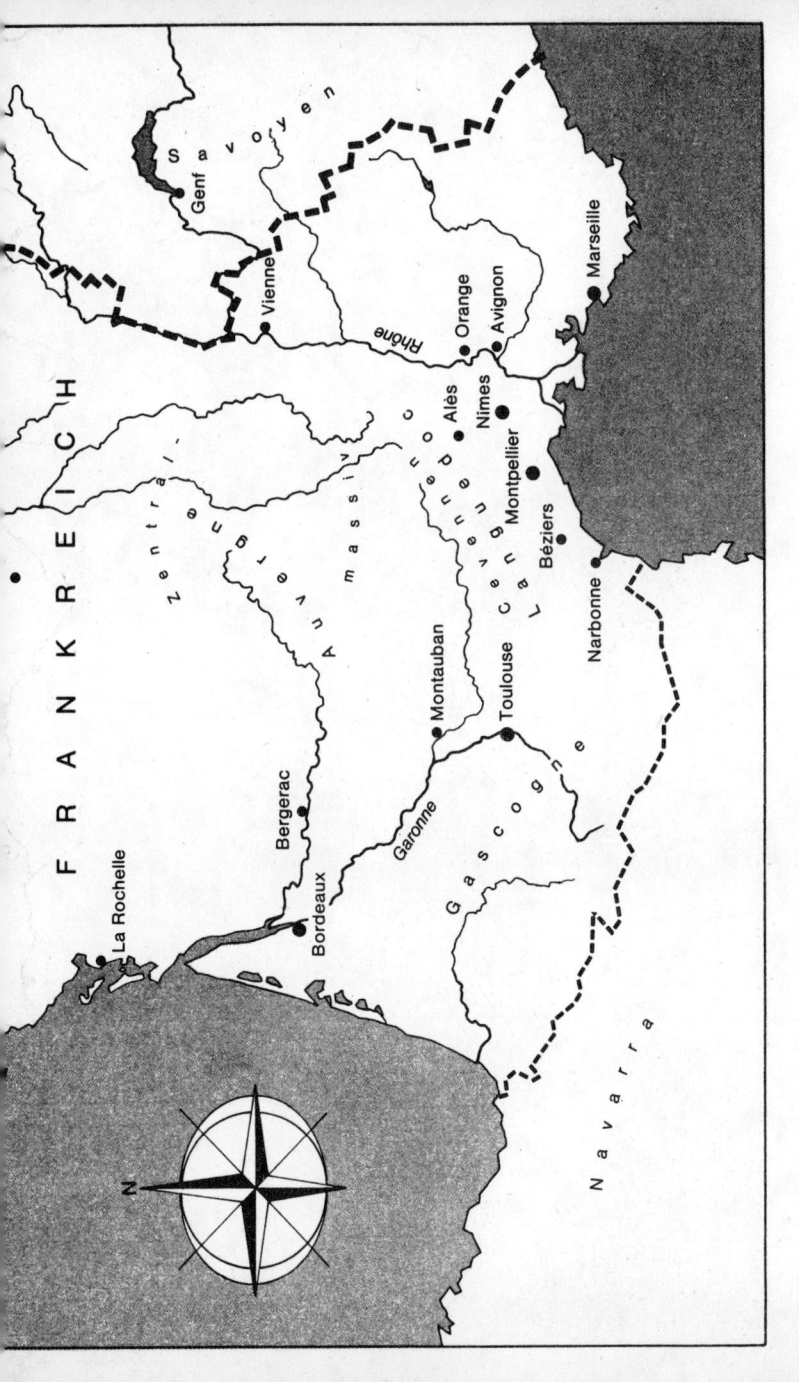

Hermann Schreiber

Auf Römerstraßen durch Europa

Ullstein Buch 34466

Prof. Hermann Schreiber, Kulturreisender aus Passion, ist den Römern auf ihren Straßen nachgefahren. In 10 Kapiteln, nach Ländern geordnet, schildert er, wo überall in Europa noch heute mehr oder weniger gut erhaltene Überreste der Heer- und Handelsstraßen des römischen Imperiums zu finden sind. Er erzählt vom Leben unserer Vorfahren an und auf diesen Straßen und stellt die Sehenswürdigkeiten von heute vor.
Eine spannende Einführung in die Kulturgeschichte der Römer, die auch bei Reisevorbereitungen nicht fehlen sollte.

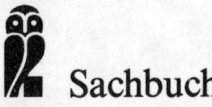

Sachbuch

Emmanuel LeRoy Ladurie

Montaillou

Ein Dorf vor dem Inquisitor
1294 bis 1324

Ullstein Buch 35344

Im Jahr 1320 eröffnet der Bischof von Parmier als Inquisitor eine Untersuchung, um die Rechtgläubigkeit der Bewohner des Pyrenäendorfes Montaillou zu überprüfen. Denn daran bestanden Zweifel, und die Untersuchung ergab: Es existieren Ketzer im Dorf. Aus den Protokollen des Verfahrens entwickelt der Autor ein höchst anschauliches Bild der Lebenswelt in Südfrankreich zu Beginn des 14. Jahrhunderts, das Alltag, Familienleben, Kultur und Sexualverhalten, die Kämpfe bäuerlicher Geheimbünde, Zauberei, Erlösungssucht, Moral und Verbrechen lebendig werden läßt.
»Ein einzigartiges Beispiel vorsozialwissenschaftlicher Befragungskunst...«
(Süddeutsche Zeitung)

Sachbuch